古典文獻研究輯刊

十五編

潘美月・杜潔祥 主編

第2冊

《藝文類聚》纂修考論

韓建立 著

國家圖書館出版品預行編目資料

《藝文類聚》纂修考論／韓建立　著 — 初版 — 新北市：花木
蘭文化出版社，2012〔民 101〕

目 2+308 面；19×26 公分

（古典文獻研究輯刊 十五編；第 2 冊）

ISBN：978-986-254-985-8（精裝）

1. 類書　2. 研究考訂

011.08　　　　　　　　　　　　　　　　101015057

古典文獻研究輯刊

十五編　第 二 冊　　　　　　　ISBN：978-986-254-985-8

《藝文類聚》纂修考論

作　　　者	韓建立
主　　　編	潘美月　杜潔祥
總 編 輯	杜潔祥
企劃出版	北京大學文化資源研究中心
出　　　版	花木蘭文化出版社
發 行 所	花木蘭文化出版社
發 行 人	高小娟
聯絡地址	新北市永和區中正路五九五號七樓
	電話：02-2923-1455／傳眞：02-2923-1452
網　　　址	http://www.huamulan.tw 信箱 sut81518@gmail.com
印　　　刷	普羅文化出版廣告事業
初　　　版	2012 年 9 月
定　　　價	十五編 26 冊（精裝）新台幣 42,000 元

《藝文類聚》纂修考論

韓建立　著

作者簡介

韓建立，吉林省吉林市人。吉林大學古籍研究所博士。目前任教於吉林大學文學院，講授中國語文教育史、唐宋詩詞欣賞、大學語文、應用寫作等課程。主要研究方嚮為古代文獻與文學、語文課程與教學。

提　　要

　　本文將《藝文類聚》的編纂放在唐初特定的政治、經濟、文化、學術、思想發展的背景下加以考察。通過對《藝文類聚》的編纂動因、主導思想與過程，編纂結構與體例，以及編纂與分類學、目錄學、文體學的關係等方面，對其進行多角度的考察。

　　通過《藝文類聚》這一個案的研究，總結類書編纂的一般規律，從而為建立類書編纂學，提供原創性的研究成果。

　　剖析《藝文類聚》類目編排的深刻內涵，分析以類相從、事文合璧的編纂方法與類書體制，論述參見的方法。

　　探究《藝文類聚》分類思想的淵源，揭示其分類體系所反映的傳統文化觀念。

　　論析《藝文類聚》有效運用了類目註釋、互著與別裁、類目參照等目錄學方法，提高了自身的應用價值。

　　指出《藝文類聚》最早運用了分類與主題相結合的目錄體系，使其具備了一定的檢索功能；這種多功能的目錄形式，是對古典目錄學的傑出貢獻。

　　對《藝文類聚》選錄的文體數量與名稱進行辨正，明確了選錄的常用文體；對其文體，按詩、賦、文三大塊歸類加以論析，探討編者的文體觀和審美取向。

目

次

緒　論

　　歐陽詢等奉敕編纂的類書《藝文類聚》在唐武德七年（公元 624 年）完成，是中國學術史上值得關注的重大事件。結合當時的歷史背景和相關學科的發展，梳理這部較有代表性、影響也較大的早期類書的若干發展脈絡，是極富發展空間的學術思路和研究方法。

　　《藝文類聚》編纂研究，即基於這樣的學術考量。

　　本課題的研究，力求體現當代歷史文獻學研究的新特點。第一，研究領域的交叉化。研究並不僅僅局限在純文獻的領域，而是將其與其它學科（諸如分類學、文體學等）結合起來，彼此交叉與溝通，這樣更有利於提出問題和解決問題，更有利於對研究對象進行系統、深入的思考。第二，對研究對象的窮盡式統計和梳理。網絡時代的到來和數字化革命，給研究帶來空前活力，特別是多種大型古籍檢索功能的開發，為充分利用古籍提供了方便。因此以往不容易做好的對大型圖書所進行的窮盡似的數據統計與梳理，現在變得簡單易行，從而提高了論述的準確性和可靠性。第三，研究對象的精細化。研究成果的漸趨豐碩，使得研究題目越來越難找，研究上的獨闢蹊徑，不僅僅是一種主觀上的追求，而且變成一種客觀上的必然。

　　本課題的選擇就是基於上述研究視閾的考量。

第一節　本課題研究的理論與實際應用價值

　　選擇《藝文類聚》編纂作為研究課題，其間蘊含著一定的文獻學和文化學的思考。文獻是文化的載體，而圖書編纂又是文化的重要組成部分。研究古代

圖書編纂，由於年代久遠，流傳中的訛誤與錯亂，編纂史料的缺乏等原因，因此顯得非常不容易；特別是類書這樣一種特殊種類的圖書，就更是這樣。但是，類書在傳承古代文化上的作用，隨著時間的推移，越來越顯現出來。

本課題站在中國類書發展史的高度，考察《藝文類聚》編纂的諸多方面，研究的理論價值在於：

其一，研究《藝文類聚》的編纂情況，具有窺一斑而見全豹的功效，可以由此窺視整個唐代，甚至中國古代類書的編纂源流。因為唐代是古代類書的發展時期。這一時期的類書，對後世類書的編纂起著重要的奠基作用。《藝文類聚》在「諸類書中體例最善」，〔註 1〕許多編纂方法均為其首創，成為後世類書傚仿的對象。在唐代完整保存到現在的少數幾部類書中，選擇《藝文類聚》為切入點，能夠展開極為廣闊的學術視野。

其二，研究《藝文類聚》的編纂情況，有助於瞭解唐初學術發展進程與社會文化狀況。因為《藝文類聚》輯錄了各學科大量的文獻資料，對研究古代哲學、歷史、文學、地學、天文學、藥物學、氣象學等，均有積極作用。

其三，研究《藝文類聚》的編纂情況，考察其中所透露出來的學術視野與文學趣味，可以探知這部類書是如何影響一個時代學術發展與文學創作的。

不僅如此，本課題的研究還有相當重要的實際應用價值。

第一，通過對《藝文類聚》這一典型個案的研究，總結類書編纂的一般規律，從而為類書編纂學提供原創性的研究成果，豐富和發展文獻學的學科領域。本課題將對《藝文類聚》編纂的有關問題，進行綜合分析，全面考察。目前，某些專門文獻的編纂研究，例如某些史書、大型叢書、方志的編纂研究，或已經啟動，或早已取得令人稱羨的成果，但是，關於某部類書編纂的專門研究成果，還沒有問世。這對於一個有著一千多年類書編纂傳統的民族來說，不能不說是一種缺憾。為此，我們選擇本課題作為研究對象。

第二，研究《藝文類聚》的編纂，就其實質而論，是一種交叉研究，由此可以透視當時各學科的發展，並以此促進當今有關學科研究的拓展。因為《藝文類聚》的編纂，是一項綜合性的工程，是建立在當時文獻積累和學科發展的基礎之上的。

例如，以前往往單純在目錄學的學科範圍內來研究互著與別裁的運用問題，因為視野的局限，對這個問題的探討，始終沒有一個足以孚眾的結論。

〔註 1〕 〔清〕永瑢等：《四庫全書總目》，中華書局，1965 年 6 月第 1 版，第 1141 頁。

通過《藝文類聚》編纂的研究，可知在《藝文類聚》編纂過程中，運用了互著與別裁的方法，使它的分類體系的容納能力和專指程度空前提高。可見，《藝文類聚》編纂研究，可以促進目錄學的研究。

又例如，研究古代文體的發展和演變，多關注各朝的文學總集、文學理論著作等，而忽視《藝文類聚》中收錄的文體狀況。《藝文類聚》中收錄的文體，成了文體學研究的盲點。《藝文類聚》「文」的部分標注出的文體共有 70 種（沒有將收錄在「事」的部分的「詩經體」和「楚辭體」計算在內）。除去其中重複和錯謬的，據筆者考證，至少有 52 種文體。選錄這樣多的文體，同時又在每種文體下收錄若干篇（首）這類文體的片段，這是當時及《藝文類聚》以前甚至以後的多數文章總集、文學理論著作沒有做到的。從事古代文體研究，如果對《藝文類聚》收錄的文體視而不見，那麼這樣的研究，其可靠性就要大打折扣。所以，《藝文類聚》編纂中的文體研究，可以透視唐初文體的發展狀況，促進當今的文體學研究。

第二，《藝文類聚》編纂研究，可以為思想史、文化史的研究提供新的視角，拓展思想史、文化史研究的範圍，將思想史、文化史研究的關注點轉移到類書上。葛兆光在《中國思想史》中說，過去對《藝文類聚》等類書的研究「多落在文獻學上，而我的著眼處在思想史，……我更關心的是，在它的分類及其次序背後，對知識與思想的整合與規範，與過去使用類書的文人習慣於從裏面採擷麗藻秀句不同，我更關心的是它集錄的文獻究竟提供了多少知識和思想的資源。」〔註2〕筆者正是沿著這樣的思路，在本文第二章第一節中，從思想史的角度，論述了《藝文類聚》的類目編排；在第三章第二節中，論述了《藝文類聚》的分類體系所反映的傳統文化觀念等。

第二節　本課題研究的現狀

目前所能看到的關於唐代類書的研究成果，主要來自一些類書通論性質的著作。較早的是 20 世紀 40 年代張滌華的《類書流別》，之後有胡道靜的《中國古代的類書》、臺灣學者方師鐸的《傳統文學與類書的關係》、劉葉秋的《類書簡說》、戚志芬的《中國古代的類書、政書和叢書》、臺灣學者彭邦炯的《百

〔註 2〕葛兆光：《中國思想史》（第一卷），復旦大學出版社，2004 年 7 月第 1 版，第 454 頁。

川匯海：古代類書與叢書》、夏南強的《類書通論》等。這些著作都屬於通論性質，由於自身體例限制，概述多而個別研究少。

關於唐代類書的專門研究著作，前人所做的工作比較薄弱，分量較重的是臺灣學者王三慶的《敦煌類書》。對敦煌類書的現狀、價值及流傳等進行了系統研究，錄校了 43 種類書。敦煌類書主要是唐代類書，但不能涵蓋所有唐代類書，因而《敦煌類書》雖然是研究唐代類書的一部重要參考書，但並不是一部研究唐代類書的專著。與唐代類書研究有關的敦煌學研究中，還有臺灣學者鄭阿財、朱鳳玉的《敦煌蒙書研究》。

單篇研討唐代類書的論文，也有一些。這些論文，有的探討唐代類書繁榮的社會原因，有的介紹唐代某一部類書或某一些類書，有的是與類書相關，但不限於類書的綜合考察。從總體上說，這些論文常識性的概述多了些，富有啓發性和開拓性的研究少了些。另外，相對於那些對類書方方面面進行通論或概述的論文，對唐代類書作斷代研究或者專書研究的論文，數量上也嫌少了些。

中國大陸專門研究《藝文類聚》的單篇論文（含專門介紹《藝文類聚》的一般文章）為 40 餘篇，多發表在 1980 年以後。這些論文中，一類屬於概述式的介紹；一類屬於文獻學的研究，這類論文最多，主要集中在目錄、校勘、版本等方面；一類屬於文學影響研究，主要論述《藝文類聚》的文學批評意義等，近年的幾篇學位論文在該方面取得一定的成果。除此以外，還有從其它角度，如從科技、歷史、文化等方面進行研究的。

臺灣地區和國外專門研究《藝文類聚》的論著，有 10 餘篇（部）。如臺灣學者居密的《〈藝文類聚〉版本考》（1966 年）、臺灣國立政治大學崔奉源的碩士論文《〈藝文類聚〉引史部圖籍考》（1975 年）等。又如日本大東文化大學東洋研究所編著的《〈藝文類聚〉（卷一）訓讀》（1990 年）和《〈藝文類聚〉（卷十二）訓讀》（2002 年）；這兩部書的性質相同，分別對卷一和卷十二所輯錄的文獻進行統計和分析，評述其文獻價值，訂正引文的訛誤。日本學者勝村哲也的論文《關於〈藝文類聚〉的條文構成與六朝目錄的關連性》（1990 年），運用計算機研究目錄學和類書，從《藝文類聚》條文排列特徵，以及它對《修文殿御覽》、《華林遍略》在引文使用上的因襲等方面，探討《藝文類聚》條目編排與六朝目錄學的關係。

可以說，目前關於《藝文類聚》的研究領域，已經從文獻學層面，拓展

至文學層面、文化層面、思想史層面，開始探討類書與文學、類書與詩歌、類書與文學批評的關係，以及《藝文類聚》的思想史意義等。

但這並不是說，對《藝文類聚》的研究已經十分充分，沒有需要拓展和深入的領域了。實際上，僅以傳統研究來說，《藝文類聚》還有許多文獻問題，尚未進入研究者的視野，而現有的研究多數也是屬於粗放型的，還不夠精細，不夠深入。單篇論文常因篇幅限制或刊物要求條件不同，學術表現層次不一。探討整體類書發展的「總論」「概述」性質的論文佔大多數。在有限的篇幅內，對問題的探討往往是片面的、膚淺的，還沒有經典性的、標誌性的、里程碑式的論著問世。

總的來說，對《藝文類聚》的研究，基礎性的文獻整理和校勘研究較為突出，常識性的介紹和概述較多，對它的深入研究和理論創新研究，則顯得較為薄弱。因此，多角度、全方位地對《藝文類聚》進行研究，將成為研究的基本發展趨勢。

研究《藝文類聚》的編纂，為建立類書編纂學提供最基本的原創成果，勢在必行。與類書相類似的百科全書，目前已有論述深厚的英國學者 Robert Collison 撰寫的《百科全書全史》和中國學者撰寫的《百科全書學概論》、《百科全書學》等，而談起類書，特別是類書的編纂，卻捉襟見肘，仍多停留在簡介與概述的層面。

第三節　本課題研究的重點與難點

本課題是在大量調查與借鑒時賢研究成果的基礎上展開的，其研究的重點為：

1. 關於《藝文類聚》的編纂結構與體例。《藝文類聚》是因為結構與體例有所革新創造而為人稱道的，在結構安排、體例設計方面，對後世類書均產生影響，所以對此重點論述。

2. 關於《藝文類聚》編纂中分類學諸問題。類書《藝文類聚》是「類分」之書，探討其分類是研究的關鍵所在，如事物分類對《藝文類聚》的影響，目錄分類對《藝文類聚》「事」的部分資料分類的影響，文體分類與《藝文類聚》「文」的部分的文體標注的關係等。

3. 關於《藝文類聚》編纂中的目錄學諸問題。類書的產生與發展，與目

錄學關係密切。《藝文類聚》類目的設立、資料的編排，無不受到目錄學發展的影響，其中蘊含的目錄學思想與方法，取得了前所未有的發展；它有效運用了一些目錄學方法，提高了自身的應用價值，豐富了唐代目錄學的理論與實踐；因此做重點論述。

本課題擬突破的難點爲：

1. 關於《藝文類聚》編纂的時間、稱引的圖書數量等諸問題。雖然多數學者認爲《藝文類聚》的始纂時間是武德五年，但由於史料記載祇有《舊唐書》中的一條孤證，且語焉不詳，所以《藝文類聚》始纂於武德五年之說，祇能算作一種推斷，其可靠性還有待進一步論證。關於《藝文類聚》稱引的圖書數量，目前所有關於《藝文類聚》的論著，均採用北京大學研究所在1923年的統計，認爲《藝文類聚》稱引的圖書爲1431種。但是，這個統計存在嚴重問題，因此是靠不住的，必須重新探查。

2. 關於各級類目的名稱問題。在一些論著中，對類書（也包括《藝文類聚》）各結構層次使用的名稱頗爲不一致，給研究帶來不必要的麻煩。需綜合各家之說，廓清《藝文類聚》各級類目的準確名稱。

3. 關於分目層次的問題。需參考馮浩菲在《中國古籍整理體式研究》中對類書分目層次的論述，對《藝文類聚》的分目層次進行論列。

4. 關於類目編排的問題。葛兆光在《中國思想史》中，從思想史的角度對《藝文類聚》的類目編排做了初步探討，但也有疏漏和不完善之處。需以此爲出發點，對類目編排做進一步梳理，提出自己的觀點，將葛著的論述向前推進一步。

5. 關於以類相從的編纂方法的問題。多數論著對以類相從作爲類書的基本特徵都做了詳細論述，但是，《藝文類聚》是如何以類相從地輯錄各種資料的，則未見論及。需通過對全書的考察，對此做出總結。

6. 關於「事文合璧」的體制的問題。這是《藝文類聚》體例上的獨創之處，但對其淵源所自，學者們則缺乏論述。擬從現存最早的比較完整的類書《北堂書鈔》中，鉤沈出它「事」的部分資料編排的近源；從前代總集（特別是《文選》）和文體學著作中，考察唐前文體分類對《藝文類聚》「文」的部分文體劃分的影響。

7. 關於「事前文後」的排序問題。這是《藝文類聚》最大特色之一，在《藝文類聚序》和一些研究論著中，都談到「事居其前，文列於後」的編排

體例。如潘樹廣說：「歐陽詢改變了類書的舊模式，將類書與總集合流，採取『事居其前，文列於後』的編排方式，即：各子目均分爲有機結合的兩部分，前列經史諸子，後列詩文作品。」〔註3〕又如趙伯義說：「《藝文類聚》每個子目『事居其前，文列其後』，即先鋪敘經、史、子諸部相關書的用例與解說，然後再列舉詩、賦、表、書、移、頌、贊、誄、銘、戒等集部詩文，使前後的事與文壁壘分明。」〔註4〕其他學者的論述大抵與此類似。但是現有論述均點到即止，至於「事前文後」的排列順序的詳細情況如何，則未能說清楚。因此，需對《藝文類聚》的資料排序加以總結、歸納。

8. 關於《藝文類聚》「天、地、人、事、物」五大類的劃分問題。很多論著都談到這個問題，但是，哪些部類應歸於「天」？哪些部類應歸於「地」？哪些部類應歸於「人」？哪些部類應歸於「事」？哪些部類應歸於「物」？說法頗爲紛紜。例如，郜明的劃分是這樣的：「卷一至卷五，天部；卷六至卷十，地部；卷十一至卷十六，帝王部；卷十七至卷二十七，人部；卷三十八至卷五十八，事部；卷五十九至卷一百，物部。」〔註5〕既然是「天、地、人、事、物」五大類，就不應該將「帝王部」單獨劃出。夏南強則在「天」之後又分出「歲時」，而將「軍器部」以下劃歸爲「物」。〔註6〕既然「武部」屬於「事」，就不應該將同類性質的「軍器部」劃到「物」。研究者對五大類的劃分標準掌握不一，存在劃分上的分歧與失誤，因此需做進一步的廓清與訂正。

9. 關於《藝文類聚》部類劃分所蘊涵的思想基礎問題。以前學者對此問題的論述是零散的、片段的，需要重新清理、歸納，進而分析當時人們的思想觀念。

10. 關於《藝文類聚》中運用的目錄學方法問題。《藝文類聚》中運用的目錄學方法，諸如類目注釋、互著與別裁、類目參照（即參見法）等，有幾篇文章已談到，如張國朝的《〈藝文類聚〉的編輯技術成就及其價值》、〔註7〕

〔註3〕潘樹廣主編：《中國文學史料學》，臺灣：五南圖書出版公司，1996 年 12 月初版，第 65 頁。

〔註4〕趙伯義：《論〈爾雅〉的學術成就》，載《河北師範學院學報》（社會科學版）1997 年第 2 期，第 114～115 頁

〔註5〕郜明：《儒家學術文化與類書編纂》，北京大學圖書館學碩士學位論文，1989 年 11 月。

〔註6〕夏南強：《類書通論》，華中師範大學歷史文獻學博士學位論文，2001 年 6 月。

〔註7〕張國朝：《〈藝文類聚〉的編輯技術成就及其價值》，載《圖書與情報》1985 年第 4 期。

路林的《唐代科舉文化、類書與目錄學》〔註8〕等，但是這些論述都很簡略，未能充分深入展開，需詳細論析。特別是參見法，目前關於《藝文類聚》參見法的論述多爲隻言片語，論述極爲不深入；衹有裴芹的《漫說〈藝文類聚〉的「事具……」》，〔註9〕補充訂正了「事具……」的殘缺和錯誤，簡述了主條目和參見條目的對應關係等，初步涉及了《藝文類聚》中運用的參見法，但此文自身也存在錯漏和失誤。因此，對《藝文類聚》重要特色之一的參見法，需要結合參見法的歷史演變，考察參見法與類目分類的關係、主條目與參見條目的對應關係、參見法的指示方式等。

11. 關於《藝文類聚》的目錄體系問題。目前尚未見到這方面的論述。需從分類法與類目劃分、主題法與子目下的資料摘錄兩個角度，論述分類與主題相結合的目錄體系在《藝文類聚》中的運用。

12. 《藝文類聚》中選錄的文體問題。這是一個新的視閾，前賢與時賢對此均沒有論述。本課題擬解決這樣幾個問題：第一，考辨選錄的文體數量和名稱；因爲在《藝文類聚》「文」的部分標注的文體雖爲 70 種，但其中有的是將一種文體誤作兩種文體的，有的是將文題誤作文體，有的是編者生造的文體，需做辨正。第二，根據《隋書·經籍志》、《舊唐書·經籍志》、《新唐書·藝文志》集部總集類著錄的文體，分別考察《藝文類聚》選錄的先唐常用文體和唐代常用文體。第三，對選錄的詩、賦、文做出論述，探討《藝文類聚》編者的文體觀和審美取向。

第四節　本課題研究的基本思路與方法

本課題研究的基本思路是，對《藝文類聚》的編纂情況，做多角度、多學科的考察，以理清《藝文類聚》編纂中尚未清晰的問題，如《藝文類聚》中輯錄文獻的方式，對文體的選錄等；解決《藝文類聚》編纂中尚不十分清晰的問題，如《藝文類聚》編纂中運用的目錄學方法等。從《藝文類聚》的編纂動因等外在因素，一直考察到《藝文類聚》的編纂結構與體例、檢索體系等諸多內在因素，目的是對其編纂進行全面論述。

研究的方法，不外乎實證的方法和思辨的方法兩大類。本課題運用的是

〔註 8〕路林：《唐代科舉文化、類書與目錄學》，載《圖書館學研究》，1987 年第 5 期。
〔註 9〕裴芹：《漫說〈藝文類聚〉的「事具……」》，載《文教資料》1997 年第 5 期。

傳統的實證的方法。具體方法有：

　　1. 運用個案分析的方法。由於本課題是專書研究，對《藝文類聚》本身的剖析，便成爲研究的重點；又由於《藝文類聚》編纂情況的史料闕如，借助這些資料來研究其編纂已經不可能，所以主要是對《藝文類聚》進行深入而系統的文本調查與研究，做出詳細描述與具體分析，從中鉤沈出其編纂的諸多問題。運用這種方法，使本課題的研究，從一開始就建立在紮實的文本基礎之上，避免了立論的空泛。

　　2. 運用統計的方法。例如，論述《藝文類聚》收錄的文體時，利用人工計算和電子資料庫檢索，統計各種數據，比如每一種文體在《藝文類聚》中收錄的數量，同一種文體在不同朝代的收錄數量等，然後，對這些統計數據做出具體分析，考察《藝文類聚》編纂時的審美價值取向和編纂原則，以及與前代的文學總集的關係等問題。運用統計法，對《藝文類聚》進行定量分析，使本課題的結論科學、準確，令人信服。

　　3. 運用比較的方法。主要是把《藝文類聚》與其它類書做比較。例如，在論述《藝文類聚》編纂的主導思想時，將其與《經律異相》做比較，從對兩部書收錄的文獻的比較中，得出《藝文類聚》編纂是以弘揚儒學爲要義的。在分析部類劃分時，與《北堂書鈔》做比較，得出天、地、人、事、物五大類的劃分始於《藝文類聚》。比較法的運用，使本課題的研究充實而豐滿，避免了狹隘與單薄。

　　4. 運用目錄學的方法。作爲一種供讀者檢索與閱讀的文獻載體，《藝文類聚》與目錄學的關係密切。它的編纂方法直接受到目錄學的影響。本課題專門論析了《藝文類聚》中運用的類目注釋、互著與別裁、類目參照等目錄學方法。

　　5. 運用古籍編纂，特別是類書編纂的理論與方法。重點探討《藝文類聚》結構各部分的組成形式、分目層次、編纂體例等問題，這些都是類書編纂理論與方法的具體運用。

　　6. 運用文體學的研究方法。從詩歌史的角度、賦史的角度、文章史的角度，探討《藝文類聚》選錄的各種文體及其特徵。

第一章 《藝文類聚》的編纂動因、主導思想、時間、人員與過程

　　《藝文類聚》的編纂動因和編纂主導思想，是互相關聯的兩個問題。《藝文類聚》的編纂動因，主要側重於外部原因；編纂主導思想，主要側重在形成《藝文類聚》類目編排、資料選取等內在原因。《藝文類聚》的編纂時間，或者因為史料記載不同，或者因為史料語焉不詳，所以後代學者便產生了不同的看法；但是，經過考證，可以得出《藝文類聚》的始撰時間和撰成時間。《藝文類聚》的編纂人員，史書記載為歐陽詢等六人。這六人是否自始至終參加編纂，六人之外還有哪些參編者，由於史料闕如，已經難以知曉；現在祇能結合有關史料，勾勒他們在編纂《藝文類聚》前後的一些活動軌跡。《藝文類聚》的編纂過程，歷史上未有任何記載，我們祇是根據歐陽詢《藝文類聚序》所透露出來的隱約信息和一般的編纂程序，做出概括敘述。

第一節　《藝文類聚》的編纂動因

　　《藝文類聚》的編纂動因，主要是談編纂的外部原因，即政治與文化動因。標榜文治、網羅人才是政治動因；供查找各類材料和詩文取材之用，是文化動因；為科舉考試提供參考用書，既是政治動因，又是文化動因。

一、標榜文治

　　李淵在建立唐朝前後，不僅採取了一些積極的政治、經濟和軍事措施，

而且在文化教育的建設上，也採取了積極的措施。重要的有四點，一是興辦學校、設置文館，二是購求與整理圖書，三是修撰史書和類書，四是恢復和發展科舉。這幾點是互相關聯、互爲因果的。第四點有其特殊性，放在後面談，這裡主要談前三點。

據《舊唐書‧儒學上》記載：「及高祖建義太原，初定京邑，雖得之馬上，而頗好儒臣。以義寧三年（筆者按，應爲二年）五月，初令國子學置生七十二員，取三品已上子孫；太學置生一百四十員，取五品已上子孫；四門學生一百三十員，取七品已上子孫。上郡學置生六十員，中郡五十員，下郡四十員。上縣學並四十員，中縣三十員，下縣二十員。武德元年，詔皇族子孫及功臣子弟，於秘書外省別立小學。」〔註1〕年號稱義寧，應該是記述李淵即位前的事。大亂初定，即恢復學校，招收學生，雖然學生數量還不多，卻足以說明李淵興學的動議。

李淵即位後，又採取一系列興學舉措。《資治通鑒》載：武德元年，「壬申，命裴寂、劉文靜等修定律令。置國子、太學、四門生，合三百餘員，郡縣學亦各置生員。」〔註2〕《通志》載：同年，「詔皇族子孫及功臣子弟於秘書外省別立小學。」〔註3〕這條與上段所引的《舊唐書》的記載，均說明當時學校的生源大多爲皇族子孫及功臣子弟。當然，也還有一部分平民子弟，如《文獻通考》記載：「高祖即位，詔諸州明經、秀才、俊士、進士，明於理體，爲鄉里稱者，縣考試，州長重覆，歲隨方物入貢。」〔註4〕當時學校的教學內容是什麼呢？《舊唐書‧高祖本紀》載：武德二年，「六月戊戌，令國子學立周公、孔子廟，四時致祭，仍博求其後。」〔註5〕這說明當時學校的教學內容以儒學爲主。在中央官學普遍恢復之後，據《舊唐書‧禮儀志》載：武德「七年二月己酉，詔：『諸州有明一經已上未被陞擢者，本屬舉送，具以名聞，有司試策，皆加敘用。其吏民子弟，有識性明敏，志希學藝，亦具名申送，量其差品，並即配學。州縣及鄉，並令置學。』丁酉，幸國子學，親臨釋奠。

〔註1〕〔後晉〕劉昫等：《舊唐書‧儒學上》，中華書局，1975年5月第1版，第4940頁。

〔註2〕司馬光：《資治通鑒》，中華書局，1956年6月第1版，第5792頁。

〔註3〕鄭樵：《通志》，商務印書館，1935年3月初版，第772頁。

〔註4〕馬端臨：《文獻通考》，商務印書館，1935年版，第271頁。

〔註5〕〔後晉〕劉昫等：《舊唐書‧高祖本紀》，中華書局，1975年5月第1版，第9頁。

引道士、沙門有學業者，與博士雜相駁難，久之乃罷。」〔註6〕皇帝的詔書，要求擴大招收地方生源的範圍，並儘量吸收一般吏民子弟入學。要求州、縣、鄉均置學，學校普及到了地方；這時地方上的學校均爲官學，稱爲地方官學。高祖親幸國子學，表明國家對學校教育的重視。

文館也在唐朝建立後不久設置。《新唐書・百官志》載：「武德四年，置修文館於門下省；九年，改曰弘文館。」〔註7〕《唐六典》卷八在「弘文館學士，無員數」下的注文中，列舉了從後漢至後周的歷朝文館，並闡述其作用：「或典校理，或司撰著，或兼訓生徒，若今弘文館之任也。」又云：「自武德、貞觀已來，皆妙簡賢良爲學士。……館中有四部書。」〔註8〕設置文館的目的不外是校理圖書，從事撰述等，但在唐王朝初建，諸事草創的情況下，作爲國家職能部門的修文館，實際上祇有一個空架子，館中沒有多少學士。雖然如此，也顯示了高祖實施文治的良苦用心。

在興學和設置文館的同時，另一項標榜文治的措施——購求和整理圖書啓動了。《新唐書・令狐德棻傳》載：「方是時，大亂後，經籍亡散，秘書湮缺，（令狐）德棻始請帝重購求天下遺書，置吏補錄。不數年，圖典略備。」〔註9〕朝廷派人訪求散處各地的圖書，使之能夠得到很好的整理和保存，促使圖書數量的增多和圖書流傳方式的改進。

實施文治的另一舉措是修撰史書。唐開國之初，令狐德棻曾向高祖上奏建議修史：「竊見近代已來，多無正史，梁、陳及齊，猶有文籍。至周、隋遭大業離亂，多有遺闕。當今耳目猶接，尚有可憑，如更十數年後，恐事蹟湮沒。陛下既受禪於隋，復承周氏歷數，國家二祖功業，并在周時。如文史不存，何以貽鑒今古？如臣愚見，並請修之。」高祖針對令狐德棻的建議下詔，首先肯定史書鑒往知來的社會作用：「司典序言，史官記事，考論得失，究盡變通，所以裁成義類，懲惡勸善，多識前古，貽鑒將來。」接著指出，自南北朝以來，建國稱帝者歷代相延，且「莫不自命正朔」。「至於發跡開基，受終告代，嘉謀善

〔註6〕〔後晉〕劉昫等：《舊唐書・禮儀志》，中華書局，1975 年 5 月第 1 版，第 916 頁。

〔註7〕〔宋〕歐陽修、宋祁：《新唐書・百官志》，中華書局，1975 年 2 月第 1 版，第 1209 頁。

〔註8〕〔唐〕李林甫等撰，陳仲夫點校：《唐六典》，中華書局，1992 年 1 月第 1 版，第 254 頁。

〔註9〕〔宋〕歐陽修、宋祁：《新唐書・令狐德棻傳》，中華書局，1975 年 2 月第 1 版，第 3983 頁。

政，名臣奇士，立言著績，無乏於時。然而簡牘未編，紀傳咸闕，炎涼已積，謠俗遷訛，餘烈遺風，候焉將墜。朕握圖馭宇，長世字人，方立典謨，永垂憲則。顧彼湮落，用深軫悼，有懷撰次，實資良直。」正因爲如此，所以要修撰史書。他指定：「中書令蕭瑀、給事中王敬業、著作郎殷聞禮可修魏史，侍中陳叔達、秘書丞令狐德棻、太史令庾儉可修周史，兼中書令封德彝、中書舍人顏師古可修隋史，大理卿崔善爲、中書舍人孔紹安、太子洗馬蕭德言可修梁史，太子詹事裴矩、兼吏部郎中祖孝孫、前秘書丞魏徵可修齊史，秘書監竇璡、給事中歐陽詢、秦王文學姚思廉可修陳史。務加詳覈，博采舊聞，義在不刊，書法無隱。」但是，這次修撰工作，「歷數年，竟不能就而罷。」〔註10〕雖然這次修撰史書的工作由於各種原因而未能完成，但是，至少在收集、整理資料方面積纍了相當的經驗，同時也顯示了唐高祖發展文化事業的政治眼光。

興辦學校，尊崇儒學，設置文館，延攬學者，搜求前代書籍，修撰史書，諸如此類，可以看出唐高祖李淵實施文治的諸多舉措。

文治的另一個方面，便是類書的編纂。《舊唐書·令狐德棻傳》載：「（武德）五年，（令狐德棻）遷秘書丞，與侍中陳叔達等受詔撰《藝文類聚》。」〔註11〕綜合史書記載，《藝文類聚》於武德七年完成。參加編纂的人員，今知其姓名的有六人：歐陽詢、令狐德棻、陳叔達、裴矩、趙弘智、袁朗。曹之說：「在中國歷史上，每逢改朝換代或政治動盪之後，官方例有編撰類書之舉，……類書往往成爲歷代統治者粉飾太平的工具，有其明顯的政治目的。」〔註12〕《藝文類聚》正是編纂於改朝換代的唐朝初年，它的政治目的是什麼呢？就是炫耀文治。在連年戰爭、改朝換代之後，統治者急於想做的，就是穩定政局。政治上的策略奏效後，統治者也想在文化上有所建樹，以此向世人炫耀自己有治理國家的能力，並爲其統治歌功頌德。在取得一些文治成就之後，類書的編纂被提到議事日程上來。《藝文類聚》的編纂，以其內容材料、分類體系、類目設置，來宣揚高祖的正統意識，表明高祖登上皇位是符合天意的，繼承的是正宗的儒學衣缽。通過編纂類書來標榜文治，以博得偃武右文的美譽，這就是高祖詔修《藝文類聚》的眞正動因之一。

〔註10〕〔後晉〕劉昫等：《舊唐書·令狐德棻傳》，中華書局，1975年5月第1版，第2597頁

〔註11〕同註10，第2596頁。

〔註12〕曹之：《中國古籍編撰史》，武漢大學出版社，1999年11月第1版，第469頁。

二、網羅人才

　　《藝文類聚》詔修於武德五年，此時唐朝建立已經五年，其統治地位日趨穩定。李淵稱帝之前，李建成、李世民兄弟還能同心協力。天下平定以後，在爭奪和反爭奪太子地位的鬥爭中，太子李建成與秦王李世民的矛盾漸漸明朗化，雙方競相發展勢力，逐漸形成以李建成為首的太子集團和以李世民為首的秦王集團。《新唐書・袁朗傳》載：「武德初，隱太子與秦王、齊王相傾，爭致名臣以自助。太子有詹事李綱、竇軌、庶子裴矩、鄭善果、友賀德仁、洗馬魏徵、中舍人王珪、舍人徐師謨、率更令歐陽詢、典膳監任璨、直典書坊唐臨、隴西公府祭酒韋挺、記室參軍事庾抱、左領大都督府長史唐憲；秦王有友於志寧、記室參軍事房玄齡、虞世南、顏思魯、諮議參軍事竇綸、蕭景、兵曹杜如晦、鎧曹褚遂良、士曹戴冑、閻立德、參軍事薛元敬、蔡允恭、主簿薛收、李道玄、典簽蘇勖、文學姚思廉、褚亮、敦煌公府文學顏師古、右元帥府司馬蕭瑀、行軍元帥府長史屈突通、司馬竇誕、天策府長史唐儉、司馬封倫、軍咨祭酒蘇世長、兵曹參軍事杜淹、倉曹李守素、參軍事顏相時；齊王有記室參軍事榮九思、戶曹武士逸、典簽裴宣儼，（袁）朗為文學。」〔註13〕《唐會要》載：「武德四年十月，秦王既平天下，乃銳意經籍，於宮城之西，開文學館，以待四方之士。於是以僚屬大行臺司勳郎中杜如晦，記室、考功郎中房元齡，及於志寧，軍咨祭酒蘇世長，安策府記室薛收，文學褚亮、姚思廉、太學博士陸德明、孔穎達，主簿李元道，天策倉曹李守素，記室參軍虞世南，參軍事蔡允恭、顏相時，著作佐郎、攝天策記室許敬宗、薛元敬，太學助教蓋文達，軍咨典簽蘇勖等，並以本官兼文學館學士。及薛收卒，征東虞州錄事參軍劉孝孫入館。令庫直閻立本圖其狀，具題其爵里，命褚亮為文贊，號曰《十八學士寫真圖》。藏之書府，用彰禮賢之重也。諸學士食五品珍膳，分為三番，更值宿閣下。每日引見，討論文典。得入館者，時人謂之登瀛洲。」〔註14〕成立文學館，表面上是「銳意經籍」，其實有著更深層的目的。《新唐書・儒學上》載：「王府開文學館，召名儒十八人為學士，與議天下事。」〔註15〕當時李世民的所謂「天下事」，莫過於奪取太子的地位了。文學館的設置，主要是為李世民奪取太子地

〔註13〕〔宋〕歐陽修、宋祁：《新唐書・袁朗傳》，中華書局，1975 年 2 月第 1 版，第 5727 頁。

〔註14〕〔宋〕王溥：《唐會要》，中華書局，1955 年 6 月第 1 版，第 1117 頁。

〔註15〕〔宋〕歐陽修、宋祁：《新唐書・儒學上》，中華書局，1975 年 2 月第 1 版，第 5636 頁。

位出謀劃策。兩大集團的形成，標誌著太子李建成與秦王李世民雙方矛盾的進一步激化。在李建成與李世民矛盾激化的時候，李元吉站在了李建成一邊。

唐高祖李淵在太子的廢立問題上躊躇不定。《資治通鑒》載：「上之起兵晉陽也，皆秦王世民之謀，上謂世民曰：『若事成，則天下皆汝所致，當以汝為太子。』世民拜且辭。……世民功名日盛，上常有意以代建成，建成內不自安，乃與元吉協謀，共傾世民，各引樹黨友。」〔註16〕這是想立李世民為太子。《資治通鑒》又載：「世民每侍宴宮中，對諸妃嬪，思太穆皇后早終，不得見上有天下，或歔欷流涕，上顧之不樂。諸妃嬪因密共譖世民曰：『海內幸無事，陛下春秋高，唯宜相娛樂，而秦王每獨涕泣，正是憎疾妾等，陛下萬歲後，妾母子必不為秦王所容，無孑遺矣！』因相與泣，且曰：『皇太子仁孝，陛下以妾母子屬之，必能保全。』上為之愀然。由是無易太子意，待世民浸疏，而建成、元吉日親矣。」〔註17〕這是無意立李世民為太子。高祖在立太子的問題上前後態度不一，李世民在即位之後也有所披露：「武德六年以後，高祖有廢立之心而未定，我不為兄弟所容，實有功高不賞之懼。」〔註18〕李世民的「我不為兄弟所容」的說法，並不一定符合歷史的實際，但高祖廢立之心未定之說，卻有史料可以明證。

高祖在太子廢立問題上的矛盾心理，以及忽左忽右的做法，主觀上也促使太子與齊王雙方的明爭暗鬥逐步明朗化。《藝文類聚》的編纂班子是在高祖有意授權給太子李建成時組建的。在現在已知的六個編纂人員中，屬於太子集團的，從《新唐書·袁朗傳》的記載看，就有三人：領修人歐陽詢，以及裴矩、袁朗，再加上任太子舍人的趙弘智，一共有四人，而六人中無一人是秦王集團的。很顯然，從這個編纂班子的組成人員看，明顯是傚力於太子和齊王，並為日後太子當朝儲備人才的。雖然隨著玄武門之變，太子、齊王被殺，這一切準備也就付諸東流。但是，這種利用編纂類書來網羅人才、組織自己政治班子的做法，還是顯而易見的。

三、供查找各類材料和詩文取材之用

大亂之後，書籍匱乏，恢復學校，招收學生，均急需圖書。《藝文類聚序》

〔註16〕同註2，第5957頁。
〔註17〕同註2，第5959頁。
〔註18〕同註2，第6117頁。

說：「夫九流百氏，爲說不同，延閣石渠，架藏繁積，周流極源，頗難尋究，披條索貫，日用弘多。卒欲摘其菁華，采其指要，事同遊海，義等觀天」，〔註19〕所以，《藝文類聚》的編纂在當時的歷史條件下是非常必要的。它彙集天、地、人、事、物五大類知識，涵蓋天文、地理、典章、制度、文學、藝術、建築、服飾、博物等多方面的資料，相當於當時的一部百科全書，也可以作爲一部分類資料彙編。把如此眾多學科的知識，分類彙集於一巨冊，這在當時書籍較少、獲取不易的情況下，對知識的傳播和資料的查考，無疑都是有利的。

通過對《藝文類聚》編纂體例及編纂意圖的分析，可知它對前代詩文的採錄是以品評詩文、指導寫作爲目的的。〔註20〕唐朝初年，文壇上依然延續著六朝的遺風。《新唐書・文藝傳》曰：「唐有天下三百年，文章無慮三變。高祖、太宗，大難始夷，沿江左餘風，綺句繪章，揣合低卬，故王、楊爲之伯。」「唐興，詩人承陳、隋風流，浮靡相矜。」〔註21〕在文章形式上追求華麗、駢偶，極盡堆砌、雕琢之能事；在內容上多數作品流於空虛、頹廢。爲了文人們雕章琢句、採摘文辭的需要，類書應運而生。《藝文類聚》收錄作品較多的大多是齊梁和陳的作者。唐初的人們通過《藝文類聚》不僅可以品評這些風格綺豔的作品，而且可以從中摘引詞句鑲嵌到自己的作品中，仿製出同類的作品來。

當時類書與詩文的關係是十分密切的。聞一多在《類書與詩》一文中指出：「假如選出五種書，把它們排成下面這樣的次第：《文選注》，《北堂書鈔》，《藝文類聚》，《初學記》，初唐某家的詩集。我們便看出一首初唐詩在構成程序中的幾個階段。劈頭是『書簏』，收尾是一首唐初五十年間的詩，中間是從較散漫、較零星的『事』逐漸的整齊化與分化。五種書同是『事』（文家稱爲詞藻）的征集與排比，同是一種機械的工作，其間衹有工作精粗的程度差別，沒有性質的懸殊。」聞一多以《初學記》爲例，說明了一首初唐詩是怎樣製作完成的：《初學記》「每一項題目下，最初是『敘事』，其次『事對』，最後

〔註19〕 〔唐〕歐陽詢撰，汪紹楹校：《藝文類聚》，上海古籍出版社，1999年5月新2版，第27頁。（下文凡引用《藝文類聚》時，均簡注爲「《藝文類聚》」，而省略其編校者和出版者等信息。）

〔註20〕 唐雯：《〈藝文類聚〉、〈初學記〉與唐初文學觀念》，載《西安聯合大學學報》2003年第1期，第77頁。

〔註21〕 〔宋〕歐陽修、宋祁撰：《新唐書・文藝傳》，中華書局，1975年2月第1版，第5725頁、第5738頁。

便是成篇的詩賦或文。其實這三項減去『事對』就等於《藝文類聚》，再減去詩賦文便等於《北堂書鈔》。所以我們由《書鈔》看到《初學記》，便看出了一部類書的進化史，而在這類書的進化中，一首初唐詩的構成程序也就完全暴露出來了。你想，一首詩做到有了『事對』的程度，豈不是已經成功了一半嗎？餘剩的工作，無非是將『事對』裝潢成五個字一幅的更完整的對聯，拼上韻腳，再安上一頭一尾罷了。（五言詩是當時最風行的體裁，但這裡，我沒有把調平仄算進去，因爲當時的詩，平仄多半是不調的）。這樣看來，若說唐初五十年間的類書是較粗糙的詩，他們的詩是較精密的類書，許不算強詞奪理吧？」〔註22〕與《藝文類聚》相比，《初學記》中增加了「事對」一項，似乎與詩的關係更緊密了。《藝文類聚》中雖然沒有「事對」一項，但是，其豐富的「事」，即徵引的經史子集各類書中的資料，是可以任意提煉出作詩所需要的「事對」的，而且更具靈活性，更能很好地切合詩的意境。

有三段記載可以間接地證明編纂《藝文類聚》等類書，是爲了供查找各類材料和詩文取材之用的。

《隋唐嘉話》載：

〔唐〕太宗嘗出行，有司請載副書以從，上曰：「不須。虞世南在，此行秘書也。」〔註23〕

唐太宗曾稱讚虞世南有五絕：「一曰德行，二曰忠直，三曰博學，四曰文辭，五曰書翰。」〔註24〕「行秘書」，翻譯成現代口語就是「兩腳書櫥」，也就是「五絕」中的博學。之所以能夠做到即問即答，博聞強記，是因爲他編纂了類書《北堂書鈔》，天地萬物知識集於一冊，可以隨時迅速地查檢，以備皇帝顧問。

《大唐新語》載：

玄宗謂張說曰：「兒子等欲學綴文，須檢事及看文體。《御覽》之輩，部帙既大，尋討稍難。卿與諸學士撰集要事並要文，以類相從，務取省便。令兒子等易見成就也。」說與徐堅、韋述等，編此進上，詔以《初學記》爲名。賜修撰學士束帛有差。其書行於代。〔註25〕

便於學綴文時檢事及看文體，這就是《初學記》編纂的緣起，《藝文類聚》的

〔註22〕聞一多：《唐詩雜論》，中華書局，2003 年 6 月新 1 版，第 5～6 頁。

〔註23〕〔唐〕劉餗：《隋唐嘉話》，中華書局，1979 年 10 月第 1 版，第 15 頁。

〔註24〕〔後晉〕劉昫等：《舊唐書·虞世南傳》，中華書局，1975 年 5 月第 1 版，第 2570 頁。

〔註25〕〔唐〕劉肅：《大唐新語》，中華書局，1984 年 6 月第 1 版，第 137 頁。

編纂動因又何嘗不是如此呢？《藝文類聚》的卷帙，略比《初學記》豐厚，其可檢之「事」多，可看之文體更全。

《大唐新語》又載：

> 太宗欲見前代帝王事得失以爲鑒戒，魏徵乃以虞世南、褚遂良、蕭德言等採經史百家之內嘉言善語，明王暗君之跡，爲五十卷，號《群書理要》，上之。太宗手詔曰：「朕少尚戎武，不精學業，先王之道，茫若涉海。覽所撰書，博而且要，見所未見，聞所未聞，使朕致治稽古，臨事不惑。其爲勞也，不亦大哉！」賜徵等絹千匹，彩物五百段。太子諸王，各賜一本。〔註26〕

「覽所撰書」方能「臨事不惑」，正是那一時代所撰類書臨事取用、方便檢索的共同功用所帶來的。

四、爲科舉考試提供參考用書

經過隋末戰亂，到了唐高祖即位之初，還沒有一定的選官制度。「武德中，天下兵革方息，萬姓安業，士不求祿，官不充員，吏曹乃移牒州府，課人應集，至則授官，無所退遣。」〔註27〕爲了改變這種官員缺乏、選官混亂的情況，「高祖武德四年四月十一日，敕諸州學士及白丁，有明經及秀才、俊士，明於理體，爲鄉曲所稱者，委本縣考試，州長重複，取上等人，每年十月隨物入貢。」〔註28〕這份詔書明確規定了「諸州學士及白丁」「爲鄉曲所稱者」，經過縣、州兩級考試，合格者於每年十月再到朝廷應試，解決了生徒和鄉貢的來源問題。武德五年三月，唐高祖的一份薦舉詔書，爲這個政策再一次起了推波助瀾的作用。此詔云：「擇善任能，救民之要術；推賢進士，奉上之良規。自古哲王，弘風闡化，設官分職，惟才是與。然而巖穴幽居，草萊僻陋，被褐懷珠，無因自達。實資選眾之舉，固藉左右之容，義自搜揚，理宜精擢……末葉澆僞，名實相乖，取非其人，濫居班秩，流品所以未穆，庶職於是隳廢。朕膺圖馭宇，寧濟兆民，思得賢能，用清治本。招選之道，宜革前弊；懲勸之方，式加常典。苟有才藝，所貴適時，潔己登朝，無嫌自進。宜令京官五

〔註26〕同註25，第133頁。
〔註27〕〔唐〕杜佑：《通典》，載《景印文淵閣四庫全書》，臺灣商務印書館，1983年版。
〔註28〕〔五代〕王定保撰，姜漢椿校注：《唐摭言校注》，上海社會科學院出版社，2003年1月第1版，第293頁。

品以上及諸州總管、刺史各舉一人。其有志行可錄，才用未申，亦聽自舉，具陳藝能，當加顯擢，授以不次，賞罰之科，並依別格。」〔註29〕這份詔書，明確了國家設科公開招考，士人可以「自進」、「自舉」的報考辦法，宣告以考試爲中心選拔官員的科舉制度得到恢復。《唐摭言》載：「至（武德）五年十月，諸州共貢明經一百四十三人，秀才六人，俊士三十九人，進士三十人。十一月引見，敕付尚書省考試；十二月吏部奏付考功員外郎申世寧考試，秀才一人，俊士十四人，所試並通，敕放選與理入官；其下第人各賜絹五匹，充歸糧，各勤修業。自是考功之試，永爲常式。」〔註30〕唐高祖在位時間不長，卻重開科舉，並形成以後每年開科的慣例，實爲英明之舉。

從整個唐代來看，科舉有常設科目、非常設科目和特設科目。《新唐書‧選舉志》載：「唐制，取士之科，多因隋舊，然其大要有三。由學館者曰生徒，由州縣者曰鄉貢，皆陞於有司而進退之。其科之目，有秀才，有明經，有俊士，有進士，有明法，有明字，有明算，有一史，有三史，有開元禮，有道舉，有童子。而明經之別，有五經，有三經，有二經，有學究一經，有三禮，有三傳，有史科。此歲舉之常選也。其天子自詔者曰制舉，所以待非常之才焉。」〔註31〕其中秀才、明經、俊士、進士、明法、明字、明算爲常設科目，三傳、三禮、童子、道舉等爲非常設科目，制舉爲特設科目。實際上，唐朝經常舉行的是秀才、明經、進士、明法、明字、明算等六科。常科考試，明經與進士兩科的人最多。

唐朝初年科舉考試的科目，《封氏聞見記》載：「國初，明經取通兩經，先帖文，乃按章疏試墨策十道；秀才試方略策三道；進士試時務策五道。考功員外職當考試。其後舉人憚於方略之科，爲秀才者殆絕，而多趨明經、進士。」〔註32〕《唐會要》載：「先時，進士但試策而已，思立以其庸淺，奏請帖經及試雜文。自後因以爲常式。」〔註33〕《通典》載：「自是士族所趨向，唯明經、進士二科而已。其初止試策。貞觀八年詔加進士試讀經史一部。至

〔註29〕 〔唐〕李淵著，韓理洲輯校編年：《唐高祖文集輯校編年》，三秦出版社，2002年7月第1版，第214頁～215頁。

〔註30〕 同註28，第293頁。

〔註31〕 〔宋〕歐陽修、宋祁：《新唐書‧選舉志》，中華書局，1975年2月第1版，第1159頁。

〔註32〕 〔唐〕封演撰，趙貞信校注：《封氏聞見記校注》，中華書局，2005年11月第1版，第15頁。

〔註33〕 同註14，第1379頁。

調露二年，考功員外郎劉思立始奏二科並加帖經，其後又加《老子》、《孝經》，使兼通之。」〔註 34〕這些記載說明，唐初進士科考試，祗有試時務策一項，貞觀八年加讀經史一部，帖經及雜文爲調露二年（680 年）劉思立所奏加。

在重開科舉的形勢下，《藝文類聚》的編纂就不能不考慮到科舉的需要了。路林指出：「有唐一代，類書編纂，卷帙浩繁，其數近萬，『致力之勤，成書之眾，較之齊梁，蓋又過之』。這既是封建盛世文治繁榮的特徵，又與唐代科舉文化密切相關，開一代風尚，後世各朝仿之。唐代官修類書集中在『安史之亂』以前各朝，始於高祖武德五年歐陽詢奉敕撰《藝文類聚》，是爲開科舉明年。《藝文類聚》打破了類書『徵事』常規體制，並事文於一體。……這種體裁與唐朝初年開創科舉、學校制度有關。」〔註 35〕「事」與「文」兼備於一書的體例，是爲了適應科舉的需要。「事」可以供選材、取事之用，是作文資料庫；「文」可供閱讀、揣摩，是範文選本。兩者的有機結合，說明《藝文類聚》是爲科舉考試編寫的參考書。

《類書的沿革》說：「《藝文類聚》一書又是爲了當時科舉考試而編纂的。如卷八十一『藥香草部上』，首列『藥』，次列『空青』、『勺藥』、『百合』、『菟絲』、『女蘿』……直至『愼火』、『卷施』。以藥一條來看，人們以爲可以據此找到什麼『藥方』，但除首引『《本卓經》曰，太一子曰：『凡藥上者養命，中者養性，下者養病』外，其餘皆是大量從《禮記》、《左傳》、《尚書》、《論語》、《史記》、《淮南子》、《漢書》、《魏志》等書中，鈔引有關宣傳儒家教義和迷信鬼神的條文，以及鈔列有關『藥』的『詩』等等。可見，該書完全是爲科舉考試而編撰的。而科舉考試所能闡發的思想也就在這類類書中先定好了一個框子，然後叫人依樣畫葫蘆，可見這種類書完全是爲統治者進行思想統治服務的。」〔註 36〕由於唐初科舉還不完善，考試科目和內容也處在變動之中，《藝文類聚》爲科舉服務的目的是間接的，而不是直接的。一方面，它輯錄要事，供「檢事」之用，爲寫作提供材料；另一方面，它輯錄要文，供「看文體」之用，爲寫作提供範例。把「檢事」和「看文體」的功能二合一，尋檢起來十分方便。「檢事」之事，不完全是針對科舉考試的內容而輯錄的，祗是給科舉考試提供一定的寫作素

〔註 34〕 同註 27。

〔註 35〕 路林：《唐代科舉文化、類書與目錄學》，載《圖書館學研究》1987 年第 5 期，第 46 頁。

〔註 36〕 戴克瑜、唐建華主編：《類書的沿革》，四川省圖書館學會編印，1981 年，第 28 頁。

材；「看文體」的文體，也不就是科舉考試中的文體，衹是給科舉考試的寫作提供一般的方法上的借鑒；所以，《藝文類聚》服務於科舉的目的是間接的。

第二節　《藝文類聚》的編纂主導思想

按照慣常的編纂方式，類書是將有關的資料分散拆解，分門別類地編排成書。受類書這種編纂方式的限制，編者衹能對原始資料進行篩選、摘抄，要忠實原文，不能憑藉主觀好惡妄加損益纂改。類書基本上是「述而不作」的。

「述而不作」是孔子在傳授古代文化時提出的一個原則。《論語·述而》云：「述而不作，信而好古，竊比於我老彭。」朱熹云：「述，傳舊而已。作，則創始也。故作非聖人不能，而述則賢者可及。」〔註37〕朱熹的話源自《禮記·樂記》：「故知禮樂之情者能作，識禮樂之文者能述。作者之謂『聖』，述者之謂『明』。」〔註38〕張舜徽對「作」與「述」的解釋是：「凡是前無所承，而係一個人的創造，這才叫做『作』，也可稱『著』；凡是前有憑藉，而但加以編次整理的功夫，這自然衹能叫做『述』。」〔註39〕「述而不作」的基本精神，爲後代類書的編者所繼承。現在許多學者都認爲《藝文類聚》等類書的編纂是「述而不作」的。黃剛認爲：「我國古代類書的基本特點之一是『述而不作』，即編纂人僅僅徵引編排他人（主要是前代人）的著作，自己不作論述。這一基本特點使類書不同於學術著作或現代的百科全書。」〔註40〕賀修銘也指出：「從文化背景上看，類書的述而不作則是中國傳統思維方式的集中體現。……中國傳統思維方式衹是體知而非認知，……述而不作正是這種體知思維方式的反映。衹可意會不可言傳的思維方式決定：任何超出原有記載知識的文字都是多餘的。它不強調個人的重新認知。……類書的編纂直接在這種思維方式的制約之下，僅限於對原有知識記錄的重新排比，而鮮有編纂者的個人見解。」〔註41〕兩位學者的論述，均在闡發一個觀點：類書是述而不

〔註37〕　朱熹：《四書章句集注》，中華書局，1983 年 10 月第 1 版，第 93 頁。

〔註38〕　〔漢〕鄭玄注，〔唐〕孔穎達等正義：《禮記正義》，載〔清〕阮元校刻：《十三經注疏》，中華書局，1980 年 9 月第 1 版，第 1530 頁。

〔註39〕　張舜徽：《中國文獻學》，華中師範大學出版社，2004 年 3 月第 1 版，第 24 頁。

〔註40〕　黃剛：《從類書看古代分類法及主題法》，載《四川圖書館學報》1982 年第 1 期，第 44 頁。

〔註41〕　賀修銘：《興盛與歸宿——試論類書的政治與文化背景》，載《圖書館界》1988 年第 3 期，第 39～40 頁。

作的。作為類書，《藝文類聚》也應該是述而不作的。諸如類書是把各類有關資料抄錄在一起，類書是編者僅僅徵引編排他人（主要是前代人）的著作、自己不作論述等觀點，讓人感到類書好像祇是機械地照抄、照錄有關資料。眞正的情形是這樣嗎？請看下面幾個例子：

例一，《藝文類聚》卷五十三治政部下·薦舉：

> 《呂氏春秋》：百里奚之未遇時也，飯牛於秦，傳鬻以五羊之皮。公孫枝得之，獻諸繆公。三日，請屬事焉。公曰：「買之五羊之皮而屬事，無乃為天下笑乎？」枝曰：「信賢而任之，君之明也；讓賢而下之，臣之志也。境內將服，夫誰暇笑哉？」遂用之。謀無不當，舉必有功。〔註42〕

《呂氏春秋》通行本這段文字是這樣的：

> 百里奚之未遇時也，亡虢而虜晉，飯牛於秦，傳鬻以五羊之皮。公孫枝得而說之，獻諸繆公，三日，請屬事焉。繆公曰：「買之五羊之皮而屬事焉，無乃為天下笑乎？」公孫枝對曰：「信賢而任之，君之明也；讓賢而下之，臣之忠也。君為明君，臣為忠臣。彼信賢，境內將服，敵國且畏，夫誰暇笑哉？」繆公遂用之。謀無不當，舉必有功，非加賢也。〔註43〕

以上兩段的意思大致相同，但文字有幾處明顯的不同。

例二，《藝文類聚》卷三十三人部十七·報恩：

> 《晏子》曰：晏子以粟金遺北郭騷，騷辭金受粟，有聞，（汪紹楹校記曰：《晏子春秋》五、《太平御覽》四百七十九作「間」。）晏子見疑於景公，出奔，北郭子曰：「養及親者，身更其難。」遂造公廷曰：「晏子天下之賢，去齊，齊國必侵，不若先死。」乃自殺。公自追晏子，及郊而反之。〔註44〕

《晏子春秋》通行本這段文字是這樣的：

> 齊有北郭騷者，……晏子使人分倉粟府金而遺之，辭金受粟。有間，晏子見疑於景公，出犇，過北郭騷之門而辭。北郭騷沐浴而

〔註42〕 《藝文類聚》，第 956～957 頁。
〔註43〕 〔秦〕呂不韋輯，〔漢〕高誘注：《呂氏春秋》，載《諸子集成》，上海書店影印，1986 年 7 月第 1 版，第 151 頁。
〔註44〕 《藝文類聚》，第 581～582 頁。

見晏子曰：「夫子將焉適？」晏子曰：「見疑於齊君，將出犇。」北郭騷曰：「夫子勉之矣！」晏子上車太息而歎曰：「嬰之亡豈不宜哉！亦不知士甚矣。」晏子行，北郭子召其友而告之曰：「吾說晏子之義，而嘗乞所以養母者焉。吾聞之，養及親者身伉其難，今晏子見疑，吾將以身死白之。」著衣冠，令其友操劍，奉笥而從，造於君庭，求復者曰：「晏子，天下之賢者也，今去齊國，齊必侵矣。方見國之必侵，不若先死，請以頭托白晏子也。」因謂其友曰：「盛吾頭於笥中，奉以托。」退而自刎。其友因奉托而謂復者曰：「此北郭子爲國故死，吾將爲北郭子死。」又退而自刎。景公聞之，大駭，乘馹而自追晏子，及之國郊，請而反之。〔註45〕

兩段文字差異很大，《晏子春秋》通行本的敘述更完整。

例三，《藝文類聚》卷七十三雜器物部・卮：

《戰國策》曰：昭陽爲楚伐魏，覆軍殺將，得八城，移師而攻齊。陳軫爲齊王使，見昭陽，再拜謝，賀戰勝，起而曰：「臣竊譬，楚有祠者，賜其舍人酒一卮。舍人相謂曰：『數人飲之不足，一人飲之有餘。請畫地爲蛇，蛇先成者飲酒。』一人蛇先成，引酒且飲之，乃左手持卮，右手畫蛇，曰：『吾能爲之足。』足未成，一人蛇成，奪其卮曰：『蛇固無足，子安能爲之足？』遂飲酒。具游說篇。（筆者按，「游說篇」應作「人部說篇」。）〔註46〕

《藝文類聚》卷二十五人部九・說：

（《戰國策》）又曰：昭陽爲楚伐魏，移兵而攻齊。陳軫爲齊王使，見昭陽曰：「今子貴矣，王非置兩令尹也。臣竊爲公譬之，可乎？楚有祠者，錫其舍人酒一卮，舍人相謂曰：『數人飲之不足，一人飲之有餘。請畫蛇，先成者飲酒。』一人蛇先成，乃左手持卮，右手畫蛇曰：『吾能爲足。』爲足未成，一人之蛇成，奪其卮曰：『蛇故無足，子安能爲之足？』遂飲其酒，畫蛇足者終亡其酒。今公攻魏煞將，得八城。又移師欲攻齊，齊畏公甚，公以是名足矣，冠之上非可重也。戰無不勝而不知止者，身且死，爵且偃，猶爲蛇足也。」

〔註45〕　〔春秋〕晏嬰著，〔民國〕張純一校注：《晏子春秋校注》，載《諸子集成》，上海書店影印，1986 年 7 月第 1 版，第 147～148 頁。

〔註46〕　《藝文類聚》，第 1259 頁。

昭陽以爲然，解軍而歸。〔註47〕

《戰國策》通行本這段文字是這樣的：

> 昭陽爲楚伐魏，覆軍殺將得八城。移兵而攻齊。陳軫爲齊王使，
> 見昭陽，再拜賀戰勝，起而問：「楚之法，覆軍殺將，其官爵何也？」
> 昭陽曰：「官爲上柱國，爵爲上執珪。」陳軫曰：「異貴於此者何也？」
> 曰：「唯令尹耳。」陳軫曰：「令尹貴矣！王非置兩令尹也。臣竊爲公
> 譬，可也？楚有祠者，賜其舍人卮酒。舍人相謂曰：『數人飲之不足，
> 一人飲之有餘。請畫地爲蛇，先成者飲酒。』一人蛇先生，引酒且飲
> 之，乃左手持卮，右手畫蛇，曰：『吾能爲之足。』未成，一人之蛇
> 成，奪其卮曰：『蛇固無足，子安能爲之足？』遂飲其酒。爲蛇足者
> 終亡其酒。今君相楚而攻魏，破軍殺將得八城，不弱兵，欲攻齊，齊
> 畏公甚，公以是爲名居足矣，官之上非可重也。戰無不勝而不知止者，
> 身且死，爵且後歸，猶爲蛇足也。」昭陽以爲然，解軍而去。〔註48〕

迪過與存世版本的比對，發現《藝文類聚》引文的多寡與差異，主要不是書
籍版本不同造成的，而是編者引錄時的隨手改易、刪削。所以，《藝文類聚》
的「述而不作」不能理解爲照錄原文，而是在忠實原文的基礎上加以酌情改
易、適當刪削。雖然祇舉了三個例子，但這二個例子是有代表性的，可以窺
一斑而見全豹，足以說明《藝文類聚》全書的情況。

張舜徽認爲：「綜合我國古代文獻，從其內容的來源方面進行分析，不外
三大類。第一是『著作』，將一切從感性認識所取得的經驗教訓，提高到理性
認識以後，抽出最基本最精要的結論，而成爲一種富於創造性的理論，這才
是『著作』。第二是『編述』，將過去已有的書籍，重新用新的體例，加以改
造、組織的工夫，編爲適應於客觀需要的本子，這叫做『編述』。第三是『抄
纂』，將過去繁多複雜的材料，加以排比、撮錄，分門別類地用一種新的體式
出現，這成爲『抄纂』。三者雖同是書籍，但從內容實質來看，卻有高下淺深
的不同。」〔註49〕第一種可以叫做「作」，第二種和第三種可以叫做「述」。
雖然第二種和第三種的劃分，界限並不是很分明，彼此有交叉和難以界定之

〔註47〕　《藝文類聚》，第 444 頁。
〔註48〕　張清常、王延棟：《戰國策箋注》，南開大學出版社，1993 年 3 月第 1 版，第
　　　　　236 頁。
〔註49〕　同註39，第 25 頁。

處，但是，可以十分確定的是，《藝文類聚》編纂上的「述而不作」，是兼「編述」和「抄纂」二者而有之的。

以上分析是否說明，《藝文類聚》這樣的類書就不能體現出編者的主導思想了呢？不是的。《藝文類聚》在編纂上的「述而不作」，祇是一種相對的說法。相對於百科全書而言，它祇是按照原始文獻輯錄資料，這是「述而不作」的；但是，它不是機械地照抄、照錄有關資料，在材料取捨、體例設置等方面，均能體現出編者一定的思想傾向；從這個意義上說，則是「述而又作」的。《藝文類聚》體現了編者怎樣的主導思想呢？

一、以弘揚儒學爲要義

《藝文類聚》把弘揚儒學作爲編纂的主導思想，有其特定的歷史條件。《舊唐書・儒學傳》載：「近代重文輕儒，或參以法律，儒道既喪，淳風大衰，故近理國多劣於前古。自隋氏道消，海內版蕩，彝倫攸斁，戎馬生郊，先代之舊章，往聖之遺訓，掃地盡矣。」〔註50〕隋末唐初，戰亂之後，儒學衰微，急需重新振興。儒學具有「篤父子，正君臣，尚忠節，重仁義，貴廉讓，賤貪鄙，開政化之源，鑿生民之耳目，百王損益，一以貫之」的重要作用。〔註51〕經過隋朝末年的戰亂，唐初統治者深刻認識到儒學對於維護國家社會秩序的重要意義，積極致力於儒學的復興。唐太宗李世民在給大臣蕭德言的信中說：「自隋季版蕩，庠序無聞，儒道墜泥途，《詩》《書》塡坑穽。眷言墳典，每用傷懷。頃年已來，天下無事，方欲建禮作樂，偃武修文。卿年齒已衰，教將何恃！所冀才德猶茂，臥振高風，使濟南伏生，重在於茲日；關西孔子，故顯於當今。令問令望，何其美也！」〔註52〕這樣的觀點，表達了唐初統治者要重振儒學的普遍心態，代表了唐高祖、唐太宗兩代統治者對復興儒學的態度。

在武力征討天下取得勝利後，人們認識到文治的必要：「武爲救世之砭劑，文其膏粱歟！亂已定，必以文治之。否者，是病損而進砭劑，其傷多矣！然則武得之，武治之，不免霸且盜，聖人反是而王。故曰武創業，文守成，

〔註50〕〔後晉〕劉昫等：《舊唐書・儒學傳》，中華書局，1975年5月第1版，第4939～4940頁。

〔註51〕〔唐〕魏徵、令狐德棻：《隋書・儒林傳序》，中華書局，1973年8月第1版，第1705頁。

〔註52〕〔後晉〕劉昫等：《舊唐書・儒學傳・蕭德言傳》，中華書局，1975年5月第1版，第4952～4953頁。

百世不易之道也。若乃舉天下一之於仁義，莫若儒。」〔註53〕這就是說，在用武力取得政權之後，必須用儒家思想來加以治理，才是「百世不易之道」。唐高祖在崇儒興學方面有著幾項積極的舉措。（見本章第一節）學校的教學內容，主要是儒家經書：「凡教授之經，以《周易》、《尚書》、《周禮》、《儀禮》、《禮記》、《毛詩》、《春秋左氏傳》、《公羊傳》、《穀梁傳》各為一經；《孝經》、《論語》、《老子》，學者兼習之。」〔註54〕興辦學校和復興儒學二者是一致的。

武德二年（619年），高祖下詔曰：

> 盛德必祀，義存方策；達人命世，流慶後昆。建國君人，弘風闡教，崇賢彰善，莫尚於茲。自八卦初陳，九疇攸敘，徽章互垂，節文不備。爰始姬旦，匡翊周邦，創設禮經，尤明典憲。啟生人之耳目，窮法度之本源，化起《二南》，業隆八百；豐功茂德，冠於終古。暨乎王道既衰，頌聲不作，諸侯力爭，禮樂陵遲。粵芒宣父，天資睿哲；經綸齊、魯之内，揖讓洙、泗之間，綜理遺文，弘宣舊制。四科之教，歷代不刊；三千之文，風流無歇。惟茲二聖，道著群生，尊祀不修，明褒尚闕。朕君臨區宇，興化崇儒，永言先達，情深紹嗣。宜令有司於國子學立周公、孔子廟各一所，四時致祭。仍博求其後，具以名聞，詳考所宜，當加爵土。是以學者慕向，儒教聿興。〔註55〕

許凌雲對此做了這樣的分析：「這一詔書起碼有下述四點意思：第一，申明提倡儒學的重大意義，這是關係到『建國君人、弘風闡教、崇賢彰善』的頭等大事。第二，高度評價周公、孔子的偉大歷史貢獻。第三，表明『興化崇儒』的立場。第四，提出表彰周、孔的措施。應該說，唐高祖對復興儒學有相當清楚的認識。」〔註56〕

武德七年（624年）二月，高祖下《興學敕》：

> 自古為政，莫不以學為先，學則仁、義、禮、智、信五者具備，

〔註53〕〔宋〕歐陽修、宋祁：《新唐書·儒林傳》，中華書局，1975年2月第1版，第5637頁。

〔註54〕同註8，第558頁。

〔註55〕〔後晉〕劉昫等：《舊唐書·儒學傳》，中華書局，1975年5月第1版，第4940頁。

〔註56〕許凌雲：《中國儒學史》（隋唐卷），廣東教育出版社，1998年6月第1版，第83頁。

故能爲利博深。朕今欲敦本息末，崇尚儒宗，開後生之耳目，行先
王之典訓。而三教雖異，善歸一揆。豈有沙門事佛，靈宇相望；朝
賢宗儒，辟雍頓廢；王公以下，寧得不慚？朕今親自觀講，仍征集
四方胄子，冀日就月將，並得成業，禮讓既行，風教漸改，使期門
介士，比屋可封，橫經庠序，皆遵雅俗。諸公王子弟，並宜率先，
自相勸勵。賜學官胄子及五品以上各有差。〔註57〕

作爲開國君主，唐高祖親臨國子學釋奠，倡導文教，崇尙儒宗，明確表示他
「敦本息末」的意思就是尊崇儒學，以儒家思想治理國家。《興學敕》明言：
「三教雖異，善歸一揆」，表明了儒、釋、道並重的國策。（此點詳見下文）
經過隋朝末年的戰亂，唐初統治者深刻認識到儒學對於維護國家社會秩序的
重要意義，積極致力於儒學的復興。在崇儒這樣的大背景下編纂的《藝文類
聚》，自然是以弘揚儒學爲要義了。

　　《藝文類聚》以弘揚儒學爲要義，首先表現爲全書對儒家典籍的大量輯
錄。

　　《藝文類聚》輯錄的儒家經典，幾乎遍佈在它的所有子目。可以把《藝
文類聚》與《隋書・經籍志》著錄的著作做一比較，考察《藝文類聚》對儒
家著作收錄的情況。《隋書・經籍志》是唐初編纂的一部國家書目，分經史子
集四部排列，著錄的都是當時存世的著作，與《藝文類聚》的編者所見書籍
應該大體相同。《隋書・經籍志》著錄的儒家典籍，主要集中在經部和子部儒
家類。其經部包括易、書、詩、禮、樂、春秋、孝經、論語、圖緯、小學等
十類，主要是六經及解經著作；對於六經，《藝文類聚》多有收錄，如收錄《易》
54 條、《尙書》70 條、《詩》194 條等。

　　下面是《隋書・經籍志》子部儒家類著錄的著作及其《藝文類聚》對此
的收錄情況。

1. 《晏子春秋》七卷。齊大夫晏嬰撰。（《藝文類聚》輯錄 52 條）
2. 《曾子》二卷。目一卷。魯國曾參撰。（《藝文類聚》輯錄 4 條）
3. 《子思子》七卷。魯穆公師孔伋撰。（《藝文類聚》輯錄 1 條）
4. 《公孫尼子》一卷。尼，似孔子弟子。（《藝文類聚》未輯錄）
5. 《孟子》十四卷。齊卿孟軻撰，趙岐注。

〔註57〕〔宋〕宋敏求：《唐大詔令集》，載《景印文淵閣四庫全書》，臺灣商務印書館，
1983 年版。

《孟子》七卷。鄭玄注。

《孟子》七卷。劉熙注。(《藝文類聚》輯錄《孟子》31 條)

6. 《孫卿子》十二卷。楚蘭陵令荀況撰。(《藝文類聚》輯錄 46 條)

7. 《董子》一卷。戰國時,董無心撰。(《藝文類聚》輯錄 1 條)

8. 《魯連子》五卷。錄一卷。魯連,齊人,不仕,稱爲先生。(《藝文類聚》輯錄 10 條)

9. 《新語》二卷。陸賈撰。(《藝文類聚》輯錄 2 條)

10. 《賈子》十卷。錄一卷。漢梁太傅賈誼撰。(《藝文類聚》輯錄 1 條)

11. 《鹽鐵論》十卷。漢廬江府丞桓寬撰。(《藝文類聚》輯錄 18 條)

12. 《新序》三十卷。錄一卷。劉向撰。(《藝文類聚》輯錄 17 條)

13. 《說苑》二十卷。劉向撰。(《藝文類聚》輯錄 70 條)

14. 《揚子法言》十五卷、解一卷。揚雄撰,李軌注。

《揚子法言》十三卷。宋衷注。(《藝文類聚》輯錄《法言》6 條)

15. 《揚子太玄經》九卷。宋衷注。

《揚子太玄經》十卷。陸績、宋衷注。

《揚子太玄經》十卷。蔡文邵注。(《藝文類聚》輯錄《太玄經》4 條)

16. 《桓子新論》十七卷。後漢六安丞桓譚撰。(《藝文類聚》輯錄 19 條)

17. 《潛夫論》十卷。後漢處士王符撰。(《藝文類聚》輯錄 2 條)

18. 《中鑒》五卷。荀悅撰。(《藝文類聚》未輯錄)

19. 《魏子》三卷。後漢會稽人魏朗撰。(《藝文類聚》輯錄 1 條)

20. 《牟子》二卷。後漢太尉牟融撰。(《藝文類聚》未輯錄)

21. 《典論》五卷。魏文帝撰。(《藝文類聚》輯錄 13 條)

22. 《徐氏中論》六卷。魏太子文學徐幹撰。(《藝文類聚》輯錄 1 條)

23. 《王子正論》十卷。王肅撰。(《藝文類聚》未輯錄)

24. 《杜氏體論》四卷。魏幽州刺史杜恕撰。(《藝文類聚》輯錄 1 條)

25. 《顧子新語》十二卷。吳太常顧譚撰。(《藝文類聚》未輯錄)

26. 《譙子法訓》八卷。譙周撰。(《藝文類聚》未輯錄)

27. 《袁子正論》十九卷。袁準撰。(《藝文類聚》未輯錄)

28. 《新論》十卷。晉散騎常侍夏侯湛撰。(《藝文類聚》未輯錄)

29. 《志林新書》三十卷。虞喜撰。(《藝文類聚》未輯錄)

30. 《要覽》十卷。晉郡儒林祭酒呂竦撰。(《藝文類聚》輯錄 1 條)

31. 《正覺》六卷。梁太子詹事周舍撰。（《藝文類聚》未輯錄）

32. 《諸葛武侯集誡》二卷。（《藝文類聚》未輯錄）

33. 《眾賢誡》十三卷。（《藝文類聚》未輯錄）

34. 《女篇》一卷。（《藝文類聚》未輯錄）

35. 《女鑒》一卷。（《藝文類聚》未輯錄）

36. 《婦人訓誡集》十一卷。（《藝文類聚》未輯錄）

37. 《娣姒訓》一卷。（《藝文類聚》未輯錄）

38. 《曹大家女誡》一卷。（《藝文類聚》未輯錄）

39. 《貞順志》一卷。（《藝文類聚》未輯錄）

　　《隋書·經籍志》子部共著錄儒家著作 39 部（同一書的不同箋疏本未重複計算，亡書未計），《藝文類聚》輯錄其中的 22 部，佔整個儒家著作的 56%；輯錄的總條目為 301 條。

　　《藝文類聚》以弘揚儒學為要義，其次表現在具體類目對材料的選取上偏重儒家典籍。

　　可以用對比的方法來說明這個問題。《經律異相》和《藝文類聚》一樣，都是類書，所不同的是《經律異相》是一部佛教類書，南朝梁釋寶唱等編，是現存最古的大型佛教類書。全書正文 50 卷，分 22 部，分別是：天部、地部、佛部、諸釋部、菩薩部、僧部、諸國王部、諸國王夫人部、諸國王太子部、諸國王女部、長者部、優婆塞部、優婆夷部、外道儛人部、梵志部、婆羅門部、居士部、賈客部、庶人部、鬼神部、畜生部、地獄部。

　　兩書的部類設置有的是相同的，比如天部，兩書均有；所不同的是，在《藝文類聚》中「天」部下祇有一個以「天」命名的子目，而在《經律異相》的天部中卻有若干個以「天」命名的子目，它們是：

　　　三界諸天

　　　A. 欲界六天

　四天王天　忉利天　炎摩天　兜率天　化樂天　他化自在天　魔天

　　　B. 色界二十三天

　梵身天　梵輔天　梵眾天　大梵天　光天　少光天　無量光天　光音天　淨天　少淨天　無量淨天　遍淨天　嚴飾天　少嚴飾天　無量嚴飾天　嚴飾果實天　無想天　不煩天　無熱天　善見天　大善見天　色究竟天　摩醯首羅天

　　C.　無色四天〔註58〕

　　天，梵語音譯「提婆」。在佛教中，所謂「天」，主要是指有情眾生因各自所行之善業而感得的殊勝果報，為六道輪迴中的一種，稱為天道，或天趣，而不是人們通常理解的自然界的天。佛教還將眾生世間的生滅流轉變化，按其欲念和色欲存在的程度而分為欲界、色界、無色界三種，統稱為三界。此三界為處於生死流轉中的有情眾生生存的場所。欲界是指具有情欲、色欲、食欲、淫欲等各種欲念強烈的有情眾生所生存棲居的地方，以其欲念強盛，故稱為欲界。居住在欲界的眾生，從下往上，又可分為地獄、餓鬼、畜生、人、阿修羅、天六種，稱為「六道」。所以，佛教有三界六道說。佛教認為，天是有情眾生輪迴轉生的六道中最妙、最善，也是最快樂的去處，祗有修習「十善業道」者才能輪迴投生於天界。在六道中，以「天」一道，最勝最樂、最善最高。

　　《經律異相》天部收錄佛教關於天的各種說法。有欲界六天、色界二十三天、無色界四天。欲界六天由低向上，依次是四天王天、忉利天、炎摩天、兜率天、化樂天、他化自在天、魔天。欲界之上是色界，依次分為二十二層梵天。具體是：梵身天、梵輔天、梵眾天、大梵天、光天、少光天、無量光天、光音天、淨天、少淨天、無量淨天、遍淨天、嚴飾天、少嚴飾天、無量嚴飾天、嚴飾果實天、無想天、不煩天、無熱天、善見天、大善見天、色究竟天、摩醯首羅天。色界之上是無色界，其四天是空處智天、識處智天、無所有處智天、有想無想天。

　　《經律異相》中收錄的佛教關於「天」的資料，《藝文類聚》的編者完全未予收錄。《藝文類聚》「天部」子目「天」「事」的部分共輯錄 25 部著作的片段。分別是：五經及其它儒家著作 12 部：《周易》、《尚書》、《禮記》、《論語》、《春秋繁露》、《爾雅》、《春秋元命苞》、《太玄》、《禮統》、《廣雅》、《說苑》、《白虎通》。道家著作 4 部：《老子》、《莊子》、《文子》、《列子》。雜家著作 1 部：《呂氏春秋》。法家著作 1 部：《申子》。醫學著作 1 部：《黃帝素問》。天文學著作 2 部：《渾天儀》、《靈憲》。史學著作 2 部：《三五歷紀》、《蜀志》。類書 1 部：《皇覽記》（筆者按，應作《皇覽·塚墓記》，為《皇覽》中的一個子目或一篇。）楚辭著作 1 部：《楚辭·天問》。「文」的部分輯錄的詩有晉傅

〔註58〕〔南朝梁〕釋寶唱等：《經律異相》，載〔日〕高楠順次郎等：《（大正新修）大藏經》（第53卷），臺灣佛陀教育基金會據日本昭和間排印本再版，1990年。

玄《兩儀詩》、《天行篇》、《歌》，賦體有晉成公綏《天地賦》，贊體有晉郭璞《釋天地圖贊》，表體有宋顏延之《請立渾天儀表》。《藝文類聚》「天部」子目「天」下收錄的著作相當廣泛，但以儒家著作爲主，其次是道家著作。

通過以上分析可以看出，《藝文類聚》編纂的主導思想是以弘揚儒學爲要義的。馬振鐸等認爲：「自漢武帝『罷黜百家，獨尊儒術』起，中國的統治者、士階層、廣大民眾相繼接受了儒學。」但是，「他們三者接受儒學的出發點和方式存在著差異。統治者偏向於從工具的角度接受儒學；士階層偏向於從知識角度接受儒學；而民眾則以信仰的方式接受儒學。儘管他們接受儒學的出發點和方式不一，但儒學成爲他們共同的意識形態則是肯定的。自此以後，儒家思想即作爲全民族共同的思想構架參與中國社會生活方式的建構。在儒家思想的積極參與下，西漢中葉以後中國的政治、經濟、文化無不打上儒家的烙印，古老的中國文明因此也進入了儒家文明階段。」〔註59〕這段論述與《藝文類聚》編纂的實際情況亦完全吻合。

二、兼採佛、道

唐初雖有佛、道之爭，唐高祖也崇尚儒學，但總是試圖平衡儒、佛、道三者的關係。《冊府元龜》載：武德七年（624年）二月丁巳（17）日，「帝幸國子學，親臨釋奠，引道士、沙門、有學業者，與博士雜相駁難，久之乃罷。因下詔曰：『……三教雖異，善歸一揆。』」〔註60〕此詔書的全文已在上文中引錄，名《興學敕》。唐高祖親臨國子學釋奠，表明了倡導文教、崇尚儒宗的態度，同時也表明了儒、釋、道並重的國策。《舊唐書‧禮儀志》記載此次論辯的時間爲武德七年二月丁酉，與《冊府元龜》略有不同。《大唐新語》也記載了一次由唐高祖主持的論辯，但未寫明時間，據推測就是武德七年二月的這一次：「高祖嘗幸國學，命徐文遠講《孝經》，僧惠乘講《金剛經》，道士劉進嘉講《老子》。詔劉德明與之辯論。於是詰難鋒起，三人皆屈。高祖曰：『儒、玄、佛義各有宗旨，劉、徐等並當今傑才，德明一舉而蔽之，可謂達學矣。』賜帛五十疋。」〔註61〕這場論辯是在國家的最高學府國子監進行的，因此具

〔註59〕 馬振鐸、徐遠和、鄭家棟：《儒家文明》，中國社會科學出版社，1999年9月第1版，第62頁。
〔註60〕 〔宋〕王欽若等：《冊府元龜》，中華書局，1960年6月第1版，第557～558頁。
〔註61〕 同註25，第162頁。

有很大的影響力。這種由統治者組織和裁決的儒、佛、道三家的論辯，本身就預示著道教、佛教向新政權的屈服，也表明唐初統治者調和儒、佛、道，並以儒學統攝佛、道的治國理念。

下面的兩篇詔書，可以看出唐高祖對佛、道的基本政策。

其一是武德九年（626 年）三月頒佈的《問皇儲可否散廢僧尼詔》：

> 朕惟佛教之興，其來自昔。但僧尼入道，本斷俗緣，調課不輸，丁役俱免，理應盡形寺觀，履德居真，沒命釋門，清身養素。比年沙門乃多有愆過，違犯條章，干煩正術，未能益國利化，翻乃左道是修。佛戒雖有嚴科，違者都無懼犯，以此詳之，似非誠諦。今欲散除形像，廢毀僧尼，輒爾爲之，恐駭凡聽。佇子明言，可乎不可？

〔註62〕

其二是武德九年（626 年）四月二十二日頒佈的《沙汰佛道詔》：

> 門下：釋迦闡教，清靜爲先，遠離塵坵，斷除貪欲。所以弘宣勝業，修植善根，開導愚迷，津梁品庶。是以敷演經教，檢約學徒，調懺身心，捨諸染著，衣服飲食，咸資四輩。

> 自覺王遷謝，像法流行，末代陵遲，漸以虧濫。乃有猥賤之侶，規自尊高，浮惰之人，苟避徭役。妄爲剃度，託號出家，嗜欲無厭，營求不息。出入閭里，周旋闤闠，驅策畜產，聚積貨財。耕織爲生，估販成業，事同編戶，跡等齊人。進違戒律之文，退無禮典之訓。至乃親行劫掠，躬自穿窬，造作妖訛，交通豪猾。每罹憲綱，自陷重刑，黷亂真如，傾毀妙法。譬茲稂莠，有穢嘉苗；類彼淤泥，混夫清水。又伽藍之地，本曰淨居，棲心之所，理尚幽寂。近代以來，多立寺舍，不求閒曠之境，唯趣喧雜之方。繕采崎嶇，棟宇殊拓，錯舛隱匿，誘納姦邪。或有接近鄽邸，鄰邇屠酤，埃塵滿室，膻腥盈道。徒長輕慢之心，有虧崇敬之義。且老氏垂化，本貴沖虛，養志無爲，遺情物外。全真守一，是謂玄門，驅馳世務，尤乖宗旨。

> 朕膺期馭宇，興隆教法，志思利益，情在護持。欲使玉石區分，薰蕕有辨，長存妙道，永固福田，正本澄源，宜從沙汰。諸僧、尼、

〔註62〕 《唐護法沙門法琳別傳》（卷上）（《大正藏》五○函第 200 頁），轉引自〔唐〕李淵著，韓理洲輯校編年：《唐高祖文集輯校編年》，三秦出版社，2002 年 7 月第 1 版，第 287～288 頁。

道士、女冠等，有精勤練行、守戒律者，並令大寺觀居住，給衣食，
勿令乏短。其不能精進、戒行有闕、不堪供養者，並令罷退，各還
桑梓。所司明爲條式，務依法教，違制之事，悉宜停斷。京城留寺
三所，觀二所。其餘天下諸州，各留一所。餘悉罷之。〔註63〕

　　第一篇詔書說明，因爲「比年沙門乃多有愆過，違犯條章，干煩正術，
未能益國利化」，所以「欲散除形像，廢毀僧尼」，但是又擔心「駭凡聽」，故
問皇儲可否散廢僧尼。第二篇詔書說明，爲清靜佛門與玄門，正本澄源，要
「玉石區分，熏蕕有辨」，對「不能精進，戒行有闕者，不堪供養，並令罷退，
各還桑梓。」從以上兩篇詔書可以知道，唐初統治者雖然不排斥佛、道，但
也不允許其嗜欲無饜，誘納姦邪，氾濫發展。

　　在這樣一個大的社會背景下，《藝文類聚》對佛、道文獻的輯錄，自然要
比對儒家文獻的輯錄少得多，儘管如此，仍然能夠體現出儒、佛、道兼采的
特色。

　　對於佛教，《藝文類聚》特闢出兩卷，以「內典部」爲題，專門收錄這方
面的資料。卷七十六內典部上·內典「事」的部分，摘引了《後漢書》、《續
漢書》、釋道安《西域志》、支僧載《外國事》、《宋元嘉起居注》、《扶南記》、
《南州異物志》等書的資料，搜羅一些佛教故事，以及佛教聖地、佛教事物
的資料，如明帝夢金人遣使天竺、阿耨達山佛浴所、海中和訶條國、千葉白
蓮花、那竭王作金棺榱檀車送佛喪等。「文」的部分，詩輯錄了秦鳩摩羅什法
師《十喻詩》，宋謝靈運《石壁立招提精舍詩》、《過瞿溪石室飯僧詩》，宋謝
莊《八月侍華林曜靈殿八關齋詩》，梁武帝《十喻幻詩》、《如炎詩》、《靈空詩》、
《乾闥婆詩》、《夢詩》、《會三教詩》、《遊鍾山大愛敬寺詩》、《和太子懺悔詩》，
梁簡文帝《十空如幻詩》、《水月詩》、《如響詩》、《如夢詩》、《如影詩》、《鏡
象詩》、《蒙豫懺悔詩》、《往虎窟山寺詩》、《侍講詩》、《旦出興業寺講詩》、《和
會三教詩》、《夜望浮圖上相輪絕句詩》、《望同泰寺浮圖詩》，梁元帝《和劉尚
書侍講五明集詩》，梁昭明太子《玄圃講詩》、《鍾山解講詩》、《東齋聽講詩》、
《參講席將訖詩》、《同大僧正講詩》、《開善寺法會詩》，梁宣帝《奉迎舍利詩》，
梁沈約《八關齋詩》、《四城門詩》、《和王衛軍解講詩》，梁庾肩吾《和太子重
雲殿受戒詩》、《詠同泰寺浮圖詩》，梁劉孝綽《和昭明太子鍾山解講詩》，梁

〔註63〕　〔後晉〕劉昫等：《舊唐書·高祖本紀》，中華書局，1975 年 5 月第 1 版，第
　　　　　16～17 頁。

劉孝儀《和昭明太子鍾山解講詩》，梁釋慧《令和受戒詩》，梁王筠《和太子懺悔詩》，梁王臺卿《和望同泰寺浮圖詩》，周庾信《和同泰寺浮圖詩》、《詠闡弘二教詩》、《登雲居寺塔詩》，陳陰鏗《開善寺詩》、《游巴陵空寺詩》，陳張正見《陪衡陽王遊耆闍寺詩》。頌體輯錄了宋謝靈運《無量壽佛頌》，齊王融《淨住子歸信門頌》、《懺悔三業門頌》、《出家善門頌》、《在家善門頌》、《法門頌》，梁簡文帝《大法頌》、《玄圃園講頌》。贊體輯錄了宋謝靈運《聚幻贊》、《聚沫泡合贊》、《影響合贊》，隋江總《香贊》、《花贊》、《燈贊》、《幡贊》。碑體輯錄了梁元帝《荊州長沙寺阿育王像碑》，梁劉孝儀《雍州金像寺無量壽佛像碑》，梁劉勰《剡縣石城寺彌勒石像碑銘》，齊王巾《頭陁寺碑銘》，梁簡文帝《善覺寺碑銘》、《神山寺碑序》、《慈覺寺碑序》、《相宮寺碑》，梁元帝《善覺寺碑》、《鍾山飛流寺碑》、《曠野寺碑》、《郢州晉安寺碑銘》、《揚州梁安寺碑序》、《攝山棲霞寺碑》、《歸來寺碑》，梁沈約《法王寺碑》，梁陸倕《天光寺碑》，梁王筠《開善寺碑》，梁張綰《龍槃寺碑》，周王褒《善行寺碑》、《京師突厥寺碑》，陳徐陵《齊國宋司徒寺碑》，梁元帝《莊嚴寺僧旻法師碑》、《光宅寺大僧正法師碑》，梁王筠《國師草堂寺智者約法師碑》，梁沈約《比丘尼僧敬法師碑》，梁王僧孺《棲玄寺雲法師碑銘》，陳徐陵《東陽雙林寺傅大士碑》，隋江總《明慶寺尚禪師碑銘》、《建初寺瓊法師碑》。

　　卷第七十七內典部下‧寺碑沒有「事」的部分，祇有「文」的部分。碑體輯錄了後魏溫子升《寒陵山寺碑序》、《印山寺碑》、《大覺寺碑》、《定國寺碑序》，梁王僧孺《中寺碑》，梁任孝恭《多寶寺碑銘》，梁劉孝綽《棲隱寺碑》，北齊邢子才《景明寺碑》、《并州寺碑》，陳徐陵《孝義寺碑》，隋江總《大莊嚴寺碑》，梁元帝《荊州放生亭碑》，陳徐陵《長干寺眾食碑》。銘體輯錄了梁簡文帝《釋迦文佛像銘》、《彌陁佛像銘》、《維衛佛像銘》、《式佛像銘》、《迦葉佛像銘》、《釋迦文佛像銘》、《梁安寺釋迦文佛像銘》、《吳郡石像銘》，梁元帝《梁安寺剎下銘》，梁沈約《光宅寺剎下銘》、《瑞石像銘》，梁劉孝儀《平等剎下銘》，陳虞荔《梁同泰寺剎下銘》，陳徐陵《四無畏寺剎下銘》、《報德寺剎下銘》，陳江總《懷安寺剎下銘》、《鍾銘》、《優填像銘》，北齊邢子才《文襄王帝金像銘》、《獻武皇帝寺銘》。墓誌輯錄了梁簡文帝《同泰寺故功德正智寂師墓誌銘》、《宋姬寺慧念法師墓誌銘》、《甘露鼓寺敬脫法師墓誌銘》、《湘宮寺智茜法師墓誌銘》、《淨居寺法昂墓誌銘》，梁邵陵王《揚州僧正智寂法師墓誌銘》，梁陸倕《志法師墓誌銘》。表體輯錄了梁簡文帝《上大法頌表》。啓

體輯錄了齊王融《謝竟陵王示法制啓》、《法門頌啓》，梁昭明太子《謝敕齎銅造善覺寺塔露盤啓》，梁簡文帝《敕聽從舍利入殿禮拜啓》、《答同泰寺立刹啓》、《東宮上掘得慈覺寺鍾啓》，梁元帝《謝敕送齊王瑞像還啓》，梁邵陵王《答皇太子示大法頌啓》，梁沈約《上錢隨喜光宅寺啓》、《送育王像並上錢燭等啓》、《臨終勸加篤信啓》、《謝齊竟陵王示華嚴瓔珞啓》。序體輯錄了梁武帝《寶亮法師涅槃疏序》，梁元帝《法寶聯璧序》，梁沈約《內典序》。書體輯錄了梁簡文帝《與廣信侯書》、《答湘東王和受試詩書》。這些詩和文章，或為贊寺院與佛像的各體作品，或為詠佛教事物的篇什，或為佛寺的遊覽之作。

《藝文類聚》卷七十六和卷七十七內典部所輯錄的，大多不是佛教著作，但是記載的都是與佛教有關的事蹟。所輯錄的詩文，也均屬於佛教內容的作品，且以南朝作家為主，這正是佛教盛行的時期。

《藝文類聚》對道家文獻的輯錄情況如下：（前面是《隋書·經籍志》子部道家類著錄的書目，括號內為《藝文類聚》對此的輯錄情況）

1. 《鬻子》一卷。周文王師鬻熊撰。（《藝文類聚》輯錄 3 條）

2. 《老子道德經》二卷。周柱下史李耳撰。漢文帝時，河上公注。

   《老子道德經》二卷。王弼注。

   《老子道德經》二卷。鍾會注。

   《老子道德經》二卷、音一卷。晉尚書郎孫登注。

   《老子道德經》二卷。劉仲融注。

   《老子道德經》二卷。盧景裕撰。

   《老子音》一卷。李軌撰。

   《老子》四卷。梁曠撰。

   《老子指歸》十一卷。嚴遵注。

   《老子指趣》三卷。毌丘望之撰。

   《老子義綱》一卷。

   《老子義疏》一卷。顧歡撰。

   《老子義疏》五卷。孟智周私記。

   《老子義疏》四卷。韋處玄撰。

   《老子講疏》六卷。梁武帝撰。

   《老子義疏》九卷。戴詵撰。

   《老子節解》二卷。

　　《老子章門》一卷。(《藝文類聚》輯錄《老子》24 條)

3. 《文子》十二卷。(《藝文類聚》輯錄 21 條)

4. 《鶡冠子》三卷。楚之隱人。(《藝文類聚》輯錄 8 條)

5. 《列子》八卷。鄭之隱人列禦寇撰，東晉光祿勳張湛注。(《藝文類聚》輯錄 53 條)

6. 《莊子》二十卷。梁漆園吏莊周撰，晉散騎常侍向秀注。

　　《莊子》十六卷。司馬彪注。

　　《莊子》三十卷、目一卷。晉太傅主簿郭象注。

　　《集注莊子》六卷。

　　《莊子音》一卷。李軌撰。

　　《莊子音》三卷。徐邈撰。

　　《莊子集音》三卷。徐邈撰。

　　《莊子注音》一卷。司馬彪等撰。

　　《莊子音》三卷。郭象撰。

　　《莊子外篇雜音》　卷。

　　《莊子內篇音義》一卷。

　　《莊子講疏》十卷。梁簡文帝撰。

　　《莊子講疏》二卷。張譏撰。

　　《莊子講疏》八卷。

　　《莊子文句義》二十八卷。

　　《莊子內篇講疏》八卷。周弘正撰。

　　《莊子義疏》八卷。戴詵撰。

　　《南華論》二十五卷。梁曠撰。

　　《南華論音》三卷。(《藝文類聚》輯錄《莊子》161 條)

7. 《莊成子》十二卷。(《藝文類聚》未輯錄)

8. 《玄言新記明莊部》二卷。梁澡撰。(《藝文類聚》未輯錄)

9. 《守白論》一卷。(《藝文類聚》未輯錄)

10. 《任子道論》十卷。魏河東太守任嘏撰。(《藝文類聚》未輯錄)

11. 《唐子》十卷。吳唐滂撰。(《藝文類聚》輯錄 1 條)

12. 《杜氏幽求新書》二十卷。杜夷撰。(《藝文類聚》未輯錄)

13. 《抱朴子內篇》二十一卷、音一卷。葛洪撰。(《藝文類聚》輯錄 52

條）

14. 《孫子》十二卷。孫綽撰。（《藝文類聚》未輯錄）

15. 《符子》二十卷。東晉員外郎符朗撰。（《藝文類聚》輯錄 12 條）

16. 《夷夏論》一卷。顧歡撰。（《藝文類聚》未輯錄）

17. 《簡文談疏》六卷。晉簡文帝撰。（《藝文類聚》未輯錄）

18. 《無名子》一卷。張太衡撰。（《藝文類聚》未輯錄）

19. 《玄子》五卷。（《藝文類聚》未輯錄）

20. 《游玄桂林》二十一卷、目一卷。張譏撰。（《藝文類聚》未輯錄）

21. 《廣成子》十三卷。商洛公撰。張太衡注。（《藝文類聚》未輯錄）

　　《隋書・經籍志》子部共著錄道家著作 21 部（同一書的不同箋疏本未重複計算，亡書未計），其中《藝文類聚》輯錄 9 部，佔整個道家著作的 43％。輯錄的總條目爲 335 條。

　　對於道教，《藝文類聚》特闢出兩卷，以「靈異部」爲題，專門收錄這方面的資料。特別是卷七十八靈異部上・仙道輯錄的內容多與此有關。仙道「事」的部分，摘引了《史記》、《漢書》、《晉中興書》、《莊子》、《淮南子》、《列仙傳》、《神仙傳》、《關令內傳》、《眞人周君傳》、《漢武內傳》、《漢武故事》、《搜神記》、《神異經》、《十洲記》、《風俗通》、《異苑》等書的資料。這些資料，或描述各種仙境，或敘有關古人的仙道故事，如海上三神山、黃帝乘龍昇天、梅福棄妻歸隱成仙、葛洪屍解得仙、藐姑射之山神人、蕭史弄玉吹簫成仙、劉安成仙雞犬飛升、老子神奇降生、丁令威化鶴歸來等。「文」的部分，詩輯錄了魏文帝《遊仙詩》，魏陳王曹植《遊仙詩》、《五遊詠》、《遠遊詩》，晉何劭《遊仙詩》，晉張協《遊仙詩》，晉郭璞《遊仙詩》，晉成公綏《仙詩》，晉庾闡《遊仙詩》，晉張華《詠蕭史詩》、《遊仙詩》，晉湛方生《廬山神仙詩並序》，齊袁彖《遊仙詩》，齊陸慧曉《遊仙詩》，梁簡文帝《仙客詩》，梁元帝《和鮑常侍龍川館詩》，梁沈約《華山館爲國家營功德詩》、《和竟陵王遊仙詩》、《赤松澗詩》、《和劉中書仙詩》、《沈道士館詩》，梁王筠《東南射山詩》，梁庾肩吾《道館詩》，陳周弘正《和庾肩吾詩》，周王褒《過臧矜道館詩》，周庾信《和趙王遊仙詩》、《道士步虛詞》，周蕭撝《和梁武陵王遙望道館詩》、陳張正見《游匡山簡寂館詩》、陳陰鏗《遊始興道館詩》、《賦詠得神仙詩》。賦輯錄了漢司馬相如《大人賦》，後漢桓君山《仙賦》，後漢黃香《九宮賦》，晉陸機《列仙賦》、《陵霄賦》，梁陶弘景《水仙賦》、《雲上之仙風賦》，梁江淹《丹砂可學賦》。頌體輯錄了魏陳王曹植《玄俗

頌》，晉牽秀《老子頌》、《彭祖頌》、《王喬赤松頌》。贊體輯錄了晉陸機《王子喬贊》，晉湛方生《老子贊》，晉郭璞《馮夷贊》，宋孝武帝《洞井贊》，梁江淹《王子喬贊》、《陰長生贊》、《白雲贊》、《秦女贊》。碑體輯錄了齊孔稚圭《玄館碑》，梁簡文帝《招眞館碑》，梁元帝《南嶽衡山九眞館碑》、《青溪山館碑》，梁沈約《善館碑》、《桐柏山金庭館碑》，梁陶弘景《許長史舊館壇碑》、《茅山長沙館碑》、《太平山日門館碑》，陳沈炯《林屋館記》、陳徐陵《天台山館徐則法師碑》。銘體輯錄了梁陶弘景《茅山曲林館銘》，周王褒《靈壇銘並序》、《館銘》。書體輯錄了梁沈約《與陶弘景書》，梁陶弘景《答朝士訪仙佛兩法體相書》。論體輯錄了魏陳王曹植《辯道論》，晉庾闡《列仙論》。文的部分輯錄的作品大致分爲兩大類，一是遊仙詩、神仙詩、道館詩等，以及道館的碑記；二是對神仙和道教傳奇人物的詠贊。《藝文類聚》卷七十八靈異部上・仙道所輯錄的，大多不是道教著作，但是記載的都是與道教有關的事蹟；所輯錄的詩文，也均屬於道教內容的作品。

三、追求善與美

　　任何一部類書都是特定的政治與文化條件下的產物，都要留下鮮明的時代印跡，同時，還要受著傳統倫理價值觀念的影響，這種影響是巨大的，貫穿於一部類書編纂的始終。《藝文類聚》編纂於唐初那樣一個社會大動盪的年代之後，在戰爭中，人們看到善良的天性被踐踏，美好的事物被毀壞，因此，更希望恢復平靜與秩序，不再有仇殺與顛覆、誅伐與征戰。彰顯善與美，抑制惡與醜，傳統的倫理價值觀逐步復甦。這無疑要影響到《藝文類聚》的編纂。

　　賀修銘說：「中國傳統政治文化是以『求善』爲目標的『倫理型』，由此產生了勸善懲惡，有害無害的價值判斷觀念。類書內容的取捨、取材範圍的擬定正是以『求善』爲座右銘的，⋯⋯『求善』也就成爲類書內容取捨的準尺和原則。而『求善』正是以維護統治階級利益爲出發點的。類書的取材來源不外乎經史子集四大類典籍。然經部幾乎皆是儒家經典，史部則是歷代正史，子部集部內容也不能與統治階級的意志相違背。」〔註64〕「求善」的觀念與中國傳統的倫理道德觀是一脈相承的，同時也體現了《藝文類聚》的編者融合儒、道、佛的編纂理念。

〔註64〕賀修銘：《興盛與歸宿——試論類書的政治文化背景》，載《圖書館界》1988年第3期，第37～38頁。

在儒家倫理思想中，善與惡是概括道德行爲與非道德行爲的一對基本概念。具有積極的道德意義的言行及結果，被稱爲善，反之則被稱爲惡。一般認爲，凡是美好、完滿、眞誠的品德和言行都是善的。《尚書·畢命》講「彰善癉惡，樹之風聲」，〔註65〕就是在這個意義層面上使用的。春秋戰國之際，儒家提倡「善」，「善」遂演化爲政治倫理概念。善與惡的劃分，是基於仁、義、禮、智、信的道德準則。這個道德準則是有一個形成過程的。孔子談到仁、義、禮、智、聖，但並沒有把這五者並列，而是分別敍述的。但孔子曾將「知（智）、仁、勇」三者稱爲「天下之達德」，〔註66〕又將「仁、義、禮」組成一個系統，曰：「仁者，人也，親親爲大；義者，宜也，尊賢爲大。親親之殺，尊賢之等，禮所生焉。」〔註67〕以親愛親人爲最大的仁，以尊敬賢人爲最大的義，禮是由此產生的。孟子在仁、義、禮之外加入「智」：「仁之實，事親是也；義之實，從兄是也；智之實，知斯二者弗去是也；禮之實，節文斯二者是也。」〔註68〕孟子亦云：「君子所性，仁義禮智根於心」，〔註69〕就是說仁義禮智的道德是天賦的，是人心所固有的，是人的「良知、良能」。董仲舒又加入「信」，曰：「夫仁誼（義）禮智信五常之道，王者所當修飭也；五者修飭，故受天之祐，而享鬼神之靈，德施於方外，延及群生也。」〔註70〕將仁、義、禮、智、信說成是與天地一樣長久的經常法則即常道，稱爲「五常」。「五常」說的特點是：將仁、義、禮、智、信與五行相匹配，把純人倫的東西納入天道五行的範疇，從而爲仁、義、禮、智、信提供哲學依據，形成「五常之道」。董仲舒認爲這是王者所當著力修飭的。他是從治理國家的角度，把「五常」作爲實現禮樂教化的必由之路的。

孔子曾經對「善」的缺失，表現出憂慮。《論語·述而》載：「子曰：『……不善不能改，是吾憂也。』」〔註71〕孔子對「善」是汲汲以求的。《論語·述

〔註65〕 〔漢〕孔安國傳，〔唐〕孔穎達等正義：《尚書正義》，載〔清〕阮元校刻：《十三經注疏》，中華書局，1980 年 9 月第 1 版，第 245 頁。

〔註66〕 同註 38，第 910 頁。

〔註67〕 同註 38，第 910 頁。

〔註68〕 〔戰國〕孟軻著，〔清〕焦循撰：《孟子正義》，載《諸子集成》，上海書店影印，1986 年 7 月第 1 版，第 313 頁。

〔註69〕 同註 68，第 534～535 頁。

〔註70〕 〔漢〕班固撰，〔唐〕顏師古注：《漢書·董仲舒傳》，中華書局，1962 年 6 月第 1 版，第 2505 頁。

〔註71〕 〔清〕劉寶楠：《論語正義》，載《諸子集成》，上海書店影印，1986 年 7 月第 1 版，第 136 頁。

而》又載：「子曰：『三人行，必有我師焉：擇其善者而從之，其不善者而改之。』」〔註72〕孔子提倡「善」，主張尊善屏惡，改惡從善。例如：《論語・爲政》載：「子曰：『……舉善而教不能，則勸。』」〔註73〕《論語・顏淵》載：「孔子對曰：『子爲政，焉用殺？子欲善而民善矣。』」〔註74〕《論語・子路》載：「如其善而莫之違也，不亦善乎？如不善而莫之違也，不幾乎一言而喪邦乎？」〔註75〕孟子提出的「善」的內容更具體。《孟子・告子》載：「惻隱之心，仁也；羞惡之心，義也；恭敬之心，禮也；是非之心，智也。仁、義、禮、智，非由外鑠我也，我固有之也。」〔註76〕孟子所謂善就是指人內心具有的惻隱之心、羞惡之心、恭敬之心、是非之心，以及在此基礎上形成的仁、義、禮、智四種德行。在《孟子》中，言及「善」、「善性」、「善道」、「善教」、「善政」、「善人」、「善士」等，多達幾十處，如《孟子・盡心下》載：「『何謂善，何謂信？』曰：『可欲之謂善，有諸己之謂信，充實之謂美，充實而有光輝之謂大，大而化之之謂聖，聖而不可知之之謂神。』」〔註77〕意思是說，可以追求的叫做善，爲自身所擁有叫做信，充實在身上就叫美，既充實又有光輝就叫大，既大又能感化萬物就叫聖，聖到妙不可知就叫神。孟子所說的「信」，是指「眞誠」。在孟子看來，「善」與「眞」、「美」是同一系列的概念。

　　道家也十分推崇「善」。《老子》云：「天道無親，常與善人。」〔註78〕就是說，自然之道無所偏愛，它總是向著善人。《老子》又云：「善者吾善之，不善者吾亦善之，德善。」〔註79〕善的我看作善，不善的我也看作善，就能得到善。善者吾善之，大概很容易做到；不善者吾亦善之，就很難做到了。爲了追求「善」，老子告訴人們要有「以德報怨」的寬容精神。《文子》云：「非崇善廢醜，不向禮義，無法不可以爲治，不知禮義，不可以行法。」〔註80〕不崇尙善廢除醜，不嚮往禮義，沒有法度就不可以爲治，不懂得禮義，就不可以施行法律。崇善廢醜，才能使百姓心向禮義。《文子》認爲：「日化上而

〔註72〕同註71，第146頁。
〔註73〕同註71，第35頁。
〔註74〕同註71，第275頁。
〔註75〕同註71，第290頁。
〔註76〕同註68，第446頁。
〔註77〕同註68，第585頁。
〔註78〕任繼愈：《老子新譯》，上海古籍出版社，1985年5月第2版，第231頁。
〔註79〕同註78，第165～166頁。
〔註80〕李德山：《文子譯注》，黑龍江人民出版社，2003年1月第1版，第311頁。

遷善，不知其所以然，治之本也。」〔註81〕治之本，是統治者做出楷模，去感化百姓，使他們棄惡從善，在不知不覺中受到薰染。「遷善」應順應自然，正是黃老道家的主張。《文子》還認爲「爲善」是容易做到的：「天下莫易於爲善，莫難於爲不善。所謂爲善者，靜而無爲，適情辭餘，無所誘惑，循性保眞，無變於己，故曰爲善易也。」〔註82〕

道教由道家神仙派演變而成，同樣十分推崇「善」。《墉城集仙錄》載：「人有一善，則心定神安；有十善，則氣力強壯；有百善，則寶瑞降之；有千善，則後代神眞；有二千善，則爲聖眞仙將史；有三千善，則爲聖眞仙曹掾；有四千善，則爲天下師聖眞仙主統；有五千善，則爲聖眞仙魁師；有六千善，則爲聖眞仙卿大夫；有七千善，則爲聖眞仙公主王；有八千善，則爲聖眞仙皇帝；有九千善，則爲元始五帝。君有一萬善，則爲太上玉皇帝。元君曰：萬善之基，亦在三業十善相生，至於萬善。行善益算，行惡奪算。賞善罰惡，各有職司；報應之理，毫分無失。長生之本，惟善爲基也。戒之，勉之。」〔註83〕不僅認爲修善可以成福，而且認爲「善」乃「長生之本」。勸善成仙，同樣也是道教一種烏托邦式的道德理想主義。《太上妙始經》載：「諸賢者若能行善無惡，功德備足者，可得白日昇天。」〔註84〕這種勸人行善積德之說，對淨化社會、端正民風，可以起到一定的積極作用。

善也是佛教倫理的範疇。《增一阿含經》載：「諸惡莫作，諸善奉行，自淨其意，是諸佛教。」〔註85〕《出曜經》載：「『諸惡莫作』者，諸佛世尊教誡後人三乘道者，不以修惡而得至道，皆習於善自致道跡。是故說曰：『諸惡莫作』也。『諸善奉行』者，彼修行人普修眾善。唯自瓔珞具足眾德。見惡則避恒修其善。所謂『善』者，止觀妙藥燒滅亂想。是故說曰：『諸善奉行』。『自淨其意』者，心爲行本招致罪根。百八重根難解之結纏裹其心，欲、怒、癡盛，憍慢、慳嫉，種諸塵垢，有此病者則心不淨。行人執志自練心意使不亂想，如是不息便成道根。是故說曰：『自淨其意』也。『是諸佛教』者，如來

〔註81〕 同註80，第222頁。
〔註82〕 同註80，第225頁。
〔註83〕 〔唐〕杜光庭：《墉城集仙錄》，載《道藏》（第18冊），文物出版社、上海書店、天津古籍出版社，1987年，第166頁。
〔註84〕 無名氏：《太上妙始經》，載《道藏》（第11冊），文物出版社、上海書店、天津古籍出版社，1987年，第433頁。
〔註85〕 〔東晉〕瞿曇僧伽提婆譯：《增一阿含經》，載《大正新修大藏經》，第二卷，第551頁。

演教禁戒不同，戒以檢形義以攝心。佛出世間甚不可遇，猶如優曇鉢花億千萬劫時時乃有。是故如來遺誡教化，賢聖相承以至今日。禁戒不可不修！惠施不可不行！吾所成佛王三千者，皆由禁戒惠施所致也。是故說曰：『是諸佛教』。〔註86〕以上兩段文字闡明了佛教的本質：它是一種勸人止惡揚善的宗教。

從以上分析看出，求善的思維是儒、道、佛共同的出發點。在這樣的文化背景下，《藝文類聚》的編纂，何嘗不是如此呢？

郭紹林說：「《藝文類聚》在內容的取捨方面，體現出追求真善美的強烈傾向，很注意采集正面材料，擯棄反面材料。《帝王部》祗輯錄歷代賢明的或正常的君主，對於歷來認為是荒淫殘暴、禍國殃民篡權奪位的統治者，如夏桀、商紂王、秦始皇、秦二世、王莽、陳後主、隋煬帝等等，一概不予介紹。《人部》列有《美婦人》、《賢婦人》二目，排除了對醜婦人、惡婦人的介紹。《人部》列有《聖》、《賢》、《忠》、《孝》、《德》、《讓》、《智》、《友悌》、《公平》、《品藻》、《質文》、《鑒誡》、《諷》、《諫》等目，極盡勸善之能事；其後以很小的篇幅列出《妒》、《淫》二目（也算是對婦女惡劣行為的介紹），輔之以誡惡。《藝文類聚》如此苦心孤詣，正是儒家重視教化、重視書籍的潛移默化功能的反映。」〔註87〕《藝文類聚》子目資料的摘錄，是如何體現追求善與美的傾向的？請看下面幾例：

1. 卷二天部下‧雪：

《毛詩》曰：北風其涼，雨雪其雱。又曰：今我來斯，雨雪霏霏。……又曰：雨雪瀌瀌，見晛日消。……《穆天子傳》曰：雨雪，天子獵于鈃山之西阿。又曰：北風雨雪，天子游黃臺之丘，驚於苹澤。日中大寒，北風雨雪，有凍人，天子作黃竹詩。《晏子春秋》曰：景公時，雨雪三日，公被狐白之裘。晏子入，公曰：『怪哉，雨雪三日不寒。』晏子曰：『古之賢君，飽而知人饑，溫而知人寒。』公曰：『善。』出裘發粟，以與饑寒者。』《王孫子》曰：昔衛君重裘累茵而坐，見路有負薪而哭之者，問曰：『何故也？』對曰：『雪下衣薄，是以哭之。』於是衛君懼，見於顏色，曰：『為君而不知民，孰以我為君？』於是開府金，出倉粟，以賑貧窮。……《漢書‧蘇武傳》

〔註86〕 姚秦涼州沙門竺佛念譯：《出曜經》，載《大正新修大藏經》，第四卷，第741頁。

〔註87〕 郭紹林：《歐陽詢與〈藝文類聚〉》，載《洛陽師專學報》1996年第1期，第89～90頁。

曰：單于幽武，置大窖中，絕不與飲食。天雨雪，武臥齧雪，與旃
毛并咽之，數日不死，匈奴以爲神。……《晉諸公贊》曰：東嬴王
滕於常山屯營。時大積雪，常山門前方數丈融液，滕怪而掘之，得
玉馬，高尺餘。……皇甫謐《高士傳》曰：焦先野火燒其廬，先因
露寢，遭大雪至，先袒臥不移，人以爲死，就視如故。《世說》曰：
謝太傅寒雪日內集，與兒女講論文義。俄而雪驟，公欣然曰：「白雪
紛紛何所似？」兄子胡兒曰：「散鹽空中差可擬。」兄女曰：「未若
柳絮因風起。」《語林》曰：王子猷居山陰，大雪夜，眠覺，開室酌
酒，四望皎然，因起徬徨。詠左思《招隱詩》，忽憶戴安道，時戴在
剡溪，即便夜乘輕舩就戴。經宿方至，既造門，不前便返，人問其
故，王曰：「吾本乘興而行，興盡而返，何必見戴？」……孫康家貧，
常映雪讀書，清介，交遊不雜。（汪紹楹校記曰：本條《初學記》二、
御覽十二引作《宋齊語》，此脫書名。）……〔註88〕

關於「雪」的描繪，沒有提到暴雪、淫雪、雪災，沒有提及雪後的肅殺。即
使有描寫大雪的句子，也是「雨雪其霏」、「雨雪瀌瀌」、「北風雨雪」等而已。
寫到雪後奇寒，也是像《穆天子傳》記載的，寫雪後詠詩等富有詩意的場景。
《晏子春秋》、《王孫子》等記載的雪後賑濟災民的故事，更具有褒揚國君恩
德的作用。《漢書‧蘇武傳》所記蘇武北海齧雪吞旃的悲壯之舉，並非要渲染
北部邊地的風暴雪猛，而是要表現蘇武不屈的民族氣節。另外，如「映雪讀
書」、「雪夜訪戴」、「謝道韞詠雪」等故事，也均具有教化意義。《晉諸公贊》、
皇甫謐《高士傳》等所引故事，與上不同，則有幾分神異色彩。雪景之美、
雪後濟民、踏雪訪友、道韞詠雪等「善」的一面被加以收錄，而雪之惡，則
一概摒棄。

2. 卷六地部‧峽：

《續漢書》曰：虞詡爲武都太守，下辯東三十里，有峽，中有
大石，鄣塞水流，春夏輒潰溢，敗壞城郭。詡使人燒石，以水灌之，
石皆坼裂，因鐫去，遂無沉溺之害。庾仲雍《荊州記》曰：巴楚有
明月峽、廣德峽、東突峽，今謂之巫峽、秭歸峽、歸鄉峽。袁山松
《宜都記》曰：自西陵泝江西北行三十里，入峽口，其山行周迴隱
映，如絕復通，高山重嶂，非日中夜半，不見日月也。鄧德明《南

〔註88〕《藝文類聚》，第21～23頁。

康記》曰：雩都峽去縣百里，兩邊傍江，江廣三十餘丈，高嶺稠疊，連巖石峙，其水常自激涌，奔轉如輪，春夏洪潦，經過阻絕。王韶之《始興記》曰：梁鮮二水口下流，有滇陽峽，長二十餘里，山嶺紆鬱，叢流曲勃。中宿縣有貞女峽，峽西岸水際，有石，如人形，狀似女子，是曰貞女。父老相傳，秦世有女數人，取螺於此，遇風雨畫昏，而一女化爲此石。〔註89〕

這個子目下，《續漢書》收錄武都太守虞詡剷除峽中大石，爲民造福的故事。《荊州記》記述巴楚的峽名。《宜都記》、《南康記》描繪峽中景色。《始興記》貞女化石的故事，則具有教化意義。

　　3. 卷七山部上・首陽山、燕然山：

　　　　首陽山

　　　　《毛詩》曰：采苓采苓，首陽之巔。《論語》曰：伯夷叔齊，餓于首陽之下。《史記》：伯夷叔齊，孤竹君之二子，讓國逃去，隱於首陽山，采薇而食之，遂餓死首陽山。

　　　　燕然山

　　　　《漢書・匈奴傳》曰：貳師引兵還，至燕然山，單于知漢軍勞倦，自將五萬騎遮擊。貳師軍大亂敗，貳師降單于。〔註90〕

子目「首陽山」主要記載伯夷、叔齊讓國的故事。子目「燕然山」摘錄貳師將軍李廣利與匈奴的燕然大戰。使燕然山著名的，還有《後漢書・竇憲傳》記載的竇憲出擊匈奴，登燕然山刻石紀功的故事，此事《藝文類聚》未收。首陽山和燕然山均不是名山，之所以被《藝文類聚》收錄，是因爲其中蘊涵著「善德」。

　　4. 卷十二帝王部二・漢明帝：

　　　　《東觀漢記》曰：孝明皇帝，世祖中子也。母光烈皇后，初讓尊位爲貴人，故帝年十二，以皇子立爲東海公。三歲，進爵爲王。幼而聰明叡智，容兒壯麗，世祖異焉，數問以政議，應對敏達。謨慮甚深，溫恭好學，敬愛師傅，所以承事兄弟，親密九族，內外周洽，世祖愈珍上德，以爲宜承先序。詔廢郭皇后，立陰貴人以爲皇后。上以東海王立爲皇太子，治尚書，備師法，兼通四經，略舉大

〔註89〕《藝文類聚》，第106～107頁。
〔註90〕《藝文類聚》，第138～139頁。

義，博觀群書，以助術學。又曰：建武四年，皇子陽生，豐下銳上，顏赤色，有似堯。上以赤色，名之曰陽。年十三，通《春秋》。上循其頸曰：「吳季子。」袁山松《後漢書》曰：皇帝諱陽，一名莊，字子麗。華嶠《後漢書》曰：世祖既以吏事自嬰，明帝尤任文法，總攬威柄，權不借下。值天下初定，四民樂業，戶口滋殖，中興以來，追蹤宣帝，以鍾離意之廉淳，諫爭懇懇，常以寬和爲首，以此推之，難得而言也。薛瑩《漢紀》曰：明帝自在儲宮，而聰允之德著矣。及臨萬機，以身率禮，恭奉遺業，一以貫之，雖夏啓周成，繼體持統，無以加焉。是以海內乂安，四夷賓服，斷獄希少，有治平之風，號曰顯宗，不亦宜乎？范曄《後漢書》曰：帝善刑理，法令分明，日晏坐朝，幽枉必達，外內無倖曲之私，在上無矜大之色，斷獄得情，號居前世十二，故後之言事者，莫不先建武永平之政，然而鍾離意宋均之徒，常以察惠爲言，夫豈弘仁之度未優乎？〔註91〕

《東觀漢記》記載漢明帝自幼聰明叡智、容貌壯麗、親密九族、內外周洽、博觀群書等美事善德。華嶠《後漢書》、薛瑩《漢紀》、范曄《後漢書》記載漢明帝爲政廉潔、寬和、清明、法令分明。帝王部除了像郭紹林所說的那樣，祇輯錄明君、賢君外，就是一般的君主，也是祇輯錄他們的善行與善德。漢明帝劉莊，祇活了48歲，也不是一個顯赫的君主，但是《藝文類聚》輯錄的材料，均是爲其歌功頌德的文字。《藝文類聚》收錄的其他帝王也均如此。

5. 卷三十五人部十九・淫：

《周易上・繫》曰：冶容誨淫。《洪範五行傳》曰：蜮射人者，生於南方，謂之短狐，故南越多蜮。蜮者，淫女惑亂之所生也。……《漢書》曰：五鳳中，濟北王終吉，所愛奴，與八子及諸御妾爲姦，終吉與共被席，或畫日使裸伏，犬馬交接，終吉親觀，產子，輒曰：亂不可知，丞相御史奏，終吉位諸侯王，以置八子，秩比六百石，所廣嗣重祖，而終吉禽獸行亂，勃逆人倫，請削四縣。又曰：許皇后坐執左道，廢處長信宮。姊孊爲龍頟思侯夫人，寡居。淳于長與孊私通，因娶爲小妻。許後因孊賂遺，欲求復爲婕妤。長受後金錢乘輿服物千餘萬計，爲白上，立爲左皇后。孊每入長信宮，長與孊書，戲許後。華嶠《後漢書》曰：梁冀愛監奴秦宮，官至太倉令，

〔註91〕《藝文類聚》，第238～239頁。

得入妻壽所。壽見宮，屏御者以言事，因通焉。宮威權大震，二千石皆拜謁之。范曄《後漢書》曰：赤眉發掘諸陵，取寶貨，汙辱呂后。凡有玉匣者，皆如生，故赤眉多行淫穢。臧榮緒《晉書》曰：賈充後妻郭氏，又生二女，少有淫行。年十四五，通於韓壽，充未覺。時外國獻奇香，世祖分與充，充以賜女。充與壽坐，聞其衣香，心疑之。充家嚴峻，牆高丈五，薦以枳棘，周行東北角，有如狸鼠行迹。充潛殺知婢，遂以女妻之。沈約《宋書》曰：楚王山陰公主，廢帝姊也。肆情淫縱。以吏部褚淵貌美，請自侍十日，帝許之。淵雖遂旨，以死自固。《列女傳》曰：夏姬者，陳大夫徵舒母也。狀美好，老而復壯者三，三為王后，諸侯爭之，莫不迷惑。陳靈公與孔甯儀父皆通焉，或衣其衣，或裝其幡，以戲於朝。《列異傳》曰：漢桓帝馮夫人病亡。靈帝時，有賊盜發塚，七十餘年，顏色如故，但小冷，共姦通之，至鬭爭相殺。賈太后家被誅，欲以馮夫人配食，下邳陳公達議，以賈人雖是先所幸，尸體穢汙，不宜配至尊，乃以賈太后配食。……〔註92〕

歷代典籍中關於荒淫、淫亂的記載，不勝枚舉，《藝文類聚》的編者祇輯錄其中一小部分。有的條目，寓有明顯的懲戒荒淫的用意。如《漢書》所載的劉終吉，非常荒淫，結果是丞相御史上奏，請削其四縣，在對事件結果的敘述中表明編者摘錄此條的目的。又如同書所載，淳于長與許皇后姐嫽私通，又收受許皇后的賄賂，還戲弄許皇后。後來事發下獄，死於獄中。《漢書》將淳于長列入《佞倖傳》。《藝文類聚》的編者收錄此事，是作為反面教材處理的。對於多數相關材料，編者祇是客觀輯錄，並沒有表示明確的態度。不過，在輯錄的這些材料之前冠以「淫」的子目名稱，編者的態度在這個子目名稱中就鮮明地表現出來。常言道：「萬惡淫為首。」「淫」是惡，歷代哲人對荒淫、淫亂之事是痛斥的。《孔子世家》載：「孔子曰：『昔者夏桀貴為天子，富有四海，忘其聖祖之道，壞其典法，廢其世祀，荒於淫樂，耽湎於酒；佞臣諂諛，窺導其心；忠士折口，逃罪不言。天下誅桀而有其國。此謂忘其身之甚矣。』」〔註93〕《文子》載：「老子曰：聖人不勝其心，眾人不勝其欲。君子行正氣，小人行邪氣。內便於性，外合於義，循理而動，不繫於物者，正氣也；推於

〔註92〕《藝文類聚》，第616～618頁。

〔註93〕張濤：《孔子家語注譯》，三秦出版社，1998年1月第1版，第148頁。

滋味，淫於聲色，發於喜怒，不顧於患者，邪氣也。邪與正相傷，欲與性相害，不可兩立，一起一廢，故聖人損欲以從性。」〔註94〕《藝文類聚》是追求善與美的，既然是為歷代哲人所痛斥的，那麼，編者自然也要對這些荒淫、淫亂的行為加以譴責，冠以「淫」這樣一個貶義詞語作為子目名稱，表達了否定之意。

6. 卷四十四樂部四・簫：

《釋名》曰：簫，肅也，其聲肅肅而清也。《風俗通》曰：按舜作，其形參差，像鳳翼，十管，長三尺。《爾雅》曰：大簫謂之言，小者謂之筊。《三禮圖》曰：雅簫長尺四寸，二十四彄；頌簫尺二寸，十六彄。《尚書》曰：簫韶九成，鳳皇來儀。又曰：既備乃奏，簫管備舉，喤喤厥聲，肅雍和鳴。《禮記》曰：仲夏之月，命樂師，均管簫。《莊子》曰：南郭子綦謂顏成子游曰：「汝聞人籟而未聞地籟，汝聞地籟而未聞天籟。」（郭象曰：籟，簫也。）《呂氏春秋》曰：客有以吹籟見越王者，上下宮商和，而越王不喜也；或為之野音，而王反悅之；亦有如此者，要在聽之而已。《列仙傳》曰：簫史者，秦穆公時人，善吹簫，能致孔雀白鶴。穆公女弄玉好之，公妻焉。一旦隨鳳飛去，故秦樓作鳳女祠，雍宮世有簫聲云。《漢書》曰：元帝多材藝，吹洞簫，自度曲，被歌聲。又曰：元帝為太子，體不安，善忘不樂。詔使王褒等之太子宮，讀誦奇文。太子善褒《洞簫頌》，令後宮讀誦之。《史記》曰：周勃常為人吹簫，給喪事。蔡邕《月令章句》曰：簫長則濁，短則清。以臘密實其底，而增減之，則和管而成音，定無所復調，當與琴瑟相參。《傅子》曰：馬先生能使木人吹簫，比妙般輸墨翟，曰不劣古矣。段龜龍《涼州記》曰：呂纂咸寧三年，胡人發張駿塚，得玉簫。《丹陽記》曰：江寧縣南四十里，慈母山，積石臨江，生簫管竹，王褒《洞簫賦》所稱，即此也。其竹圓緻，異於眾處。自伶倫採竹嶰谷，其後唯此竿見珍，故歷代常給樂府，而俗呼曰鼓吹山。《潯陽記》曰：廬山西南有康王谷，又北嶺城。天欲雨，輒聞鼓角簫笳之聲。〔註95〕

除了《釋名》、《風俗通》、《爾雅》、《三禮圖》4條介紹了簫的聲音、形狀、名

〔註94〕同註80，第98頁。

〔註95〕《藝文類聚》，第790～791頁。

稱、長度等外，其餘各條似乎都是「言不及義」的，因爲它們跟簫都沒有直接的關係，也不是教人如何吹簫的。這些條目或是含有「簫」這個字樣的景物或者事，或是表現愛情（如《列仙傳》條），或是表現人物有才情、善吹簫（如《漢書》條、《史記》條、《傅子》條），或是誦讀奇文（如《漢書》又曰條），其中有的條目離「簫」已經很遠了，摘錄的祇是一些含有美與善意味的文章的片段。

7. 卷九十五獸部下・兔：

> 《爾雅》曰：兔子嬎，其跡迒，絕有力欣。《春秋運斗樞》曰：玉衡星散而爲兔。又曰：行失瑤光則兔出月。《毛詩》曰：有兔斯首，炰之燔之。又曰：肅肅兔罝，施於中逵。《周易參同契》曰：燕雀不生鳳，狐兔不乳馬。《莊子》曰：蹄者所以在兔，得兔而忘蹄。《韓子》曰：宋人有耕者，田中有株，兔走觸，折頸而死，因釋耕守株，冀復得兔，爲宋國所笑。《史記》曰：李斯出獄，與其中子俱執，顧謂其子曰：「吾欲與汝，復牽黃犬，俱出蔡東門，逐狡兔，其可得乎？又，范雎謂秦昭王曰：「夫以秦而治諸侯，譬若縱韓盧而搏蹇兔也。」謝承《後漢書》曰：方儲幼喪父，負土成墳，種奇樹千株，白兔遊其下。張璠《漢記》曰：梁冀起兔苑於河南，移檄在所，調發生兔，刻其毛以爲識。《抱朴子》曰：兔壽千歲，滿五百歲則色白。《論衡》曰：儒者言月中有兔。夫月水也，兔在水中則死。夫兔月氣也。張衡《靈憲》曰：月者，陰精之宗，積而成獸，象兔蛤。〔註96〕

從內容上看，與兔直接有關係的條目，或者說以兔爲敘述的重點的條目，並不多。如《韓子》「守株待兔」的寓意不在兔，《史記》李斯的話含有人生的深刻慨歎，也與兔本身無關，它們不過是在字面上包含「兔」字罷了。雖然如此，並沒有負面的材料，向「善」的用意蘊含其間。

以上 7 個子目分散在天、地、人、事、物五大類。這 7 個子目，雖然與《藝文類聚》的眾多子目相比，是非常少的，但是，它們具有代表意義，反映了《藝文類聚》子目材料選擇的傾向性，即傾向於選擇那些歌頌性的、富有倫理道德教育意義的、吉祥的、美好的材料，而盡可能不去選擇包含醜與惡的材料。即使是一些並不直接關乎善與惡的材料，例如一些解釋的、描寫的語句，也是儘量選擇表現清幽的、空靈的語句。《藝文類聚》每個子目下的

〔註96〕《藝文類聚》，第 1650 頁。

材料，一是爲著檢索的方便，而有一定的選擇規律，這一點，將在第二章第二節重點敘述。二是爲著「善」的目的，儘量選擇正面的材料，較少選擇負面的材料，目的是讓人看到材料中「善」的一面，而不讓人看到材料中「惡」的一面。換句話說，就是選擇美事、美物、美景、美人，善事、善物、善人。有醜有美的，祗選美的一面；有善有惡的，祗選善的一面。對於個別負面子目，如「妒」、「淫」等，不可避免地要選擇一些非善非美的材料，但也是戒惡勸善的。這與我國圖書編輯、圖書分類的思想是相一致的。傅榮賢指出：「中國古代圖書分類學不以『眞』爲旨歸，它通過用心良苦的類目設定，求得一種『治心』和『教化』的審美效果。同樣，古代分類學通過對若干文獻的整序而形成的文化景觀，也帶給了人們一種與道德相聯繫的審美愉悅，這種美不再是形式美而是內涵美。美以善爲其內容，善以美爲其形式，二者高度統一。有時，美甚至直接等同於善。……這兒，美本身並不是目的，治心和教化的倫理之善才是目的。……而古代所謂的『善』是以儒家倫理觀念爲基本取向的。因此，作爲『明道之要』的古代分類學集中表現出了超越『甲乙簿錄』之上的倫理追求與倫理實現。這種倫理性，也事實上構成了古代分類學的『善』之所歸。」〔註97〕前面談到，《藝文類聚》是兼「編述」和「抄纂」二者而有之的，是「既述又作」的，而不是單純的「述而不作」。所以編者在輯錄資料時，就要將不符合「善」與「美」的材料刪除掉，以達到歐陽詢在《藝文類聚序》中說的「移澆風於季俗，反純化於區中」的目的。

第三節　編纂時間與人員考

　　《藝文類聚》的編纂時間和編纂人員，均見於正史記載。但是，編纂時間有不夠明確之處，編纂人員也未予全部記載。

一、編纂時間辨正

　　有關《藝文類聚》編纂起止時間的記載，分別見於《舊唐書》、《新唐書》、《唐會要》、《大唐新語》等書，茲列於下：

　　《舊唐書·令狐德棻傳》載：「令狐德棻，……武德元年，轉起居舍人，

〔註97〕傅榮賢：《中國古代圖書分類學研究》，臺北，學生書局，1999年版，第184～185頁。

甚見親待。五年，遷秘書丞，與侍中陳叔達等受詔撰《藝文類聚》。」〔註98〕

《舊唐書·趙弘智傳》載：「趙弘智，……初與秘書丞令狐德棻、齊王文學袁朗等十數人同修《藝文類聚》，轉太子舍人。」〔註99〕

《舊唐書·歐陽詢傳》載：「武德七年，詔與裴矩、陳叔達撰《藝文類聚》一百卷，奏之，賜帛二百段。」〔註100〕

《新唐書·藝文志》載：「歐陽詢《藝文類聚》一百卷。令狐德棻、袁朗、趙弘智等同修。」〔註101〕

《唐會要·修撰》載：「武德七年九月十七日，給事中歐陽詢，奉敕撰《藝文類聚》成，上之。」〔註102〕

《大唐新語》載：趙弘智「同令狐德棻、袁朗等修《藝文類聚》」。〔註103〕

在以上材料中，記載編纂時間的有三處，即《舊唐書·令狐德棻傳》、《舊唐書·歐陽詢傳》和《唐會要》。由於對上述時間的不同理解，便形成了關於《藝文類聚》始纂時間和纂成時間的不同看法。

關於《藝文類聚》的編纂起始時間，長期以來說法不一，《〈藝文類聚〉編撰年代之管見》一文已有論列。〔註104〕現對此略加補充，概括出 5 種看法：

第一種，認為始纂於唐武德五年，但未述纂成時間。如潘樹廣《古典文學文獻及其檢索》說：「《藝文類聚》是唐高祖李淵在武德五年（公元 622 年）下詔命歐陽詢等人編纂的。」〔註105〕

第二種，認為始纂於唐武德七年，但未述纂成時間。如劉葉秋《類書簡

〔註98〕〔後晉〕劉昫等：《舊唐書·令狐德棻傳》，中華書局，1975 年 5 月第 1 版，第 2596 頁。

〔註99〕〔後晉〕劉昫等：《舊唐書·孝友·趙弘智傳》，中華書局，1975 年 5 月第 1 版，第 4922 頁。

〔註100〕〔後晉〕劉昫等：《舊唐書·儒學上·歐陽詢傳》，中華書局，1975 年 5 月第 1 版，第 4947 頁。

〔註101〕〔宋〕歐陽修、宋祁：《新唐書·藝文志》，中華書局，1975 年 2 月第 1 版，第 1563 頁。

〔註102〕同註 14，第 651 頁。

〔註103〕同註 25，第 90 頁。

〔註104〕邱五芳：《〈藝文類聚〉編撰年代之管見》，載《贛圖通訊》1986 年第 1 期，第 40 頁。

〔註105〕潘樹廣：《古典文學文獻及其檢索》，陝西人民出版社，1984 年第 1 版，第 363 頁。

說》說：「《藝文類聚》是唐歐陽詢和裴矩、陳叔達等人在武德七年（公元 624 年）奉高祖的命令同修的。」〔註 106〕

第三種，認為纂成於唐武德七年，但未述始纂時間。如武漢大學圖書館學系《中文工具書使用法》說：「此書（筆者按，指《藝文類聚》）是我國現存最早的一部完整的官修類書，歐陽詢等奉唐高祖之命於武德七年（公元 624年）編成。」〔註 107〕詹德優等《中文工具書使用法》（增訂本）看法與此相同。〔註 108〕

第四種，認為纂修於武德年間，但未具體指出始纂和纂成時間。如吳小如、吳同賓《中國文史工具資料書舉要》說：「《藝文類聚》一百卷，唐初武德年間（618～627）歐陽詢主編。」〔註 109〕

第五種，認為始纂於唐武德五年，纂成於武德七年。持這種看法的學者較多，如李劍雄的《藝文類聚》、〔註 110〕許逸民的《〈藝文類聚〉和〈初學記〉》、〔註 111〕張國朝的《〈藝文類聚〉的編輯技術成就及其價值》、〔註 112〕祝鼎民的《中文工具書及其使用》、〔註 113〕郭紹林的《歐陽詢與〈藝文類聚〉》、〔註 114〕曾貽芬、崔文印的《中國歷史文獻學史述要》〔註 115〕等，均持此說。代表性的觀點有胡道靜和汪紹楹的。胡道靜《中國古代的類書》認為：「《藝文類聚》是唐代開國初年由高祖李淵下令編撰的。下詔的年份，據《唐書·令狐德棻傳》的記載是武德五年（622）。」此句注云：「據《唐書·令狐德棻傳》。另

〔註 106〕劉葉秋：《類書簡說》，上海古籍出版社，1980 年 2 月第 1 版，第 40 頁。

〔註 107〕武漢大學圖書館學系：《中文工具書使用法》，1982 年第 1 版，第 45 頁。

〔註 108〕詹德優、謝灼華、彭斐章、惠世榮：《中文工具書使用法》（增訂本），商務印書館，1996 年 10 月增訂第 1 版，第 156 頁。

〔註 109〕吳小如、吳同賓：《中國文史工具資料書舉要》，中華書局，1982 年 3 月第 1版，第 216 頁。

〔註 110〕李劍雄：《藝文類聚》，載《百科知識》1980 年第 10 期，第 34 頁。

〔註 111〕許逸民：《〈藝文類聚〉和〈初學記〉》，載《文史知識》1982 年第 5 期，第 43頁。

〔註 112〕張國朝：《〈藝文類聚〉的編輯技術成就及其價值》，載《圖書與情報》1985年第 4 期，第 59 頁。

〔註 113〕祝鼎民：《中文工具書及其使用》，北京出版社，1987 年 7 月第 1 版，第 263頁。

〔註 114〕郭紹林：《歐陽詢與〈藝文類聚〉》，載《洛陽師專學報》1996 年第 2 期，第87 頁。

〔註 115〕曾貽芬、崔文印：《中國歷史文獻學史述要》，商務印書館，2000 年 4 月第 1版，第 168 頁。

《唐書·儒學傳上》說:『武德七年詔撰《藝文類聚》一百卷奏之。』乃是把詔撰與成書年代混爲一談。」〔註116〕汪紹楹《藝文類聚·前言》認爲:「下詔的年份,據《唐書》七十三《令狐德棻傳》的記載爲武德五年(公元六二二)。《唐書》一八九上《儒學·歐陽詢傳》記爲武德七年(六二四)詔修,乃是誤以成書上奏之年爲詔令修書之年。」「《藝文類聚》以三年的時間編成,在武德七年九月十七日(六二四年十一月三日)奏上。見《唐會要》卷三十六『修撰』。按,『修撰』一類所繫歲月,都是官書修成後的奏呈年月;《藝文類聚》條並確言是年月日『上之』,更無疑義。以此證《唐書》令狐本傳所記詔修年份爲確,而《儒學·歐陽傳》有誤。」〔註117〕

上述五種說法,纂修時間各不相同,所列出的纂修人員雖然具有舉例性質,但是除歐陽詢以外,也略有差異。造成這種情況的原因是所據的史料不同。認爲始纂於唐武德五年的,主要根據《舊唐書·令狐德棻傳》。認爲始纂於唐武德七年的,主要根據《舊唐書·歐陽詢傳》。認爲纂成於唐武德七年的,主要根據《唐會要》。認爲纂修於武德年間的,主要是綜合上述史料而得出。

記載《藝文類聚》纂修時間的材料,流傳下來的不多,其中有兩條談到《藝文類聚》的纂成時間,即上引的《舊唐書·歐陽詢傳》和《唐會要》。胡道靜、汪紹楹根據這兩處記載進行考證,認爲《藝文類聚》成書於武德七年。目前多數論著均持此說。

但是始纂時間尚有可商榷之處。認爲《藝文類聚》始纂於武德五年,衹能看作是一種合理的推斷。因爲學者們所據的材料,衹有《舊唐書·令狐德棻傳》中的一句記載;這衹是一個孤證,說服力不足。如果再聯繫上文所引的《舊唐書·歐陽詢傳》的記載加以考察,則兩條記載均有語焉不詳之處,且互相矛盾。《唐會要·修撰》說歐陽詢奉敕撰《藝文類聚》,顯然撰修一事是有皇帝的詔書的,但是這份詔書現在已看不到。研究者是從《舊唐書·令狐德棻傳》的記載來推斷下詔的時間的:「令狐德棻,……武德元年,轉起居舍人,甚見親待。五年,遷秘書丞,與侍中陳叔達等受詔撰《藝文類聚》。」〔註118〕武德五年,是指令狐德棻由起居舍人被提拔做秘書丞的時間。兩《唐書》的記載均如此。如

〔註116〕 胡道靜:《中國古代的類書》,中華書局,2005 年 5 月新 1 版,第 104 頁。
〔註117〕 《藝文類聚》,第 1～3 頁。
〔註118〕 〔後晉〕劉昫:《舊唐書·令狐德棻傳》,中華書局,1975 年 5 月第 1 版,第 2596 頁。

《新唐書·令狐德棻傳》載：「武德初，爲起居舍人，遷秘書丞。」〔註119〕秘書丞是秘書省的官員。秘書省是唐代中央的文化機構，掌圖書經籍之事，相當於國家圖書館兼檔案館。《新唐書·百官志》載，唐代的秘書省設「監一人，從三品；少監二人，從四品上；丞一人，從五品上。監掌經籍圖書之事，領著作局，少監爲之貳。」〔註120〕令狐德棻的這次遷官顯然與編纂《藝文類聚》有關，因爲秘書丞掌管四部書籍，可以爲編纂工作提供資料的方便，所以《舊唐書·令狐德棻傳》接著便有：「與侍中陳叔達等受詔撰《藝文類聚》。」但問題就出在這句話。研究者多據此判定唐高祖下詔修撰《藝文類聚》的時間是武德五年。其實這個判斷是經不起推敲的。從《新唐書》的記載看，武德五年是令狐德棻遷官秘書丞的時間，而並沒有確指就是唐高祖下詔修撰《藝文類聚》的時間。如果把武德五年定爲唐高祖下詔修撰《藝文類聚》的時間，那麼上文所引的《舊唐書·歐陽詢傳》的那句話該怎樣理解呢？能否據此推斷，唐高祖下詔修撰《藝文類聚》的時間是武德七年呢？如果這樣推斷的話，則又與武德五年下詔修撰的時間相矛盾。上文所引的《舊唐書·歐陽詢傳》的「武德七年」，是《藝文類聚》「奏之」（即成書）的時間，而不是下「詔與裴矩、陳叔達撰《藝文類聚》」的時間。換一個角度來理解這句話，如果武德七年，既是下詔修書的時間，又是成書的時間，那麼始撰時間和撰成時間均應爲同一年，即都是在武德七年，這顯然也與武德五年的詔修時間相矛盾。所以，將《藝文類聚》的始纂時間定爲武德五年，祇是一種推斷，在沒有權威性資料發現之前，暫且定之。

　　邱五芳《〈藝文類聚〉編撰年代之管見》一文，雖然也認爲《藝文類聚》始纂於武德五年，纂成於武德七年，但是邱文在使用材料上卻有誤讀和隨意之處。第一，邱文對《舊唐書·趙弘智傳》中的一句話的斷句和理解有誤。原句爲：「初與秘書丞令狐德棻、齊王文學袁朗等十數人同修《藝文類聚》，轉太子舍人。」〔註121〕邱文認爲「初」字後面應該有逗號，並把這個「初」字解釋爲「武德初年」的「初」。〔註122〕此大誤。「初」是「起初」的意思。《舊

〔註119〕〔宋〕歐陽修、宋祁：《新唐書·令狐德棻傳》，中華書局，1975 年 2 月第 1 版，第 3983 頁

〔註120〕〔宋〕歐陽修、宋祁：《新唐書·百官志》，中華書局，1975 年 2 月第 1 版，第 1214 頁。

〔註121〕〔後晉〕劉昫等：《舊唐書·孝友·趙弘智傳》，中華書局，1975 年 5 月第 1 版，第 4922 頁。

〔註122〕同註 104，第 40 頁。

唐書‧趙弘智傳》這句話的前面兩句是：「武德初，大理卿郎楚之應詔舉之，授詹事府主簿。又預修六代史。」〔註123〕如果把趙弘智傳「初與」這句話中的「初」字，解釋爲「武德初年」的「初」，那麼「武德初」中的「初」又如何解釋呢？如果都是「武德初年」的「初」，兩個「初」字豈不是互相重複？第二，邱文認爲《舊唐書‧歐陽詢傳》中的「武德七年，詔與裴矩……」中的「詔」應當是「詢」字，兩個字是因爲字形相近而混淆。〔註124〕這種說法純屬主觀臆斷，沒有任何版本依據。

二、編纂人員

據史書記載，受詔參與編纂《藝文類聚》的人員共有十餘人，今能考知姓名的有歐陽詢、令狐德棻、陳書達、裴矩、趙弘智、袁朗等六人。

歐陽詢（557 年～641 年），字信本，潭州臨湘人。陳大司空頠之孫。父紇，陳廣州刺史，以謀反誅。詢當從坐，匿而獲免。陳尚書令江總與紇有舊，收養之，教以書計。雖貌甚寢陋，而聰悟絕倫，讀書即數行俱下，博覽經史，尤精《三史》。侍隋，爲太常博士。唐高祖李淵微時，引爲賓客，數與遊。及即位，累遷給事中。武德七年，受詔與裴矩、陳叔達等編纂的《藝文類聚》完成，奏上，賜帛二百段。貞觀初，官至太了率更令、弘文館學士，封渤海縣男。歐陽詢素以書法名世，筆力險勁，爲一時之絕，世稱「歐體」。人得其尺牘文字，咸以爲典範楷模。高麗甚重其書法，嘗遣使求之。高祖感歎道：「不意詢之書名，遠播夷狄，彼觀其跡，固謂其形魁梧耶！」〔註125〕詢曾經見晉人索靖所書的石碑，仔細觀看，走出數步，又返回，及疲，乃坐看，至宿其傍，三日乃去。其所嗜類此。他的文章流傳至今的不多。《全唐文》卷一四六錄其文八篇，《唐文拾遺》卷一四輯補六篇。《全唐詩》卷一二錄其詩二首，《全唐詩補編‧續補遺》卷一輯補一首。事蹟見於《舊唐書》卷一百八十九上、《新唐書》卷一百九十八、《書史會要》卷五。

令狐德棻（583 年～666 年），宜州華原人。博涉文史，早知名。隋大業末，授藥城長，以世亂不就職。淮安王李神通據太平宮起兵，立總管府，以

〔註123〕同註121，第 4922 頁。

〔註124〕同註104，第 41 頁。

〔註125〕〔後晉〕劉昫等：《舊唐書‧歐陽詢傳》，中華書局，1975 年 5 月第 1 版，第 4947 頁。

德棻爲總管府記室。唐高祖入關，推薦他擔任大丞相府記室。高祖武德初，爲起居舍人，遷秘書丞，與侍中陳叔達等受詔編纂《藝文類聚》。當時正值社會動盪之後，圖書散失，德棻奏請購求圖書，設立機構，任命官吏整理補錄。數年間，群書略備。又建議修纂史書，高祖然其奏。修史歷年不就，罷之。貞觀三年，太宗復敕修撰，乃令德棻與秘書郎岑文本修周史。德棻又奏引殿中侍御史崔仁師佐修周史，德棻仍負責梁、陳、齊、隋諸史的編寫。六年，累遷禮部侍郎，兼修周史，賜爵彭陽男。十年，以修周史賜絹四百匹。十一年，修《新禮》成，爵位由男進封爲子。又撰《氏族志》。十五年，轉太子右庶子，皇太子李承乾謀反被殺，德棻受株連罷官。十八年，起爲雅州刺史，因公事被免職。不久，太宗下詔改修《晉書》，房玄齡奏請德棻參與修撰，並推德棻爲首，編寫體制多取決於德棻。書成，除秘書少監。永徽元年，又受高宗詔，編定律令，復爲禮部侍郎，兼弘文館學士，兼修國史及《五代史志》。尋遷太常卿。四年，遷國子祭酒，以修貞觀十三年以後實錄功，兼授崇賢館學士。尋又撰《高宗實錄》三十卷，進封爵位爲公。龍朔二年，表請致仕，許之，仍加金紫光祿大夫。乾封元年，卒。年八十四。德棻晚年尤勤於著述，國家凡有修撰，無不參與。除《藝文類聚》、《晉書》、《周書》外，餘皆佚。《全唐詩》卷三三錄其詩一首。《全唐文》卷一四四錄其文五篇。事蹟見於《舊唐書》卷七十三、《新唐書》卷一百二。

陳叔達（？～635 年），字子聰，吳興長城人。陳宣帝陳頊第十六子，陳後主弟。陳時封義陽王。年十餘歲，嘗侍宴，賦詩十韻，援筆而就，徐陵甚奇之。歷侍中、丹陽尹、都官尚書。隋煬帝時，授內史舍人，出爲絳郡通守。入唐，授丞相府主簿，軍書詔誥多出其手。武德元年，進黃門侍郎，二年兼納言。四年拜侍中，封江國公。曾參與編纂《藝文類聚》。貞觀初，加授光祿大夫，後免官。太宗又特擢爲禮部尚書。貞觀九年，卒。原有文集十五卷，已佚。《全唐詩》卷一二錄其詩十首，《全唐詩補編・續拾》卷一補一首。《全唐文》卷一三三錄其文兩篇。事蹟見於《陳書》卷二十八、《南史》卷六十五、《舊唐書》卷六十一、《新唐書》卷一百。

裴矩（548 年？～627 年），字弘大。河東聞喜人。歷齊周隋唐四代。北齊時，爲司州牧高貞兵曹從事，轉高平王文學。隋文帝時，任民部侍郎等職。煬帝時，西域諸國至張掖互市，遣矩監其事，遂撰《西域圖記》。累拜黃門侍郎，參與朝政，定征遼之議。從帝至江都，以忤旨罷。宇文化及僭位，任尚

書右僕射。化及敗，又從竇建德，爲之創定朝儀。後歸唐，官太子詹事，曾參與編纂《藝文類聚》。官至民部尚書。《西域圖記·序》今存。另有《開業平陳記》、《高麗風俗》等。已佚。事蹟見於《隋書》卷六十七、《北史》卷三十八、《舊唐書》卷六十三、《新唐書》卷一百。

趙弘智（572 年～653 年），洛陽新安人。早年喪母，事父，以孝聞名。學習並通曉《三禮》、《史記》、《漢書》。隋大業年間，爲司隸從事。唐武德初年，大理卿朗楚之應詔推薦他，授任詹事府主簿。又參與纂修《六代史》。曾與秘書丞令狐德棻、齊王文學袁朗等十餘人同修《藝文類聚》，轉任太子舍人。貞觀中，累遷黃門侍郎，兼弘文館學士。因病出任萊州刺史。弘智事兄弘安，如同侍父，所得俸祿，皆送於兄處。兄亡後，侍奉寡嫂甚恭敬，撫育孤侄以慈愛見稱。逐漸陞到太子右庶子。太子初廢，因受牽連而被除名。不久起爲光州刺史。永徽初，入爲陳王師。高宗令其於百福殿講《孝經》，召集中書門下三品及弘文館學士、太學儒者，都參與聽講。弘智暢談精微之言，備陳五孝。學士等人相繼問難，弘智對答如響，頗爲高宗所嘉賞。不久陞任國子祭酒，仍爲崇賢館學士。四年後卒，享年八十二歲。原有集二十卷，已佚。事蹟見於《舊唐書》卷一百八十八、《新唐書》卷一百六、《冊府元龜》卷二百六十、《唐會要》卷三十五。

袁朗，雍州長安人，自幼勤學，善爲文章。初仕陳，爲秘書郎，甚爲尚書令江總所器重。曾作千字詩，當時以爲盛作。陳後主聞其才，下詔令其作《月賦》一篇，袁朗一揮而就。又下詔讓其作《芝草》、《嘉蓮》兩篇頌，大加讚歎，賞賜優厚。朗歷太子洗馬、德政殿學士，遷秘書丞。陳亡，仕隋爲尚書儀曹郎。唐武德初，授齊王文學、祠部郎中，封汝南縣男，再轉給事中。武德五年，參與編纂《藝文類聚》。貞觀初，卒於官。原有集十四卷，已佚。《全唐詩》卷三〇錄其詩四首。事蹟見於《舊唐書》卷一百九十、《新唐書》卷二百一。

既然編纂人員有十餘人，那麼爲什麼史書沒有一一記載他們的名字呢？原因大抵有三點：第一，記載纂修《藝文類聚》人員的史料有所散失，今天所能看到的史料已經不全；第二，其他纂修人員地位不高，沒有必要逐一列出他們的姓名；第三，參加編纂的人員數量前後有變化，有的人員可能祇是短期參與編纂工作，因此史書沒有記載他們的名字。

已知的六位編纂者，對於《藝文類聚》的貢獻也是不一樣的，因此，素

有領修人之說。汪紹楹《藝文類聚‧前言》說：「對於領修人的問題，《四庫全書總目》以存疑的口吻說：『殆以詢董其成，故相傳但署詢名歟？』關於這一點，其實是可以完全確定的，因爲：（一）全書的序文由歐陽詢撰寫；（二）從《唐書‧經籍志》以來的本書作者著錄，向來祇具詢名；（三）據《唐會要》，本書由詢奏上，就更可以明確了。」〔註126〕此說極是。對於這樣一部大書，是應該有人來做總負責的。從歷代史志書目的記載看，自《舊唐書‧經籍志》以下，《藝文類聚》的編纂者均著錄爲歐陽詢一人，這大概是由於本書的序言是由歐陽詢撰寫的緣故；《唐會要》也明確記載著給事中歐陽詢奉敕撰成《藝文類聚》的話，這又多了一條史料上的證據。如果歐陽詢不是領修人，書成之後，不會由他奏上，序言也不可能由他來撰寫。

下面是六位纂修人員在編纂《藝文類聚》時所擔任的官職、品級與當時的年齡：

歐陽詢，給事中，正五品上；65歲。

令狐德棻，秘書丞，從五品上；39歲。

陳叔達，侍中，正三品；年齡不詳。

裴矩，太子詹事，正三品；約74歲。

趙弘智，詹事府主簿，從七品上；轉太子舍人，正六品上；50歲。

袁朗，齊王文學，從六品上；年齡不詳。

如前所述，現在所知的《藝文類聚》六位編纂者，多爲太子集團的成員，是唐高祖利用編纂類書來網羅人才的。他們能夠參加《藝文類聚》的編纂，還與其自身的資歷和任職有關。歐陽詢時任給事中，給事中爲門下省重要官員。《新唐書‧百官志》載：「給事中⋯⋯掌侍左右，分判省事，察弘文館繕寫讎校之課。凡百司奏抄，侍中既審，則駁正違失。詔敕不便者，塗竄而奏還，謂之『塗歸』。季終，奏駁正之目。凡大事，覆奏；小事，署而頒之。三司詳決失中，則裁其輕重。發驛遣使，則與侍郎審其事宜。六品以下奏擬，則校功狀殿最、行藝，非其人，則白侍中而更焉。與御史、中書舍人聽天下冤滯而申理之。」〔註127〕給事中最初的職責是侍從皇帝左右，以備顧問應對等事。唐代給事中的職責雖有所變化，但這項基本職責並沒有太大的變化，仍然是陪侍皇帝左右，考察、審定朝廷的各種文稿。由此看出，由歐陽

〔註126〕《藝文類聚》，第1～2頁。

〔註127〕同註120，第1207頁。

詢擔任領修人，是非常恰當的人選。令狐德棻時任秘書丞，秘書丞爲秘書省的主官。秘書省掌圖書經籍之事，相當於國家圖書館兼檔案館，可以爲編纂提供足夠的資料。陳叔達時任侍中。他是文章能手。《新唐書·陳叔達傳》載：「（陳叔達）與溫大雅同管機秘，方禪代時，書冊誥詔皆其筆也。」〔註128〕陳叔達於武德四年拜侍中。侍中爲門下省長官。當時，以中書省長官中書令、門下省長官門下侍中、尙書省長官尙書令共議國政，都是宰相。「宰相之職，佐天子總百官治萬事，其任重矣。」〔註129〕陳叔達是朝中重臣，又是南朝遺老，熟知故實，可備顧問咨詢。裴矩時任太子詹事，掌管皇后和太子家事。《唐六典》載：「太子詹事府：詹事一人，正三品；……太子詹事之職，統東宮三寺、十率府之政令，舉其綱紀，而修其職務；少詹事爲之貳。凡天子六官之典制，皆視其事而承受焉。」〔註130〕裴矩既任太子詹事，是太子黨成員，又負責六官典制，可謂是最好的人選。趙弘智時任詹事府主簿，後轉太子舍人。這次遷官可能與參編《藝文類聚》有關。《唐六典》載·太子詹事府設主簿一人，「主簿掌付所受諸司之移、判及彈頭之事而勾會之。」〔註131〕他本來就是太了詹事府的主要官員，又在編纂《藝文類聚》的過程中，職務陞遷爲太子舍人。《唐六典》載：「太子舍人掌侍從，行令書、令旨及表、啓之事。」〔註132〕太子舍人的職務更利於《藝文類聚》的編纂。袁朗時任齊王文學。《新唐書·百官志》載：「王府官：……文學一人，從六品上。掌校典籍，侍從文章。」〔註133〕掌校典籍，爲編纂提供了便利；撰寫官樣文章的寫作實踐，有助於準確把握各種實用文體的選錄。

第四節 編纂過程考

由於歷史資料的欠缺，對《藝文類聚》的編纂過程，已經無法考察清楚，在此衹能梳理一個大致的輪廓。

〔註128〕〔宋〕歐陽修、宋祁：《新唐書·陳叔達傳》，中華書局，1975年2月第1版，第3925頁。
〔註129〕同註120，第1182頁。
〔註130〕同註8，第662頁。
〔註131〕同註8，第663頁。
〔註132〕同註8，第661頁。
〔註133〕同註120，第1305頁。

一、《藝文類聚》釋名

　　據歐陽詢《藝文類聚序》：「爰詔撰其事且文，……號曰《藝文類聚》。」〔註134〕《藝文類聚》是唐高祖李淵下令纂修的。《舊唐書·令狐德棻傳》、《舊唐書·歐陽詢傳》和《唐會要·修撰》都有奉詔編纂的記載，已見前引。本書收錄範圍廣，經史子集無所不錄，為綜合性類書。《藝文類聚》的書名，說明了本書的編纂手法，即把采集的資料分類編排，以類聚事。

　　對其名稱的由來，可以分開來理解，即由「藝文」和「類聚」兩個詞構成。「藝文」二字，最早見於《漢書·敘傳》：「秦人是滅，漢修其缺，劉向司籍，九流以別。爰著目錄，略序洪烈。述《藝文志》第十。」〔註135〕《漢書·藝文志》分六藝略、諸子略、詩賦略、兵書略、術數略、方技略六大類。這個「藝文」是六大類圖書的統稱。這是「藝文」的第一層含義。與此含義類似的，如《後漢書·鄭玄傳》載：「漢興，諸儒頗修藝文。」〔註136〕《後漢書·儒林傳》載：「自安帝覽政，薄於藝文，博士倚席不講。」〔註137〕《三國志·吳書·樓玄傳》載：「陛下既垂意博古，綜極藝文，加勤心好道，隨節致氣。」〔註138〕以上「藝文」均指各種圖書。「藝文」的第二層含義是「辭章，文藝」。例如，《抱朴子·審舉》云：「心悅藝文，學不為祿。」〔註139〕《藝文類聚》中的「藝文」應該以第一層含義為是。方師鐸說：「自魏、晉以至隋、唐，甚至延長到北宋，這一段時期中的文學觀念，是與我們今日大不相同的。他們把：文學和學術、詞藻和聲韻、類事和訓詁，完全牽扯到一塊兒，而總稱之為『藝文』。」〔註140〕

　　「藝文」之意，已如上述。「類聚」二字，則本於《周易》的「方以類聚，

〔註134〕《藝文類聚》，第 27 頁。
〔註135〕〔漢〕班固撰，〔唐〕顏師古注：《漢書·敘傳》，中華書局，1962 年 6 月第 1 版，第 4244 頁。
〔註136〕〔宋〕范曄撰，〔唐〕李賢等注：《後漢書·鄭玄傳》，中華書局，1965 年 5 月第 1 版，第 1212 頁
〔註137〕〔宋〕范曄撰，〔唐〕李賢等注：《後漢書·儒林列傳》，中華書局，1965 年 5 月第 1 版，第 2547 頁。
〔註138〕〔晉〕陳壽撰，〔宋〕裴松之注：《三國志·吳書·樓玄傳》，中華書局，1982 年 7 月第 2 版，第 1455 頁。
〔註139〕〔晉〕葛洪：《抱朴子內外篇》，載《景印文淵閣四庫全書》，臺灣商務印書館，1983 年版。
〔註140〕方師鐸：《傳統文學與類書之關係》，天津古籍出版社 1986 年 8 月第 1 版，第 25 頁。

物以群分。」〔註141〕類聚，就是同類相聚，謂將同類的事物彙集在一起。如《後漢書・文苑傳下・邊讓傳》載：「金石類聚，絲竹群分。」〔註142〕《文心雕龍》云：「迄至魏晉，作者間出，讕言兼存，璅語必錄，類聚而求，亦充箱照軫矣。」〔註143〕均為此義。

　　《藝文類聚》書名之意，便是將經史子集群書中的材料按各自的類別分別編排在一起。

　　現在多數學者都認為按類編排材料是類書特有的編輯方法，例如傅剛說：「『以類相從』本是類書的工作方法，如中國最早的一部類書《皇覽》便是。」〔註144〕其實，這種看法是錯誤的。「以類相從」的編輯方法，並非是類書所特有。早在類書產生以前，人們就用「以類相從」的方法來編輯圖書了。例如，《爾雅》的作者搜集當時各種知識的用語，將其分為十九類，諸如釋言、釋器、釋草等，使讀者可以按類尋找某個詞語。《呂氏春秋》分十二紀、八覽、六論，包括政治軍事、文學歷史、文化教育、醫學養生、天文曆法、農業科技等內容，按類別分別輯錄有關資料。《說苑》也是這樣，關於其編纂方法，王應麟云：「向校中書，《說苑雜事》，分別次序，除去與《新序》復重者，以類相從，凡二十篇，《君道》至《反質》，七百八十四章。」〔註145〕又據《漢書・楚元王（劉交）傳（附劉向傳）》載：「（劉）向乃集合上古以來歷春秋六國至秦漢符瑞災異之記，推跡行事，連傳禍福，著其占驗，比類相從，各有條目，凡十一篇，號曰《洪範五行傳論》，奏之。」〔註146〕《後漢書・應奉傳（附子劭傳）》載：「（應劭）又集駁議三十篇，以類相從，凡八十二事。」〔註147〕可見，「以類相從」並不是類書特有的編纂方法，《藝

〔註141〕〔魏〕王弼、〔晉〕韓康伯注，〔唐〕孔穎達等正義：《周易正義》，載〔清〕阮元校刻：《十三經注疏》，中華書局，1980 年 9 月第 1 版，第 76 頁。

〔註142〕〔宋〕范曄撰，〔唐〕李賢等注：《後漢書・文苑傳下・邊讓傳》，中華書局，1965 年 5 月第 1 版，第 2642 頁。

〔註143〕周振甫：《文心雕龍今譯》，中華書局，1986 年 12 月第 1 版，第 158 頁。

〔註144〕傅剛：《〈昭明文選〉研究》，中國社會科學出版社，2000 年 1 月第 1 版，第 34 頁。

〔註145〕王應麟：《漢志考證》，轉引自陳國慶：《漢書藝文志注釋彙編》，中華書局，1983 年 6 月第 1 版，第 114 頁。

〔註146〕〔漢〕班固撰，〔唐〕顏師古注：《漢書・楚元王（劉交）傳（附劉向傳）》，中華書局，1962 年 6 月第 1 版，第 1950 頁。

〔註147〕〔宋〕范曄撰，〔唐〕李賢等注：《後漢書・應奉傳（附子劭傳）》，中華書局，1965 年 5 月第 1 版，第 1613 頁。

文類聚》採用此法，是對前代書籍編輯成果的繼承。

二、取材的途徑與稱引的圖書

　　類書是把各種資料，分類彙集在一起，具有資料彙編的性質，因此，必須有一定的文獻作基礎，《藝文類聚》引用的書籍多達千餘種。由於隋末的戰亂，毀壞了不少書籍，《舊唐書・經籍志》載：「隋氏建邦，寰區一統，煬皇好學，喜聚逸書，而隋世簡編，最爲博洽。及大業之季，喪失者多。」〔註148〕李淵在征戰過程中和新政權建立後，均努力搜集前朝遺書，廣徵民間藏本，組織人力抄寫典籍。《舊唐書・經籍志》又載：「自武德已後，文士既有修纂，篇卷滋多。」〔註149〕短短數年內就使官府藏書日益充盈。

（一）取材的途徑

　　具體而言，《藝文類聚》的文獻來源大致有兩種途徑：

1. 接收前朝遺書

　　李淵初據關中，就注意收聚隋府藏圖書。《新唐書・高祖本紀》載，隋大業十三年（617 年）十一月，李淵克長安，「命主符郎宋公弼收圖籍。」〔註150〕《大唐創業起居注》也記載，李淵軍攻入長安城，「帝乃遣二公率所統兵，依城外部分，封府庫，收圖籍，禁擄掠。軍人勿雜，勿相驚恐。太倉之外，他無所于（筆者按，似應作「下」）。吏民安堵，一如漢初入關故事。」〔註151〕

　　《新唐書・藝文志》載：「初，隋嘉則殿書三十七萬卷，至武德初，有書八萬卷，重複相糅。王世充平，得隋舊書八千餘卷，太府卿宋遵貴監運東都，浮舟溯河，西致京師，經砥柱舟覆，盡亡其書。」〔註152〕對照《隋書》，可知《新唐書》記載的混亂。《隋書・經籍志》載：「大唐武德五年，克平偽鄭，盡收其

〔註148〕〔後晉〕劉昫等：《舊唐書・經籍志》，中華書局，1975 年 5 月第 1 版，第 1961～1962 頁。

〔註149〕〔後晉〕劉昫等：《舊唐書・經籍志》，中華書局，1975 年 5 月第 1 版，第 2082 頁。

〔註150〕〔宋〕歐陽修、宋祁：《新唐書・高祖本紀》，中華書局，1975 年 2 月第 1 版，第 5 頁。

〔註151〕〔唐〕溫大雅撰，李季平、李錫厚點校：《大唐創業起居注》，上海古籍出版社，1983 年 10 月第 1 版，第 37 頁。

〔註152〕〔宋〕歐陽修、宋祁：《新唐書・藝文志》，中華書局，1975 年 2 月第 1 版，第 1422 頁。

圖書及古跡焉。命司農少卿宋遵貴載之以船，溯河西上，將至京師。行經底柱，多被漂沒。其所存者，十不一二。其目錄亦爲所漸濡，時有殘缺。今考見存，分爲四部，合條爲一萬四千四百六十六部，有八萬九千六百六十六卷。」〔註153〕可見漂浸之後，見存八萬卷，皆是隋東都藏書，並非八千餘卷，更未盡亡其書。《舊唐書‧經籍志》的記載，大抵與《隋書》相同：「國家平王世充，收其圖籍，溯河西上，多有沈沒，存者重複八萬卷。」〔註154〕《唐六典》亦云：「大唐平王世充，收其圖書，溯河西上，多有漂沒，存者猶八萬餘卷，自是圖籍在秘書。」〔註155〕八萬餘卷，從當時的書籍發展和藏書來看，已經相當可觀，即使「重複相糅」，此也當爲數不少，這些書籍基本上構成了唐代初年官府藏書的主要基礎。

2. 廣徵社會遺逸

唐高祖曾經多次向民間收集圖書。《舊唐書‧令狐德棻傳》載，唐初「時承喪亂之餘，經籍亡逸，德棻奏請購募遺書，重加錢帛，增置楷書，令繕寫。數年間，群書略備。」〔註156〕這樣大量搜集、購買、繕寫遺書，對保存、利用歷史文化遺產是至關重要的。

唐初的官府藏書絕大多數集中在秘書省。秘書省是唐代重要的藏書機構。《唐六典》載：「秘書省：監一人，從三品；少監二人，從四品上；丞一人，從五品上。秘書監之職，掌邦國經籍圖書之事。有二局：一曰著作，二曰太史，皆率其屬而修其職。（注文云：凡四部之書，必立三本，曰正本、副本、貯本，以供進內及賜人。凡敕賜人書，秘書無本，皆別寫給之。）少監爲之貳焉。丞掌判省事。秘書郎四人，從六品上；校書郎八人，正九品上；正字四人，正九品下；主事一人，從九品上；（注文云：皇朝置。掌印，並句檢稽失。）令史四人，書令史九人，典書八人，（注文云：……皇朝秘書省始置典書，……）楷書手八十人，亭長六人，掌固八人，熟紙匠、裝潢匠各十人，筆匠六人。（注文云：皇朝所定。）秘書郎掌四部之圖籍，分庫以藏之，以甲、乙、景、丁爲之部目。」「校書郎、正字掌讎校典籍，刊正文字，皆辨

〔註153〕〔唐〕魏徵、令狐德棻：《隋書‧經籍志》，中華書局，1973 年 8 月第 1 版，第 908 頁。

〔註154〕〔後晉〕劉昫等：《舊唐書‧經籍志》，中華書局，1975 年 5 月第 1 版，第 2082 頁。

〔註155〕同註 8，第 280 頁。

〔註156〕〔後晉〕劉昫等：《舊唐書‧令狐德棻傳》，中華書局，1975 年 5 月第 1 版，第 2597 頁。

其紕繆，以正四庫之圖史焉。」〔註157〕藏書機構的設立，爲讀書和用書提供了方便。雖然秘書省人員的設置是因襲隋代，但主事、典書、亭長、掌固、熟紙匠、裝潢匠、筆匠等編制爲唐代所定。楷書手，隋代稱爲楷書郎，二十人，唐代增至八十人。楷書手、熟紙匠、裝潢匠、筆匠的添置，加大了抄書及修缺補殘的工作量。這些都說明唐代秘書省人員的設置更加合理，更加完善，而利用豐富的藏書編撰史書和類書，是唐王朝官府藏書的重要功能。

（二）稱引的圖書

目前，幾乎所有關於《藝文類聚》的論著，均認爲《藝文類聚》引用的圖書數量是 1431 種。代表性的著作，如胡道靜的《中國古代類書》、戚志芬的《中國的類書、政書和叢書》、趙含坤的《中國類書》等，均持此觀點，可見它影響之大。其實這種觀點是錯誤的，它源於北京大學研究所編制的《藝文類聚引用書目》，該文發表在 1931 年出版的《國立北京大學二十五周年紀念研究所國學門臨時特刊》中。其序言說：「其（筆者按，指《藝文類聚》）徵引之書，較爲近古。……茲將全書所引群籍，逐條剪取。分編成帙；以便檢核。此書徵引之博，約及一千三百餘種。舊無徵引書目，因將全書引用各種書名，暫按筆劃多寡，依次排比：編成《藝文類聚引用書目錄》。」〔註158〕文章說得十分清楚，統計的對象是《藝文類聚》引用的書；但是這個引用書目，製作得較爲粗糙，錯誤與不當之處頗多。有兩方面的情況比較嚴重。

一是將許多單篇卻不單行的詩文，誤作「書」來加以統計。《大風歌》（漢高祖）本是一首三句的短詩，卻作爲一本「書」來統計。《七夕詩》（張文恭）、《七夕詩》（杜寄（筆者按，「寄」應作「審」）言），是兩首五言短詩，卻分作兩本「書」加以統計。令人不解的是，杜審言是唐人，而根據《藝文類聚》的編纂體例，是不錄唐人作品的，何況杜審言又是生活在《藝文類聚》成書二三十年之後，《藝文類聚》是不能預收的，此顯係後人僞竄，但《藝文類聚引用書目》的編制者不加審察，便輕易加以統計。在《藝文類聚》卷四歲時中的子目「七月七日」文體「詩」中，除收錄張文恭、杜審言的《七夕詩》外，還收錄庾肩吾、王眘、邢子才、何遜、宋孝武帝、江總、梁武帝的 7 首同題詩，但《藝文類聚引用書目》均未按照「書」來統計。《海賦》（木玄虛），本是單篇的賦，

〔註157〕同註8，第 295～300 頁。
〔註158〕北京大學研究所：《藝文類聚引用書目》，載《國立北京大學二十五周年紀念研究所國學門臨時特刊》，1931 年 12 月。

卻作一本「書」統計；而《藝文類聚》還收錄庾闡、張融的同題賦作，卻未予統計。《幽人箴》（庾凱）、《鼎銘》（周舍），均是單篇的短文，卻按「書」來統計。其它如《古相逢行》、《石橋詩》、《詠荔支詩》、《艾賦》、《吳郡石像銘》，等等，均是單篇卻不單行的詩文誤作「書」來統計的。這種情況很多，反映了這個引用書目統計標準的不一致與隨意，茲不一一列舉。

　　二是列出了《藝文類聚》並未收錄的許多作家的別集或其它類著作。例如《丁儀集》、《王朗集》、《伏滔集》、《文類》、《祭儀》、《靈驗記》，等等，在《藝文類聚》中，並沒有明言摘錄了這些書。《藝文類聚》摘錄丁儀的 3 篇作品，即《周成漢昭論》、《厲志賦》、《刑禮論》；摘錄時，直接標出篇名，而未用《丁儀集》的書名；上述其它別集，也是《藝文類聚》未稱引的。而《文類》、《祭儀》、《靈驗記》等，更是子虛烏有的書名。這種情況也是大量的，茲不一一列舉。

　　另外還有書名誤寫、重收、錯收、漏收等情況。所以，這個《藝文類聚引用書目》是非常靠不住的。

　　《藝文類聚引用書目》的編者陷入了一個邏輯誤區，因為類書的編纂，並非僅有直接從經史子集著作中輯錄材料之一途，尚有根據現存類書進行再選編之一途。若視類書編纂僅有一途，則會極大限制研究者的視野。編纂類書，利用和轉錄其它類書中的現成材料，可以豐富書中彙集的資料，加快編纂的速度。例如，北齊的《修文殿御覽》主要是以南朝梁代的《華林遍略》為藍本，多次刪改而成的。《太平御覽》引唐代丘悅所撰《三國典略》云：「初，齊武成令宋士素錄古來帝王言行要事三卷，名為《御覽》，置於齊主巾箱。陽休之創意，取《芳（筆者按，「芳」當作「華」）林遍略》，加《十六國春秋》、《六經拾遺錄》、《魏史》等書，以士素所撰之名，稱為《玄洲苑御覽》。後改為《聖壽堂御覽》。至是，斑等又改為《修文殿》，上之。」〔註 159〕

　　《藝文類聚》與它前代的類書，應該也有這種承繼關係。像《修文殿御覽》那樣，直接刪改別人的類書來編自己的類書，未免是一種太投機取巧的辦法了，歐陽詢等人雖然沒有這樣做，但是利用和轉錄前代類書的現成材料，卻是很自然的事。可惜的是，那些比《藝文類聚》早的大類書，如《皇覽》、《華林遍略》、《修文殿御覽》等，都已經整部整部地亡佚，很難從中窺探到某種信息了。祇是在《藝文類聚》中摘錄《皇覽》一條、《皇覽記》（《太平御覽》作《皇覽塚墓記》）一條、《皇覽逸禮》兩條。它們雖然異名，但同為《皇覽》一書無疑，清

〔註 159〕〔宋〕李昉：《太平御覽》，中華書局，1960 年 2 月第 1 版，第 2707 頁。

代孫馮翼的《皇覽》輯本，這四條就均繫於《皇覽》名下。但是，沒有在《藝文類聚》中發現直接引用《華林遍略》和《修文殿御覽》等類書的例證，這是否與我們做出的《藝文類聚》摘錄前代類書的推斷不符呢？不是的。因爲引用有明引和暗引之別。可以這樣推想：編者在編纂《藝文類聚》的時候，摘錄了前代類書，但標注的卻是該類書引用的原始文獻的出處，是暗引，因此今天便不能知道《藝文類聚》直接引用了哪些類書的材料。

筆者對《藝文類聚》引用的圖書進行了逐一考查，做了重新統計，發現《藝文類聚》引用的圖書，大多可以在每個子目「事」的部分顯示出來，而在「文」的部分，多是以單篇文章出現的，所以很難知曉是摘自哪本書。筆者重新統計的結果爲：在《藝文類聚》子目「事」的部分，共摘錄圖書 850種左右。《藝文類聚》共收錄 640 位作者的作品，如果按每位作者都有別集計算（當然這實際上是不可能的），那麼，《藝文類聚》子目下「文」的部分摘錄的圖書最多應該是 640 種，兩者相加，大約在 1490 種左右。但是，《藝文類聚》引用的資料，有的直接來自於前代類書，而標注的卻是該類書所引自的書名或篇名，而不是標明引自某部類書，所以，《藝文類聚》稱引的圖書數量，實際上要少於 1490 種。

三、研究、借鑒前代類書的編纂經驗

據張滌華《類書流別》統計，在《藝文類聚》之前，從三國時期的《皇覽》到隋代虞世南《北堂書鈔》，已有二十幾種類書問世，其中一定頗有內容宏富、體例嚴謹之作可資借鑒。《藝文類聚》是一部一百卷的大類書，編者在動手編寫這部新類書以前，必然收集了很多舊類書來研究揣摩。歐陽詢《藝文類聚序》云：「《流別》、《文選》，專取其文；《皇覽》、《遍略》，直書其事。文義既殊，尋檢難一。」〔註160〕既借鑒了前代書籍編纂的成功經驗，也看到了它們的不足，因此要編出一本有異於前代的類書來。《流別》是指摯虞的《文章流別集》。《晉書·摯虞傳》載：「虞少事皇甫謐，才學通博，著述不倦。……撰《文章志》四卷，注解《三輔決錄》，又撰古文章，類聚區分爲三十卷，名曰《流別集》，各爲之論，辭理愜當，爲世所重。」〔註161〕《隋書·經籍志》著錄：「《文章流別

〔註160〕《藝文類聚》，第 27 頁。
〔註161〕〔唐〕房玄齡：《晉書·摯虞傳》，中華書局，1974 年 11 月第 1 版，第 1419頁、第 1427 頁。

集》四十一卷。梁六十卷,志二卷,論二卷,摯虞撰。」〔註162〕《文選》,梁蕭統編,收錄賦、詩、詔、表等670多篇。《皇覽》、《遍略》(即《華林遍略》)都是唐前編撰的大型類書。《皇覽》,三國劉劭等編,《隋書‧經籍志》著錄120卷。《華林遍略》,梁徐勉等編,《梁書》著錄700卷。歐陽詢鑒於過去的類書,以詩文歸於總集,故事才為類書,翻檢存在困難,即「文義既殊,尋檢難一」。為了解決這個問題,他採取事與文兼、匯為一書的辦法,在類書的體例上有開創之功。歐陽詢分析了《皇覽》和《華林遍略》等類書的特點和不足,提出了有自己特點的「事居於前,文列於後」的編纂體例。

四、確定編纂方法與原則

佔有充分的資料,是編纂人型類書的首要條件。在編纂《藝文類聚》之前,首先編者要將收集到的圖書資料分頭閱覽,廣泛涉獵。其次,從中尋找出價值高又相對完整的片段,即「摘其菁華,采其指要」〔註163〕。再次,將選定的材料抄錄歸類,按照「事居於前,文列於後」的方式排列出來。

《藝文類聚序》中歐陽詢曾談到其編纂方法與原則,歸納起來大略有二點:第一,「爰詔撰其事及文,棄其浮雜,刪其冗長,金箱玉印,比類相從。」第二,「有事出於文者,便不破之為事。」第三,「事居其前,文列於後。」〔註164〕第一點和第三點,在後文中將有詳細敘述,此不贅述。這裡祇舉例談談第二點:有事出於文者,便不破之為事。如竇玄被逼娶公主的事,在卷三十人部十四‧別下「事」的部分並沒有摘錄,而是出現在後面「文」的部分,被摘錄在「書」這個文體中:

> 後漢竇玄,形貌絕異,天子以公主妻之。舊妻與玄書別曰:弃妻斥女敬白竇生,卑賤鄙陋,不如貴人。妾日已遠,彼日已親,何所告訴?仰呼蒼天,悲哉竇生!衣不厭新,人不厭故;悲不可忍,怨不自去;彼獨何人,而居我處?〔註165〕

這是否破壞了「事居其前,文列於後」的體例了呢?並沒有。因為這個條目的主體,是竇玄妻別竇玄書,而其「事」祇是略述大概。「事」與「文」難以

〔註162〕〔唐〕魏徵、令狐德棻:《隋書‧經籍志》,中華書局,1973年8月第1版,第1081頁。
〔註163〕《藝文類聚》,第27頁。
〔註164〕《藝文類聚》,第27頁。
〔註165〕《藝文類聚》,第533〜534頁。

截然分開，分別放在不同的地方，就彼此割裂了，編者因此將它們放在一起。
此條目中竇玄妻別竇玄書是重點，所以置於「書」這個文體下。《藝文類聚》
的編者就是這樣貫徹「有事出於文者，便不破之為事」的編寫原則的。

第二章 《藝文類聚》的編纂結構與體例

結構與體例，既密切相連，又有一定區別。結構是指類書的各個組成部分及其相互關係，體例是正文材料的編排方法。

第一節 《藝文類聚》的編纂結構

類書是工具書，其結構、體例是否完整嚴謹，比一般著作更為重要，《藝文類聚》就是因結構與體例有所革新創造而為人稱道。「古類書的結構，是以類目為其『間架』」，[註1] 所以，在討論《藝文類聚》結構的時候，更多地是使用「類目」這一名稱。

一、結構各部分的組成形式

《藝文類聚》在編寫結構上的組成形式是卷、部、目（含附目）。全書100卷，按內容分為46部，部下有正式子目724個，附目3個。現就《藝文類聚》卷、部、目安排情況研究如下：

（一）卷

卷是《藝文類聚》編排形式上最大的分類單位。卷也是古代書籍重要的計量單位之一，是從物質形態上劃分的，竹木簡、帛書、卷子都可以卷起來，所以以卷為單位。

有的學者認為，書籍分「卷」起於帛書，並延及紙冊。章學誠云：「（劉）

〔註1〕 胡道靜：《〈藝文類聚〉解題》，載胡道靜：《中國古代典籍十講》，復旦大學出版社，2004年5月第1版，第112頁。

向、（劉）歆著錄，多以篇卷爲計。大約篇從竹簡，卷從縑素，因物定名，無他義也。而縑素爲書，後於竹簡，故周、秦稱篇，入漢始有卷也。第彼時竹素並行，而名篇必有起訖；卷無起訖之稱，往往因篇以爲之卷；故《漢志》所著幾篇，即爲後世幾卷，其大較也。」〔註2〕寫在竹（木）簡上的書稱篇，寫在帛書上的書稱卷，這衹是作者的推想，是否這樣，不敢肯定，所以說「大約」。而葉德輝則以肯定的口吻說：「帛之爲書，便於舒卷，故一書謂之幾卷。凡古書，以一篇作一卷。（《漢書‧藝文志》有稱若干篇者，竹也；有稱若干卷者，帛也。）」〔註3〕葉德輝的看法值得商榷。詳見下文。

關於卷與篇的關係，明代胡應麟早有論述：「《漢‧藝文志》《史記》百三十篇即今百三十卷，此篇與卷同也；《尚書》四十六卷，實五十七篇，此篇統於卷也。」〔註4〕「卷」即篇，並非一概如此，否則在同一書中，有了卷，就不應再有篇，反之亦然。一書之中，卷、篇往往並存。《漢書‧藝文志》載：「《詩經》二十八卷」，且又有三百五篇的記述：「孔子純取周詩，上採殷，下取魯，凡三百五篇，遭秦而全者，以其諷誦，不獨在竹帛故也。」又曰：「《爾雅》三卷二十篇。」〔註5〕一般說來，「篇」是指文章，「卷」是把文字寫在竹（木）簡上用繩子編連成一卷（束）後的名稱。作爲一篇文章來說，是不能隨意分拆的，所以章學誠說「篇必有起訖」；而「卷無起訖之稱」，因爲每一卷簡在數量上並不固定，可以隨意變通。同一卷中既可以容納一篇或多篇文章，個別情況也可以把一篇文章分拆開來分成幾卷。卷在書籍裝潢變爲冊子以後，幾乎失去實際意義，書籍分卷主要是一種傳統習慣。

但是，像葉德輝所主張的「卷」之名源於帛書的舒卷，這種看法卻值得商榷。從實物來考察，「卷」與帛書未必有什麼必然聯繫。例如，20 世紀 40年代，在長沙市東南郊的子彈庫處的一座戰國楚墓中的帛書，掘出土時八摺，放在一個竹匣中，匣長約 23 釐米，寬約 13 釐米，匣面蓋有一方土黃色面有紅色印花的綢子。〔註6〕1972 年至 1974 年，長沙馬王堆漢墓出土，在 3 號墓

〔註2〕〔清〕章學誠著，葉瑛校注：《文史通義校注》，中華書局，1985 年 5 月第 1
　　　　版，第 305 頁。

〔註3〕葉德輝：《書林清話》，中華書局，1957 年 1 月第 1 版，第 12 頁。

〔註4〕胡應麟：《少室山房筆叢》，上海書店出版社，2001 年 8 月第 1 版，第 338 頁。

〔註5〕〔漢〕班固撰，〔唐〕顏師古注：《漢書‧藝文志》，中華書局，1962 年 6 月第
　　　　1 版，第 1707 頁、第 1708 頁、第 1718 頁。

〔註6〕張顯成：《簡帛文獻學通論》，中華書局，2004 年 10 月第 1 版，第 56 頁。

的一個木匣內發現隨葬的大批帛書。木匣內帛書的存放方式有兩種：一種用通高 48 釐米的帛書書寫，次第折疊成長 24 釐米、寬 10 釐米左右的長方形，出土時折疊處與其邊緣已經斷損。另一種用通高 24 釐米的帛書書寫，用寬 2 至 3 釐米的木條爲骨將帛幅卷起，或相對折疊。〔註7〕1990 年，在敦煌甜水井懸泉置遺址的發掘中，曾經出土西漢時期的帛書，出土時是一件縱三折、橫七折的方塊，打開後爲一長方形帛書，長 23.2 釐米、寬 10.7 釐米，屬於當時寄送的民間書信。〔註8〕這些帛書絕大部分是折疊著平放的，並未卷起來。張顯成說：「馬王堆漢墓帛書的出土使我們知道，帛書有卷成卷的，也有不卷的，改變了過去人們以爲帛書收藏時都是卷成卷的認識。」〔註9〕而出土的戰國、漢代的簡冊，倒無一不卷。由此可以認爲，要說「卷」的名稱的由來，不是因爲帛書的可卷，而是因爲竹木簡不但可卷，而且卷時還有「收卷」這一名稱，至於這一名稱的使用也比帛書早。

　　書籍分卷已是《藝文類聚》以前編纂類書的通例。如：

　　《皇覽》一百二十卷，繆襲等撰。梁六百八十卷。梁又有《皇覽》一百二十三卷，何承天合；《皇覽》五十卷，徐爰合；《皇覽目》四卷；又有《皇覽抄》二十卷，梁特進蕭琛抄。

　　《類苑》一百二十卷，梁征虜刑獄參軍劉孝標撰。

　　《華林遍略》六百二十卷，梁綏安令徐僧權等撰。

　　《聖壽堂御覽》三百六十卷。〔註10〕

　　《藝文類聚》編纂時的分卷顯然承襲了前代類書的體例。那麼，《藝文類聚》分卷依據和分卷情況是怎樣的呢？

　　章學誠說：「自唐以前，分卷甚短。六朝及唐人文集，所爲十卷，今人不過三四卷也。自宋以來，分卷遂長。以古人卷從卷軸，勢自不能過長；後人紙冊爲書，不過存卷之名，則隨其意之所至，不難巨冊以載也。以紙冊而存縑素爲卷之名，亦猶漢人以縑素而存竹簡爲篇之名，理本同也。」〔註11〕《藝

〔註 7〕 趙超：《簡牘帛書發現與研究》，福建人民出版社，2005 年 6 月第 1 版，第 81
　　　　～82 頁。
〔註 8〕 同註 7，第 83 頁。
〔註 9〕 同註 6，第 140 頁。
〔註 10〕 〔唐〕魏徵、令狐德棻：《隋書・經籍志》，中華書局，1973 年 8 月第 1 版，
　　　　第 1009 頁。
〔註 11〕 同註 2，第 306 頁。

文類聚》「卷」中含「篇」，但因為是摘錄群書的片段，所以這些「篇」，少則一句，多則數句，以至一段，多不是完整的一篇作品，不構成真正意義的完整的「篇」（少數短詩除外）。因此，《藝文類聚》卷的析分並不受「篇」的長短與多寡的限制，而主要是考慮各卷內容的相對獨立、各卷篇幅長短的平衡等因素。

首先，考察各卷內容的相對獨立這個因素。

從各卷內容考察，第十卷符命部、第十五卷后妃部、第十六卷儲宮部、第五十一卷封爵部、第五十四卷刑法部、第五十九卷武部、第六十卷軍器部、第六十七卷衣冠部、第六十八卷儀飾部、第七十一卷舟車部、第七十二卷食物部、第七十三卷雜器物部、第七十四卷巧藝部、第七十五卷方術部、第八十卷火部、第一百卷災異部等十六卷，一卷等於一部，各卷內容完全獨立。

第六卷地部　州部　郡部是三部合為一卷；第八十五卷百穀部　布帛部是兩部合為一卷。雖為多部合卷，但各卷內容也完全獨立。

第一卷天部上和第二卷天部下、第五十二卷治政部上和第五十三卷治政部下、第六十五卷產業部上和第六十六卷產業部下、第六十九卷服飾部上和第七十卷服飾部下、第七十六卷內典部上和第七十七卷內典部下、第七十八卷靈異部上和第七十九卷靈異部下、第八十一卷藥香草部上和第八十二卷草部下、第八十三卷寶玉部上和第八十四卷寶玉部下、第八十六卷果部上和第八十七卷果部下、第八十八卷木部上和第八十九卷木部下、第九十八卷祥瑞部上和第九十九卷祥瑞部下，均為一部分做兩卷，用上、下分別標出。第三卷歲時部上、第四卷歲時部中、第五卷歲時部下，第三十八卷禮部上、第三十九卷禮部中、第四十卷禮部下，第九十卷鳥部上、第九十一卷鳥部中、第九十二卷鳥部下，第九十三卷獸部上、第九十四卷獸部中、第九十五卷獸部下，均為一部分做三卷，用上、中、下分別標出。第七卷山部上、第八卷山部下　水部上、第九卷水部下，是兩部分做三卷；第九十六卷鱗介部上、第九十七卷鱗介部下、蟲豸部，是兩部分做兩卷；另外，帝王部分做四卷，人部分做二十一卷，樂部分做四卷，職官部分做六卷，雜文部分做四卷，居處部分做四卷，均用數字分別標出。雖然以上各部均分做數卷，但是各卷內容均相對獨立。

其次，考察各卷篇幅長短的平衡這個因素。

《藝文類聚》全書 100 卷，1733 面，平均每卷 17.33 面。每卷所佔具體面數為：

第一卷，20 面；第二卷，19 面；第三卷，18 面；第四卷，27 面；第五卷，14 面；第六卷，22 面；第七卷，20 面；第八卷，22 面；第九卷，21 面；第十卷，14 面；第十一卷，22 面；第十二卷，21 面；第十三卷，19 面；第十四卷，16 面；第十五卷，15 面；第十六卷，20 面；第十七卷，13 面；第十八卷，20 面；第十九卷，14 面；第二十卷，18 面；第二十一卷，24 面；第二十二卷，13 面；第二十三卷，13 面；第二十四卷，16 面；第二十五卷，20 面；第二十六卷，21 面；第二十七卷，16 面；第二十八卷，11 面；第二十九卷，18 面；第三十卷，16 面；第三十一卷，17 面；第三十二卷，13 面；第三十三卷，17 面；第三十四卷，22 面；第三十五卷，24 面；第三十六卷，20 面；第三十七卷，16 面；第三十八卷，25 面；第三十九卷，12 面；第四十卷，26 面；第四十一卷，16 面；第四十二卷，15 面；第四十三卷，12 面；第四十四卷，18 面；第四十五卷，21 面；第四十六卷，15 面；第四十七卷，16 面；第四十八卷，28 面；第四十九卷，15 面；第五十卷，21 面；第五十一卷，23 面；第五十二卷，17 面；第五十三卷，14 面；第五十四卷，16 面；第五十五卷，19 面；第五十六卷，18 面；第五十七卷，20 面；第五十八卷，18 面；第五十九卷，19 面；第六十卷，17 面；第六十一卷，17 面；第六十二卷，17 面；第六十三卷，14 面；第六十四卷，15 面；第六十五卷，14 面；第六十六卷，13 面；第六十七卷，9 面；第六十八卷，7 面；第六十九卷，17 面；第七十卷，12 面；第七十一卷，10 面；第七十二卷，13 面；第七十三卷，12 面；第七十四卷，20 面；第七十五卷，9 面；第七十六卷，18 面；第七十七卷，15 面；第七十八卷，21 面；第七十九卷，15 面；第八十卷，17 面；第八十一卷，21 面；第八十二卷，20 面；第八十三卷，12 面；第八十四卷，13 面；第八十五卷，20 面；第八十六卷，20 面；第八十七卷，21 面；第八十八卷，24 面；第八十九卷，25 面；第九十卷，19 面；第九十一卷，17 面；第九十二卷，20 面；第九十三卷，14 面；第九十四卷，18 面；第九十五卷，18 面；第九十六卷，13 面；第九十七卷，19 面；第九十八卷，14 面；第九十九卷，14 面；第一百卷，12 面。

最長的卷為第四十八卷，佔 28 面，其次是第四卷，佔 27 面；最短的卷為第六十八卷，佔 7 面，其次是第六十七卷和七十五卷，均佔 9 面。雖然最多的卷與最少的卷相差 21 面，但是，如果把《藝文類聚》每卷的平均值 17.33 面，向前和向後各擴大 5 面，全書在 12 面到 22 面之間的，共有 87 卷，從大

多數卷的篇幅來考察，卷與卷之間的長短是平衡的。

《藝文類聚》在編輯時，其卷、部的篇幅，既有一部多卷，又有多部一卷等現象，以部的篇幅，即以內容長短作爲分卷的依據，順其自然，不人爲分割。例如天部分做兩卷，即第一卷和第二卷，歲時部分做三卷，即第三卷、第四卷和第五卷，說明這兩個部篇幅較長，內容多。而地部、州部、郡部三個部合做一卷，即第六卷，因爲這三個部類的內容較少。

（二）部

「部」是《藝文類聚》內容的分類單位。葉德輝說：「今人言書曰某部，又曰幾部。按漢史游《急就章》云：『分別部居不雜廁。』……此以分類爲分部，故稱某類爲某部，因而以一種爲一部，義德相同。」〔註12〕根據葉氏的解釋，部就是門類、類別。《抱朴子》云：「以次問《春秋》四部《詩》《書》，三《禮》之家，皆復無以對矣。」〔註13〕許慎《說文解字敘》云：「分別部居，不相雜廁。」〔註14〕均爲此義。任何書籍對其內容都有一個編次的問題。所謂編次，是指組織和編排文獻的次序和方法，它使文獻系統化、有序化。余嘉錫：「一書之中，簡篇既宜有先後，則其次序自當有義，不可隨意信手，如積薪然也。故必分別部居，不相雜廁。於是書有虞、夏、商、周，詩有風、雅、頌，而史有本紀、表、書、世家、列傳，以爲全書之綱領。作序之時，舉當篇之小題納之於總稱之下，而屬之以大名，然後誦讀有倫，取攜甚便。此大名總稱小題者，猶之後世之部次也。」〔註15〕「分別部居」是目錄之要素，在古代目錄學上稱之爲「類例」，又有「種別」、「部次」、「編排」、「序次」、「編次」等稱謂。鄭樵云：「類書如持軍也，若有條理，雖多而治，若無條理，雖寡而紛。類例不患其多也，患處多之無術耳。」〔註16〕鄭樵是著眼於類書，論其編纂應該有條理。類書是大型著作，要使之系統化、有序化，編次問題顯得尤爲重要。

對《藝文類聚》的部類數量歷來存在分歧。胡道靜總結說：「《四庫全書總目》稱『爲類四十有八』，《燕京大學圖書館目錄初稿·類書之部》又稱『凡分四十七門』。數字上的歧義，皆由對原書卷 81（藥香草部上）和卷 82（草

〔註12〕同註 3，第 17 頁。
〔註13〕王明：《抱朴子內篇校釋》（增訂本），中華書局，1985 年 3 月第 2 版，第 154 頁。
〔註14〕許慎：《說文解字》，中華書局，1963 年 12 月第 1 版，第 316 頁。
〔註15〕余嘉錫：《目錄學發微》，中國人民大學出版社，2004 年 9 月第 1 版，第 135 頁。
〔註16〕宋）鄭樵：《通志》，商務印書館，1935 年初版，第 831 頁。

部下）的計算法不同所致。《庫目》大約是把藥、香、草作爲三部計。《燕大目》則明確以『藥香草部上』爲一部，『草部下』爲一部。」〔註17〕胡道靜認爲，「今因其他各部也有佔許多卷的和分上下卷的，但計部數時仍祇作一部。爲了用統一的標準來計算，81、82兩卷祇能作爲一部計。故共得四十六部。」〔註18〕胡道靜的觀點是正確的。在此，我們著眼於《藝文類聚》編纂體例和兩部的內容，考察一下八十一卷和八十二卷部類數量的確定。

首先考察《四庫全書總目》對「第八十一卷藥香草部上」的分部：

第一，從形式上看，把「藥香草」當作三部計，不確。按照《藝文類聚》的編纂體例，「藥香草」若做三部計，當寫作「藥部　香部　草部」，如一卷分兩部的「第八十五卷　百穀部　布帛部」和一卷分三部的「第六卷　地部　州部　郡部」。若把「藥香草」當作三部，在目錄編排上也應如第六卷和第八十五卷那樣寫作：

第八十一卷　藥香草部上

藥部……（下有子目若干）

香部……（下有子目若干）

草部……（下有子目若干）

第二，從內容上看，「香」祇是「草」目的一個附目。「草」目徵引的文獻中，祇有嵇含《懷香賦序》、劉刪《詠青草》、卞敬宗《懷香贊》等三篇語涉「香」字。「香」目徵引的文獻過少，且又與「草」有連帶關係，故編者把它作爲「草」目的附目。「香」既然都構不成一個獨立的子目，就更談不上作爲一個獨立的「部」了。

其次考察《燕京大學圖書館目錄初稿》對八十一卷和八十二卷的分部：

該書以「藥香草部上」爲一部，「草部下」爲一部，亦不確。

第一，既然是標爲「上」、「下」，就應該與其它佔多卷的各部一樣，採用統一的標準計爲一部。

第二，在古人看來，「藥」、「香」均與「草」相關聯。關於「藥」，許愼云：「藥，治病草。」段注：「《玉篇》引作『治疾病之草總名』。」〔註19〕《周禮》

〔註17〕胡道靜：《中國古代的類書》，中華書局，2005年5月新1版，第105頁。

〔註18〕同註17。

〔註19〕〔漢〕許愼撰，〔清〕段玉裁注：《說文解字注》，上海古籍出版社，1981年10月第1版，第42頁。

載：「以五味、五穀、五藥養其病。」注曰：「五藥：草、木、蟲、石、穀也。」
〔註20〕關於「香」，許慎云：「香，芳也。」段注：「草部曰：『芳，草香也。』
芳謂草香，則泛言之。」〔註21〕關於「草」，許慎云：「草，百卉也。」段注：「卉
下曰：『草之總名也。』」〔註22〕至於「卉」，許慎云：「卉，草之總名也。」段
注：「《方言》曰：『卉，草也。東越、揚州之間曰卉。』」〔註23〕可見，藥、香、
草本為性質相關聯的三類事物，故把它們歸為一部。那麼為什麼第八十一卷作
「藥香草部」，而第八十二卷作「草部」呢？合理的解釋應該是，第八十二卷的
部類名稱連類承上省略了「藥、香」二字。因此，第八十一卷和第八十二卷應
做一部計算。

（三）目

目，即子目。《藝文類聚》100 卷，共 46 部，為一級標目。每部之下又分
若干個子目，為二級標目。如歲時部，共分 21 個子目，即春、夏、秋、冬、
元正、人日、正月十五日、月晦、寒食、三月三、五月五、七月七、七月十
五、九月九、社、伏、熱、寒、臘、律、曆。又如封爵部，共分 7 個子目，
即總載封爵、親戚封、功臣封、遜讓封、外戚封、婦人封、尊賢繼絕封。兩
部所包括的 28 個子目各不相同，各自縱繫於兩個部類之下。全書 724 個正式
子目和與之地位相當的 3 個附目均如此。每個子目之下按照先事後文的順序
敘列有關資料，同時標明出處。如卷三十四人部十八‧懷舊：

> 《尚書》：人惟求舊，器非求舊，惟新。《毛詩》曰：友賢不棄，
> 不遺故舊，則民德歸厚。《左傳》曰：鄭子太叔卒，趙簡子為之臨，
> 甚哀，曰：「黃父之會，夫子語我九言。」《論語》曰：故舊不遺，
> 則民不偷。《漢書》曰：……《新序》曰：延陵季子使過徐，徐君心
> 欲得其寶劍，弗忍言。季子心許之而未及與。及還而徐君已薨，乃
> 脫寶劍，懸於墓樹。徐人奇之曰：「延陵季子，不忘故舊，脫千金之
> 劍挂丘樹。」《東觀漢記》曰：章帝幸東平，祭東平王墓，云：「思
> 其人，到其鄉。其處在，其人亡。」皇甫謐《高士傳》曰：……嵇

〔註20〕〔漢〕鄭玄注，〔唐〕賈公彥疏：《周禮注疏》，載〔清〕阮元校刻：《十三經
　　　　注疏》，中華書局，1980 年 9 月第 1 版，第 667 頁。
〔註21〕同註19，第 330 頁。
〔註22〕同註19，第 22 頁。
〔註23〕同註19，第 44～45 頁。

康《高士傳》曰：商容有疾，老子問之。容曰：「子過故鄉而下車，知之乎？」老子曰：「非謂不忘故耶？」〔詩〕梁沈約《懷舊詩》曰：……又曰：……〔賦〕西晉向秀《思舊賦》曰：……晉潘岳《懷舊賦》曰：……〔銘〕周庾信《思舊銘》曰：……〔序〕梁元帝《懷舊志序》曰：……〔註24〕

"人部"爲一級標目，"懷舊"是其第四十八個子目，爲二級標目。其下摘錄相關資料，全書一如此例。

《藝文類聚》的部類、子目及主要內容如下表：〔註25〕

序號	部名	子目數	子目舉例	主要內容
1	天	13	天、日、月、風、雨、霧	有關天體與氣象的資料
2	歲時	21	春、夏、秋、冬、寒食、伏、臘	有關時序節令的資料
3	地	8	地、野、岡岩、石	有關地形、地質的資料
4	州	12	冀州、荊州、交州	有關冀州、荊州、交州等行政區劃資料
5	郡	4	河南郡、會稽郡	有關河南郡、會稽郡等行政區域的資料
6	山	24	華山、廬山	有關各地名山的資料
7	水	23	海水、泉	有關江湖河海溪泉津橋的資料
8	符命	1	符命	宣揚君權神授的資料
9	帝王	50	周文王、魏武帝	有關遠古至南北朝歷代主要帝王的資料
10	后妃	1	后妃	有關皇后妃嬪的資料
11	儲宮	3	儲宮、太子	有關太子等的資料
12	人	58	頭、目、忠、遊覽、哀傷	有關人體各部分以及人物活動、品德、心理的資料
13	禮	20	祭祀、學校、封禪、冠、婚	有關禮制的資料
14	樂	13	論樂、樂府、舞、歌、琴、笛	有關音樂、舞蹈的資料
15	職官	43	丞相、太尉、大司馬、刺史、太守	有關官制的資料

〔註24〕《藝文類聚》，第 591～594 頁。
〔註25〕潘樹廣：《〈藝文類聚〉概說》，載《辭書研究》1980 年第 1 期，第 165～167 頁。有改動。

16	封爵	7	功臣封、外戚封	有關分封拜爵的資料
17	治政	6	論政、善政、薦舉	有關安邦治國的資料
18	刑法	1		有關法律、刑律的資料
19	雜文	15	經典、史傳、詩、賦	有關經史和文體的資料
20	武	2		有關將帥和戰爭的資料
21	軍器	10	劍、鋏、弩、矟	有關兵器的資料
22	居處	20	宮、坊、樓、城、宅舍	有關城坊和建築的資料
23	產業	11	農、田、織、市、錢	有關經濟生活的資料
24	衣冠	9	衣冠、玦珮、巾帽、裘、帶	有關衣冠佩飾的資料
25	儀飾	5	節、黃鉞	與禮儀制度有關的器物的資料
26	服飾	23	帳、屏風、簟、扇、釵、鏡	有關生活用品、裝飾品的資料
27	舟車	2	舟、車	有關舟車的資料
28	食物	9	餅、肉、米、酒	有關飲食的資料
29	雜器物	9	鼎、盤、杯	有關炊具、雜品的資料
30	巧藝	12	射、書、畫、圍棋、投壺	有關技藝、遊戲的資料
31	方術	5	養生、卜筮	有關醫學衛生與占卜迷信的資料
32	內典	2	內典、寺碑	有關佛教典籍與寺碑的資料
33	靈異	4	仙道、神	有關神仙怪異的資料
34	火	8	火、烽燧、燈、煙	與煙火有關的資料
35	藥香草	46	藥、草、藿香、芙蕖、萍	有關藥物、香料、花草的資料
36	寶玉	13	金、銀、玉	有關金銀財寶的資料
37	百穀	9	稻、豆、麻、麥	有關糧食等農作物的資料
38	布帛	6	素、絹、布	有關紡織品的資料
39	菓	37	李、桃、石榴、荔支、瓜	有關瓜果的資料
40	木	42	松、桂、荊	有關樹木的資料
41	鳥	37	鳥、鶴、孔雀、鵬鳥	有關鳥類的資料
42	獸	24	馬、牛、鼠	有關獸類的資料
43	鱗介	12	魚、螺、烏賊	有關水族動物的資料
44	蟲豸	15	蟬、蠅、蜘蛛	有關昆蟲等小動物的資料
45	祥瑞	25	麟、鳳皇、鼎	古人以爲吉祥的徵兆的資料
46	災異	7	旱、蝗	有關自然災害的資料

二、各級類目的名稱

　　長期以來，學者們在論及《藝文類聚》，特別是討論其結構的時候，使用的名稱並不一致。本文爲了論述的方便，特綜合各家之說，並參考相關論著，對《藝文類聚》結構上經常使用的名稱做出界定。

　　先看圖示：

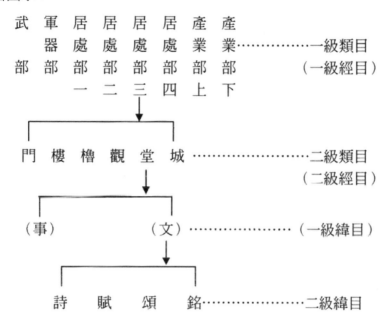

　　現就上表中所提到的名稱加以說明：

1. 類　目

　　類目是組成類書的基本單位，不論是一級類目，還是二級類目，也不論是一級緯目，還是二級緯目，每個層級下的各個標題，全都稱爲類目。如上表中的「武部」、「產業部」、「觀」、「城」等，全都可以稱爲「類目」。

　　類目，也叫類，是「具有某種共同屬性的事物的集合。圖書分類中的類，稱作類目，是指具有共同屬性的一組圖書，是組成圖書分類表的基本單元。類目包括類名、類號和注釋三個部分。」〔註26〕「類目」是現代圖書分類學的一個術語，我們在研究《藝文類聚》時，借用了這個術語。不過，這裡說的「類目」與現代圖書分類學中指的類目並不完全相同。現代圖書分類學中

〔註26〕張玉鐘、劉學豐、陳瑞玲、馬玉英主編：《新編圖書情報學辭典》，學苑出版社，1989年12月第1版，第425頁。

的類目指的是圖書分類的狀況，而《藝文類聚》中的類目指的是本書中各種資料的分類狀況。張春輝說：「類書分的『類』，一般多稱為『部』、『門』，少數稱為『類』、『篇』，在其下還有『目』，按『目』集中材料。」〔註27〕

2. 一級類目

指對所選錄的材料，按照同一標準所進行的首次分類，是範圍最大、種類最少的分類層級。又稱「一級經目」，經目是縱向的，每個類目各不相同。

3. 部　類

在一級類目中的所有類目都稱為部類。《藝文類聚》共有天部、歲時部、地部、州部、郡部、山部、水部等46個部類。

4. 二級類目

任何一個一級類目祇要再往下分，就會產生二級類目，又稱為「二級經目」。這級類目是《藝文類聚》引領正文的最主要部分。

5. 子　目

在二級類目中的所有類目都稱為子目。每個部類在細分之後，就會產生眾多的子目。子目是構成類書的主要內容。陳寶珍說：「在類書的類目中，子目與部是根據類目之間的內在聯繫組織起來的，它們反映的是一種系統關係，也可以說是一種族性關係。子目是部的下位類，而部就是子目的上位類。子目與部之間的關係是總體與部分的關係，子目是部的一個組成部分，它從屬於部，而部又包含了它所屬的各個子目。它們採用等級列舉的方式編排起來。」〔註28〕在《藝文類聚》的一級類目（即「部」）下並不列資料，祇在最低一級類目（即「子目」）下才編列有關資料。如在天部裡又細分為天、日、月、星、雲、風、雪、雨、霽、雷、電、霧、虹等子目；在巧藝部裡又細分為射、書、畫、圍棋、彈棋、博等子目，這些子目下均編列有關資料，這就使得《藝文類聚》的各個門類成為一種分類體系。

6. 一級緯目

指二級類目（即子目）下的類目。緯目是橫向的，屬於並列經目的緯目是相同的。《藝文類聚》的子目下用來區分正文資料的類目，就是一級緯目。《藝文類聚》的一級緯目有兩個特殊性，一是《藝文類聚》的一級緯目是「事」

〔註27〕 張春輝：《類書的類型與編排》，載《文獻》1987年第2期，第266～273頁。
〔註28〕 陳寶珍：《談談類書的分類體系》，載《津圖學刊》1987年第1期，第31～36頁。

和「文」，但這是隱形的，並沒有在書中標注出來。二是在大多數子目下有「事」和「文」兩個一級緯目，少數子目下祗有「事」或「文」一個一級緯目。

7. 細　目

一級緯目中的類目稱爲細目。《藝文類聚》中隱形的「事」、「文」兩個類目，便是細目。正如上文所說，《藝文類聚》的細目有兩個特殊性。

8. 二級緯目

一級緯目再細分，就會產生二級緯目。在《藝文類聚》隱形的細目中，由於「文」這一細目的原文資料涉及的文體眾多，爲了不至於彼此混淆，便產生了二級緯目。

9. 小　目

二級緯目中的類目稱爲小目。《藝文類聚》中祗有隱形的細目「文」有小目，是按照詩、賦、贊、表、歌、頌、銘、序等文體順序排列的，沒有文體可選的，就告闕如。

上述各種名稱可能和有關論著的用法不一致，這也祗是爲了行文上的統一，沒有標新立異的意思。作爲一部類書，層級關係是《藝文類聚》主要的結構形式。從部類到子目，從細目到小目，如此經緯類目交錯的結構，可以看到《藝文類聚》作爲一部類書完整的分類體系和檢索系統。

三、分目層次

按照馮浩菲的觀點，中國的類書以分目與否爲標準，可以分爲不分目體類書和分目體類書兩種。〔註29〕所謂「分目」與「不分目」，就是指「分類目」與「不分類目」。

什麼是不分目體類書？什麼是分目體類書呢？馮浩菲解釋說：「不分目體類書不標分類目，其正文或像一篇不分段的文章，一貫到底；或像流水帳一樣，分條列出。編制體例簡單，容易理解。分目體類書，如果從分目方法著眼，可別爲以事情分目、以聲韻與事情結合分目、以事情與數詞詞組結合分目 3 種。以事情分目最爲常見，即是按照天地人事萬物依次標分大小類目。以聲韻與事情結合分目的類書也不少，先以韻部、四聲分目，再以事情分目。

〔註29〕馮浩菲：《中國古籍整理體式研究》，高等教育出版社，2003 年 7 月第 1 版，第 302 頁。

以事情與數詞詞組結合分目的類書較少，先以事情分大目，再以數詞詞組分小目。」〔註30〕按照這種分類，《藝文類聚》屬於分目體類書，又屬於分目體類書中以事情分目的類書。

馮浩菲的類書分類法還認為：「分目體類書如果從分目層次著眼，則可別為單目體類書、雙目體類書、多目體類書3類。」〔註31〕從《藝文類聚》的外部結構上看，它屬於雙目體類書。

所謂雙目體類書，由二級的類目體系構成，有部類，有子目。各個部類所包含的子目均不相同，各個子目縱繫於相關的部類之下。〔註32〕《藝文類聚》就是雙目體類書中的名編。全書100卷，分天部、歲時部、地部、州部、郡部、山部、水部、符命部、帝王部、后妃部、儲宮部、人部、禮部、樂部、職官部等46部，為一級類目。每部之下又分為若干個子目，為二級類目。如其中的軍器部包括10個子目，即牙、劍、刀、匕首、鋏、弓、箭、弩、彈、稍。又如食物部包括9個子目，即食、餅、肉、脯、醬、鮓、酪蘇、米、酒。全書所有子目均如此。每個子目之下敘列有關資料，多分事、文兩部分。

例如，卷一天部上·云：

> 《歸藏》曰：有白雲出自蒼梧，入于大梁。《周易》曰：雲從龍。又曰：密雲不雨，自我西郊。又曰：坎為雲。《毛詩》曰：英英白雲，露彼菅茅。又曰：薈兮蔚兮，南山朝隮。《左氏傳》：郯子曰：黃帝以雲紀官，故為雲師而雲名。又曰：凡分至啓閉，必書雲物，為備故也。《易通卦驗》曰：……《禮統》曰：雲者，運氣，布恩普也。《周禮》曰：保章氏，以五雲之物，辨吉凶水旱，降豐荒之祲。《禮記》曰：天降時雨，山川出雲。《東方朔傳》曰：凡占長吏不耕，當視天，有黃雲來覆車，五穀大熟。《河圖》曰：崑崙山五色雲氣。京房《易飛候》曰：……《尚書大傳》曰：於時俊乂百工，相和而歌卿雲，帝舜乃唱之曰：卿雲爛兮，糺縵縵兮，日月光華，旦或旦兮。……《春秋孔演圖》曰：……《孝經援神契》曰：……《史記》曰：……《漢書》曰：高祖在碭山，上常有雲氣。……《漢武帝故事》曰：……《呂氏春秋》曰：山雲草莽，水雲魚鱗，旱雲煙火，雨雲水氣，無不比類其

〔註30〕同註29。
〔註31〕同註29。
〔註32〕同註29，第303頁。

所生以示人。孫氏《瑞應圖》曰：……《魏志》曰：……《莊子》曰：
廣成子謂黃帝曰：汝治天下，雲氣不待簇而雨。又曰：華封人謂堯曰：
夫聖人鶉居而鷇食，天下有道，與物皆昌，乘彼白雲，至於帝鄉。《孟
子》曰：油然作雲，沛然下雨。《帝王世紀》曰：……《搜神記》曰：
……《兵書》曰：……《楚辭》曰：雲霏霏而承宇。又曰：青雲衣兮
白霓裳。又曰：冠青雲之崔嵬。【詩】魏文帝《浮雲詩》曰：……魏
劉楨詩曰：……晉傅玄詩曰：……梁簡文帝《詠雲詩》曰：……梁沈
約《和王中書白雲詩》曰：……梁吳均《詠雲詩》曰：……又《詠雲
詩》曰：……【賦】楚荀況《雲賦》曰：……晉陸機《浮雲賦》曰：……
又《白雲賦》曰：……晉成公綏《雲賦》曰：……晉楊乂《雲賦》曰：……
【贊】魏陳王曹植《吹雲贊》曰：……〔註33〕

「天部」是一級類目，「雲」是其所屬的第5個子目，為二級類目。其下羅列
資料，一般是先列經、史、子三部的資料，再列詩、賦等集部的資料，全書
一如此例。

那麼，《藝文類聚》還有沒有可能也是多目體類書呢？按理說，既然《藝
文類聚》已經被確定為雙目體類書，它就不能同時屬於多目體類書了。但是，
結論還不能下得太早。

什麼叫多目體類書呢？多目體類書由三級或三級以上類目體系構成。根據
子目的不同性質，又可以分為有經無緯體類書和有經有緯體類書兩類。〔註34〕

什麼是有經有緯體類書呢？有經有緯體類書既有經目，又有緯目。經目
是縱向的，各不相同；緯目是橫向的，屬於並列經目下的緯目是相同的。至
於經目、緯目的級數多少無定額，但一般而言，與該類書所包含的事類層次
的多少成正比。〔註35〕如《初學記》就是二經一緯體類書。全書30卷，分
為天部、歲時部、地部、州郡部、帝王部、中宮部、儲宮部、帝戚部、職官
部、禮部、樂部、人部、政理部、文部、武部、道釋部、居處部、器物部、
服饌部、寶器部（花草附）、果木部、獸部、鳥部（鱗介部、蟲附），共有正
式部類23部，附3部。此為一級經目，各不相同。每部又分為若干子目，
多少不等，名目不同。如州郡部分為總載州郡、河南道、關內道、河東道、

〔註33〕《藝文類聚》，第13～16頁。
〔註34〕同註29，第304頁。
〔註35〕同註29，第306頁。

河北道、隴右道、山南道、劍南道、淮南道、江南道、嶺南道等 11 個子目，獸部分爲獅子、象、麟、馬、牛、驢、駝、羊、豕、狗、鹿、兔、狐、鼠、猴等 15 個子目，餘皆類此，全書共 313 個子目。此爲二級經目，各不相同。每個並列的二級經目之下均包含 3 個相同的細目，即敘事、事對、詩文。此爲一級緯目。

例如，樂部下·箜篌第四：

〔敘事〕《風俗通》曰：箜篌，一曰坎侯。漢武帝祠太一后土，令樂人侯調依琴作坎侯，言其坎坎應節也。侯以姓冠章也。或曰：空侯，取其空中。……《琴操》曰：朝鮮津卒霍里子高作箜篌引。

〔事對〕漢祠　晉解（漢祠見敘事中。晉永和《起居注》曰：詔太史，解土非祠典，可給琵琶箜篌。）濮水　錢溪（劉熙《釋名》曰：箜篌，師延所作。後出，桑間濮上之音。曹毗《箜篌賦》曰：發愁吟，引吳妃；湖上颶沓以平雅，錢溪摧藏而懷歸。東郭念於遠人，參潭愁於永違。）……〔賦〕晉鈕滔母孫氏《箜篌賦》……曹毗《箜篌賦》（嶧陽之桐，植穎嵓標；清泉潤根，女蘿被條。爾乃楚班製器，窮妙極巧；龍身鳳頸，連翩杳窈；纓以金彩，絡以翠藻。其絃則烏號之絲，用應所任；體頸質朗，虛置自吟。）宋臨川康王劉義慶《箜篌賦》（侯牽化而始造，魯幸奇而後珍；名啓端於雅引，器荷重於吳君。等齊歌以無譬，似秦箏而非群。）〔詩〕梁簡文帝《賦得箜篌詩》（挨遲初挑吹，弄急時催舞；釧響逐絃鳴，衫迴半障柱。欲知心不平，君看黛眉聚。）〔註36〕

現將其類目體系表解如下：

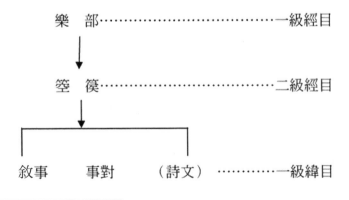

〔註36〕徐堅等：《初學記》，中華書局，2004 年 2 月第 2 版，第 393～394 頁。

全書結構都是這樣。它的 23 個一級經目、313 個二級經目各不相同，但是，並列的 313 個二級經目下所包括的緯目是相同的，都是「敘事」、「事對」、「詩文」等 3 個細目。前兩個緯目直接標出，「詩文」細目，因其下所屬的資料以文體分類，故直接標出賦、詩、文、頌、贊、述、詔等，共 30 多種文體，而不直接以「詩文」標出。

　　《初學記》是二經一緯體，那麼《藝文類聚》呢？馮浩菲說：《初學記》的「所謂『敘事』，是指見於經、史、子三類書籍中的有關記載，與《藝文類聚》所說的『事』相當；所謂『詩文』，是指初唐以上與該目有關的各種文藝作品，與《藝文類聚》所說的『文』相當」。﹝註37﹞根據馮浩菲的說法，可以知道《藝文類聚》也有下列的類目結構：

由此可以得出：《藝文類聚》也是屬於有經有緯體類書，祇不過它的一級緯目是隱形的。事的部分分別標出具體的書名（或篇名），文的部分分別標出文體名和具體的篇名。雖然事的部分不以「事」標出，文的部分也不以「文」標出，但是，「事」和「文」兩大部分是涇渭分明的。

　　綜上所述，《藝文類聚》的分目層次是屬於雙目體類書、有經有緯體類書。其實，從外在形式上看，《藝文類聚》屬於雙目體類書是無庸質疑的。祇是有經有緯體類書這點需要仔細考察。因為雖然在《藝文類聚》的每個子目下並沒有《初學記》那樣的「敘事」、「事對」、「詩文」三個細目，但是《藝文類聚》的多數子目下都擁有「事」、「文」這樣的隱形細目，所以，《藝文類聚》被稱為有經有緯體類書，也就當之無愧了。

﹝註37﹞同註 29，第 306 頁。

四、類目編排

　　《藝文類聚》的類目編排，不是隨意進行的，它要受到當時科學與文化發展狀況的制約，編者祇能根據輯得的資料來設計各級類目，從而安排全書的結構。反過來，它的類目編排又反映了當時科學與文化的發展狀況。同時，《藝文類聚》的類目編排還要服從於唐初統治階級的政治需要，受當時社會意識形態的影響。《藝文類聚》是受詔編寫的，這方面所受到的影響還要更大些。夏南強在《類書通論》中對《藝文類聚》的類目編排，做了概括的敘述：「天（從典籍中摘錄出古人的見解：天乃宇宙間萬物的主宰，故有關資料排在最前。對「天上」日月星辰等認識的資料亦附之）；歲時（天體日月星辰的變化，造成了春夏秋冬四季。各種節日的設立，更是對季節變化的具體化）；地（包括具體的州、郡、山、水）；人（符命、帝王、后妃、儲宮，他們是人間主子，放置於人部之前。各種『符命』的記述，則說明帝王是上天的安排，故放在帝王之前；禮、樂是維繫和睦人間秩序的制度；職官、封爵、治政、刑法，是『治人』的手段；雜文、武是支撐帝王統治的理論源泉和實力基礎）；軍器部以下，都屬於『物』的範疇，它們或與『人』的活動息息相關，或是對世間『人』以外自然存在的各種動物、植物的描述。最後兩部祥瑞和災異，是『物』的『特異現象』。這種排序結構，展示了綜合性的大型類書分類體系的新格局，奠定了綜合性的大型類書分類思想的基石，大大地拓展了類書的領地，是類書編纂的大進步。」〔註38〕這種「天、地、人、事、物」的部類排序，是《藝文類聚》的首創。詳細論述參見第三章第二節。至於為什麼類書類目的編排順序是天、地、人、事、物呢？賀巷超解釋說：「在我國古代，類書的編纂逐步形成並沿習天、地、人、事、物的分類體系，這種體系與傳統的儒學思想有較多的聯繫。儒學認為：天，是萬物的總根源，在宇宙系統中為主上之尊，是自然界和人類社會的創造者和最高主宰；地與天為一體，在陰陽兩個對立面中，天為陽，地則為陰，天地相序；人在儒學觀念中是『上參天地』，『下長萬物』，在君權神授、天人感應的思想領域中，『人』不是一般意義上的人，而是特指君主，是『天子』，於是『人』才有了與天地並列的資格；人既然與『下長萬物』相聯繫，那麼花鳥蟲魚、飛禽走獸等自然萬物、農藝、工藝和器物也就有了自己的位置。可見古代類

〔註38〕夏南強：《類書通論》，華中師範大學歷史文獻學博士論文，2001年6月，34頁。

書的分類體系集中地體現了傳統文化的知識觀，這大概就是類書分類體系在封建社會中千年不變的根本原因。」〔註39〕但是，哪些部類應歸於「天」？哪些部類應歸於「地」？哪些部類應歸於「人」？哪些部類應歸於「事」？哪些部類應歸於「物」？我們對《藝文類聚》46 個部類做的具體劃分是：

第一大類「天」：爲卷一到卷五，包含天部、歲時部。

第二大類「地」：爲卷六到卷九，包含地部、州部、郡部、山部、水部。

第三大類「人」：爲卷十到卷二十七，包含符命部、帝王部、后妃部、儲宮部、人部。

第四人類「事」：爲卷三十八到卷六十，包含禮部、樂部、職官部、封爵部、治政部、刑法部、雜文部、武部、軍器部。

第五大類「物」：爲卷六十一到卷一百，包含居處部、產業部、衣冠部、儀飾部、服飾部、舟車部、食物部、雜器物部、巧藝部、方術部、內典部、靈異部、火部、藥香草部、寶玉部、百穀部、布帛部、果部、木部、鳥部、獸部、鱗介部、蟲豸部、祥瑞部、災異部。

《藝文類聚》的五個大類就是這樣。那麼它們的排列順序爲什麼是這樣？每個大類中的部類及其子目的排列順序又是怎樣的呢？下面，對此做出詳細剖析。

第一大類「天」。《藝文類聚》類目編排所體現的思路，也就是編者對於他們面前那個廣大世界的理解和敘述。「在這個自信總結與囊括了所有知識的《藝文類聚》中，『天地』被放置在最優先的地位」。〔註40〕「天」究竟有什麼神奇之處，使它能夠置於全書之首的位置呢？《藝文類聚》天部引述的資料有：「《周易》曰：大哉乾元，萬物資始，乃統天。」「又曰：立天之道曰陰與陽。」「《禮記》曰：天地之道，博也，厚也，高也，明也，悠也，久也。日月星辰繫焉，萬物覆焉。」「《論語》曰：天何言哉，四時行焉，萬物生焉。」「《黃帝素問》曰：積陽爲天，故天者清陽也。」「《文子》曰：高莫高於天，下莫下於澤。天高澤下，聖人法之。」〔註41〕這些典籍中的文字把天的至高至大至尊的地位，闡述得十分清楚，正如前文所引賀巷超的論述：「天，是萬物的總根源，在宇宙

〔註39〕賀巷超：《淺議類書產生和存在的條件》，載《圖書館理論與實踐》1993 年第 4 期，第 54 頁。
〔註40〕葛兆光：《中國思想史》（第一卷），復旦大學出版社，2004 年 7 月第 1 版，第 455 頁。
〔註41〕《藝文類聚》，第 1 頁。

系統中爲主上之尊，是自然界和人類社會的創造者和最高主宰」，所以要把「天」置於首位了。那麼，「歲時」爲什麼劃入「天」這個大類呢？正如前文所引夏南強的論述：「天體日月星辰的變化，造成了春夏秋冬四季。各種節日的設立，更是對季節變化認識的具體化。」四季和各種節日，是歲時部的主要內容，所以「歲時」劃入「天」這個大類，也就順理成章了。「天」這個大類中子目的編排：「日、月、星、辰」4 個子目，是按照習慣順序排列的。在古代典籍中，經常看到這樣的排序，如「《易》曰：日月麗乎天。」〔註42〕「《周禮》曰：保章氏，掌天星，以志日月星辰之變動。」〔註43〕「《尚書》曰：乃命羲和，欽若昊天，曆象日月星辰，敬授民時。」〔註44〕「日月星辰」是古人言說事物的習慣順序。「風、雪」等 8 個子目，是平行羅列的四季中的 8 種天象。歲時部上的 4 個子目、歲時部中的 10 個子目、歲時部下的前 5 個子目「春、夏、秋、冬、元正、人日、正月十五日、月晦、寒食、三月三、五月五、七月七、七月十五、九月九、社、伏、熱、寒、臘」等，是按時間順序排列的。祗是歲時部下最後兩個子目「律、曆」需要特殊說明。

　　《藝文類聚》卷五歲時部下子目「律」，其「事」的部分共摘錄各種典籍 17 條，其中有 7 個條目中「律」的義項與「節氣」和「時令」有關，即：「《禮記》曰：正月律中太蔟，二月律中夾鍾，三月律中沽洗，四月律中仲呂，五月律中蕤賓，六月律中林鍾，七月律中夷則，八月律中南呂，九月律中無射，十月律中應鍾，十一月律中黃鍾，十二月律中大呂。《周禮注》曰：律呂相生者，三分益一，下生者三分減一，黃鍾律長九寸，下生林鍾，六月律也。……《呂氏春秋》曰：昔黃帝命伶倫作爲律，伶倫自大夏之西，乃之阮隃之陰，取竹之嶰谷以生空竅厚均者，斷兩節間長三寸九分而吹之，以爲十二筒，聽鳳鳴以別十二律，其雄鳴爲六，雌鳴亦六，故曰黃鍾之宮，律之本也。《淮南子》曰：變合六律，調五音，通八風。《漢書》曰：至治之世，天地之氣，合以生風，天地之風氣，定十二律。又曰：漢家言律曆者，本張蒼，蒼好書，無所不觀，無所不通，而尤究律曆。……楊泉《物理論》曰：聽清濁五聲之和，然後製爲鍾律，取弘農宜陽縣金門山竹爲管。」〔註45〕

〔註42〕《藝文類聚》，第 4 頁。
〔註43〕《藝文類聚》，第 11 頁。
〔註44〕《藝文類聚》，第 97 頁。
〔註45〕《藝文類聚》，第 95～96 頁。

這 7 個條目佔「律」這個子目的大部分篇幅,因此決定了「律」置於歲時部。其它條目中的「律」,或指「定音儀」,或指「樂律、音律」,因爲所佔篇幅不大,條目中又含有「律」字,故連類而及地編排在這裡了。現重點分析其中《禮記》條。這條是《藝文類聚》的編者抄合《禮記‧樂令》的有關段落而成。在「律中太蔟」句下,鄭玄注曰「律,候氣之管,以銅爲之。中,猶應也。孟春氣至,則太蔟之律應。應,謂吹灰也。」〔註46〕楊天宇解釋說:「古人觀測月氣,是用十二支律管進行的,這十二支律管的名稱與十二樂律同。十二支律管的長度各異,相互之間有一定的比例,將這十二支律管埋入地中,其上與地平,其下則依長度的不同而深入地中各異,管中各填以蘆灰,某月月氣至,相應律管中的蘆灰便會飛出,即所謂『吹灰』,這就是律管候氣之法。」〔註47〕把樂律同曆法附會在一起,以十二律應十二月,在《呂氏春秋》中亦有記載。《呂氏春秋》載:「大聖至理之世,天地之氣合而生風。日至則月鍾其風,以生十二律。仲冬日短至,則生黃鍾。季冬生大呂。孟春生太蔟。仲春生夾鍾。季春生姑洗。孟夏生仲呂。仲夏日長至,則生蕤賓。季夏生林鍾。孟秋生夷則。仲秋生南呂。季秋生無射。孟冬生應鍾。天地之風氣正,則十二律定矣。」〔註48〕今天看來,這樣的解說當然是牽強附會,毫無科學根據的。不過,類似的記載,在古籍中是常見的,說明古人對這種說法的認可,同時這種普遍的認識也影響著人們的思維,這就是《藝文類聚》的編者把「律」置於「歲時」部的原因。

關於子目「曆」,其「事」的部分共摘錄各種典籍 9 種,下面這些條目中,「曆」的義項指「曆書」:「《世本》曰:容成作曆。」「(《漢書》)又曰:使校曆淳于陵渠,復覆太初曆,晦朔弦望最密,日月如合璧,五星若連珠。」「《續漢書》曰:昔者聖人之作曆也,觀璿機之運,三光之作,道之發斂,景之長短,斗綱所建,青龍所躔,參伍以變,錯綜其數,而制術焉。」「《益部耆舊傳》曰:巴郡落下閎,漢武帝時,改顓頊曆,更作太初曆,曰:後八百歲,此曆差一日,當有聖人定之。」「《風土記》曰:自黃帝顓頊,下達三王,治曆十有一家,考

〔註46〕 〔漢〕鄭玄注,〔唐〕孔穎達等正義:《禮記正義》,載〔清〕阮元校刻:《十三經注疏》,中華書局,1980 年 9 月第 1 版,第 1354 頁。

〔註47〕 楊天宇:《禮記譯注》,上海古籍出版社,1997 年 4 月第 1 版,第 234～235 頁。

〔註48〕 〔秦〕呂不韋輯,〔漢〕高誘注:《呂氏春秋》,載《諸子集成》,上海書店影印,1986 年 7 月第 1 版,第 56～57 頁。

課損益，各有變衰，非天運之錯，考察意異故也。」〔註49〕下面兩條中的「曆日」、「曆譜」，也均指「曆書」：「楊泉《物理論》曰：疇昔神農始治農功，正節氣，審寒溫，以爲早晚之期，故立曆日。」「(《漢書》)又曰：曆譜者，序四時之位，正分至之節，會日月五星之辰，以考寒暑殺生之實。故聖王必正曆，以探知五星日月之會，凶阨之患，其術皆出焉。此聖人知命之術也。」〔註50〕下面一條中的「曆象」，指推算觀測天體的運行：「《尚書》曰：迺命羲和，欽若昊天，曆象日月星辰，敬授民時。」〔註51〕下面這些條目中的「曆數」，指曆法：「(《尚書》)又曰：叶用五紀，其五曰曆數。」「《尸子》曰：造曆數者，羲和子也。」「《漢書》曰：曆數之起尚矣。傳述顓頊命南正重司天，火正黎司地。其後三苗亂德，二官咸廢，而閏餘乖次，孟陬殄滅，攝提失方。」「王隱《晉書》曰：張載弟前烏程令名冗，(汪紹楹校記曰：《太平御覽》十六作「亢」，又「亢」下有「依」字)蔡邕注明堂令中台要解。又綴諸說曆數而爲曆贊，荀崧見贊，異之，云信該羅曆表義矣。」〔註52〕子目「曆」下摘引的資料，全都是與歲時有關的，故置於歲時部便是順理成章了。因爲「律」和「曆」都有總括的性質，所以放在了歲時部的末尾。

　　《藝文類聚》的第二大類是「地」。正如上文所引賀巷超之言：「地與天爲一體，在陰陽兩個對立面中，天爲陽，地則爲陰，天地相序」，所以，「地」便排在「天」之後成爲第二大類。卷六地部、州部、郡部子目的排序：地部的子目「地、野、關、岡、岩、峽、石、塵」，大體是按照從大到小的順序排列的。州部子目爲：冀州、揚州、荊州、青州、徐州、兗州、豫州、雍州、益州、幽州、并州、交州，除「益州」、「交州」以外，其它數州是綜合了《尚書・禹貢》、《周禮・職方氏》、《呂氏春秋・有始覽》、《爾雅・釋地》等書中關於九州的記載而成的。天下的州郡眾多，限於篇幅，無法一一記載。列入九州，是因爲它們重要。那麼列入「交州」是什麼理由呢？根據子目「交州」下摘錄的資料，原來，據《苗恭交廣記》記載，交州及其得名，與漢武帝開拓疆土有關。又據《太康地記》記載，交州本屬揚州，而揚州是九州之一。〔註53〕鑒於這兩點，交州就顯得很重要了，故列入州部。但因爲「交州」不

〔註49〕《藝文類聚》，第 97 頁。
〔註50〕同註49。
〔註51〕同註49。
〔註52〕同註49。
〔註53〕《藝文類聚》，第 116 頁。

屬於九州，所以放在了各州之後。把「益州」列入州部，表面上看似乎沒有道理，但是細加分析，便可以發現其中的理由：子目「益州」下摘錄有漢代揚雄的《益州箴》，其文曰：「巖巖岷山，古曰梁州；華陽西極，黑水南流。」〔註54〕原來益州古稱梁州。據《尚書》記載，梁州亦屬於九州之一。對照《尚書・禹貢》對梁州的記載：「華陽、黑水惟梁州。岷、嶓既藝，沱、潛既道。蔡、蒙旅平，和夷厎績。厥土青黎，厥田惟下上，厥賦下中，三錯。厥貢璆、鐵、銀、鏤、砮、磬、熊、羆、狐、狸。織皮，西傾因桓是來。浮於潛，逾於沔，入於渭，亂於河。」〔註55〕兩處記載正好吻合，這就讓我們知道爲什麼把「益州」列入州部，並夾在九州之中了。

　　郡部的子目是：河南郡、京兆郡、宣城郡、會稽郡。條目較少，選擇具有隨意性，次序感不強，祇是在東西南北中五個方位任選四個方位的郡名。此依據《隋書・地理志》的記載，給這四個郡排一下方位。關於河南郡，據《隋書・地理志》載：舊置洛州。大業元年移都，改曰豫州。三年改爲郡，置尹。統縣十八：河南、洛陽、閔鄉、桃林、陝、熊耳、澠池、新安、偃師、鞏、宜陽、壽安、陸渾、伊闕、興泰、緱氏、嵩陽、陽城。〔註56〕《藝文類聚》引應劭《漢官》亦云：「河南尹，所治周地，秦兼天下，置三川守，河雒伊也。漢更名河南。孝武皇帝，增雲太守，世祖中興，徙都雒陽，改號爲尹；尹，正也。」〔註57〕故河南郡從方位上應屬中部。關於京兆郡，據《隋書・地理志》載：開皇三年，置雍州。大業三年，改州爲郡，故名。置尹。統縣二十二，分別爲：大興、長安、始平、武功、盩厔、醴泉、上宜、鄠、藍田、新豐、華原、宜君、同官、鄭、渭南、萬年、高陵、三原、涇陽、雲陽、富平、華陰。〔註58〕故京兆郡從方位上應屬西部。關於宣城郡，據《隋書・地理志》載：舊置南豫州。平陳，改爲宣州。統縣六：宣城、涇、南陵、秋浦、永世、綏安。〔註59〕故宣城郡從方位上應屬東部。關於會稽郡，據《隋書・地理志》載：梁置東揚州。陳初省，尋復。平陳，改曰吳州，

〔註54〕《藝文類聚》，第115頁。

〔註55〕〔漢〕孔安國傳，〔唐〕孔穎達等正義：《尚書正義》，載〔清〕阮元校刻：《十三經注疏》，中華書局，1980年9月第1版，第150頁。

〔註56〕〔唐〕魏徵、令狐德棻：《隋書・地理志》，中華書局，1973年8月第1版，第834～835頁。

〔註57〕《藝文類聚》，第117頁。

〔註58〕同註56，第808頁。

〔註59〕同註56，第877頁。

置總管府。大業初府廢，置越州，統縣四：會稽、句章、剡、諸暨。〔註60〕故會稽郡從方位上應屬南部。所以，郡部的四個子目是按照中、西、東、南的順序排列的。

山部的子目是：總載山、崑崙山、嵩高山、華山、衡山、廬山、太行山、荊山、鍾山、北邙山、天台山、首陽山、燕然山、羅浮山、九疑山、虎丘山、蒜山、石帆山、石鼓山、石門山、太平山、岷山、會稽諸山、交廣諸山。在24個子目中，有17座山位於中國的中部和東南部，均是人類活動較多、文化遺存較爲豐富的地方。這些子目，看不出其中的方位次序，祇是把重要的山排在前面，次重要的山排在後面，按照重要性依次遞減的順序排列。崑崙山置於群山之首，是因爲它的地位最重要。「《水經》曰：崑崙墟在西北，去嵩高五萬里，地之中也。」「《搜神記》曰：崑崙之山，地首也。」〔註61〕編者在選擇具體某一座山的時候，既要考慮有「事」可摘，又要考慮有「文」可錄，山部的全部子目都是「事」、「文」俱全的。

水部上的子目是：總載水、海水、河水、江水、淮水、漢水、洛水。按其知名度排列，海以其博大居首，次之四瀆（缺濟水），再次漢水、洛水；漢水爲長江最大的支流，洛水爲三川之一。水部下的子目，沒有明顯的順序，是《藝文類聚》子目典型列舉的排列方式。其中，「津」爲水渡，「橋」爲水梁，均與水有關，所以排在了水部的最後。

《藝文類聚》的第三大類是「人」。排在「人」這個大類之首的是符命部。符命是上天預示帝王受命的符兆。符，又稱符契、符節，原本是古代朝廷調動軍隊或發佈命令的信物。通常用竹板或金屬製成，上面刻著文字，剖分爲兩半，一半留在朝廷，一半由將帥持有。它是權力的象徵，具有絕對服從的意義。「符命」來源於漢代權力崇拜中的宗教性文飾——君權神授觀念。君權神授的思想可以追溯至商代。漢代以董仲舒爲代表的今文經學大力提倡此說，認爲凡正命天子出世，都有某種符瑞出現。符瑞，也就是符命，或者說是上天符命的象徵。董仲舒認爲，最高統治者是天命神授的。因此，在其即位的時候，必須「改正朔，易服色，製禮樂」，以表明其「非繼人」，而「受之於天」。〔註62〕既然是天

〔註60〕同註56，第878頁。

〔註61〕《藝文類聚》，第130頁。

〔註62〕閻麗：《董子春秋繁露譯注》，黑龍江人民出版社，2003年1月第1版，第110頁。

命的，他的稱號，也就是無可比擬的，應該稱之爲「天子」，董仲舒說：「德侔天地者，皇天右而子之，號稱天子。」〔註63〕受命的君，是「天意之所予也」。〔註64〕「天子受命於天，諸侯受命於天子，子受命於父，臣妾受命於君，妻受命於夫。諸所受命者，其尊皆天也，雖謂受命於天亦可。」〔註65〕這裡是說，上述的受命，都可以說是受之於天。由此推而廣之，一切下對上的受命，也都可以這樣說。在「符命部」中摘錄的就是這樣一些資料：「《河圖》曰：湯母扶都，見白氣貫月，意感而生湯。」「《尚書中候》曰：武王發渡于孟津，中流，白魚躍入王船，王俯取魚，長三尺，有文王字。」「《史記》曰：帝嚳少妃有娀氏女簡狄，以春分玄鳥至之日，祀于高禖，有玄鳥遺其卵，簡狄吞之，孕，生契，爲殷始祖。又曰：帝高陽氏元妃姜嫄，見大人之跡，履之，歆然若感，而生后稷，棄之寒冰之上，鳥翼覆之。又棄之隘巷，羊牛乳之。又棄之平林之上，人收養之，爲周始祖。又曰：高祖母媼，嘗息大澤之陂，夢與神遇，時雷電晦冥，父太公往視，見蛟龍於上，已而有娠，遂生高祖。」「《東觀漢記》曰：光武帝夜生時，有赤光，至中盡明，皇考異之，使卜者王長卜之，長曰：此善事，不可言，是歲有嘉禾生，一莖九穗，長大於凡禾，縣界大豐熟，因名上曰秀。」「《帝王世紀》曰：燧人之世，有大跡出雷澤，華胥履之，生庖犧氏於成紀也。」「《魏志》曰：桓帝時，有黃星見於楚宋之分。遼東殷馗，善天文，言後五十歲，當有眞人起於梁沛之間，其鋒不可當。至是凡五十年，而太祖破袁紹，天下莫敵矣。」「《宋書》曰：高祖既登祚，謂群臣曰：朕始望不至此，眾人咸撰辭，欲盛稱功德，王弘率爾對曰：所謂天命，求之不可得，推之不可去。眾皆以爲知言。」〔註66〕「白氣貫日」生商湯，白魚入船而武王伐商，簡狄吞玄鳥卵孕而生契，等等，上蒼以各種符命加以附會，無非是神話君王，給他們的「革命」或「改朝換代」提供合理性的支持。君王的統治和行動，是否具有合理性，是受天意的控制與制約，這種權力的獲得，必須得到上蒼的認可。這就是把「符命」放在「帝王」之前的原因。〔註67〕

置於「符命部」之後的是「帝王部」。這種排列順序顯示著：帝王是人間

〔註63〕同註62，第268頁。
〔註64〕同註62，第172頁。
〔註65〕同註62，第268頁。
〔註66〕《藝文類聚》，第184〜187頁。
〔註67〕同註40，第456頁。

的主宰，向上稟承天的意旨，向下統轄百姓。〔註68〕「帝王部」的子目爲：
總載帝王、天皇氏、地皇氏、人皇氏、有巢氏、燧人氏、太昊、庖犧氏、帝
女媧氏、炎帝神農氏、黃帝軒轅氏、少昊金天氏、顓頊高陽氏、帝嚳高辛氏、
帝堯陶唐氏、帝舜有虞氏、帝禹夏后氏、殷成湯、周文王、周武王、周成王、
漢高帝、漢文帝、漢景帝、漢武帝、漢昭帝、漢宣帝、後漢光武帝、漢明帝、
漢和帝、魏武帝、魏文帝、吳大帝、晉武帝、晉元帝、晉成帝、晉康帝、晉
穆帝、晉簡文帝、晉孝武帝、宋武帝、宋孝武帝、齊高帝、齊明帝、梁武帝、
梁元帝、北齊文宣帝、陳武帝、陳文帝、陳宣帝，這些子目是以時間先後爲
序的。帝王部一·總載帝王載：「《尙書刑德放》曰：帝者，天號也；王者，
人稱也。天有五帝以立名，人有三王以正度。天子，爵稱也；皇者，煌煌也。
《春秋演孔圖》曰：正氣爲帝，閒氣爲臣，秀氣爲人。」〔註69〕帝王既然有
如此地位，與帝王相關的皇室成員，如后妃、儲宮，自然也就非同一般了，
所以「帝王部」之後，便是「后妃部」、「儲宮部」。

　　帝王統轄下的是人，所以接下來的部類就是「人部」。人部中的子目，按
照其內容和編排順序可以大致分爲八類：第一類：生理類，包括第十七卷。
第二類：外形類，包括第十八卷。第三類：言語類，包括第十九卷。第四類：
道德、倫理類，包括第二十卷、第二十一卷。第五類：品格類，包括第二十
二卷。第六類：行爲方式類，包括第二十三卷～第三十三卷。第七類：情感、
奴婢類，包括第三十四卷、第三十五卷。第八類：隱逸類：包括第三十六卷、
三十七卷。這樣分類，祇是爲了論述上的方便大致劃分的。

　　第一類：生理類，包括第十七卷。子目是：頭、目、耳、口、舌、髮、
髑髏、膽。除了最後兩個子目以外，這一卷子目的設置，更側重於人的外在
體貌特徵，因爲這些外在的體貌特徵，更有「事」可摘，也有「文」可錄。
爲什麼要把似乎本不應該設爲子目的「髑髏」、「膽」設爲子目呢？大概編者
也是從有「事」可摘、有「文」可錄等方面加以考慮的。在這兩個子目的「事」
的部分，分別摘錄《莊子》、《魏略》、《黃帝素問》、《吳越春秋》等書的資料；
文的部分，分別摘錄張衡的《髑髏賦》、呂安的《髑髏賦》、曹植的《髑髏說》、
嵇康的《明膽論》。如果無「事」可摘，無「文」可錄，那麼這兩個子目恐怕
就要取消了。

〔註68〕同註40，第456頁。
〔註69〕《藝文類聚》，第198頁。

第二類：外形類，包括第十八卷。本卷 3 個子目中，「美婦人」、「老」是可以從外在看出的，而「賢婦人」是內在的，不容易從外在看出，況且「美」與「賢」又是交叉的，很難截然分開。3 個子目有兩個是關於「婦人」的，所佔篇幅過大，篇幅比例分配不均衡。

第三類：言語類，包括第十九卷。言語、謳謠、吟、嘯、笑，幾個子目均與言語有關。

第四類：道德、倫理類，包括第二十卷、第二十一卷。這兩卷的子目「聖、賢、忠、孝、德、讓、智、性命、友悌、交友、絕交」，是以倫理、道德規範作為標準排列的。把「性命」排在第八位，無非是說明「聖、賢、忠、孝、德、讓、智」比「性命」更重要。那麼，編者為什麼把「性命」劃歸到這一類呢？其道理何在？人部五·性命載：「《易》曰：乾道變化，各正性命。」「《春秋》曰：劉子曰：人受天地之中以生，所謂命也。《禮記》曰：天命之謂性，率性之謂道，修道之謂教。《論語》曰：子夏曰：死生有命，富貴在天。」「《家語》曰：魯哀公問於孔子曰：人之命與性何謂？孔子對曰：分於道謂之命，形於一謂之性。」〔註70〕「命」的理念與「性」的理念相結合，在先秦時期儒家學說中，具有極其重要的哲學意義，兩者構成儒家對生命的瞭解及其對人生意義的解釋的一個重要範疇。《禮記·中庸》云：「天命之謂性。」鄭玄注：「天命謂天所命生人者也，是謂性。」〔註71〕是說人之「性」乃由天之所「命」而生，人生存在是感受天命自然而成。孔子云：「不知命，無以為君子也。」〔註72〕所謂「知命」就是瞭解人生之本能，就能知足而面對現實。孟子曾就「性」與「命」之關係說：「儘其心者，知其性也，知其性則知天矣。存其心，養其性，所以事天也。殀壽不貳，修身以俟之，所以立命也。」〔註73〕強調存心養性修身立命。這裡所說的「知其性則知天」，是把「性」與天等同起來，此即所謂「天命之謂性」的意思。孟子還從倫理道德的角度解說「性」：「口之於味也，目之於色也，耳之於聲也，鼻之於臭也，四肢之於安佚也，性也，有命焉，君子不謂性也。仁之於父子也，義之於君臣也，禮之於賓主也，知之於賢者也，聖人之於天道

〔註70〕　《藝文類聚》，第 384～385 頁。

〔註71〕　同註 46，第 1625 頁。

〔註72〕　〔清〕劉寶楠：《論語正義》，載《諸子集成》，上海書店影印，1986 年 7 月第 1 版，第 419 頁。

〔註73〕　〔戰國〕孟軻著，〔清〕焦循撰：《孟子正義》，載《諸子集成》，上海書店影印，1986 年 7 月第 1 版，第 517 頁。

也，命也，有性焉，君子不謂命也。」〔註74〕孟子認為，味、色、聲、嗅、安逸都是人生天性喜愛之物，但獲得與否則屬於命運，不必強求滿足天性之欲望。仁、義、禮、智、聖，這些倫理道德的境界，其實現與否也屬於命運，但人們應該當作天性的需要而去爭取，不應推委於命運而放棄。孟子把「性」、「命」與「仁、義、禮、智、聖」相提並論，均看成倫理道德範疇的事物，這就是《藝文類聚》的編者把「性命」歸屬於此類的原因。

第五類：品格類，包括第二十二卷。其子目包括：公平、品藻、質文。子目「公平」下選錄的是關於公平的議論和事蹟。如：「《尚書》曰：無偏無黨。」「《家語》曰：澹臺滅明，為人公正無私。」〔註75〕又如選錄了《韓子》中解狐舉賢不避仇讎的故事，等等，這些顯然是與品格有關的。「品藻」是品評、鑒定的意思。子目「品藻」下選錄的是對各種人物性格、品格、事蹟的品評。例如：「《漢書》曰：高帝置酒洛陽南宮，上曰：『吾所以有天下者何，項氏之所以失天下者何？』王陵對曰：『陛下慢而侮人，項羽仁而敬人，然陛下使人攻城略地，所降者因以與之，與天下同其利也。項羽妒賢嫉能，有功者害之，賢者疑之，戰勝而不與人功，得地而不與人利，此其所以失天下也。』上曰：『公知其一，未知其二。夫運籌帷幄之中，決勝千里之外，吾不如子房；鎮國家，撫百姓，給餉饋，不絕糧道，吾不如蕭何；連百萬之眾，戰必勝，攻必取，吾不如韓信；此三者皆人傑也，吾能用之，此吾所以有天下也。項羽唯有一范增，不能用，此其所以為我擒也。』群臣悅服。」〔註76〕此子目收錄的均是諸如此類的言論與故事。「質文」子目的設立，大概源於孔子的有關言論：「《論語》曰：周監於二代，郁郁乎文哉，吾從周。又曰：子貢問曰：孔文子何以謂之文也？子曰：敏而好學，不恥下問，是以謂之文也。又曰：質勝文則野，文勝質則史，文質彬彬，然後君子。」〔註77〕這裡說的「文」是指「文華」、「文采」、「形式」，「質」指的是「質實」、「思想」、「內容」。《藝文類聚》子目中的條目是按照主題法摘錄的，所以與「質」、「文」有關的「事」與「文」便被摘錄進來。

第六類：行為方式類，包括第二十三卷～第三十三卷。其子目是：鑒誠、諷、諫、說、嘲戲、言志、行旅、遊覽、別、怨、贈答、閨情、寵倖、遊俠、

〔註74〕同註73，第582～583頁。
〔註75〕《藝文類聚》，第400～401頁。
〔註76〕《藝文類聚》，第404頁。
〔註77〕《藝文類聚》，第410頁。

報恩、報仇、盟。這一類是大致劃分的，就是說其中的大部分子目是可以歸屬到這一類的，但是有的子目，比如「說」應該歸屬於「言語」類，「閨情」應該歸屬於「情感」類等，這是由於《藝文類聚》子目劃分的隨意性所帶來的缺陷。

第七類：情感、奴婢類，包括第三十四卷、第三十五卷。其子目是：懷舊、哀傷、妒、淫、愁、泣、貧、奴、婢、傭保。這可以說是一個雜類，以情感類的子目爲主，後三個屬於奴婢類的子目。「貧」放在這裡，有些不和諧，因爲它既不屬於情感類，也不屬於奴婢類。奴、婢、傭保屬於「人」的社會地位的範疇，但是，有關「人」的社會地位的部類，前面有帝王部、后妃部、儲宮部，後面有職官部，所以奴、婢、傭保這些子目，祇好編排在這裡了。人部十九・奴載：「《周禮注》：男奴女婢，鄭司農注云，奴，罪隸也，男女同名。」「《風俗通》曰：古制本無奴婢，犯事者原之，臧者被罪，沒入爲官奴，獲者逃亡，復得爲婢。」〔註78〕奴婢的地位，從這兩條記載中大體可見。「傭保」即指「雇工」。「傭保」連文，此子目下其實祇有一條：「《史記》曰：荊軻死，高漸離變姓名，爲人傭保，作於宋子。久之作苦，聞其家堂上客擊筑，不能去，彷徨。從者告其主，便擊筑，一坐稱善。」〔註79〕另外一條則含有「酒保」一詞：「《鶡冠子》曰：伊尹酒保，立爲世師。」〔註80〕「酒保」即指「貨酒者」或「酒店的夥計」。收錄含有「酒保」一詞的條目，是因子目「傭保」連類而及，也因「酒保」的社會地位與「傭保」相彷彿之故。

第八類：隱逸類：包括第三十六卷、三十七卷。此類的兩卷中祇有一個子目「隱逸」。「隱逸」本應該劃歸到第六類「行爲方式類」，但是因爲隔著第七類，所以祇好單列爲一類了。

《藝文類聚》的第四大類是「事」。其前兩個部類是禮部、樂部。古人十分重視「禮」的治政與教化功能。《禮記・曲禮》載：「夫禮者，所以定親疏、決嫌疑、別同異、明是非也。……道德仁義，非禮不成；教訓正俗，非禮不備；分爭辨訟，非禮不決；君臣、上下、父子、兄弟，非禮不定；宦學事師，非禮不親；班朝治軍，蒞官行法，非禮威嚴不行；禱祠祭祀，供給鬼神，非禮不誠不莊。」〔註81〕《左傳》載：「禮，經國家，定社稷，序民人，利後嗣者也。」

〔註78〕 《藝文類聚》，第 631 頁。
〔註79〕 《藝文類聚》，第 636 頁。
〔註80〕 《藝文類聚》，第 636 頁。
〔註81〕 同註 46，第 1231 頁。

「夫禮，天之經也，地之義也，民之行也。」〔註82〕《荀子》載：「禮者，治辨之極也，強國之本也，威行之道也，功名之總也。」「國無禮則不正，禮之所以正國也。譬之猶衡之於輕重也，猶繩墨之於曲直也，猶規矩之於方圓也，既錯之而人莫之能誣也。」〔註83〕「禮」與「樂」又是密不可分的，具有同樣的功能。《漢書‧禮樂志》載：「天稟其性而不能節也，聖人能為之節而不能絕也，故象天地而製禮樂，所以通神明，立人倫，正情性，節萬事者也。……故孔子曰：『安上治民，莫善於禮；移風易俗，莫善於樂。』禮節民心，樂和民聲，政以行之，刑以防之。禮樂政刑四達而不悖，則王道備矣。」〔註84〕《論語》載：「子曰：『興於詩，立於禮，成於樂。』」〔註85〕禮樂是人與事的根本，是維繫和睦人間秩序的制度。這樣的部類編排，既承接了「人」這一大類，又表示了一切「事」的根源應以「禮樂」為出發點。

禮部分上中下。其子目為：禮、祭祀、郊丘、宗廟、明堂、辟雍、學校、釋奠、巡狩、籍田、社稷、朝會、燕會、封禪、親蠶、冠、婚、諡、弔、塚墓。子目「禮」下摘錄的是各種典籍中對「禮」的論述，也是按照主題法摘錄的含有「禮」的文句和與「禮」相關的事件，沒有具體的關於各種「禮」的名稱。子目「祭祀」下摘錄的是含有「祭」與「祀」的文句。郊丘、宗廟、明堂、辟雍、學校、釋奠、巡狩、籍田、社稷、封禪、親蠶，屬於吉禮的範疇。朝會，屬於賓禮的範疇。燕會、冠、婚，屬於嘉禮的範疇。諡、弔、塚墓，屬於凶禮的範疇。這樣的排列順序有些亂，但是，覆蓋面還是很廣的。雖然是禮部，但是大多數並沒有列出禮儀制度的名稱，而是列舉出施禮的場所，比如郊丘、宗廟、明堂、辟雍、學校、巡狩、籍田、社稷、朝會、燕會、親蠶、塚墓等。子目「釋奠」雖然沒有直接標出施禮的場所，但是，釋奠是古代在學校設置酒食，以奠祭先聖先師的一種典禮。如，「《禮記》曰：凡欲立學，必先釋奠于先聖先師。及行事，必以幣，天子親學，大昕鼓徵，所以警眾也。眾至，然後天子至，乃命有司行事，適東序，釋奠于先老。又曰：

〔註82〕〔晉〕杜預注，〔唐〕孔穎達等正義：《春秋左傳正義》，載〔清〕阮元校刻：《十三經注疏》，中華書局，1980年9月第1版，第1736頁、第2107頁。

〔註83〕〔戰國〕荀況著，〔清〕王先謙集解：《荀子集解》，載《諸子集成》，上海書店影印，1986年7月第1版，第186頁、第136頁。

〔註84〕〔漢〕班固撰，〔唐〕顏師古注：《漢書‧禮樂志》，中華書局，1962年6月第1版，第1027～1028頁。

〔註85〕同註72，第160頁。

凡學，春官釋奠于先師，秋多亦如之。釋奠即舍菜，舍菜即祭菜，然則國子入學，以蘋蘩告誠，祀其師，以示敬道也。菜芹之屬。」〔註86〕「釋奠」、「釋幣」、「釋菜」，是古代的立學祀典，「釋奠」雖未明言施禮的場所，但其地點明確而固定。「封禪」也是這樣。「封禪」，專指在泰山的天地祭祀。《史記·封禪書》正義曰：「此泰山上築土為壇以祭天，報天之功，故曰封。此泰山下小山上除地，報地之功，故曰禪。」〔註87〕在這些子目中，祇有「冠」、「婚」是禮的名稱。

樂部佔四卷，用一、二、三、四標明。其子目為：論樂、樂府、舞、歌、琴、箏、箜篌、琵琶、笥簏、簫、笙、笛、笳。子目「論樂」下摘錄的是典籍中關於「樂」的論述和若干首樂府古詩。樂府古詩之所以收錄在「論樂」的子目下，是因為樂府古詩都是入樂的歌辭。劉勰云：「樂府者，聲依永，律和聲也。」〔註88〕「樂府」即樂府古詩，收入樂部的原因與「樂府古詩」相同。古代詩、樂、舞三位一體，故「舞」收入樂部。了目「歌」載：「蔡邕《月令章句》曰：樂聲曰歌。」〔註89〕故「歌」收入樂部。「琴」以下的了目都是樂器名稱。

其後的職官部、封爵部、治政部、刑法部，是關係人間秩序的管理系統。職官部中各子目，是各朝代各種官名的混雜，大抵按官階的高低排序。治政部的子目：論政、善政、赦宥、錫命、薦舉、奉使，按從上到下，從內到外的順序排列。位於「事」類最後的是：雜文部、武部、軍器部；雜文部是「文」，武部、軍器部是「武」。「文」、「武」連排，體現了中國文化中文武結合的觀念。在漢語中有許多「文」、「武」連用的詞語，如《禮記·雜記下》載：「一張一弛，文、武之道也。」〔註90〕《史記·酈生陸賈列傳》載：「文武並用，長久之術也。」〔註91〕《前漢紀·宣帝紀》載：「文武兼備，惟所施設。」〔註92〕等等，都是這種觀念的體現。

〔註86〕《藝文類聚》，第 695 頁。
〔註87〕〔漢〕司馬遷：《史記·封禪書》，中華書局，1982 年 11 月第 2 版，第 1355 頁。
〔註88〕周振甫：《文心雕龍今譯》，中華書局，1986 年 12 月第 1 版，第 66 頁。
〔註89〕《藝文類聚》，第 770 頁。
〔註90〕同註46，第 1567 頁。
〔註91〕〔漢〕司馬遷：《史記·酈生陸賈列傳》，中華書局，1982 年 11 月第 2 版，第 2699 頁。
〔註92〕〔漢〕荀悅：《前漢紀·宣帝紀》，載《景印文淵閣四庫全書》，臺灣商務印書館，1983 年版。

　　《藝文類聚》的第五大類是「物」。位於「物」之首的是居處部。這樣的部類安排，顯示了唐代初年中國人對於社會生活的認識，表明在社會動盪之後對「安居」的重視。「安居樂業」是中國人美好的嚮往。《漢書・貨殖列傳》載：「父兄之教不肅而成，子弟之學不勞而能，各安其居而樂其業，甘其食而美其服，雖見奇麗紛華，非其所習，闢猶戎翟之與於越，不相入矣。」〔註93〕《後漢書・仲長統傳》載：「普天之下，賴我而得生育，由我而得富貴，安居樂業，長養子孫，天下晏然，皆歸心於我矣。」〔註94〕所以「安居」之後，便是「樂業」了，接下來的部類就有很多是以介紹百業的產品為主。「物」這一類，包括的內容非常廣泛，衣食住行、農業和農作物、各種器物和日常用品、動植物等，種類繁多。涉及衣食住行的，有衣冠部（衣）、食物部（食）、居處部（住）、舟車部（行）。涉及農業和農作物的，有產業部（其中的大部分子目）、百穀部、果部。涉及各種器物和日常用品的，有儀飾部、服飾部、雜器物部、巧藝部、火部（其中的幾個子目）、寶玉部、布帛部。涉及動植物的，有藥香草部、木部、鳥部、獸部、鱗介部、蟲豸部。

　　為什麼把「物」這個大類排列在最後呢？葛兆光的解釋是：「(《藝文類聚》)全書最後收錄的自然世界中的各種具體知識，雖然古代中國傳統中本來也有『多識草木蟲魚鳥獸之名』的說法，對這些知識有相當寬容和理解，但在七世紀，顯然這些知識越來越被當作枝梢末節的粗鄙之事，《藝文類聚》把這些知識放在最後面，顯示了這些知識在人們觀念中的地位沉浮。」〔註95〕葛兆光的論述是不全面的，因為他衹看到了問題的一個方面。「物」這個大類，如果與「天」、「地」兩個大類相比，當然是不重要的。就是與「人」這個大類中的各代首領、帝王等子目相比，也是不重要的。從這個意義上說，葛兆光的論述是正確的。但是，還應該看到，「物」這個大類，在《藝文類聚》中共有 40 卷，如果按卷數的比例來計算，整整佔了《藝文類聚》全書的五分之二，所佔比例是相當大的。把這麼大的篇幅，說成是「被當作枝梢末節的粗鄙之事」，顯然無視《藝文類聚》編纂的實際。我們認為，「物」這個大類的設置，一方面是為文士提供足以取用的寫作素材，因為人們日常所見、乘興吟詠的，大都是「物」大類中的這些事

〔註93〕　〔漢〕班固撰，〔唐〕顏師古注：《漢書・貨殖列傳》，中華書局，1962 年 6 月第 1 版，第 3680 頁。

〔註94〕　〔宋〕范曄撰，〔唐〕李賢等注：《後漢書・仲長統傳》，中華書局，1965 年 5 月第 1 版，第 1647 頁。

〔註95〕　同註40，第 457 頁。

物。另一方面，「物」這個大類的設置，反映了編者對民生問題的關注。《左傳》曾載：「民生在勤，勤則不匱。」〔註96〕這裡的「民生」就是「百姓的生計」的意思，這是一個帶有人本思想和人文關懷的詞語。在生產力落後、生活資料匱乏的唐朝初年，「民生」也就是居住、出行、穿衣、喫飯。這些就是那個時代民生的全部內涵，它們與百姓生計息息相關。《藝文類聚》的編者繼承《左傳》的民生思想，將這些內容編進書中，正是這樣一種情懷的體現。

細加考察就會發現，在「物」這個大類中，所有的部類可以劃分為「人為的」和「自然的」兩種：從第六十一卷「居處部」到第七十九卷「靈異部」，以及卷八十五中的「布帛部」，是屬於人為性質的；從第八十卷「火部」到第一百卷「災異部」（不包括「布帛部」），是屬於自然性質的。

在「人為的」部類中，有幾部是應該做出特殊論述的。第一是卷七十五方術部。方術作為中國傳統文化的一個重要組成部分，風靡朝野，深入人心，有著廣泛而深刻的社會影響。作為一個專用名詞，「方術」首見於《莊子》。《莊子‧天下》載：「天下之治方術者多矣，皆以其有為不可加矣。」〔註97〕這裡的「方術」是指當時社會上流行的各種各樣的技術、藝能，即所謂「百家眾技也，皆有所長，時有所用」。〔註98〕秦漢以來，方術幾乎成了一切技能雜術的總稱。依《漢書‧藝文志》所言，方術可分為兩大類，一是數術，一是方技。數術類又分六種，即天文、曆譜、五行、蓍龜、雜占、形法。「凡數術百九十家，二千五百二十八卷。數術者，皆明堂羲和史卜之職也。」〔註99〕這些數術是研究「天道」或「天地之道」的，內容涉及天文、曆法、算術、地理、時節、氣象、水土、環境學等學科。方技包括醫經、經方、房中、神仙。「凡方技三十六家，八百六十八卷。方技者，皆生生之具，王官之一守也。」〔註100〕這些方技是探討「人道」與「性命」的，內容涉及醫學、藥學、性學、養生學、長壽學以及與之有關的營養學、植物學、動物學、礦物學、古化學等學科。在《後漢書》中專門有《方術列傳》，其序把卜筮、陰陽、推步、河洛之文、龜龍之圖、箕子之術、師曠之書、緯候之部、鈐決之符等皆歸屬於方術。並曰：「其流又有風角、

〔註96〕同註82，第1880頁。
〔註97〕〔戰國〕莊周著，〔清〕郭慶藩集釋：《莊子集釋》，載《諸子集成》，上海書店影印，1986年7月第1版，第461頁。
〔註98〕同註97，第463頁。
〔註99〕同註5，第1775頁。
〔註100〕同註5，第1780頁。

遁甲、七政、元氣、六日七分、逢占、日者、挺專、須臾、孤虛之術，及望雲
省氣、推處祥祅，時亦有效於事也。」〔註101〕《藝文類聚》中分方術爲養生、
卜筮、相、疾、醫五類，是對前代有關方術分類的繼承。第二是卷七十六、卷
七十七內典部和卷七十八、卷七十九靈異部。這兩部輯錄的是佛教和道教的資
料。這四卷兩部爲什麼這樣設置呢？葛兆光說：「把與佛教、道教相關的知識放
在靠後的位置，並且祇給予各二卷的篇幅，似乎既表明了佛教與道教在七世紀
知識與思想話語系統中不可忽略的存在，又反映了主流意識形態對於佛教與道
教的貶抑與排擠，⋯⋯《隋書・經籍志》把佛教與道教放在四部書籍之外的最
後面，而且僅僅有小序而並不具體登錄其書籍，這與《藝文類聚》同樣體現了
官方這種未必明確但始終強烈的潛在意識。」〔註102〕這是從思想史、文化史的
角度對這種排序做出的解釋。

「自然的」部類共有 13 部，21 卷，佔很大的篇幅。分別爲：火部、藥香
草部、寶玉部、百穀部、布帛部、果部、木部、鳥部、獸部、鱗介部、蟲豸
部、祥瑞部、災異部。細加區別，又可以分爲三類：對人有用的、純自然的
和示現天象的。第一類是可以爲人所用的，有火部、藥香草部、寶玉部、百
穀部、果部，如火可以照明、取暖、烹煮和冶煉，藥可以治病，香草可供觀
賞，寶玉可以佩戴和裝飾，百穀、果品可以食用。第二類是純自然的動植物，
有木部、鳥部、獸部、鱗介部、蟲豸部。這些部類的設置，反映了唐代對這
類知識的重視。早在先秦時期，孔子就有「多識於鳥獸草木之名」的說法。「對
人有用的」和「純自然的」這兩類事物，隨著文學創作的繁榮，越來越成爲
文人們描摹、吟詠的對象，這也是《藝文類聚》將它們選錄，並且佔有很大
篇幅的原因。第三類示現天象的是「祥瑞部」和「災異部」。這兩部的設置主
要是爲了與天部相對應，顯示萬物與天的關係：天會根據人間的善惡，用各
種徵候顯象於世，如盛世出鳳凰、降甘露，濁世鬧蝗災、旱災等。

第二節　《藝文類聚》的編纂體例

古代類書較有成就者，往往是在體例上有所改革創新。《藝文類聚》體例

〔註101〕〔宋〕范曄撰，〔唐〕李賢等注：《後漢書・方術列傳》，中華書局，1965 年 5
月第 1 版，第 2703 頁。
〔註102〕同註 40，第 457 頁。

的最大創新是事文合璧的類書體制，以及創造性地運用參見的方法。

一、以類相從的編纂方法

　　類書是一種採摭群書，分門別類加以聚合編排，以供人們查檢、徵引的工具書。按照部類的體例分門別類地排比資料，是類書的主要編纂方法，歐陽詢等在編纂《藝文類聚》的時候依然沿襲這一方法。這種編纂方法，是把完整的文獻分解爲片段零句，按照相關內容重新組合，在一個個子目（相當於現代意義上的「主題詞」）下，分別按不同的主題連綴文獻，從而形成一個個不同主題的板塊結構。這樣編排，便於讀者定向查閱，會通眾家，集中玩味，類比聯想。

　　「以類相從」的「類」字，是「種類」的意思，就是許多相同或相似事物的綜合。《周易・乾》云：「本乎天者親上，本乎地者親下，則各從其類也。」〔註103〕意思是說，一切事物，各自依循它類同的性質而相聚。又《周易・繫辭》云：「方以類聚，物以群分。」〔註104〕這兩處的「類」均爲「種類」的意思，「類書」的「類」與此同義。從類書編纂的角度看，「以類相從」可以理解爲，按照預先劃定的種類，在一定的範圍內采輯群書，或以類分，或以字分，明分部次，據以標目，輯錄某一門類的資料加以編排。《藝文類聚》是按類劃分進行編纂的類書。

　　作爲類書，《藝文類聚》的顯著特徵是，編者不置一詞，衹是客觀地以類相從地輯錄各種典籍中的資料。具體說來，它輯錄文獻的方法，主要有以下兩種：

　　第一，按子目標題分類，以類相從，簡稱子目標題法。

　　《藝文類聚》的每一個子目都是一個標題。比如，崑崙山、湖、吳大帝、舌、琵琶、雀、賊等。所謂按子目標題分類，以類相從，其實是主題分類法的一種類型。它是以某個子目的標題詞作爲文獻彙聚時的主題標誌和查檢時的引導，即圍繞一個子目，把這個子目的名稱當作中心詞來看待，中心詞如同一條紅線，把所輯錄的材料穿起來。這樣的標題詞，是某個專有的概念，或者是某個經過規範化處理的詞語；前者如春、青州、太保、連珠、匕首、煙等，後者如戰伐、行旅、隱逸等。同一個子目標題下的材料，摘錄的都是

〔註103〕〔魏〕王弼、〔晉〕韓康伯注，〔唐〕孔穎達等正義：《周易正義》，載〔清〕阮元校刻：《十三經注疏》，中華書局，1980年9月第1版，第16頁。
〔註104〕同註103，第76頁。

與此有關的材料。但是，應該注意的是，這種摘錄是一種「斷章取義」，就是說，摘錄的材料，不論其本身（指一本書或一篇文章等）論述的問題如何，也不論其本身主題如何，祇要片段的材料——一句話，或者幾句話，與這個子目標題有關，那麼就予以摘錄。因爲不「斷章取義」，是不可能將有關資料以類相從地聚集到一起的。

有時是圍繞子目標題來輯錄材料，不論材料本身是否含有子目標題中的文字。例如，第九十八卷祥瑞部上·祥瑞：

《風角占》曰：福先見曰祥。《字林》曰：禎，祥也，福也。《禮記》曰：麟鳳龜龍，謂之四靈；四靈以爲畜，則獸不狘。又曰：聖王用民必順，使無水旱昆蟲之災；民無凶飢妖孽之疾，天不愛其道，地不愛其寶，人不愛其情，是以天降甘露，地出醴泉，山出器車。河出馬圖，鳳皇麒麟，皆在郊藪。龜龍在宮沼，其餘鳥獸之卵胎，皆可俯而窺也。則是無故，先王能修禮以達義，體信以達順，此順之實也。《白虎通》曰：天下太平，符瑞所以來至者，以爲王者承天順理，調和陰陽。陰陽和，萬物序，休氣充塞，故符瑞並臻，皆應德而至。……《論衡》曰：儒者論太平瑞應，皆言氣物卓異，朱草醴泉，祥風甘露，景星嘉禾，蓂蒲莫莢屈軼之屬。又言山出車，澤出馬，男女異路，市無二價，耕者讓畔，班白不題挈，關梁不閉，道不虜掠，風不鳴條，雨不破塊。五日一風，十日一雨。其盛茂者，致黃龍麒麟鳳皇。夫儒者之言，溢於過實，瑞應之物，或無失言；鳳皇麒麟之屬，大瑞較然，不得增飾。其小瑞徵應，恐多不是。夫風氣雨露，本當和適。言其風祥露甘，風不鳴條，雨不破塊可也。言其五日一風，十日一雨，襃之者也。……《淮南子》曰：天覆以德，地載以樂。樂也其時，不失其序，日月淑清而揚光。《晉中興書》曰：昔秦始皇東游，望氣者云：「五百年後，東南金陵之地，有天子氣。」於是始皇改爲秣陵，塹北山，絕其勢。今建康即秣陵西北界，所塹即建康南淮中也。按始皇東遊之歲，至孫權僭號，四百三十七年。考之年數既不合，按之基宇又非倫，豈應帝王之符，而見兆於上代乎？有晉金行，奄君四海，金陵之祥，其在斯矣。且秦政東遊，至今五百二十六年，所謂五百年後當有王者也。【賦】魏劉劭《嘉瑞賦》曰：……【頌】魏何晏《瑞頌》曰：……【表】周王襃《上祥

　　　　瑞表》曰：……〔註105〕

祥瑞，即吉祥的徵兆。整個子目都圍繞這個主題來選擇材料。就選錄的具體
材料來看，雖然有的條目含有「祥」、「符瑞」、「瑞」等字樣，但很多條目不
含有「祥瑞」字樣。全部材料中也祇有最後一個材料──周王褒《上祥瑞表》
中，含有「祥瑞」二字。但是，不論什麼情況，材料的摘錄，始終不離「祥
瑞」這個主題，按照主題的要求，選擇吉祥的事物。祥瑞，既是這個子目的
標題，又是其主題。按子目標題分類，以類相從地輯錄材料，就其實質而言，
是按主題輯錄。

　　但是，更多的情況是，圍繞子目標題輯錄材料，材料本身與子目標題有
關，同時又含有子目標題中的文字。

　　例如，第八十卷火部・火：

　　　　《釋名》曰：火，化物也，亦言燬也。物入即皆毀壞也。《山海經》
　　　　曰：厭火國，……《易》曰：離爲火。又曰：燥萬物者，莫熯乎火。
　　　　又曰：火就燥。《尚書》曰：藻火粉米。又曰：洪範，五行，二曰火。……
　　　　《禮記・月令》曰：孟夏之月，盛德在火。……《春秋考異郵》曰：
　　　　火者，陽之精也。《白澤圖》曰：火之精宋无忌。《禮含文嘉》曰：燧
　　　　人始鑽木取火。《屍子》曰：燧人上觀星辰，下察五木，以爲火。《家
　　　　語》曰：堯火帝而王，尚赤。《地鏡圖》曰：黃金之見爲火。《括地圖》
　　　　曰：神丘有火穴，光照千里。《孫子兵法》曰：凡火攻有五。……《莊
　　　　子》曰：指窮於爲薪，火傳也。《戰國策》曰：楚王遊雲夢，野火之
　　　　起也，若雲蜺。《呂氏春秋》曰：伊尹説湯五味，九沸九變，火爲之
　　　　紀。……《笑林》曰：某甲夜暴疾，命門人鑽火。……【詩】梁庾肩
　　　　吾《遠看放火詩》曰：……【賦】晉潘尼《火賦》曰：……〔註106〕

「火」是子目的名稱，是標題，也是本條目的中心詞。「火」這個子目下「事」
的部分和「文」的部分的所有材料，均與「火」有關，且每個條目中均含有
「火」字。擬定這個標題，是讓編者圍繞「火」來收集材料。讀者看到這個
標題，也會以此來查檢所需要的材料。

　　像上例這樣，圍繞某個子目，把相關書籍和詩文中含有這個子目標題的語
句，都輯錄在一起。這樣做，從編者搜集材料的角度說，利於操作；從讀者閱

────────────

〔註105〕　《藝文類聚》，第 1693～1696 頁。
〔註106〕　《藝文類聚》，第 1362～1366 頁。

讀的角度說，便於檢索。但是有的時候，一則材料涉及的中心詞有多個，在歸類上會出現兩屬均可的情況。編者在解決此類問題的時候，往往運用參見法。例如，東方朔以劍割肉的故事，按條目中心詞「伏」，首先被輯錄在卷五歲時下‧伏：「《漢書》曰：東方朔，伏日詔賜諸侍郎肉。朔獨不待詔，拔劍割肉，懷之而去。事具肉部。」〔註107〕之後，又按條目的另一中心詞「肉」，輯錄在卷七十二食物部‧肉：「《漢書》曰：伏日，詔賜從官肉。太官丞日晏不來，東方朔獨拔劍割肉，謂其同官曰：『伏日當早歸，請受賜。』即懷肉去。太官奏之。朔入，上曰：『昨賜肉，不待詔，以劍割肉而去，何也？』朔免冠謝。上曰：『先生起自責也。』朔再拜曰：『朔來！朔來！受賜不待詔，何無禮也！拔劍割肉，一何壯也！割之不多，又何廉也！歸遺細君，又何仁也！』上笑曰：『使先生自責，乃反自譽！』賜酒一石，肉百斤，歸遺細君。」〔註108〕兩個條目的關係是用「事具肉部」這一參見法表明的。一個條目可以從不同的角度歸納出中心詞，因此也就可以歸屬到不同的子目。關於參見法，詳見第四章第一節「類目參照」。

按子目標題分類，以類相從，袛看條目本身是否含有中心詞，而條目所引自的書籍名稱中是否含有中心詞則不予考慮。例如，上面例子中，「事」的部分每個條目均含有「火」字，但是，它們所引自的書籍《釋名》、《山海經》、《易》、《尚書》、《禮記》、《左傳》等，均無「火」字。

第二，按篇題分類，以類相從，簡稱篇題法。

篇題是指子目下「文」的部分詩歌或文章的題目。按篇題分類，以類相從，是說如果某首詩或某篇文章的題目含有與子目相同的詞語，那麼就將其收錄在該子目下，不管其詩中或文中是否含有與子目相同的詞語。在《藝文類聚》中，很多子目下「文」的部分就是按照這種方法輯錄材料的。

例如，卷六十九服飾部上‧屏風「文」的部分：

【詩】周庾信《詠屏風詩》曰：昨夜鳥聲春，驚啼動四鄰；今朝梅樹下，定有詠花人。流星浮酒泛，粟鈿繞盃唇。何勞一片雨，喚作陽臺神。……【賦】漢淮南王《屏風賦》曰：惟斯屏風，出自幽谷，根深枝茂，號曰喬木。孤性陋弱，畏金彊族，移根易土，委伏溝瀆，飄颻危殆，靡安厝足。天啓我心，遭遇微祿，中郎善治，收拾捐朴，大匠治之，彫刻削斷。等化器類，庇蔭尊屋，賴

〔註107〕《藝文類聚》，第 86 頁。
〔註108〕《藝文類聚》，第 1242 頁。

蒙成濟，其恩弘篤。不逢仁人，永爲枯木。【啓】梁簡文帝《謝賚
棋子屏風啓》曰：極班馬之巧，兼曹史之慮；均天台之翠壁，雜
水葉之嘉名；電母之窗，慙其麗色；琉璃之扇，愧其含影。梁劉
孝威《謝勅賚畫屏風啓》曰：昔紀亮所隔，唯珍雲母；武秋所顧，
上貴琉璃。豈若寫帝臺之基，拂昆山之碧。畫巧吳筆，素瑜魏賜；
馮商莫能賦，李尤誰敢銘。陳周弘正《謝梁元帝賚春秋糊屏風啓》
曰：昔琉璃見重，雲母稱珍；雖盡華麗，有傷眞朴。豈若三體五
例，對玩前史，一字褒貶，坐臥箴規。無復楚臺之風，得同鄒谷
之暖。【銘】後漢李尤《屏風銘》曰：捨則潛避，用則設張；立必
端直，處必廉方。雍閼風雅，霧露是抗；奉上蔽下，不失其常。【書】
梁簡文帝《答蕭子雲上飛白書屏風書》曰：得所送飛白書縑屏風
十牒，冠六書而獨美，超二篆而擅奇。乍寫星區，時圖鳥翅；非
觀觸石，已覺雲飛。豈待金瑞，便覩蟬翼。聞諸衣帛，前哲未巧；
懸彼帳中，昔賢掩色。〔註109〕

這種輯錄方法，與第一種輯錄方法的不同之處是，第一種的條目中大多含有
與子目相同的文字，少數子目下的條目是按主題輯錄的，不含有與子目相同
的文字；而所引自的書籍名稱中，是否含有與子目相同的文字，則不予考慮。
按篇題分類，以類相從，卻要求篇題中必須含有與子目相同的詞語，而篇中
是否含有與子目相同的文字，則不予考慮。在上例中，每個篇題均含有「屏
風」二字，但祇有漢淮南工的《屏風賦》和梁簡文帝的《答蕭子雲上飛白書
屏風書》的篇中，含有「屏風」的字樣，其餘各篇中均沒有「屏風」的字樣。
按篇題分類，以類相從，是《藝文類聚》輯錄詩文最常用的一種方法。它爲
編者提供了編輯的依據和原則，也爲讀者查找資料提供了明顯的線索。

二、事文合璧的類書體制

　　《藝文類聚》的體制是怎樣的呢？歐陽詢自我陳述曰：「其有事出於文
者，便不破之爲事，故事居其前，文列於後。」〔註110〕事文合璧，這就是《藝
文類聚》的基本體制。《藝文類聚》的編者爲什麼要採用這樣一種體制呢？歐
陽詢說：「以爲前輩綴集，各杼其意。《流別》、《文選》，專取其文；《皇覽》、

〔註109〕《藝文類聚》，第 1202～1203 頁。
〔註110〕《藝文類聚》，第 27 頁。

《遍略》，直書其事。文義既殊，尋檢難一。」〔註111〕原來是認識到了前代類書的不足，當然也汲取了其中的合理成分。

《藝文類聚》事文合璧的體制，學者們評價很高。汪紹楹〈《藝文類聚》〉《前言》說：「《藝文類聚》同它以前的類書或以後的大多數類書在輯存文獻的方法上有一個重大的不同之點，從而構成了它自己在類書群中的獨特之處，這就是把『事』與『文』兩條龍並成了一條龍，變更了類書的常規體制。以往，『文』自為總集，『事』自為類書……歐陽創造的體制，則是事與文兼」。〔註112〕張國朝《〈藝文類聚〉的編輯技術成就及其價值》也說：「《藝文類聚》把『事』與『文』合為一編編輯圖書的方法，是類書編排體例的一次大變革。它改變了以往類書偏重類事，不重采文，以及隨意摘句，不輯片段的缺點，大大豐富了它的內容，增了實用價值，為後代查檢和探索前代文獻提供了方便，受到讀書人和學者的好評。」〔註113〕事文合璧的體制，在類書史上是前無古人的，是《藝文類聚》的獨創，但是這種獨創決不是無所依傍的，而是對前代類書編纂經驗的借鑒、繼承和發展。歐陽詢們在編纂《藝文類聚》之前，對前代類書是經過細心研究和考察的，對它們的優劣非常清楚，認識到以前的類書體例太單一，「事」和「文」兩條龍，尋檢起來不方便。解決這個缺陷的辦法，是把「事」和「文」二合一。那麼，「事」的部分如何編輯，「文」的部分又如何編輯？在《藝文類聚》之前是有可資參考的成功經驗的，這就是前代的類書。

首先，探討「專取其文」的類書是如何輯錄材料的。歐陽詢所說的《流別》，是指《文章流別集》，原書已佚，無從稽考，但《文選》尚存，我們考查一下它是怎樣「專取其文」的。《文選》的分類情況如下：

1. 賦（第一卷～第十九卷）

其下又按內容分為：（1）京都。（2）郊祀。（3）耕藉。（4）田獵。（5）紀行。（6）遊覽。（7）宮殿。（8）江海。（9）物色。（10）鳥獸。（11）志。（12）哀傷。（13）論文。（14）音樂。（15）情。

2. 詩（第十九卷～第三十一卷）

其下又按內容分為：（1）補亡。（2）述德。（3）勸勵。（4）獻詩。（5）

〔註111〕《藝文類聚》，第 27 頁。

〔註112〕《藝文類聚》，第 7 頁。

〔註113〕張國朝：《〈藝文類聚〉的編輯技術成就及其價值》，載《圖書與情報》1985年第 4 期，第 59 頁。

公讌。（6）祖餞。（7）詠史。（8）百一。（9）遊仙。（10）招隱。（11）反招隱。（12）遊覽。（13）詠懷。（14）哀傷。（15）贈答。（16）行旅。（17）軍戎。（18）郊廟。（19）樂府。（20）輓歌。（21）雜歌。（22）雜詩。（23）雜擬。

　　3. 騷（第三十二卷～第三十三卷）

　　4. 七、詔、冊（第三十四卷～第三十五卷）

　　5. 令、教、文（第三十六卷）

　　6. 表（第三十七卷～第三十八卷）

　　7. 上書、啓（第三十九卷）

　　8. 彈事、箋、奏記（第四十卷）

　　9. 書、（移）（第四十一卷～第四十三卷）

　10. 檄、（難）（第四十四卷）

　11. 對問、設論、辭、序（第四十五卷～第四十六卷）

　12. 頌、贊（第四十七卷）

　13. 符命（第四十八卷）

　14. 史論、史述贊（第四十九卷～第五十卷）

　15. 論、連珠（第五十一卷～第五十五卷）

　16. 箴、銘、誄、哀、碑文、墓誌（第五十六卷～第五十九卷）

　17. 行狀、弔文、祭文（第六十卷）

　　《文選》採用兩種分類方法：首先是文體分類法，把所選錄的文體分爲39 種。按文體分類是《文選》主要的分類方法。其次，在「賦」、「詩」這兩種選文比較多的文體下，又按「事」各分爲 15 類和 23 類。

　　「專取其文」的《文選》對《藝文類聚》的編纂有哪些影響呢？

　　（一）《文選》的文體分類對《藝文類聚》子目下「文」的部分的文體分類是有直接影響的。《文選》收錄文體 39 種，《藝文類聚》子目下收錄的文體共有 52 種：（對此詳細的論述，見第五章第一節。）

　　（1）詩，（2）賦，（3）贊，（4）表，（5）歌，（6）文，（7）頌，（8）銘，（9）令，（10）序，（11）祭文，（12）啓，（13）論，（14）箴，（15）碑，（16）吟，（17）書，（18）述，（19）誄，（20）章，（21）議，（22）哀策，（23）敕，（24）箋，（25）諡策，（26）詔，（27）教，（28）墓誌，（29）說，（30）解，（31）疏，（32）訓，（33）誥，（34）歎，（35）哀辭，（36）志，（37）弔，（38）樂府，（39）傳，（40）策，（41）奏，（42）難，（43）七，（44）連珠，（45）

引，（46）詠，（47）移，（48）戒，（49）檄，（50）謳，(51) 行狀，（52）狀。

　　《文選》與《藝文類聚》所選的文體有些是相同的，特別是很多主要文體相同。《文選》的文體分類直接啓發和影響了《藝文類聚》。當然，作為《藝文類聚》這樣一部大書，它所受的影響不會祇來自於一部書；它的「文」的部分的文體分類，還受到先唐文學總集和文體學著作等的影響。關於此點，詳見第三章第一節「文體分類的影響」。

　　（二）《文選》對同一作家相同文體的編排直接啓發、影響了《藝文類聚》的編纂。儘管《文選》是否是類書，還有不同的看法，但是，至少在「詩」和「賦」兩種文體的編排上，《文選》具有類書的某種性質。方師鐸說：「因為他是按『事』分類的，哪怕是同一作家所寫的同一『文體』，他也將之列入不同的『事類』裏。就拿司馬相如所作的賦來說：『子虛』、『上林』列入『田獵』，但『長門』卻歸入『哀傷』。揚雄的『甘泉』列入『郊祀』，但『羽獵』和『長楊』則列入『田獵』。張衡的『西京』、『東京』、『南都』三賦，都列入『京都』；但『思玄』和『歸賦』，卻都列入『志』類。潘岳的賦最多，分得也最亂：『籍田』列入『耕藉』，『射稚賦』列入『田獵』，『西征』列入『紀行』，『秋興』列入『物色』，『笙賦』列入『音樂』；但『懷德』和『寡婦』，卻又列入『哀傷』。其他如宋玉、陸機、鮑照等人的作品，也無不分的東零西散。」〔註114〕《藝文類聚》也是這樣。如果按照作家來分類編排資料，那麼同一個作家的作品應全部收錄在一起，但《藝文類聚》是按照文體來分類的，這樣就沒辦法把同一作家的作品收錄在一起。《藝文類聚》的編者採用《文選》的做法，將同一作家的同一文體，按照以類相從的原則，列入不同的「事類」。也以司馬相如的賦為例，《藝文類聚》共收錄司馬相如的賦 7 篇，雖為同一種文體，卻分別隸屬在 6 卷的 6 個子目下。這一點，在《藝文類聚》中能夠非常明顯地看出，茲不繁瑣舉例。

　　其次，探討直書其事的類書是如何輯錄資料的。可惜的是，《皇覽》、《遍略》（指《華林遍略》）均散失，它們是如何直書其事的，已無原書可稽。但是，《華林遍略》的殘卷，給研究此問題以一定的啓發。《華林遍略》殘卷鳥部黃鵠類載：「《說文》曰：鵠，黃鵠也。從鳥，告聲。《廣志》曰：黃鵠出東海，漢以其來集為祥。《列仙傳》曰：陵陽子明死葬山下，有黃鵠來棲其塚邊

〔註114〕方師鐸：《傳統文學與類書之關係》，天津古籍出版社，1986 年 8 月第 1 版，第 115～116 頁。

樹，鳴聲呼安、呼安。《漢書·昭紀》：始元元年春，黃鵠下建章宮太液池中。……
《古今注》曰：漢惠帝五年七月，黃鵠二集蕭池。仲長統《昌言》曰：聞黃
鵠壽八百歲。」接著還輯錄《韓詩外傳》、《春秋繁露》、《東觀漢記》、《易林》、
《戰國策》、《趙書》、《南越志》、《列女傳》等書有關黃鵠的記載。〔註115〕「黃
鵠」下摘引的文獻資料，廣採經史諸子，每條均注明出處。《華林遍略》代表
了南北朝時期類書的一般體例。《華林遍略》輯錄文獻的方式，與《藝文類聚》
「事」的部分輯錄文獻的方式非常相似，這種輯錄文獻的方式一定是啓發了
《藝文類聚》的編者。何況歐陽詢在《藝文類聚序》中已經說明，在編纂《藝
文類聚》之前是研究、參考過《華林遍略》的，並認為它是專取其事的類書。

　　今天能見到的、編纂在《藝文類聚》之前的完整的類書，袛有《北堂書
鈔》。《藝文類聚》在編纂之前和編纂過程中，是否參考過這部類書呢？歐陽
詢所做的序言裡沒有提到，我們認為，《藝文類聚》的編者肯定是參考過《北
堂書鈔》的。因為當時類書的數量並不是很多，據張滌華《類書流別》統計，
唐代以前的類書有 22 部；據趙含坤《中國類書》統計，唐代以前的類書有 32
部。他們的統計標準不太一樣，結果也有差異；但是不論是 22 部，還是 32
部，這樣少的類書，是可以一網打盡，全部拿來做參考的。《北堂書鈔》自然
也會在參考之列。歐陽詢《藝文類聚序》裡提到的 4 部類書，也袛是概括舉
例的性質，不可能包括編者參考的所有類書。那麼，《北堂書鈔》在體例上是
如何影響《藝文類聚》的編纂的呢？

　　《北堂書鈔》的體例，共有三式，其中第三式對《藝文類聚》的體例影
響較大。「它將文籍中的有關原文引用，徑用大字登載。沒有摘句，也沒有小
字的注子。」〔註116〕例如，《北堂書鈔》卷一百五十九地部三·泥篇十四：

　　　　《易》曰：需於泥，致寇至。《象》曰：需於泥，災在外也。自
　　　我致寇，敬愼不敗也。《焦貢易林》：陰風泥塞，常水不溫，凌人惰
　　　怠，大雹為災。……《許氏易交修》：母病腹脹，蛇在井傍，當破瓶
　　　甖，井沸泥浮，五色玄黃。《尚書》曰：淮、海惟揚州，厥土惟塗泥。……
　　　《詩含神霧》曰：夫齊之地處孟春之位。海、岱之間，土地污泥，
　　　流之所歸，利之所聚。《大戴禮》曰：蓬生麻中，不扶則直，白沙在

〔註115〕《華林遍略》殘卷。轉引自：潘樹廣：《古籍索引概論》，書目文獻出版社，
　　　　1984 年 6 月第 1 版，第 14～15 頁。
〔註116〕同註 17，第 90 頁。

泥，與之皆黑。《左傳》曰：晉楚將戰，呂錡夢射月，中之，退入於
泥，泥必死也。及戰，射恭王中目。……《春秋漢含孳》曰：斷木
寒水，泥土當根。《春秋考異郵》曰：輿重，救之地，地傷，不相動
而躑，故物漳者易變動。《春秋運斗樞》曰：舜以太尉受號，即位爲
天子。五年二月，東巡狩，至於河。黃龍五彩負圖出，置舜前，還
入水，圖以黃玉爲匣，如匱，長三丈，廣一丈，厚四寸，合而連有
戶。白玉檢，黃金繩，黃芝爲泥封，兩端章曰「天黃帝符璽。」《爾
雅》孫炎注：攝木生江上，有奇枝，高三丈，生毛，一名楓子。天
旱以泥塗之，即雨。劉熙《釋名》曰：泥，爾也；爾，近也。以水
沃土，使相黏近也。《說文》曰：泥，黑土在水中者也。《史記》曰：
夏禹水行乘船，泥行乘橇。《帝王世紀》曰：周穆王征犬戎，得練剛
赤刀，用之割玉，如割泥焉。漢董仲舒《對策》曰：夫上之化下，
下之從上，猶泥之在鈞，惟甄者之所爲。〔註117〕

以上是《北堂書鈔》體例第三式的情形，其子目下資料的排列方式，與《藝
文類聚》非常相似。這種排列方式，在《北堂書鈔》中祇佔 5 卷，即卷第五
十設官部二、卷第一百三十九車部上、卷第一百五十八地部二、卷第一百五
十九地部三、卷第一百六十地部四。雖然這 5 卷在今本《北堂書鈔》一百六
十卷中，所佔的比例很小，卻展示了類書的一種摘錄資料的排列方式，爲《藝
文類聚》的編者們提供了借鑒。

「專取其文」的類書和「直書其事」的類書，均得到長足發展，並積纍
了豐富的經驗，爲「事」與「文」兩條龍合成一條龍，形成事與文一體的類
書新格局，奠定了基礎。《藝文類聚》的編者們在「事居其前，文列於後」的
編輯思想指導下，將全書 100 餘萬字的資料，分成 100 卷，46 部，727 個子
目，按類編排。在每個子目下，均爲「事」在前，並注明出處；「文」在後，
並注明朝代、作者與篇題。同一子目下的「文」按不同文體歸類，同一文體
排列在一起。例如，卷三歲時部上・秋，在該子目下，首列《爾雅》、《禮記》、
《尸子》等 3 家敘「秋」之義：「《爾雅》曰：秋爲白藏，一曰收成。《禮記》
曰：孟秋之月，涼風至，白露降，寒蟬鳴，鷹乃祭鳥。仲秋之月，鴻雁來，
玄鳥歸，群鳥養羞。季秋之月，鴻雁來賓，雀入大水爲蛤，菊有黃花，豺乃

〔註117〕〔隋〕虞世南：《北堂書鈔》，天津古籍出版社，1988 年 12 月第 1 版，第 738
～739 頁。

祭獸。《屍子》曰：秋爲禮，西方爲秋。秋，肅也，萬物莫不禮肅，敬之至也。」
接著列《毛詩》、《春秋考異郵》、《尚書》、《周書‧時訓》、《周官》、《皇覽逸
禮》、《詩含神霧》、《文子》、《淮南子》、《漢書》、《尚書考靈耀》、《續漢禮儀
志》、《世說》、《楚辭‧九懷》、《淮南子》、《風土記》等 16 家敘「秋」之故事。
最後列 28 家詠秋的詩、賦。詩 15 家：晉左思、晉孫綽、晉江逌、宋孝武、
宋謝惠連、宋南平王劉鑠、宋鮑照、宋湯惠休、梁簡文帝、梁蕭曄、梁范雲、
梁沈約、梁庾肩吾、梁吳筠、梁鮑泉；其中晉 3 家，宋 5 家，梁 7 家。賦 13
家：晉潘岳、晉盧諶、晉江逌、宋袁淑、宋沈勃、梁簡文帝、梁江淹、晉夏
侯湛、晉湛方生、宋謝琨、宋蘇彥、宋何瑾、宋伏繫之；其中晉 5 家，宋 6
家，梁 2 家。〔註 118〕「事居其前，文列於後」，就是在每個子目下，先輯錄經
史百家之言，後輯錄詩文，詩文大體按朝代先後編排。汪紹楹在《校藝文類
聚序》對此評價說：「(《藝文類聚》) 創始以類事居前，列文於後，改善了以
往類書的偏重類事，不重採文，以及隨意摘句，不錄片斷的缺點。予後人以
研究上的便利。」〔註 119〕

三、事前文後的編排次序

關於事前文後的編排次序，歐陽詢在《藝文類聚序》中陳述曰：「其有事
出於文者，便不破之爲事，故事居其前，文列於後。」〔註 120〕歐陽詢在規定
《藝文類聚》體例的時候，要求把「事」與「文」合併在一起，構成事前文
後的類書新格局。許逸民說：「《藝文類聚》的編排體例，……從內容看，先
列『事類』，後引詩文，……這種先『事』後『文』，匯二者爲一編的做法，
是歐陽詢等人在類書編纂上的一個創造。」〔註 121〕

什麼叫「事」？什麼叫「文」？又各自包含哪些內容？方師鐸描述了事
前文後的構成情況：「所謂『藝文類聚』也者，實際是『經、史、子、集』的
混合體：『經』裡面不但有『易、詩、書、禮、春秋、論語、孝經』，甚至還
有解經的字書，像『爾雅、說文、釋名』之類；『史』裡面，除『史記』、『漢
書』等正史外，還兼收雜史和野史；『子』書就更雜了；『集』部則詩、賦、

〔註 118〕《藝文類聚》，第 48～54 頁。
〔註 119〕《藝文類聚》，第 17 頁。
〔註 120〕《藝文類聚》，第 27 頁。
〔註 121〕許逸民：《〈藝文類聚〉和〈初學記〉》，載《文史知識》1982 年第 5 期，第 44
頁。

箋、銘，各種文體，無所不有。他們很技巧的，把『經、史、子』部分，稱之為『事』；而把最後一部分的『集』，稱之為『文』；並統括之曰：『事居其前，列文於後』。」〔註122〕

例如，卷七十二食物部・醬：

《論語》曰：不得其醬不食。《漢書》曰：劉歆謂楊雄曰：「今學有祿利，然尚不能明易，又如玄何？吾恐後人覆醬瓿。」《風俗通》曰：醬成於鹽，而城於鹽。夫物之變，有時而重。【啓】梁劉孝儀《謝晉安王賚蝦醬啓》曰：龍醬傳甘，退成可陋；蚝醢稱貴，追覺失言。上聖聞雷，未之能覆；嘉賓流歡，羞無辭竇。〔註123〕

由此可見《藝文類聚》「事居其前，文列於後」排列資料的方式：《論語》、《漢書》、《風俗通》等條目，是「事」的部分，編排在前面。《謝晉安王賚蝦醬啓》是「文」的部分，編排在後面。這些資料的排列是有順序的，先是經，有《論語》；次為史，有《漢書》；再次為子，有《風俗通》；最後為集，有《謝晉安王賚蝦醬啓》。這與經史子集的四部分類正好吻合，似乎可以由此推斷：《藝文類聚》的子目分類是按照經史子集的順序進行的。其實不然，在《藝文類聚》中還有按經子史集的順序排列資料的。例如，卷七十五方術部・醫：

《左傳》曰：晉侯求醫於秦，秦伯使醫緩為之。……《列子》曰：……《史記》曰：扁鵲，姓秦，名越人。時舍客長桑君，遇而奇之，知非常人，及呼扁鵲與語：「我有禁方，年老，欲傳與公，公無泄。」乃出懷中藥與扁鵲。……《魏志》曰：華佗游學徐土，兼曉養性之術，年且百歲，而猶有壯容，時人以為仙。沛相陳珪舉孝廉，太尉黃琬辟，皆不就。精於方藥，處劑不過數種，心識分銖，不假稱量，針亦不過數處。若疾結於内，針藥所不能及者，乃先令以酒服麻沸散。既醉，無所覺，因剖破腹背，抽割積聚。若在腸胃，則斷截湔洗，除去疾穢。既而縫合，傅以神膏。四五日創愈。一月之間，皆平復。【賦】晉嵇含《寒食散賦》曰：……〔註124〕

《左傳》一條是經；《列子》一條是子；《史記》、《魏志》兩條是史；《寒食散賦》一條是集。其條目的排列順序為經子史集。

〔註122〕同註114，第25頁。
〔註123〕《藝文類聚》，第1243頁。
〔註124〕《藝文類聚》，第1291～1292頁。

「經史子集」和「經子史集」兩種不同的排列順序，是由於《藝文類聚》所引用的資料來源不同造成的。據胡道靜研究，《藝文類聚》在編纂的過程中充分參考、利用過《華林遍略》。〔註125〕《華林遍略》是按照「經子史集」的順序排列資料的，〔註126〕再加上當時通行的經史子集四部分類法，所以，在《藝文類聚》中就呈現出「經史子集」和「經子史集」兩種不同的排列順序。

以上所論是在一個子目下經史子集四部書俱全的情況時資料的排列順序。如果並不是經史子集四部書俱全，那麼排列順序是怎樣的呢？具體說來，分為三類。

第一類，祇有三部時的資料排序。

1. 經、史、集的排列順序：

例如，卷三十三人部十七・報仇：

> 《禮記》曰：父母之讎，不與共戴天；兄弟之讎，不反兵；交遊之讎，不同國。……《左傳》曰：齊高發伐莒，莒子奔紀鄣。初莒有婦人，莒子殺其夫，……《越絕書》曰：子胥入吳，闔廬將為之報讎，……《戰國策》曰：豫讓欲為智伯報讎，趙襄子當出，豫讓伏劍橋下。……《史記》曰：秦昭王聞魏齊在平原君所，欲為睢報讎，乃為書遺平原君曰：……《東觀漢記》曰：海曲有呂母，其子為縣吏，犯小罪，縣宰殺之。……《吳書》曰：甘寧殺淩統父，孫權命不得讎之，……《列女傳》曰：緱氏女玉，為父報讎，……《會稽典錄》：董黯家貧，採薪供養，母甚肥悅。鄰人家富，有子不孝，母甚瘦小。不孝子疾黯母肥，常苦之，黯不報。及母終，負土成墳竟，殺不孝子，置塚前以祭。《晉中興書》曰：桓溫父被害時，溫年十五，枕戈泣血經年，乃提刀直進，手刃仇人。【詔】魏文帝詔曰：……【教】梁簡文帝《甄異張景原復讎教》曰：……〔註127〕

《禮記》、《左傳》為經，《越絕書》、《戰國策》、《史記》、《東觀漢記》、《吳書》、《列女傳》、《會稽典錄》、《晉中興書》為史，魏文帝詔、《甄異張景原復讎教》為集。

〔註125〕同註17，第60～61頁。
〔註126〕〔日〕勝村哲也：《藝文類聚的條文構成與六朝目錄的關連性》，載《東方學報》第62冊，京都大學人文科學研究所，1990年3月，第116頁。
〔註127〕《藝文類聚》，第584～587頁。

2. 子、史、集的排列順序：

例如，卷七十五方術部‧相：

> 《孫卿子》曰：古者姑布子卿，今之世有唐舉，相人形狀顏色，而知其吉凶，世俗稱之。……《史記》曰：韋賢至大鴻臚，有相工相之，當至丞相。……《東觀漢記》曰：孝順梁后，永建三年，選入掖庭，相工茱通見，矍然驚駭，……【論】魏陳王曹植《相論》曰：……魏王朗《相論》……【贊】周庾信《以蔡澤就唐生相贊》曰：……【序】梁陶弘景《相經序》曰：……梁劉孝標《相經序》曰：……〔註128〕

《孫卿子》爲子，《史記》、《東觀漢記》爲史，曹植和王朗的《相論》、庾信的《以蔡澤就唐生相贊》、陶弘景和劉孝標的《相經序》爲集。

3. 經、子、史的排列順序：

例如，卷八十九木部下‧豫章：

> 《左傳》曰：白公作亂，殺子西子期。豫章曰：「昔者以力事君，不可以終。」扶以殺人而後死。《莊子》：騰猿得事事，攬蔓而生長其間，便也。陳留尉氏年樹生逕中酸棗名朔。《淮南子》豫章生七年可知。《荊州記》曰：山陽縣豫章木，徑可伐作鼓額。額成，便取奔去。〔註129〕

《左傳》是經，《莊子》、《淮南子》是子，《荊州記》是史。

第二類，祇有兩部時的資料排序。

1. 經、子的排列順序：

例如，卷八十七果部下‧枳椇：

> 《詩》曰：南山有枸。……《禮》曰：婦人之贄，椇榛脯脩棗栗。《廣志》：以珊瑚樹，乾者益之矣。〔註130〕

《詩》、《禮》爲經，《廣志》爲子。

2. 經、集的排列順序：

例如，卷九十二鳥部下‧倉庚：

> 《說文》曰：離黃，倉庚也。鳴即蠶生。《禮記》曰：仲春之月，倉庚鳴。《毛詩》曰：春日載陽，有鳴倉庚。……《詩義疏》曰：黃

〔註128〕《藝文類聚》，第 1286～1288 頁。
〔註129〕《藝文類聚》，第 1539～1540 頁。
〔註130〕《藝文類聚》，第 1492 頁。

鳥，鸝鶬也。或謂黃栗留。幽州謂之黃鸎，或謂之黃鳥。一名倉庚，……

【賦】魏文帝《鸎賦》曰：……魏王粲《鸎賦》曰：……晉王惲妻鍾夫人《鸎賦》曰：……〔註131〕

《說文》、《禮記》、《毛詩》、《詩義疏》爲經，魏文帝等三位作者的《鸎賦》爲集。

3. 史、集的排列順序：

例如，卷十六儲宮部・太子妃：

《漢書》曰：漢景薄皇后，孝文薄太后家女也。景帝爲太子時，太后爲太子取以爲妃。……《漢武故事》曰：初，武帝爲太子時，長公主欲以女配帝，……王隱《晉書》曰：武帝欲爲太子取妃，久而不決。……《晉孝武起居注》曰：上臨軒，設懸而不樂，遣兼司空謝琰，納太子妃王氏，賜文武布絹，百官詣上東門上禮。《甲辰儀》曰：皇太子妃公主夫人，逢持節使者高車使者，住車相揖。《東宮舊事》曰：皇太子妃，給織成衰帶，白玉珮，四望車，羽葆，前後部鼓吹各一部。……【哀策】宋謝莊《皇太子妃哀策文》曰：……齊王儉《皇太子妃哀策文》曰：……〔註132〕

《漢書》、《漢武故事》、《晉書》、《晉孝武起居注》、《甲辰儀》、《東宮舊事》爲史，謝莊和王儉的《皇太子妃哀策文》爲集。

第三類，祇有一部的情況。

1. 祇有經部的：

例如，卷一百災異部・賊：

《爾雅》曰：食苗節曰賊。京房《易傳》曰：王者與諸侯爭，蟲食苗節莖。〔註133〕

《爾雅》、《易傳》均屬於經部。

2. 祇有集部的：

例如，卷七十四巧藝部・四維：

【賦】東晉李秀《四維賦》曰：四維戲者，衛尉摯侯所造也。畫紙爲局，截木爲棋，取象元，一分而爲二，準陰陽之位，擬剛柔

〔註131〕 《藝文類聚》，第 1602～1603 頁。
〔註132〕 《藝文類聚》，第 302～304 頁。
〔註133〕 《藝文類聚》，第 1733 頁。

之策，而變動云爲，成乎其中。世有哲人，黃中通理。探賾索隱，
開物建始。造四維之妙戲，邈衆藝之特奇。盡盈尺之局，乃擬象乎
兩儀。立太極之正統，班五常之列位。剛柔異而作配，趨舍同而從
類。或盤紆詰屈，連延駱驛。或間不容息，捨棋則獲。圍成未合，
驕棋先出。九道並列，專都獨畢。〔註134〕

《四維賦》屬於集部。

像以上兩例這樣僅有一部的情況，在《藝文類聚》中屬於特例。

以上所列舉的幾種排列順序，並不是《藝文類聚》中資料的全部的排列
方式，但是，不論哪一種排列方式，都不出經史子集和經子史集的順序。但
《藝文類聚》的許多子目下「事」的部分的資料，排序是混亂的；「事」的部
分排序的混亂，幾乎蔓延全書的始終。

排序基本上不錯亂的是「文」的部分，即集部資料；每一種文體中的作
品均按時代先後排列。如卷九十二鳥部下‧鴛鴦：

【詩】《古歌辭》曰：……晉嵇叔夜《詩》曰：……【賦】梁簡
文帝《鴛鴦賦》曰：……梁元帝《鴛鴦賦》曰：……周庾信《鴛鴦
賦》曰：……陳徐陵《鴛鴦賦》曰：……〔註135〕

作品按照朝代的先後輯錄，同一朝代的按作者的先後排序，如梁簡文帝、梁
元帝，同屬梁，但簡文帝時間在前，所以他的作品排在先。

《藝文類聚》子目下集部作品的排序基本上是有序的；祇是經史子三部
（即「事」的部分）的排序，有時讓我們感到理不清頭緒。造成這種情況的
原因，大概是由於經史子三部的資料眾多，當時編書基本靠手抄，選材不易，
清理和編輯資料也難。雖然全書「事」的部分排序是混亂的，但是，通過仔
細考察，發現《藝文類聚》的編者是試圖按照經史子集或經子史集的順序排
列的，祇是沒有把這一原則貫徹始終。例如，卷二十三人部七‧鑒誡，依次
摘錄《書》、《易》、《尚書》、《毛詩》、《左傳》、《禮記》、《孝經》、《論語》、《太
公金匱》、《家語》、《韓詩外傳》、《戰國策》、《管子》、《鬻子》、《晏子》、《孫
卿子》、《韓子》、《淮南子》、《說苑》、《新序》、《漢書》、《東觀漢記》等書的
資料和有關的詩、賦、贊等作品，大體上是按照經子史集的順序排列的。但
是，《太公金匱》是子，卻混雜在經部之中（從《書》至《韓詩外傳》是經）；

〔註134〕《藝文類聚》，第 1281 頁。
〔註135〕《藝文類聚》，第 1604 頁。

《戰國策》是史，應該放在《漢書》之前，卻放在了子部書之前（從《管子》至《新序》是子）。如果把這兩部書的位置做相應的調整，那麼經子史集的排列順序就十分妥當了。又如：卷三十三人部十七・遊俠，依次摘錄《列子》、《史記》、《淮南子》、《戰國策》、《漢書》、《魏志》等書的資料和有關的詩作，大體上是按照子史集的順序排列的，《列子》是子，《史記》、《戰國策》、《漢書》、《魏志》是史。但是，作爲子書的《淮南子》，卻夾在史書之中，造成排序混亂。如果稍加調整，子史集的排序就順當了。

四、參見的方法

　　參見法是《藝文類聚》的獨創，是其體例上的特色之一。關於參見法的詳細論述，請參看第四章第一節「類目參照」。

第三章 《藝文類聚》的編纂與分類學

中國古代並沒有分類學之名，但有分類學之實。傳統的看法認為，分類與著錄、解題是目錄學的三大組成部分，因而分類學不必獨立於目錄學之外。這是把分類學看成目錄學的一部分。中國書目分類體系自古就很發達，從劉向、劉歆父子的《別錄》與《七略》，到班固的《漢書·藝文志》，再到魏徵等的《隋書·經籍志》，至《四庫全書總目》達到頂峰。但是，必須看到，分類學祇是與目錄學有內容上的交叉，而它們是兩個不同的學科。

另外一種觀點認為，分類學指文獻分類學。白壽彝說：「文獻分類，應該有理論上的原則，有具體的處理方法，問題還相當複雜，所以應該有一門講文獻分類的學問，舊日所謂目錄學，跟這種分類學似不相同。目錄學也講分類，但目是書目，錄是解題，一般是就書論書，提高到有系統有理論的『學』的程度的，似沒有多少。分類學應該以目錄學為基礎而又不同於目錄學，分類學有統觀全局的要求，這跟一般對目錄學的要求是不同的。自《七略》以下，以至章學誠所說『考鏡源流，辨章學術』，都可以說是屬於分類學的範圍，但還沒有提到應有的高度。」〔註1〕這種看法，把分類學的範圍擴大了，但仍然沒有把分類學看做獨立的學科，沒有把分類看成一種獨立的認識事物和研究問題的方法。自從人類有了組織和分析的觀念以後，分類的意義就同時發生了。其後逐漸趨於複雜，終至施之於宇宙間的萬事萬物，文獻分類祇是其中一種。

分類是人類認識客觀世界的一種基本方法。林康義等《比較·分類·類比》說：「世界上一切事物都可以按其屬性區別開來，並歸入一定的門類。這

〔註1〕白壽彝：《中國史學史論集》，中華書局，1999年4月第1版，第532頁。

種按屬性異同將事物區分爲不同種類的思維方法叫做分類。」〔註2〕分類是人的一種實踐活動，是在具備了一定的知識後才能進行的。人們憑藉自己的認知水平，把事物、事件等劃分成若干類和種，使之各有歸屬，從而確定它們之間的包含關係或排斥關係。分類是人對世界的鑒別，是對世界能動的反映。

分類的方法也是辯證的方法之一。事物的發展過程同事物發展過程中形成的事物之間質的差異，是分類學的核心。分類研究的是區分事物的原理和認識事物的方法。分類要研究事物的起源，它的橫的分支與縱的發展，也就是研究事物的從無到有，從少到多，從低級到高級的全部過程。祇有這樣，才能進行科學的分類。

分類作爲一種認識事物的方法，已經有幾千年的歷史了。《荀子‧正名》推究了「名」的起源，認爲事物的名稱是「約定俗成」的，這種「約定俗成」又是以客觀事物的實際內容爲基礎的，所以確定名稱時要「稽實」。「正名」能「明貴賤」、「辨同異」。此篇雖然就命名而言，但是分類的原理也包含在其中了。荀子所謂的「同則同之，異則異之」，即分類之最大作用。荀子在文中所指的大共名，其實是表示普遍性最高的類的概念，也就是指事物的共性；而大別名，就是指表示普遍性最低的類的概念，即事物的特性。長期以來，人類廣泛地運用分類的方法來認識事物、區別事物。在一些學科中，例如邏輯學、生物學、圖書館學，已經形成專門研究的課題。作爲一種認識事物、區別事物的科學方法，分類不僅有悠久的歷史，而且有著廣闊的發展前景。幾千年的歷史實踐，不僅極大豐富了分類的內容，而且逐步使分類形成了自己的一套理論。

第一節　唐代以前的分類法對《藝文類聚》編纂的影響

作爲一部類書，《藝文類聚》是「比類相從」地編排有關資料的，因此，分類是它的外在最基本的特徵。這個外在特徵是如何形成的呢？這就要追溯《藝文類聚》乃至古代類書分類思想的淵源，從整體上梳理出類書分類思想的源流。《藝文類聚》的分類思想是對前代分類思想的繼承與發展。它的類目設置和排列，天、地、人、事、物無所不包，體現了「據象歸類，整體劃分

〔註2〕林康義、唐永強：《比較‧分類‧類比》，遼寧人民出版社，1987年3月第1版，第45頁。

世界」的中國古代系統思維的重要特點。〔註3〕它在設置類目的時候，是以對客觀事物的分類爲基礎的。大抵是根據唐代社會的政治、經濟、文化和社會生活的需要，劃分成五大基礎部類，即天、地、人、事、物。在每個大的部類裡面，又分爲若干部，之下再細分爲若干子目，使得全書形成比較完整的分類體系。這一分類體系把所收錄的資料按其內容和性質進行分類，思維的重心放在客觀事物上，分類的原則在於尋求事物系統的建立。

「類」的概念，是人類在生產活動和學術活動中，隨著認識的發展而逐漸發展和完善的。「類」字在中國古代的典籍中有多重含義。許慎對「類」的解釋爲：「類，種類相似，唯犬爲甚。」段注：「說從犬之意也。類本謂犬相似，引申假借爲凡相似之稱。」〔註4〕這是「類」的本義。「類」是形聲字，性情、狀貌相同或相近似的東西叫做類。如《易·繫辭下》云：「於是始作八卦，以通神明之德，以類萬物之情。」孔穎達疏：「今作八卦，以類象萬物之情，皆可見也。」〔註5〕《左傳·莊公八年》載：「遂入，殺孟陽於床，曰：『非君也，不類。』」〔註6〕「不類」即不像，指孟陽不像齊襄公。《國語·吳語》載：「董褐既致命，乃告趙鞅曰：『臣觀吳王之色，類有大憂。』」〔註7〕《法言·學行》云：「螟蛉之子，殪而逢蜾蠃，祝之曰：『類我，類我。』久則肖之矣。」〔註8〕《後漢書·馬援傳》戒兄子嚴、敦書云：「效季良不得，陷爲天下輕薄子，所謂畫虎不成反類狗者也。」〔註9〕這些「類」字，意義均爲「相同」或「相似」的意思。由「相似」引申爲「善」。如《詩經·大雅·皇矣》云：「其德克明，克明克類，克長克君。」鄭玄箋：「類，善也。勤施無私曰類。」〔註10〕《尚書·太甲中》

〔註 3〕劉長林：《中國系統思維》，中國社會科學出版社，1990 年 7 月第 1 版，第 79 頁。

〔註 4〕〔漢〕許慎撰，〔清〕段玉裁注：《說文解字注》，上海古籍出版社，1981 年 10 月第 1 版，第 476 頁。

〔註 5〕〔魏〕王弼、〔晉〕韓康伯注，〔唐〕孔穎達等正義：《周易正義》，載〔清〕阮元校刻：《十三經注疏》，中華書局，1980 年 9 月第 1 版，第 86 頁。

〔註 6〕〔晉〕杜預注，〔唐〕孔穎達等正義：《春秋左傳正義》，載〔清〕阮元校刻：《十三經注疏》，中華書局，1980 年 9 月第 1 版，第 1765 頁。

〔註 7〕〔春秋〕左丘明：《國語》，商務印書館，1935 年 12 月初版，第 222 頁。

〔註 8〕揚雄著，李軌注：《法言》，載《諸子集成》，上海書店影印，1986 年 7 月第 1 版，第 1 頁。

〔註 9〕〔宋〕范曄撰，〔唐〕李賢等注：《後漢書·馬援列傳》，中華書局，1965 年 5 月第 1 版，第 845 頁。

〔註 10〕〔漢〕毛亨傳、鄭玄箋，〔唐〕孔穎達等正義：《毛詩正義》，載〔清〕阮元校刻：《十三經注疏》，中華書局，1980 年 9 月第 1 版，第 520 頁。

載：「予小子不明於德，自底不類。」孔傳：「類，善也。」〔註11〕《爾雅·釋詁》云：「類……善也。」〔註12〕《後漢書·馬援傳》載：「豈其甘心未規哉，悼巧言之傷類也。」李賢注：「類，善也。」〔註13〕《左傳·昭公二十八年》載：「心能制義曰度，德正應和曰莫，照臨四方曰明，勤施無私曰類，教誨不倦曰長，賞慶刑威曰君，慈和遍服曰順，擇善而從之曰比，經緯天地曰文。」〔註14〕此處的「類」字也作「善」解；在這種場合，其具體含義是「勤施無私」。在先秦典籍中，「類」也指「族類」。《論語·衛靈公》載：「子曰：『有教無類。』」邢昺疏：「類，謂種類，言人所在見教，無有貴賤種類也。」〔註15〕《莊子·漁父》云：「同類相從，同聲相應，固天之理也。」〔註16〕此處的「同類」，指同一族類。《左傳·成公四年》載：「史佚之《志》有之，曰：『非我族類，其心必異。』楚雖大，非吾族也，其肯字我乎？」〔註17〕「非我族類」和「非我族」的意思都是「不是我們同族」，「族」與「類」，是同義詞連用。《國語·周語下》載：「《詩》曰：『其類維何？室家之壼。』」章昭注：「類，族也。言孝子之行，先於室家族類以相致，乃及於天下也。」〔註18〕「類」也有「物類」、「事類」等意思。《左傳·昭公二十年》載：「先王之濟五味、和五聲也，以平其心，成其政也。聲亦如味，一氣，二體，三類，四物，五聲，六律，七音，八風，九歌，以相成也。」孔穎達疏：「《正義》曰：「樂以歌詩為主。詩有風、雅、頌，其類各別。知三類是風、雅、頌也。」〔註19〕要對事物進行分類，就是把握事物之間在某一方面的共同點，所以，「類」有族類、物類、事類等義項外，還有「肖」、「似」的義項。

在我國古代，關於「類」概念，各家學派多有闡釋。被稱為「群經之首」

〔註11〕〔漢〕孔安國傳，〔唐〕孔穎達等正義：《尚書正義》，載〔清〕阮元校刻：《十三經注疏》，中華書局，1980 年 9 月第 1 版，第 164 頁。

〔註12〕〔晉〕郭璞注，〔宋〕邢昺疏：《爾雅注疏》，載〔清〕阮元校刻：《十三經注疏》，中華書局，1980 年 9 月第 1 版，第 2568 頁。

〔註13〕同註 9，第 846～847 頁。

〔註14〕同註 6，第 2119 頁。

〔註15〕〔魏〕何晏等注，〔宋〕邢昺疏：《論語注疏》，載〔清〕阮元校刻：《十三經注疏》，中華書局，1980 年 9 月第 1 版，第 2518 頁。

〔註16〕〔戰國〕莊周著，〔清〕郭慶藩集釋：《莊子集釋》，載《諸子集成》，上海書店影印，1986 年 7 月第 1 版，第 444 頁。

〔註17〕同註 6，第 1901 頁。

〔註18〕同註 7，第 40 頁。

〔註19〕同註 6，第 2093～2094 頁。

的《周易》，便以「類」的眼光來看待事物之間的親和與排斥關係：「同聲相應，同氣相求；水流濕，火就燥；雲從龍，風從虎；聖人作而萬物睹。本乎天者親上，本乎地者親下，則各從其類也。」〔註20〕「同類相應」的主張，幾乎見於先秦兩漢各家的著作中。在中國歷史上，最早提出具有邏輯學意義的類概念的思想家是墨子。什麼是「類」？墨子說：「有以同，類同也。」「不有同，不類也。」〔註21〕對象有相同的屬性，是「類同」；沒有相同的屬性，是「不類」。墨子還指出：「予未察吾言之類，未明其故者也。」〔註22〕顯然，「察類」是「明故」的先決條件。「義不殺少而殺眾，不可謂知類。」〔註23〕知類，即懂得類推的道理。「夫辭以類行者也，立辭而不明於其類，則必困矣。」〔註24〕明確「辭」所表達的對象之間的類同類異關係，是立辭的必要條件之一。「察類」、「知類」、「明類」，墨子把類作為分析和區分事物的依據。墨家也提出「以類取，以類予」、「異類不吡」〔註25〕等立辭、推理的原則。荀子認為「類」的本質在於同理，「類不悖，雖久同理」，「施薪若一，火就燥也；平地若　，水就濕也。草木疇生，禽獸群焉，物各從其類也。」〔註26〕莊子認為：「以陽召陽，以陰召陰」，「同類相從，同聲相應，固天之理也。」〔註27〕相似的看法還有：《管子》云：「同則相從，反則相距。」〔註28〕《呂氏春秋》云：「類固相召，氣同則合，聲比相應。鼓宮而宮動，鼓角而角動。平地注水，水流濕；均薪施火，火就燥；山雲草莽，水雲魚鱗，旱雲煙火，雨雲水波，無不皆類其所生以示人。」〔註29〕《禮記・樂記》云：「萬物之理，各以類相動也。」〔註30〕《新語》云：「事以

〔註20〕同註5，第16頁。

〔註21〕〔戰國〕墨翟著，〔清〕孫詒讓：《墨子閒詁》，載《諸子集成》，上海書店影印，1986年7月第1版，第212頁。

〔註22〕同註21，第92頁。

〔註23〕同註21，第294頁。

〔註24〕同註21，第249頁。

〔註25〕同註21，第250～251頁，第196頁。

〔註26〕〔戰國〕荀況著，〔清〕王先謙集解：《荀子集解》，載《諸子集成》，上海書店影印，1986年7月第1版，第52頁、第4頁。

〔註27〕同註16，第363頁、第444頁。

〔註28〕趙守正：《管子通解》（下），北京經濟學院出版社，1989年10月第1版，第32頁。

〔註29〕〔秦〕呂不韋輯，〔漢〕高誘注：《呂氏春秋》，載《諸子集成》，上海書店影印，1986年7月第1版，第127頁。

〔註30〕〔漢〕鄭玄注，〔唐〕孔穎達等正義：《禮記正義》，載〔清〕阮元校刻：《十三經注疏》，中華書局，1980年9月第1版，第1536頁。

類相從，聲以音相應，道唱而德和，仁立而義興。」〔註31〕《淮南子》云：「陰陽同氣相動也」，「故寒暑燥濕，以類相從；聲響疾徐，以音相應也。」〔註32〕「同類相應」、「同氣相求」，是中國古代學術普遍承認的思想。

　　《藝文類聚》分類思想與五行學說、八卦理論有著密不可分的關係。五行概念的提出始於《尚書》。《尚書・甘誓》云：「有扈氏威侮五行，怠棄三正。」〔註33〕此「五行」究竟指什麼，《甘誓》沒有說明。最早將水、火、木、金、土定名為「五行」的是《尚書・洪範》云：「一曰水，二曰火，三曰木，四曰金，五曰土。水曰潤下，火曰炎上，木曰曲直，金曰從革，土爰稼穡。潤下作鹹，炎上作苦，曲直作酸，從革作辛，稼穡作甘。」〔註34〕這段話對五行中的每一行的性質做了分析，水、火、木、金、土已經主要不再是關於五種物質材料的概念，其主要含義由五種物質材料昇華為潤下、炎上、曲直、從革、稼穡等五種功能屬性。這五種功能屬性並不單純屬於水、火、木、金、土五材，而且屬於鹹、苦、酸、辛、甘五味，以及其它一些事物。《洪範》以後，《禮記・月令》、《呂氏春秋》、《黃帝內經》等著作，把這五種功能屬性抽象出來，提升為劃分世界的五項標準，從而完成了五行與五方、五季、五氣、五色、無味、五音、五臟等的配列。五行與萬物的關係，主要是類分，五行中的某一個元素代表某一類事物。例如，水代表羽、鹹、腎、黑、菽、豕、北、冬，火代表徵、苦、肺、赤、黍、羊、南、夏，木代表角、酸、脾、青、麥、雞、東、春，金代表商、辛、肝、白、麻、犬、西、秋，土代表宮、甘、心、黃、稷、牛、中、季夏。

　　關於八卦，《周易・繫辭上》云：「《易》有太極，是生兩儀，兩儀生四象，四象生八卦。」〔註35〕太極，是產生世界萬物的最後本體，相當於《老子》所說的「道」。兩儀，指天地。四象，四時之象，即春為「少陽」，夏為「老陽」，秋為「少陰」，冬為「老陰」。八卦，是由「四象」演生出來的八種事物，即乾、坤、震、巽、坎、離、艮、兌，分別代表天、地、雷、風、水、火、

〔註31〕〔漢〕陸賈：《新語》，載《諸子集成》，上海書店影印，1986年7月第1版，第5頁。
〔註32〕〔漢〕劉安撰，〔漢〕高誘注，〔清〕莊逵吉校：《淮南子》，載《諸子集成》，上海書店影印，1986年7月第1版，第91頁、第347頁。
〔註33〕同註11，第155頁。
〔註34〕同註11，第188頁。
〔註35〕同註5，第82頁。

山、澤。八卦分別兩兩相重，即爲六十四卦。八卦是構成六十四卦的基本要素，傳統稱之爲「經卦」。八卦不僅代表八種自然物，同時還代表由這八種自然物衍生出來的具有一定獨立性的八類功能屬性，即八類「象」。「象」是《周易》的基本範疇，「易」的思想體系正是通過「象」表現出來的。從某種意義上說，「易」就是「象」，故《周易‧繫辭下》云：「《易》者，象也。象也者，像也。」〔註36〕是說《易經》的內蘊是卦象。卦象是以卦體象徵各類事物。八卦及六十四卦正是通過「象」來模擬客觀事物以及客觀事物的聯繫和變化的。如八卦除了分別象徵天、地、雷、風、水、火、山、澤八種事物以外，還象徵這八種事物的特徵，如，乾爲健，坤爲順，震爲動，巽爲入，坎爲陷，離爲麗，艮爲止，兌爲說（悅）等。其象徵事物的特性大體不變，而其所象徵的事物則可類比而廣取。如，震代表雷、正春、東、足、長男、龍、玄黃；巽代表風、春末夏初、東南、股、長女、雞、白；離代表火、正夏、南、目、中女、雉；坤代表地、夏末秋初、西南、腹、母、牛、黑；兌代表澤、正秋、凸、口、少女、羊；乾代表天、秋末冬初、西北、首、父、馬、大赤；坎代表水、正冬、北、耳、中男、豕、赤；艮代表山、冬末春初、東北、手、少男、狗，等等。不論是五行學說，還是八卦理論，都是大體上以五種或八種功能屬性爲根據，對萬事萬物的動態之象進行綜合，將其歸納爲五個或八個大類別，作爲對世界之象的整體劃分。

綜上所述，先秦兩漢諸子對類概念的論述、五行學說、八卦理論，這些對「類」的認識及其分類思想，是《藝文類聚》分類思想的理論基礎。

一、知識分類的影響

縱觀人類認識發展史，知識分類是人類認識發展到一定階段才提出來的，它與知識成爲人們認識的對象，密切相關，是人類對自身認識成果的反思，是人類認識開始成熟的標誌。知識分類不是哪個人主觀的需要，而是知識客體化，即知識成爲主體的認識對象後，對主體提出的一種必然要求；對知識客體的分類應當是自然的，而不是純粹人爲的、隨意的。知識分類,從本質上說是主體運用一定的認識能力和分類能力，對知識客體類型的一種認識、區分。

〔註36〕同註5，第87頁。

　　成書於漢代初年的《爾雅》，是我國第一部按義類編排的綜合性詞書，首創按內容性質分類釋詞的體例，即按十九類分為十九篇。「前三篇可以說是普通的詞典。另外，如釋親、釋宮、釋器、釋樂四篇，是解釋人事的名稱的；釋天是解釋天文的名稱的；釋地、釋丘、釋山、釋水，是解釋地理的名稱的；釋蟲、釋魚、釋鳥、釋獸、釋畜，是解釋動物的名稱的；釋草、釋木，是解釋植物的名稱的；這後十六篇，可以說是百科名詞的詞典。」〔註37〕這樣的百科分類，大體上反映了戰國秦漢時代的文化知識結構。《爾雅》是對知識分類的一個代表性作品。

　　《爾雅》的最後七篇，即《釋草》、《釋木》、《釋蟲》、《釋魚》、《釋鳥》、《釋獸》、《釋畜》，不僅著錄了590多種動物和植物，而且根據它們的形態特徵，納入一定的分類系統之中。例如，《爾雅》把植物分為草本、木本兩大類。《釋草》解釋說明了各種草本植物的名稱及其形狀特徵；《釋木》解釋說明了有關木本植物的名稱及其形狀特徵。木本又分為喬木、灌木、檄木三種類型，區分標準是：「小枝上繚為喬，無枝為檄，木族生為灌。」〔註38〕動物方面，《爾雅》在前人分類研究的基礎上，把動物分為蟲、魚、鳥、獸、畜五類，還進一步提出動物分類的定義，如「二足而羽謂之禽，四足而毛謂之獸。」〔註39〕這種解釋至今沿用。而動物五類分法也與現代動物分類基本相符，即「蟲」相當於無脊動物，「魚」為魚綱、兩棲綱、爬行綱等變溫動物的總稱，「鳥」為鳥綱，「獸」和「畜」（其中的「雞」為鳥綱）為哺乳綱。

　　不僅如此，《爾雅》在大類之下，還進行了更深一層的分類，即在每一個大類之中，往往把同一科屬的動、植物編排在一起。例如《釋草》中，把「蒮，山韭；茖，山蔥；蒚，山蒚；蒚，山蒜」等編排在一起，〔註40〕這些植物在現在植物分類學上都歸於蔥屬。《釋木》中把「楔，荊桃；旄，冬桃；栵桃，山桃；休，無實李；痤，接慮李；駁，赤李」等編排在一起，〔註41〕它們屬於現在的李科。《釋蟲》把「蜩，蜋蜩、蟧蜩；蜓，蜻蜓；蟘，馬蜩；蜺，寒蜩；蜻蛚，蟋蟀」等編排在一起，〔註42〕這些都屬於現在的蟬科。《釋獸》把「虎竊毛，謂

〔註37〕劉葉秋：《中國字典史略》，中華書局，2003年10月新1版，第36頁。
〔註38〕同註12，第2638頁。
〔註39〕同註12，第2650頁。
〔註40〕同註12，第2625頁。
〔註41〕同註12，第2637頁。
〔註42〕同註12，第2638頁。

之貔貓；貘，白豹；魋，白虎；甝，黑虎」等編排在一起，〔註43〕相當於現在的貓科。《爾雅》還提出了「屬」的概念。如《釋獸》提出「寓屬」，指寄居在山野的獸類；提出「鼠屬」，列出各種各樣的鼠名。《釋畜》更具體地列出「馬屬」、「牛屬」、「羊屬」、「狗屬」、「雞屬」等，〔註44〕解釋說明有關各種家畜名稱及其習性特徵。《釋木》中，桃列出冬桃、山桃；李列出無實李、椄慮李、赤李；棗列出壺棗、邊要棗、白棗、酸棗、齊棗、羊棗、大棗、填棗、苦棗、無實棗、稔棗，〔註45〕這些均意味著已經分類到了品種，與現代的「門、綱、目、科、屬、種」的分類基本吻合。人們對知識客體的認識，不是一次性的，《爾雅》是在一定歷史階段上對知識的分類，並不具有永恆的意義。社會在發展，知識在增長，對知識客體的認識，對知識分類問題的探索，也永遠不會結束。但是，《爾雅》體現於編排體例的知識分類，對《藝文類聚》的類目設置是有著深刻影響的。茲列表說明如下：

《爾雅》篇名、條目對《藝文類聚》部類、子目設置的影響

《爾雅》篇名	《類聚》部類	《爾雅》具體條目	《藝文類聚》子目
釋天	天部 歲時部	穹蒼，蒼天也	（天部）天
		春為蒼天，夏為昊天，秋為旻天，冬為上天	（歲時部）春、夏、秋、冬
		月在甲曰畢	（天部）月
		弇日為蔽雲	（天部）日、雲
		疾雷為霆霓	（天部）雷
		星紀，斗、牽牛也	（天部）星
		南風謂之凱風	（天部）風
		霧謂之晦	（天部）霧
		暴雨謂之涷	（天部）雨
		螮蝀，虹也	（天部）虹
		雨霰為霄雪	（天部）雪

〔註43〕同註12，第2650～2651頁。
〔註44〕同註12，第2652～2653頁。
〔註45〕同註12，第2636～2638頁。

釋地	地部 州部	牧外謂之野	（地部）野
		兩河間曰冀州 河南曰豫州 河西曰雍州 漢南曰荊州 江南曰揚州 濟河間曰兗州 濟東曰徐州 燕曰幽州 齊曰營州	（州部）冀州、 豫州、雍州、 荊州、揚州、 兗州、徐州、 幽州、營州
釋山	山部	泰山爲東嶽，華山爲西嶽，霍山（衡山）爲南嶽，恒山爲北嶽，嵩高爲中嶽	華山、衡山、嵩高山
釋水	水部	泉一見一否爲瀸	泉
		井一有水一無水爲瀸汋	井
		水自河出爲灉，……洛爲波，漢爲潛，淮爲滸	洛水、漢水、淮水
		江有沱，河有灉	江水、河水
		水注川曰谿，注谿曰谷	谿、谷
		江、河、淮、濟爲四瀆	四瀆
釋樂	樂部	大琴謂之離	琴
		大笙謂之巢	笙
		大簫謂之言	簫
釋器	軍器部 雜器物部	弓有緣者謂之弓	（軍器部）弓
		鼎絕大謂之鼐	（雜器物部）鼎
釋草	藥香草部	術，山薊，楊枹薊	術
		艾，冰臺	艾
		荷，芙蕖	芙蕖
		萍，蓱。其大者蘋	萍
		茮莍，馬舄。	茮莍
釋木	果部 木部	柏，椈	（木部）柏
		梅，柟	（果部）梅
		檉，河柳	（木部）檉
		樧，蘺	（果部）樧
		楓，欇欇	（木部）楓
		棗：壺棗，邊要棗	（果部）棗
		槐，小葉曰榎	（木部）槐

		梨，山櫙	（果部）梨
		榆，白枌	（木部）榆
		樅，松葉柏身	（木部）樅
		槐、棘醜，喬	（木部）棘
		桑、柳醜，條	（木部）桑、楊柳
		桃、李醜，核	（果部）桃、李
		瓜曰華之	（果部）瓜
釋鳥	鳥部	倉庚，商庚	倉庚
		鷹，鶆鳩	鷹
		鷺，舂鉏	鷺
		鶉雉	鶉、雉
		鳥之雌雄不可別者	鳥
		烏鵲醜，其掌縮	烏、鵲
釋獸 釋畜	獸部	鹿：牡，麌	鹿
		兔子，嬎	兔
		豕子，豬	豕
		熊虎醜，其子，狗	熊
		貔，白狐	狐
		兕，似牛	兕
		犀，似豕	犀
		鼢鼠	鼠
		牛曰齝，羊曰齥	牛、羊
		駒驪馬	駒驪
		野馬	馬
		犘牛	牛
		羊：牡，羒	羊
		未成毫，狗	狗
釋魚	鱗介部	鱉三足	鱉
		龜，俯者靈，仰者謝	龜
		螣，螣蛇	蛇
		魚枕謂之丁	魚
釋蟲	蟲豸部	蜉蝣，渠略	蜉蝣
		蟋蟀，蜇	蟋蟀
		蛾，羅	蛾
		蠖，蚇蠖	尺蠖

二、事物分類的影響

《周易》云：「君子以類族辨物。」「方以類聚，物以群分。」〔註46〕《周易》的記載說明，先秦時期分類觀念已經產生，並且開始用分類的方法辨別事物。姚名達說：「分類之應用，始於事物，中於學術，終於圖書。」〔註47〕按照姚名達的說法，依時分類和依事分類均始於《尚書》。據《尚書‧堯典》記載，在堯帝時，「乃命羲和，欽若昊天，曆象日月星辰，敬授人時」。其具體的觀測方法與結果是：「日中，星鳥，以殷仲春」，「日永，星火，以正仲夏」，「宵中，星虛，以殷仲秋」，「日短，星昴，以正仲冬」，〔註48〕即以觀測鳥、火、虛、昴四顆恒星在黃昏時正處於南中天的日子，來定出春分、夏至、秋分和冬至，以作為劃分一年四季的標準。這就是依時分類的開始。又據《尚書‧舜典》記載，舜命伯禹作司空，命棄作稷，命契作司徒，命皋陶作士，命垂作共工，命益作虞，命伯夷作秩宗，命夔作樂，命龍作納言，各司庶績。〔註49〕這是依事分類的開始。

在《尚書‧洪範》中有所謂「洪範九疇」的說法。所謂「洪範九疇」就是指九類治國大法。首先概述「洪範九疇」的綱目：「初一曰五行，次二曰敬用五事，次三曰農用八政，次四曰協用五紀，次五曰建用皇極，次六曰乂用三德，次七曰明用稽疑，次八曰念用庶徵，次九曰嚮用五福，威用六極。」接著分別詳述「洪範九疇」的具體內容，例如，「五行：一曰水，二曰火，三曰木，四曰金，五曰土。」「五事：一曰貌，二曰言，三曰視，四曰聽，五曰思。」「八政：一曰食物，二曰貨，三曰祀，四曰司空，五曰司徒，六曰司寇，七曰賓，八曰師。」「五紀：一曰歲，二曰月，三曰日，四曰星辰，五曰曆數。」「三德：一曰正直，二曰剛克，三曰柔克。」「五福：一曰壽。二曰富，三曰康寧，四曰攸好德，五曰考終命。六極：一曰凶、短、折，二曰疾，三曰憂，四曰貧，五曰惡，六曰弱。」〔註50〕這也是一種分類法。九疇是大類的名稱，五行、五事，八政、五紀、三德、五福、六極，是二級分類。這些分類名目，顯然是長期觀察的經驗所得。

愛彌爾‧涂爾幹等的《原始分類》說：「區域、季節、事物和物種的分類

〔註46〕同註5，第29頁、第76頁。
〔註47〕姚名達：《中國目錄學史》，上海古籍出版社，2002年6月第1版，第49頁。
〔註48〕同註11，第119頁。
〔註49〕同註11，第125～132頁。
〔註50〕同註11，第188～193頁。

支配了中國人的全部生活。」〔註51〕遠古，乃至先秦兩漢時期，最平常的分類和對事物範圍的最初界定，在《藝文類聚》中都能夠找到痕跡。茲舉幾例：其一，九州。《爾雅·釋地》的記載是：冀州、豫州、雍州、荊州、揚州、兗州、徐州、幽州、營州。〔註52〕《尚書·禹貢》的記載是：冀州、兗州、青州、徐州、揚州、荊州、豫州、梁州、雍州。〔註53〕《周禮·職方氏》的記載是：揚州、荊州、豫州、青州、兗州、雍州、幽州、冀州、并州。〔註54〕《呂氏春秋·有始覽》的記載是，豫州、冀州、兗州、青州、徐州、揚州、荊州、雍州、幽州。〔註55〕雖然各家說法不一，但是九州中的大多數州還是一樣的。在《藝文類聚》卷六州部有冀州、揚州、荊州、青州、徐州、兗州、豫州、雍州、幽州、并州。綜合幾家的分類，除了營州、梁州外，都涵蓋了。其二，四瀆。《爾雅·釋水》載：「江、河、淮、濟爲四瀆。四瀆者，發源注海者也。」〔註56〕長江、黃河、淮河、濟水稱爲四瀆。所謂四瀆，指的是四條從發源地一直流入大海的河流。《藝文類聚》卷八水部上的子目有「河水」、「江水」、「淮水」，包含四瀆中的三條河流。其三，五嶽。《爾雅·釋山》載：「泰山爲東嶽，華山爲西嶽，霍山爲南嶽，恒山爲北嶽，嵩高爲中嶽。」〔註57〕《太平寰宇記》載：「霍山，其一名曰衡山，一名天柱山。」〔註58〕《藝文類聚》卷七山部上有「嵩高山」、「華山」、「衡山」等三個子目，已經包含五嶽中的三座山。《四庫全書總目·藝文類聚》條認爲：「山水部五嶽存三，四瀆闕一」，是《藝文類聚》門目「繁簡失宜，分合未當」，〔註59〕但是，無論如何，卻可以看出前代的分類對編纂者的影響。

愛彌爾·涂爾幹等的《原始分類》說：「最初的邏輯範疇就是社會範疇，最

〔註51〕 〔法〕愛彌爾·涂爾幹、馬塞爾·莫斯著，汲喆譯：《原始分類》，上海人民出版社，2005 年 4 月第 1 版，第 76 頁。

〔註52〕 同註 12，第 2614 頁。

〔註53〕 同註 11，第 146～150 頁。

〔註54〕 〔漢〕鄭玄注，〔唐〕賈公彥疏：《周禮注疏》，載〔清〕阮元校刻：《十三經注疏》，中華書局，1980 年 9 月第 1 版，第 862～863 頁。

〔註55〕 同註 29，第 125 頁。

〔註56〕 同註 12，第 2619 頁。

〔註57〕 同註 12，第 2618 頁。

〔註58〕 〔宋〕樂史：《太平寰宇記》，載《景印文淵閣四庫全書》，臺灣商務印書館，1983 年版。

〔註59〕 〔清〕永瑢等：《四庫全書總目》，中華書局，1965 年 6 月第 1 版，第 1142 頁。

初的事物分類就是人的分類，事物正是在這些分類中被整合起來的。」〔註60〕
在《藝文類聚》中對「人」的分類佔據著大量的篇幅，如帝王部佔四卷，后妃
部佔一卷，儲宮部佔一卷，人部佔二十一卷；其實，職官部六卷，也是對「人」
的分類，幾部加起來共 33 卷，佔全書總卷數的百分之三十左右。對職官的分類
早在《荀子》中就有了。其《禮制》序官，分別敘述宰爵、司徒、司馬、大師、
司空、治田、虞師、鄉師、工師、司寇、冢宰等官吏的職事，十分明確。《周禮》
記載了建國設官的設想，詳細敘述了天官冢宰、地官司徒、春官宗伯、夏官司
馬、秋官司寇、冬官司空的職責。把天、地、四時和六大官屬相聯繫，構成國
家行政機構體系，取其囊括一切無所不包的意思。六官是國家中樞機構的六部
分，其共有下屬官 360 多個。通過這 360 多個官職的記述，可以瞭解從中樞到
地方基層組織以及各部門之間相聯繫的一整套國家行政機構模式。經緯交錯，
分類序官，極其嚴密。這種序官原則，為《藝文類聚》的編者所繼承。

　　《藝文類聚》的分類是事物分類，前代的分類觀念和分類成果，必然影
響著《藝文類聚》的編纂。

三、學術分類的影響

　　事物分類進一步發展便是學術分類。學術分類主要體現為思想觀點的區
分。姚名達說：「學術之分類，蓋始於孔丘。」〔註61〕其實，早在殷周時代，便
已有了學術分類，這就是「六藝」。「六藝」之名，始於《周禮》。《周禮・地官・
大司徒》云：「以鄉三物教萬民而賓興之：一曰六德，知、仁、聖、義、忠、和；
二曰六行，孝、友、睦、姻、任、恤；三曰六藝，禮、樂、射、御、書、數。」
〔註62〕《周禮・地官・保氏》云：「保氏：掌諫王惡，而養國子以道。乃教之六
藝：一曰五禮，二曰六樂，三曰五射，四曰五馭，五曰六書，六曰九數。」〔註
63〕這些記載說明，「六藝」不僅內容豐富，而且在當時已經形成完整的體系，
它是六種技藝，也是當時流行的六種學術。到春秋時代，六藝的內容逐漸演變
為《詩》、《書》、《禮》、《樂》、《易》、《春秋》，成為六種古代典籍的傳授和研習。

　　春秋時代，除了作為最早學術分類的「六藝」外，還有「孔門四科」這

〔註60〕　同註 51，第 87 頁。
〔註61〕　同註 47，第 50 頁。
〔註62〕　同註 54，第 707 頁。
〔註63〕　同註 54，第 731 頁。

樣的分科性學術門類。《論語‧八佾》載:「爲力不同科,古之道也。」〔註64〕
這是先秦較早出現「科」名之文字。關於「孔門四科」的內容,有兩種說法。
一是《論語‧述而》載:「子以四教:文、行、忠、信。」〔註65〕後世便有人
認爲「孔門四科」指「文、行、忠、信。」二是《論語‧先進》載:「德行:
顏淵、閔子騫、冉伯牛、仲弓;言語:宰我、子貢;政事:冉有、季路;文
學:子游、子夏。」〔註66〕因此後世大多數學者將德行、政事、文學、言語,
視爲「孔門四科」。據《孔子家語‧七十二弟子解》的記載,孔子弟子中,有
以德行著名的顏回、閔損、冉耕、冉雍等,有以言語著名的宰予、子貢等,
有以政事著名的子有、子路等,有以文學著名的子游、子夏等。〔註67〕這也
證明孔子確有「四科」設教之事。司馬遷在《史記‧仲尼弟子列傳》對「孔
門四科」做了詳細記述:「孔子曰:『受業身通者七十有七人』,皆異能之士也。
德行:顏淵,閔子騫,冉伯牛,仲弓。政事:冉有,季路。言語:宰我,子
貢。文學:子游,子夏。師也辟,參也魯,柴也愚,由也喭,回也屢空。賜
不受命而貨殖焉,億則屢中。」〔註68〕把孔門弟子按照德行、政事、言語、
文學進行類分,反映了孔門四種學術科目的狀況。

　　從現存文獻看,最早研究、總結先秦時期諸子百家學說的,首推《莊子‧
天下》。《天下》篇對「天下之治方術者」做了學派的分類,並對各派學說的
歷史起源和自身價值進行了評論。對於墨翟、禽滑釐一派,首先肯定他們「不
侈於後世,不靡於萬物,不暉於數度」的崇儉思想,和「以繩墨自矯,而備
世之急」的積極救世精神,但同時又批評他們非樂、節用,「以自苦爲極」,
尤其在組織上派別林立,各以鉅子相尊的錯誤。對於宋鈃、尹文一派,一方
面讚揚他們「見侮不辱,救民之鬥,禁攻寢兵,救世之戰」的「圖傲乎救世」
的精神,另一方面又指出他們不知愛己、自爲太少的缺點。對於彭蒙、田駢、
慎到一派,既承認他們「齊物」、「棄知」、「去己」的思想與古代的「道術」
有某些相通的地方,但又指出這些思想有著「非生人之行,而至死人之理」

〔註64〕〔清〕劉寶楠:《論語正義》,載《諸子集成》,上海書店影印,1986年7月第
　　　　1版,第59頁。
〔註65〕同註64,第147頁。
〔註66〕同註64,第238頁。
〔註67〕張濤:《孔子家語注譯》,三秦出版社,1998年1月第1版,第392~394頁。
〔註68〕〔漢〕司馬遷:《史記‧仲尼弟子列傳》,中華書局,1982年11月第2版,第
　　　　2185頁。

的毛病。對於關尹、老聃與莊周這一派，作者所採取的是褒而無貶的態度，認爲他們都見到了宇宙間的全部眞理，因而應當雄踞其他各家之上。對於惠施、桓團、公孫龍一派，所採取的主要是批判的態度，但對他們的錯誤則表示惋惜。〔註69〕作者對於各個學派，既有大膽的肯定，又有尖銳的批評；既有以批評爲主的態度，又有「惜乎」其才的同情；對於關尹、老聃與莊周這一派，雖然有褒無貶，但畢竟也是把他們作爲某個學派來看待的。所有這些，都無不表明作者是試圖用比較客觀公正的態度來評述各個學派的。

隨後，總結諸子百家學說之作相繼出現，如《荀子・非十二子》依學術性質和思想特徵，列舉六種學說、十二個代表人物，逐一進行評論和批判，同時也兼及其他一些學說與人物，表白作者的觀點。荀子認爲它囂、魏牟「縱情性」，「不足以合文通治」；陳仲、史鰌「忍情性」，「苟以分異人爲高，不足以合大眾，明大分」；墨翟、宋鈃「不知壹天下、建國家之權稱，上功用，大儉約而慢差等」；愼到、田駢「尚法而無法」，「上則取聽於上，下則取從於俗，終日言成文典，及紃察之，則偶然無所歸宿，不可以經國定分」；惠施、鄧析「不法先王，不是禮儀，而好怪說，玩琦辭，甚察而不惠，辯而無用，多事而寡功，不可以爲治綱紀」；子思、孟軻「略法先王而不知其統，然而猶材劇志大，聞見雜博。案往舊說，謂之『五行』，甚僻違而無類，幽隱而無說，閉約而無解」。〔註70〕作者是著重從批評的角度去總結各家學說的要旨的。

《韓非子・顯學》則從孔、墨顯學對立的角度，綜論兩家學說的要旨，考證儒、墨兩家學派的源流：「世之顯學，儒、墨也。儒之所至，孔丘也；墨之所至，墨翟也。自孔子之死也，有子張之儒，有子思之儒，有顏氏之儒，有孟氏之儒，有漆雕氏之儒，有仲良氏之儒，有孫氏之儒，有樂正氏之儒。自墨子之死也，有相里氏之墨，有相夫氏之墨，有鄧陵氏之墨。故孔、墨之後，儒分爲八，墨離爲三」。〔註71〕這是中國學術史上最早對儒、墨兩家學派的源流及其傳承關係所做的辨析。作者認爲，儒家自孔子開其端，以後分化爲八派；墨家自墨子開其端，以後離析爲三派，說明儒、墨兩家自其產生之日起就並非一成不變的，而是隨著歷史的發展在不斷地變化。

〔註69〕同註16，第461～476頁。

〔註70〕同註26，第57～61頁。

〔註71〕劉乾先、韓建立、張國昉、劉坤：《韓非子譯注》，黑龍江人民出版社，2003年1月第1版，第809頁。

　　西漢初年，劉安及其門客編纂的《淮南子》，綜合儒、墨、道、名、法、陰陽諸子學派的思想資料，具有兼儒、墨，合名、法的思想特點。《淮南子・要略》總括全書的要旨，探討孔子、墨子、管子、申子、商鞅以及縱橫家等先秦諸子學說產生的原因和條件，含有學術分類的性質。儒者之學，創自孔子，是「孔子修成康之道，述周公之訓，以教七十子。使服其衣冠，修其篇籍」而產生的。墨家學說，其創始人墨翟雖曾「學儒者之業，受孔子之術」，但終因「其禮煩擾而不說，厚葬靡財而貧民，服傷生而害事。故背周道而用夏政」，創立「節財薄葬閒服」的新說。管子學說，是管仲為輔佐齊桓公建立霸業而創立的，是春秋時期「天子卑弱，諸侯力征，南夷北狄，交伐中國，中國之不絕如線」這一特定的歷史環境的產物。縱橫家說，「晚世之時，六國諸侯，溪異谷別，水絕山隔，各自治其境內，守其分地，握其權柄，擅其政令，下無方伯，上無天子，力征爭權，勝者為右，恃連與，約重致，剖信符，結遠援，以守其國家，持其社稷。故縱橫家修短生焉。」刑名之學，創自申不害。其時「晉國之故禮未滅，韓國之新法重出；先君之令未收，後君之令又下。新故相反，前後相謬，百官背亂，不知所用」，故產生了刑名之學。商鞅之法，「孝公欲以虎狼之勢，而吞諸侯。故商鞅之法生焉。」〔註72〕

　　司馬談的《論六家要指》，著重從學派的角度考察諸子學說的思想特點。他把先秦時期諸子百家，按其學說的思想特點分為陰陽、儒、墨、法、名、道德六家，認為諸子學說各有其短長得失和存在的價值。陰陽家，其「陰陽之術，大祥而眾忌諱，使人拘而多所畏；然其序四時之大順，不可失也」。儒家「博而寡要，勞而少功，是以其事難盡從；然其序君臣父子之禮，列夫婦長幼之別，不可易也」。墨家「儉而難遵，是以其事不可遍循；然其強本節用，不可廢也」。法家「嚴而少恩；然其正君臣上下之分，不可改矣」。名家「使人儉而善失真；然其正名實，不可不察也」。道家「使人精神專一，動合無形，贍足萬物」。〔註73〕對「六家要指」所作的分析頗得其學說之要領，言簡意賅。後來劉歆撰《七略》，其中《諸子略》分十家，就是以司馬談所論的六家為基礎，增加了縱橫家、雜家、農家、小說家等四家，由此可見學術分類與文獻分類關係之密切。學術分類為文獻的自覺分類奠定了基

〔註72〕同註32，第374～377頁。
〔註73〕〔漢〕司馬遷：《史記・太史公自序》，中華書局，1982年11月第2版，第3289頁。

礎。

《藝文類聚》兼采各家之說，尤以儒家學說為主。學術分類的發展，為《藝文類聚》廣採眾說提供了可能與便利。

四、文獻分類的影響

文獻分類中以書名為對象的目錄分類，對《藝文類聚》「事」的部分的編排影響很大。

古代文獻分類有兩大系統，即《七略》分類系統和四部分類系統。

首先，考察《七略》分類系統。

西漢劉歆的《七略》是我國最早的一部目錄分類著作。《七略》雖佚，但是從《漢書·藝文志》中還可以看出它的分類體系：輯略；六藝略：易、書、詩、禮、樂、春秋、論語、孝經、小學；諸子略：儒家、道家、陰陽家、法家、名家、墨家、縱橫家、雜家、農家、小說家；詩賦略：屈原賦之屬、陸賈賦之屬、荀卿賦之屬、雜賦、歌詩；兵書略：兵權謀、兵形勢、兵陰陽、兵技巧；數術略：天文、曆譜、五行、蓍龜、雜占、形法；方技略：醫經、經方、房中、神仙。輯略是序，不具體用於文獻分類，所以《七略》實際上祇有六略用於文獻分類，即將文獻分為六大類，可稱為六分法。它的分類是以書立類，即類目設置以當時所存圖書為依據，起到了「辨章學術，考鏡源流」的作用。六大類下劃分成三十八個小類，分類比較細緻，分類體系具有較強的系統性。其分類體系也有一些不足：學科門類不夠充分，如史書未單獨立類；有些類目概念不清，如諸子略、兵書略都有陰陽類，六藝略有詩，又單列詩賦略。這種不足有其產生的特定歷史原因。阮孝緒《七錄序》云：「劉氏之世史書甚寡，附見『春秋』，誠得其例。」又云：「《七略》『詩賦』不從『六藝』詩部，蓋由其書既多，所以別為一略。」〔註74〕《七略》分類體系的六個大類和三十八個小類，比較全面地概括了迄至西漢時期的學術源流和思想體系，《七略》開創了我國文獻分類法的先河。

東漢時期所編制的目錄，均採用《七略》的分類體系。繼承《七略》分類體系而又有所發展的，是南朝宋時王儉的《七志》。《南齊書·王儉傳》載：王儉「上表求校墳籍，依《七略》撰《七志》四十卷，上表獻之，表辭甚典。」

〔註74〕阮孝緒：《七錄序》，載〔唐〕釋道宣：《廣弘明集》，載《景印文淵閣四庫全書》，臺灣商務印書館，1983 年版。

〔註 75〕據《隋書‧經籍志》，其分類如下：「一曰經典志，紀六藝、小學、史記、雜傳；二曰諸子志，紀今古諸子；三曰文翰志，紀詩賦；四曰軍書志，紀兵書；五曰陰陽志，紀陰陽圖緯；六曰術藝志，紀方技；七曰圖譜志，紀地域及圖書。其道、佛附見，合九條。」〔註 76〕王儉上承《七略》的遺規，但有所發展。他改動了《七略》各略的名稱：六藝略→經典志，諸子略→諸子志，詩賦略→文翰志，兵書略→軍書志，術數略→陰陽志，方技略→術藝志。《七志》使《七略》分類體系得到完善。《七略》實際祇有六略用於文獻分類，而未收圖譜。《七志》設圖譜志專收圖譜，並以其成七之數。將《七略》六藝略改爲經典志，說明已經注意到史學的發展，但未做進一步處理。也有學者對《七志》的分類體系提出自己的觀點。余嘉錫認爲：「觀其分部大抵祖述劉氏，亦步亦趨。書本九篇，而必裁之爲七，殆如《七啓》、《七命》之摹擬《七發》，務在規撫形似而已。」〔註 77〕《七志》增立圖譜志，排在第七類。宋代的鄭樵非常推重立此一志：「劉氏創意總括群書，分爲《七略》，祇收書，不收圖。……惟任宏校兵書一類，分爲四種，有書五十三家，有圖四十三卷，載在《七略》。宋齊之間，群書失次，王儉於是作《七志》以爲之紀。六志收書，一志專收圖譜，謂之『圖譜志』，不意末學而有此作也。」〔註 78〕余嘉錫的觀點與此相反：「王儉圖譜一志，最爲鄭樵所稱。實則各書之圖本可隨類附入，儉第欲足成七篇之數，故立此志耳，未必如譙所云也。」〔註 79〕余慶蓉等的見解頗有幾分尖刻：「王儉增設『圖譜志』，有的認爲是爲了湊足七數。這是極爲膚淺的見解。應該說，《七志》『圖譜志』的建立，反映了當時圖學、譜學的發展及其它『圖』書的增多，也說明王儉對圖譜的重視。」〔註 80〕

《七志》之後，有梁阮孝緒的《七錄》。據《廣弘明集》卷三，其分類爲：經典錄：易部、尚書部、詩部、禮部、樂部、春秋部、論語部、孝經部、小學部；記傳錄：國史部、注歷部、舊事部、職官部、儀典部、法制部、僞史部、雜傳部、鬼神部、土地部、譜狀部、簿錄部；子兵錄：儒部、道部、陰

〔註 75〕〔梁〕蕭子顯：《南齊書‧王儉傳》，中華書局，1972 年 1 月第 1 版，第 433 頁。

〔註 76〕〔唐〕魏徵、令狐德棻：《隋書‧經籍志》，中華書局，1973 年 8 月第 1 版，第 906～907 頁。

〔註 77〕余嘉錫：《目錄學發微》，中國人民大學出版社，2004 年 9 月第 1 版，第 155 頁。

〔註 78〕鄭樵：《通志》，商務印書館，1935 年 3 月初版，第 837 頁。

〔註 79〕同註 77，第 155 頁。

〔註 80〕余慶蓉、王晉卿：《中國目錄學思想史》，湖南教育出版社，1998 年 4 月第 1 版，第 58 頁。

陽部、法部、名部、墨部、縱橫部、雜部、農部、小說部、兵部；文集錄：
楚辭部、別集部、總集部、雜文部；術伎錄：天文部、讖緯部、曆算部、五
行部、卜筮部、雜占部、刑法部、醫經部、經方部、雜藝部；佛法錄：戒律
部、禪定部、智慧部、疑似部、論記部；仙道錄：經戒部、服餌部、房中部、
符圖部。《七錄》的分類在《七略》、《七志》的基礎上更爲合埋。雖然阮孝緒
在自序中說：「今所撰《七錄》，斟酌王、劉。」〔註 81〕但是，成就確實超過
王、劉，如將史書單獨列類，圖譜併入各類之中。另外，適應時代環境，將
道、佛之書各自立類，都是非常合理的。《七錄》集《七略》、四部兩個體系
之大成，它的出現是《七略》分類體系發展達到頂峰的標誌。謝德雄說：「《七
錄》向四部進化的重要標誌，則是將史書獨立爲『紀傳』一錄。在中國古代
目錄學史上，史部獨立成部，是新舊分類體制的一個分水嶺。」〔註 82〕在《七
略》分類法最終讓位於四部分類法的進程中，《七錄》起到了承前啟後的作用。
它對後世最大的影響，就是做《隋書‧經籍志》的範本。

隋代許善心「放阮孝緒《七錄》更製《七林》，各爲總敘，冠於篇首。又
於部錄之下，明作者之意，區分其類例焉。」〔註 83〕原書已失傳，難以知道
更多。隋代，《七略》系統之分類法與四分法仍處於並行時期。

其次，考察四部分類系統。

《隋書‧經籍志》載：「魏氏代漢，採掇遺亡，藏在秘書中、外三閣。魏秘
書郎鄭默，始製《中經》，秘書監荀勖，又因《中經》，更著《新簿》，分爲四部，
總括群書。一曰甲部，紀六藝及小學等書；二曰乙部，有古諸子家、近世子家、
兵書、兵家、術數；三曰丙部，有史記、舊事、皇覽簿、雜事；四曰丁部，有
詩賦、圖贊、汲塚書。大凡四部合二萬九千九百四十五卷。」〔註 84〕荀勖是依
照《中經》的體例編寫《新簿》的。據《隋書‧經籍志》，《新簿》是按四部分
類，由此推測，《中經》大致也是採用的四分法。因此可以說，鄭默的《中經》
以四部分類的國家圖書目錄，開創了我國圖書分類學中的四分法。荀勖的《新

〔註 81〕同註 74。
〔註 82〕謝德雄：《魏晉南北朝經籍分類體制的變革》，載《圖書情報工作》1983 年第
　　　　2 期，轉引自彭斐章、謝灼華、喬好勤：《目錄學資料彙編》，武漢大學出版社，
　　　　1986 年 12 月第 1 版，第 195 頁。
〔註 83〕〔唐〕魏徵、令狐德棻：《隋書‧許善心傳》，中華書局，1973 年 8 月第 1 版，
　　　　第 1427 頁。
〔註 84〕〔唐〕魏徵、令狐德棻：《隋書‧經籍志》，中華書局，1973 年 8 月第 1 版，
　　　　第 906 頁。

簿》將圖書分爲甲、乙、丙、丁四部。甲部，相當於《七略》的六藝略，即後世的經部；乙部，合《七略》中的諸子略、兵書略、數術略、方技略爲一部，即後世的子部；丙部，首次將史書從《七略》六藝略春秋類中析出，單獨列爲一部，即後世的史部；丁部，相當於《七略》的詩賦略，即後世的集部。《新簿》未立四部的名稱，甲乙丙丁的次序，大體爲經子史集，雖與後來經史子集的次序略有差異，但已基本明確了經史子集四部的內容。祇是丙部中《皇覽簿》爲類書，卻與史書並列，而丁部所列更有非同類之書，如汲塚書是晉代出土的一批竹簡，爲經史方面的典籍，收入丁部顯然失當。這些都說明四部分類法在當時仍處於初創階段，還不夠完善。

　　東晉初年，圖書又有聚集，著作郎李充便以荀勗舊日的《中經新簿》加以核校，最後總匯那些淪落遺留下來的篇籍，又編新目，新目也是以甲乙丙丁爲次序的。這部新的目錄書就是《晉元帝四部書目》。李充本傳記載了編制四部書目的事：「征北將軍褚裒又引爲參軍。充以家貧，苦求外出，裒將許之爲縣，試問之。充曰：『窮猿投林，豈暇擇木！』乃除剡縣令。遭母憂。服闋，爲大著作郎。於時典籍混亂，充刪除煩重，以類相從，分作四部，甚有條貫，秘閣以爲永制。」〔註85〕關於《晉元帝四部書目》的四部情況，《文選·王文憲集序》李善注引臧榮緒《晉書》云：「李充，字弘度，爲著作郎。於時典籍混亂，刪除頗（筆者按，當作『煩』）重，以類相從，分爲四部，甚有條貫，秘閣以爲永制。五經爲甲部，史記爲乙部，諸子爲丙部，詩賦爲丁部。」〔註86〕它的四部分類雖然和荀勗的《新簿》相同，但是次序有所變化。錢大昕總結說：「自劉子駿校理秘文，分群書爲六略，……是時固無四部之名，而史家亦未別爲一類也。晉荀勗撰《中經簿》，始分甲乙丙丁四部，而子猶先於史。至李充爲著作郎，重分四部，五經爲甲部，史記爲乙部，諸子爲丙部，詩賦爲丁部，而經史子集之次始定。厥後王亮、謝朓、任昉、殷鈞撰書目，皆循四部之名。雖王儉、阮孝緒析而爲七，祖暅別而爲五，然隋唐以來志經籍藝文者，大率用李充部敘而已。」〔註87〕錢大昕的論述，非常明晰地勾勒了四部分類法的發展脈絡。

〔註85〕　〔唐〕房玄齡等：《晉書·文苑傳·李充傳》，1974 年 11 月第 1 版，第 2390
　　　　　～2391 頁。

〔註86〕　〔梁〕蕭統編，〔唐〕李善注：《文選》，上海古籍出版社，1986 年 8 月第 1
　　　　　版，第 2075 頁。

〔註87〕　〔清〕錢大昕：《補元史藝文志》，載二十五史刊行委員會編：《二十五史補編》，
　　　　　中華書局，1955 年 2 月第 1 版，第 8393 頁。

　　編撰完成於唐代初年的《隋書‧經籍志》，分經史子集四部四十類，其分類體系爲：經部：易、書、詩、禮、樂、春秋、孝經、論語、讖緯、小學；史部：正史、古史、雜史、霸史、起居注、舊事、職官、儀注、刑法、雜傳、地理、譜系、簿錄；子部：儒、道、法、名、墨、縱橫、雜、農、小說、兵、天文、曆數、五行、醫方；集部：楚辭、別集、總集；附道經；附佛經。《隋書‧經籍志》的分類，雖然是經、史、子、集、道、佛六大類，但道經、佛經兩大類僅錄經書的部數、卷數，不列具體書目，袛是作爲四部的附錄，因此，它實際上是一部四部分類體系的目錄，確定了經史子集四部的名稱和先後順序，完成了四分法的定型工作。雖然《隋書‧經籍志》成書於《藝文類聚》之後，但是研究它的四部分類，對於瞭解《藝文類聚》「事」的部分所摘錄的各種文獻資料的排列會有所幫助，故敘述於此。

　　《藝文類聚》中子目下「事」的部分的分類，與文獻分類中的目錄分類，關係甚爲密切。目錄分類，或七分或四分，把書名分類後加以著錄。與目錄分類相似，《藝文類聚》也是將書名分類，同時又把書名連同從書中摘引的資料一起分類，之後再按順序排列。這種順序是什麼呢？就是經史子集（或經子史集）的四部順序；雖然《藝文類聚》未將其貫徹始終（詳見第二章第二節），但是，也可以看出目錄分類對《藝文類聚》的影響。

五、文體分類的影響

　　文體分類經過了一個由粗略到精細、由繁雜趨簡約的發展演變過程。文體分類的標準很多，且具有複雜性和多樣性。我們不是討論某一種文體分類標準的優劣，也不是想提供一個文體分類的標準，而是繞開具體的文體分類理論的糾纏，從文體發展的實際出發，描述在《藝文類聚》產生以前文體分類發展演變的軌跡，目的是要考察唐前文體分類對《藝文類聚》「文」的部分的文體劃分所產生的影響。

　　早在先秦時期，幾種主要的文體就已經具備雛形，文體分類也隨之產生。《詩經》是我國第一部詩歌總集，它的編纂體例，體現了編者初步的文體分類意識。《詩經》收詩 305 篇，分 3 大類，20 小類。另有「笙詩」6 篇。其分類體系爲：國風：周南、召南、邶風、鄘風、衛風、王風、鄭風、齊風、魏風、唐風、秦風、陳風、檜風、曹風、豳風；雅：小雅、大雅；頌：周頌、魯頌、商頌。《毛詩序》云：「詩有六義焉：一曰風，二曰賦，三曰比，四曰興，五曰雅，六曰頌。」

〔註88〕孔穎達《毛詩正義》云：「風、雅、頌者，詩篇之異體；賦、比、興者，詩文之異辭耳。」〔註89〕風是各國的民歌，雅是周王朝王都的歌，頌是廟堂祭祀的樂章，這是詩歌的三種體裁。賦是鋪敘其事，比是指物譬喻，興是借物以起興，這是詩歌的三種藝術表現手法。《詩經》體裁單一，分類明確。其分類主要出於詩歌的實際功用，包括內容和曲調的因素。分類雖然比較粗略，文體之間的界限還不十分分明，但輪廓大體清楚。《毛詩詁訓傳》又有「九能」之說：「故建邦能命龜，田能施命，作器能銘，使能造命，昇高能賦，師旅能誓，山川能說，喪紀能誄，祭祀能語，君子能此九者，可謂有德音，可以為大夫。」〔註90〕「九能」，指的是作為大夫所必須掌握的九種文體。孔穎達云：「建邦能命龜者，命龜以遷，取吉之意。」「田能施命者，謂於田獵而能施教命以設誓。」「田所以習戰，故施命以戒眾也。作器能銘者，謂既作器，能為其銘。……銘者，名也，所以因其器名而書以為戒也。使能造命者，謂隨前事應機，造其辭命以對。」「昇高能賦者，謂昇高有所見，能為詩賦其形狀，鋪陳其事勢也。師旅能誓者，謂將帥能誓戒之。」「山川能說者，謂行過山川，能說其形勢，而陳述其狀也。」「喪紀能誄者，謂於喪紀之事，能累列其行為，文辭以作謚。……誄，累也，累列生時行跡，以作謚是也。祭祀能語者，謂於祭祀能祝告鬼神而為言語。」〔註91〕這是最初的文章分類形式，主要是從功用的角度，對文體進行分類，各種文體的界限還不十分分明。

《尚書》是夏、商、周三代歷史檔案文件彙編，分《虞夏書》、《商書》、《周書》三部分。書中一些文章的命名，已具有區分文體的作用。漢代孔安國在《尚書序》中提出《尚書》「六體」之說：「討論墳典，斷自唐虞以下，訖於周，芟夷煩亂，剪截浮辭，舉其宏綱，撮其機要，足以垂世立教，典、謨、訓、誥、誓、命之文，凡百篇。」〔註92〕「六體」在《尚書》中均有體現，「典」如《堯典》、《舜典》，「謨」如《大禹謨》、《皋陶謨》，「訓」如《伊訓》，「誥」如《大誥》、《康誥》，「誓」如《甘誓》、《湯誓》，「命」如《顧命》、《文侯之命》。其後唐代孔穎達《尚書正義》在談到《尚書》的文體時，在「六體」之外，又加四體，合之為「十體」：「檢其此體，為例有十：一曰典，二

〔註88〕同註10，第271頁。
〔註89〕同註10，第271頁。
〔註90〕同註10，第316頁。
〔註91〕同註10，第316頁。
〔註92〕同註11，第114頁。

曰謨，三曰貢，四曰歌，五曰誓，六曰誥，七曰訓，八曰命，九曰徵，十曰範。《堯典》、《舜典》二篇，典也；《大禹謨》、《皋陶謨》二篇，謨也；《禹貢》一篇，貢也；《五子之歌》一篇，歌也；《甘誓》、《泰誓》三篇，《湯誓》、《牧誓》、《費誓》、《泰誓》八篇，誓也；《仲虺之誥》、《湯誥》、《大誥》、《康誥》、《酒誥》、《召誥》、《洛誥》、《康王之誥》八篇，誥也；《伊訓》一篇，訓也；《說命》三篇，《微子之命》、《蔡仲之命》、《顧命》、《畢命》、《冏命》、《文侯之命》九篇，命也；《胤徵》一篇，徵也；《洪範》一篇，範也。」〔註93〕對《尚書》中文章所作的文體分類，應該說衹是大致的分類，不很準確，各種文體之間也有相互交叉之處，但文體分類的意識是明顯的。

漢代，劉歆《七略・詩賦略》將所收著作分為五類，即屈原賦、陸賈賦、荀卿賦、雜賦、歌詩。這種分類，既有賦與詩兩種文體的區別，又有賦體中四種類型作品的類分。

王充在《論衡・佚文》中，把文章分為五類：「受天之文，文人宜遵。五經、六藝為文，諸子傳書為文，造論著說為文，上書奏記為文，文德之操為文。立五文在世，皆當賢也。」〔註94〕這五種文章體裁都是上天賜予的，因此文人應當遵從。其中特別推崇「造論著說之文」，他說：「造論著說之文，尤宜勞焉。何則？發胸中之思，論世俗之事，非徒諷古經、續故文也。論發胸臆，文成手中，非說經藝之人所能為也。周、秦之際，諸子並作，皆論他事，不頌主上，無益於國，無補於化。造論之人，頌上恢國，國業傳在千載，主德參貳日月，非適諸子傳書所能並也。上書陳便宜，奏記薦史士，一則為身，二則為人，繁文麗辭，無上書文德之操，治身完行，徇利為私，無為主者。夫如是，五文之中，論者之文多矣，則可尊明矣。」〔註95〕因為「造論著說之文」是發自作者內心、經過獨立思考的，即「發胸中之思」，同時又是聯繫實際、有的放矢的，即「論世俗之事」，具有獨到的見解，因此要比那些解釋經書的著作意義大，價值高。

蔡邕的《獨斷》，把天子詔令群臣之文分為四類：「其命令一曰策書，二曰制書，三曰詔書，四曰戒書。」把群臣上奏天子的文章也分為四類：「一曰

〔註93〕同註11，第117頁。
〔註94〕〔漢〕王充：《論衡》，載《諸子集成》，上海書店影印，1986年7月第1版，第201頁。
〔註95〕同註94。

章，二曰奏，三曰表，四曰駁議。」〔註96〕並對每種文體的寫作規程都做了簡單的介紹。

劉熙的《釋名》，其編撰的目的是要探明事物概念命名的「所以之意」，其中的「釋書契」、「釋典藝」，簡要訓釋了奏、檄、謁、傳、策書、冊、書、告、表、敕、記、令、詔書、論、贊、敘、銘、誄、碑等文體，從語源的角度探討了這些文體的產生。如：「檄，激也。下官所以激迎其上之書文也。」「策書，教令於上，所以驅策諸下也。」「詔書，詔，昭也，人暗不見事宜，則有所犯，以此示之，使昭然知所由也。」「稱人之美曰贊。贊，纂也，纂集其美而敘之也。」〔註97〕等等。

從《後漢書》列傳著錄的文體考察，可以看到東漢時期文章體裁已經相當豐富。

桓譚：「所著賦、誄、書、奏，凡二十六篇。」〔註98〕

馮衍：「所著賦、誄、銘、說、《問交》、《德誥》、《慎情》、書記說、自序、官錄說、策五十篇，肅宗甚重其文。」〔註99〕

衛宏：「作《漢舊儀》四篇，以載西京雜事；又著賦、頌、誄七首，皆傳於世。」〔註100〕

杜篤：「所著賦、誄、弔、書、贊、《七言》、《女誡》及雜文，凡十八篇。又著《明世論》十五篇。」〔註101〕

傅毅：「著詩、賦、誄、頌、祝文、《七激》、連珠凡二十八篇。」〔註102〕

崔駰：「所著詩、賦、銘、頌、書、記、表、《七依》、《婚禮結言》、《達

〔註96〕〔漢〕蔡邕：《獨斷》，載《景印文淵閣四庫全書》，臺灣商務印書館，1983年版。

〔註97〕〔清〕王先謙：《釋名疏證補》，上海古籍出版社，1984 年 3 月第 1 版，第 298頁。

〔註98〕〔宋〕范曄撰，〔唐〕李賢等注：《後漢書‧桓譚列傳》，中華書局，1965 年 5月第 1 版，第 961 頁。

〔註99〕〔宋〕范曄撰，〔唐〕李賢等注：《後漢書‧馮衍傳》，中華書局，1965 年 5月第 1 版，第 1003 頁。

〔註100〕〔宋〕范曄撰，〔唐〕李賢等注：《後漢書‧儒林列傳》，中華書局，1965 年 5月第 1 版，第 2576 頁。

〔註101〕〔宋〕范曄撰，〔唐〕李賢等注：《後漢書‧文苑列傳》，中華書局，1965 年 5月第 1 版，第 2609 頁。

〔註102〕〔宋〕范曄撰，〔唐〕李賢等注：《後漢書‧文苑列傳》，中華書局，1965 年 5月第 1 版，第 2613 頁。

旨》、《酒警》合二十一篇。」〔註103〕

賈逵：「逵所著經傳義詁及論難百餘萬言，又作詩、頌、誄、書、連珠、酒令凡九篇，學者宗之，後世稱爲通儒。」〔註104〕

班固：「所著《典引》、《賓戲》、《應譏》、詩、賦、銘、誄、頌、書、文、記、論、議、六言，在者凡四十一篇。」〔註105〕

班昭：「所著賦、頌、銘、誄、問、注、哀辭、書、論、上疏、遺令，凡十六篇。」〔註106〕

李尤：「所著詩、賦、銘、誄、頌、《七歎》、《哀典》凡二十八篇。」〔註107〕

張衡：「所著詩、賦、銘、七言、《靈憲》、《應間》、《七辯》、《巡誥》、《懸圖》凡三十二篇。」〔註108〕

崔瑗：「高於文辭，尤善爲書、記、箋、銘，所著賦、碑、銘、箴、頌、《七蘇》、《南陽文學官志》、《歎辭》、《移社文》、《悔祈》、《草書藝》、七言，凡五十七篇。」〔註109〕

馬融：「所著賦、頌、碑、誄、書、記、表、奏、七言、琴歌、對策、遺令，凡二十一篇。」〔註110〕

王逸：「其賦、誄、書、論及雜文凡二十一篇。又作《漢詩》百二十三篇。」〔註111〕

〔註103〕 〔宋〕范曄撰，〔唐〕李賢等注：《後漢書・崔駰列傳》，中華書局，1965年5月第1版，第1722頁。

〔註104〕 〔宋〕范曄撰，〔唐〕李賢等注：《後漢書・賈逵列傳》，中華書局，1965年5月第1版，第1240頁。

〔註105〕 〔宋〕范曄撰，〔唐〕李賢等注：《後漢書・班彪列傳附子（班）固傳》，中華書局，1965年5月第1版，第1386頁。

〔註106〕 〔宋〕范曄撰，〔唐〕李賢等注：《後漢書・列女傳》，中華書局，1965年5月第1版，第2792頁。

〔註107〕 〔宋〕范曄撰，〔唐〕李賢等注：《後漢書・文苑列傳》，中華書局，1965年5月第1版，第2616頁。

〔註108〕 〔宋〕范曄撰，〔唐〕李賢等注：《後漢書・張衡列傳》，中華書局，1965年5月第1版，第1940頁。

〔註109〕 〔宋〕范曄撰，〔唐〕李賢等注：《後漢書・崔駰列傳附子（崔）瑗傳》，中華書局，1965年5月第1版，第1724頁。

〔註110〕 〔宋〕范曄撰，〔唐〕李賢等注：《後漢書・馬融列傳》，中華書局，1965年5月第1版，第1972頁。

〔註111〕 〔宋〕范曄撰，〔唐〕李賢等注：《後漢書・文苑列傳》，中華書局，1965年5月第1版，第2618頁。

崔琦：「所著賦、頌、銘、誄、箴、弔、論、《九咨》、《七言》，凡十五篇。」
〔註112〕

趙壹：「著賦、頌、箴、誄、書、論及雜文十六篇。」〔註113〕

蔡邕：「所著詩、賦、碑、誄、銘、贊、連珠、箴、弔、論議、《獨斷》、《勸學》、《釋誨》、《敘樂》、《女訓》、《篆藝》、祝文、章表、書記，凡百四篇，傳於世。」〔註114〕

當時的文章體裁已經比較精細，詩與賦完全分開，賦與七、連珠等也已被看作不同的體裁。七言詩因為形式上與四言詩不同，也被看作另外的體裁。應用文體更加細化，包括銘、誄、箴、論、弔、祝文、頌、對策、奏、表、記、書等。

三國時曹丕在《典論·論文》中表達了對文體的看法：「夫文本同而末異，蓋奏議宜雅，書論宜理，銘誄尚實，詩賦欲麗，此四科不同，故能之者偏也。唯通才能備其體。」〔註115〕曹丕把文體分成四科八體，並用「雅」、「理」、「實」、「麗」對四科加以簡單的概括。他認為，各種文體都有共同的性質，也就是「本同」。可是，在具體的表現方法和形式上，各種文體又有所不同，例如，奏議一類文章要寫得莊重、雅正，詩賦的文辭要華麗，這就是「末異」。雖然這裡提到的各種文體的特點未必完全正確，但他看到了各種文體的區別，提出本同末異說，對於人們從總體上把握文體，並從細微處加以區分，提供了思考的方法。

曹丕之後，陸機在《文賦》中論及十種體裁：「詩緣情而綺靡，賦體物而瀏亮。碑披文以相質，誄纏綿而悽愴。銘博約而溫潤，箴頓挫而清壯。頌優游以彬蔚，論精微而朗暢。奏平徹以閒雅，說煒曄而譎誑。雖區分之在茲，亦禁邪而制放，要辭達而理舉，故無取乎冗長。」〔註116〕陸機把曹丕的四

〔註112〕〔宋〕范曄撰，〔唐〕李賢等注：《後漢書·文苑列傳》，中華書局，1965 年 5 月第 1 版，第 2623 頁。

〔註113〕〔宋〕范曄撰，〔唐〕李賢等注：《後漢書·文苑列傳》，中華書局，1965 年 5 月第 1 版，第 2635 頁。

〔註114〕〔宋〕范曄撰，〔唐〕李賢等注：《後漢書·蔡邕傳》，中華書局，1965 年 5 月第 1 版，第 2007 頁。

〔註115〕曹丕：《典論·論文》，載〔清〕嚴可均輯：《全三國文》，商務印書館，1999 年 10 月第 1 版，第 83 頁。

〔註116〕〔晉〕陸機撰，張少康集釋：《文賦集釋》，上海古籍出版社，1984 年 1 月第 1 版，第 71 頁。

科八體擴大爲十體，並對每一種文體的特點做了分析。詩的內容重在緣情，形式或文辭講究文采和細密。賦的內容重在體物，即描繪物象，形式或文辭要求清明。碑在內容上要求有質，在文辭上要求有文。誄以抒寫哀情，纏綿而凄婉。銘要事博文約，文辭溫婉潤澤。箴用來諷刺得失，抒情要抑揚轉折，風格清壯。頌是歌頌，所以寫法從容，文辭富麗。論是議論，要求剖析精微，文辭明朗暢達。奏是奏章，要說得平正通達，文辭閒雅。說是勸說，要使人信服，文辭富有文采。對每一種文體，陸機都講了它們的內容和形式的特點，或意與辭的特點。這樣講文體，比曹丕更爲細緻、清晰，也更爲準確、恰當。

西晉摯虞的《文章流別論》原在《流別集》中。《晉書·摯虞傳》載，「（摯）虞撰《文章志》四卷，注解《三輔決錄》，又撰古文章，類聚區分爲三十卷，名曰《流別集》，各爲之論，辭理愜當，爲世所重。」〔註117〕後人把《流別集》中所作各種體裁文章的評論，集中摘出，成爲專論，即《文章流別論》。原文已佚，尚有若干片斷散見於《北堂書鈔》、《藝文類聚》、《太平御覽》等類書中。《文章流別論》是關於各種文體的性質、源流的專論。據現存佚文，所論文體有頌、賦、詩、七、箴、銘、誄、哀辭、哀策、對問、碑、圖讖等十二種，也旁及文章的作用和文章的評價。《文章流別論》繼《典論·論文》、《文賦》之後，對眾多文體都結合實例做了比較詳細的論辨，從文體的產生、發展和作用，以及作家創作的得失等方面，做了全面的論述。如對賦體的論述：「賦者，敷陳之稱，古詩之流也。古之作詩者，發乎情，止乎禮義。情之發，因辭以形之；禮義之旨，須事以明之。故有賦焉，所以假象盡辭，敷陳其志。前世爲賦者有孫卿、屈原，尚頗有古詩之義。至宋玉則多淫浮之病矣。楚辭之賦，賦之善者也。故揚子稱賦莫深於《離騷》。賈誼之作，則屈原儔也。古詩之賦，以情義爲主，以事類爲佐。今之賦，以事形爲本，以義正爲助。情義爲主，則言省而文有例矣；事形爲本，則言當而辭無常矣。文之煩省，辭之險易，蓋由於此。夫假象過大則與類相遠，逸辭過壯則與事相違，辯言過理則與義相失，麗靡過美則與情相悖。此四過者，所以背大體而害政教。是以司馬遷割相如之浮說，揚雄疾辭人之賦麗以淫。」〔註118〕先言賦的起源、作用，接著說賦的發展變化，評價代表

〔註117〕〔唐〕房玄齡等：《晉書·摯虞傳》，中華書局，1974 年 11 月第 1 版，第 1427 頁。

〔註118〕摯虞：《文章流別論》，載〔清〕嚴可均輯：《全晉文》，商務印書館，1999 年 10 月第 1 版，第 819 頁。

作家、作品，最後標舉賦的創作準則，指出賦體寫作的四過。摯虞的文體論對後世影響很大。劉勰《文心雕龍‧序志》標出論述文體的四條綱領：「若乃論文敘筆，則囿別區分，原始以表末，釋名以章義，選文以定篇，敷理以舉統。」〔註119〕其實在此之前摯虞早已實際運用了這一綱領；劉勰的綱領，是受到摯虞文體論的啟發而從中概括出來的。

東晉李充的《翰林論》與摯虞的《文章流別論》比較相似。原書已佚。從現存佚文來看，它大抵可分為「文之總論」與「文體之論」，以一二文句揭示該文體所宜遵循的風格，並標舉優秀作品示例，所論述的文體有書、議、贊、表、駁、論、議奏、盟檄等八種。其寫法受摯虞的《文章流別論》的影響，不過稍微簡括。茲舉幾例，如論「議奏」體：「在朝辨政而議奏出，宜以遠大為本，陸機議晉斷，亦名其美矣。」〔註120〕佚文兩處提及陸機，另一處云：「陸士衡之議，斯可謂成文矣。」〔註121〕《全晉文》載陸機《〈晉書〉限斷議》。「《晉書》限斷」乃晉武帝太康末年之朝議。《晉書‧賈充傳》載：「先是，朝廷議立晉書，中書監荀勖謂宜以魏正始起年，著作郎王瓚欲引嘉平已下朝臣盡入晉史，於時依違未有所決。」〔註122〕觀乎陸機所議，從「實」而論，三祖均未稱帝，實終為臣，其事當入列傳，不能紀年；從「名」而言，三祖事蹟則與帝王同，故不能不稱本紀。陸機以「實」、「名」的角度議對，頗合「刑名之學」的要求，故李充稱其「成文」、「遠大」，可謂推之備至。又如論「表」體：「表宜以遠大為本，不以華藻為先。若曹子建之表，可謂成文矣。諸葛亮之表劉主，裴公之辭侍中，羊公之讓開府，可謂德音矣。」〔註123〕李充稱諸葛亮、裴頠、羊祜之表為「德音」，是著眼於此實用文體與政治的聯繫，故以「遠大為本」，「華藻」為次。在論及「駁」體時，李充說：「駁不以華藻為先，世以傅長虞每奏駁事，為邦之司直矣。」〔註124〕雖未正面提出要求，但亦再次強調「不以華藻為先」的準則。

南朝梁任昉的《文章緣起》是現存的唐前收錄文體最多的一部著作。關

〔註119〕周振甫：《文心雕龍今譯》，中華書局，1986 年 12 月第 1 版，第 456 頁。

〔註120〕李充：《翰林論》，載〔清〕嚴可均輯：《全晉文》，商務印書館，1999 年 10 月第 1 版，第 560 頁。

〔註121〕同註 120，第 559~560 頁。

〔註122〕〔唐〕房玄齡等：《晉書‧賈充傳》，中華書局，1974 年 11 月第 1 版，第 1173 ～1174 頁。

〔註123〕同註 120，第 560 頁。

〔註124〕同註 120，第 560 頁。

於這部書及作者，《隋書‧經籍志》是這樣記載的：「《文章始》一卷，姚察撰。梁有《文章始》一卷，任昉撰；《四代文章記》一卷，吳郡功曹張防撰。亡。」〔註125〕這說明，唐初時姚察的《文章始》尚存，任昉的《文章始》已亡佚；姚察《文章始》恐怕祇是模擬任昉《文章始》的續作。《舊唐書‧經籍志》載：「《文章始》一卷，任昉撰，張續補。《續文章始》一卷，姚察撰。」〔註126〕《新唐書‧藝文志》的記載相同。這樣的記載大抵可以證實我們的推斷。今傳四庫本《文章緣起》，題爲「梁任昉撰，明陳懋仁注」。《四庫全書總目提要》對此書的考證頗具權威性：「舊本題梁任昉撰。考《隋書‧經籍志》載任昉《文章始》一卷，稱有錄無書，是其書在隋已亡。《唐書‧藝文志》載任昉《文章始》一卷，注曰張續補。續不知何許人，然在唐已補其亡，則唐無是書可知矣。」〔註127〕《文章緣起》將多種文體的源頭追溯到六經，其自序云：「六經素有歌、詩、誄、箴、銘之類。《尚書》帝庸作歌，《毛詩》三百篇，《左傳》叔向貽子產書，魯哀公《孔子誄》，孔悝《鼎銘》、《虞人箴》。此等自秦漢以來，聖君賢士沿著爲文章名之始。故因暇錄之，凡八十四題，聊以新好事者之目云爾。」〔註128〕此書廣泛收集秦漢以來各種文體的名稱，列舉八十四種文體，分別是：

（1）三言詩，（2）四言詩，（3）五言詩，（4）六言詩，（5）七言詩，（6）九言詩，（7）賦，（8）歌，（9）離騷，（10）詔，（11）策文，（12）表，（13）讓表，（14）上書，（15）書，（16）對賢良策，（17）上疏，（18）啓，（19）奏記，（20）箋，（21）謝恩，（22）令，（23）奏，（24）駁，（25）論，（26）議，（27）反騷，（28）彈文，（29）薦，（30）教，（31）封事，（32）白事，（33）移書，（34）銘，（35）箴，（36）封禪書，（37）贊，（38）頌，（39）序，（40）引，（41）志錄，（42）記，（43）碑，（44）碣，（45）誥，（46）誓，（47）露布，（48）檄，（49）明文，（50）樂府，（51）對問，（52）傳，（53）上章，（54）解嘲，（55）訓，（56）辭，（57）旨，（58）勸進，（59）喻難，（60）誡，（61）

〔註125〕〔唐〕魏徵、令狐德棻：《隋書‧經籍志》，中華書局，1973年8月第1版，第1082頁。

〔註126〕〔後晉〕劉昫等：《舊唐書‧經籍志》，中華書局，1975年5月第1版，第2034頁。

〔註127〕〔清〕永瑢等：《四庫全書總目》，中華書局，1965年6月第1版，第1780頁。

〔註128〕〔梁〕任昉：《文章緣起》，載《景印文淵閣四庫全書》，臺灣商務印書館，1983年版。

弔文，（62）告，（63）傳贊，（64）謁文，（65）祈文，（66）祝文，（67）行狀，（68）哀策，（69）哀頌，（70）墓誌，（71）誄，（72）悲文，（73）祭文，（74）哀辭，（75）挽詞，（76）七發，（77）離合詩，（78）連珠，（79）篇，（80）歌詩，（81）遺，（82）圖，（83）勢，（84）約。

它還記載了八十四種文體的起始之作，茲舉數例：

「三言詩，晉散騎常侍夏侯湛所作。」

「五言詩，漢騎都尉李陵與蘇武詩。」

「賦，楚大夫宋玉所作。」

「離騷，楚屈原所作。」

「表，淮南王安《諫伐閩表》。」

「上疏，漢中大夫東方朔。」

「論，漢王褒《四子講德論》。」

「議，漢韋玄成奏罷郡國廟議。」

「銘，秦始皇登會稽山刻石銘。」〔註129〕

這八十四種文體相當繁雜，說明當時的文體分類還不十分精密，而且間有立名重複或失當之處，《四庫全書總目·文章緣起》提要因為它引據疏忽，以此認為是後人偽作，同時也對其中的文體做了初步辨析：「今檢其所列，引據頗疏，如『表』與『讓表』分為二類；『騷』與『反騷』別立兩體；『輓歌』云起繆襲，不知《薤露》之在前；『篇』云起《凡將》，不知《倉頡》之更古；崔駰《達旨》，即揚雄《解嘲》之類，而別立『旨』之一名；崔瑗《草書勢》，乃論草書之筆勢，而強標『勢』之一目：皆不足據為典要。至於『謝恩』曰『章』，《文心雕龍》載有明釋，乃直以『謝恩』兩字為文章之名，尤屬未協，疑為依託。」〔註130〕

劉勰的《文心雕龍》，全書五十篇中有二十一篇專門談論文體問題。劉勰是基於當時的文筆之辨來進行體裁分類的。《文心雕龍·總術》云：「今之常言，有『文』有『筆』，以為無韻者『筆』也，有韻者『文』也。夫文以足言，理兼《詩》《書》，別目兩名，自近代耳。」〔註131〕劉師培說：《文心雕龍》「由第六迄於第十五，以《明詩》、《樂府》、《詮賦》、《頌贊》、《祝盟》、《銘箴》、

〔註129〕同註128，第205～216頁。
〔註130〕同註127。
〔註131〕同註119，第385頁。

《誄碑》、《哀弔》、《雜文》、《諧隱》諸篇相次，是均有韻之文；由第十六迄
於第二十五，以《史傳》、《諸子》、《論說》、《詔策》、《檄移》、《封禪》（篇中
所舉揚雄《劇秦美新》，為無韻之文。相如《封禪文》惟頌有韻。班氏《典引》，
亦不盡叶韻。又東漢《封禪儀記》，則記事之體也。）《章表》、《奏啟》、《議
對》、《書記》諸篇相次，是均無韻之筆也：此非《雕龍》隱區文筆二體之驗
乎？」〔註132〕《文心雕龍》從第六「明詩」至第二十五「書記」二十篇文體
論中，包含三十三種文體。「辨騷」被列入「文之樞紐」，排在第五篇，表面
上看是辨別《楚辭》哪些合乎經書，哪些不合，實際上如《文心雕龍‧序志》
說的「變乎騷」，從《楚辭》中研究文學的變化，論述的是楚辭體，又稱騷體。
既有《詮賦》，又有《辨騷》，劉勰把辭、賦兩種體裁區分開來。騷應放在有
韻之文中。這樣，篇名中提到的文體就有三十四種。它們分別是：騷、詩、
樂府、賦、頌、贊、祝、盟、銘、箴、誄、碑、哀、弔、雜文、諧、讔、史
傳、諸子、論、說、詔、策、檄、移、封禪、章、表、奏、啟、議、對、書、
記。每一篇中又包含若干小類。三十四種文體又按照文、筆分成兩大類。

「文」包括以下文體：

騷

詩（四言詩，五言詩，三言、六言、雜言詩，離合詩，迴文詩，聯句）

樂府（鼓吹，鐃歌，輓歌）

賦

頌、贊（誦）

祝、盟

銘、箴

誄、碑（碣）

哀、弔

雜文（對問、七、連珠、典、誥、誓、問、覽、略、篇、章、曲、操、
弄、引、吟、諷、謠、詠）

諧、讔（謎語）

「筆」包括以下文體：

史傳

〔註132〕陳引馳編校：《劉師培中古文學論集》，中國社會科學出版社，1997年6月第
1版，第102頁。

諸子

論、說（議、傳、注、贊、評、序、引）

詔、策（命、誥、誓、制、策書、制書、詔書、戒敕、戒、教）

檄、移（戒、誓、令、辭、露布、文移、武移）

封禪

章、表（上書、章、奏、表、議）

奏、啓（上疏、彈事、表奏、封事）

議、對（駁議、對策、射策）

書、記（表奏、奏書、奏記、譜、籍、簿、錄、方、術、占、式、律、令、法、制、符、契、券、疏、關、刺、解、牒、狀、列、辭、諺）

在這些分類中，有幾個特點：首先，劉勰在進行分類時，往往將兩類或更多在體制、寫法上類似的體裁放在一起進行辨析，如頌與贊，劉勰指出，頌是祇褒不貶，而贊則可褒可貶，「託贊褒貶」；〔註133〕其它如祝與盟、銘與箴、誄與碑等，這充分體現了他的辨體意識。其次，設「雜文」和「書記」兩篇，收錄一些不能歸入其它類的文體。凡屬有韻的，都收錄在「雜文」中；凡屬無韻的，都收錄到「書記」中。把這兩類分別排在兩大類的最後。再次，「諧讔」介乎文、筆之間，故置於「雜文」之後。劉勰的文體分類體系是嚴密的，完整的。

梁昭明太子蕭統主持編纂的《文選》，是一部按文體分類的文章總集。關於《文選》的文體分類，學術界存在不同的意見，主要有三種：

三十七體說。目前通行的李善注《文選》和六臣注《文選》，均分爲三十七體。這三十七種文體爲：賦、詩、騷、七、詔、冊、令、教、文、表、上書、啓、彈事、箋、奏記、書、檄、對問、設論、辭、序、頌、贊、符命、史論、史述贊、論、連珠、箴、銘、誄、哀、碑文、墓誌、行狀、弔文、祭文。周貞亮的《文選學》，李慶富的《文選解題及其讀法》，穆克宏《蕭統〈文選〉三題》、《昭明文選研究》等，均持此說。

三十八體說。黃侃《文選平點》的目錄校記中，在第四十三卷「書下」嵇叔夜《與山巨源絕交書》等五篇目錄後，劉子駿《移書讓太常博士》、孔德璋《北山移文》兩篇目錄前，明確標出「移」，下注「意補一行」。〔註134〕說明黃侃認

〔註133〕同註119，第88頁。

〔註134〕黃侃平點，黃焯編次：《文選平點》，上海古籍出版社，1985年7月第1版，第46頁。

爲此處遺漏「移」這種文體的標目。在正文校記第四十三卷《移書讓太常博士》後，亦注明「題前以意補『移』字一行」。〔註135〕《文選平點》雖初版於 1985 年，但是此書的觀點卻是 20 世紀前期的成果。駱鴻凱《文選學》沿襲業師黃侃的觀點，認爲：「《文選》次文之體凡三十有八」，在「書」體之後，明確標出「移」體。〔註136〕與黃侃的分類相同。傅剛《〈昭明文選〉研究》也贊同《文選》分類中有「移」體，並對此做了合理的推斷。他認爲，根據《文選序》的說明，「《文選》編排體例是每一類中文章各以時代先後爲順序排列，而據現存各版本，如尤刻本（中華書局 1974 年影印）、《四部叢刊》本（中華書局 1987 年影印），劉子駿《移書讓太常博士》一文居然排列在劉孝標《重答劉秣陵沼書》之後。劉歆（子駿）是西漢人，劉孝標是梁人，時代相差這麼遠，編者不可能不知道，可見此處的確是脫了一個標明類目的『移』字。」〔註137〕

　　三十九體說。臺灣學者游志誠提出《文選》分三十九體說。他在《論〈文選〉之難體》中說：「《文選》所收文體，歷來都以爲祇三十八種。那是根據目錄所列而分。可是，諸家看到的《文選》版本大抵一樣，所以不能有新的發現。如今吾人根據陳八郎本五臣注《文選》，才看到目錄稍有不同，在書、移、檄之後，另外再列有『難』一類。司馬相如《難蜀父老》一文屬之。」〔註138〕傅剛進一步充分論證了《文選》應有難體，力主三十九體說。他首先從現存各版本提供的根據，論證了《文選》分類時「難」體的存在。其次，列舉出宋人記載中《文選》確有「難」體。再次，從漢魏六朝文體發展的歷史，論述了「難」體著錄的歷史依據。〔註139〕傅剛對《文選》「難」體的論證相當充分，可謂已證成此說。

　　我們贊同三十九體說。

　　同時，《文選》「賦」和「詩」兩個大類之下又有細目。賦分十五類，分別是京都賦、郊祀賦、耕藉賦、畋獵賦、紀行賦、遊覽賦、宮殿賦、江海賦、物色賦、鳥獸賦、志賦、哀傷賦、論文賦、音樂賦、情賦。詩分二十三類，

〔註135〕同註 134，第 248 頁。

〔註136〕駱鴻凱：《文選學》，中華書局，1989 年 11 月第 1 版，第 24 頁。

〔註137〕傅剛：《〈昭明文選〉研究》，中國社會科學出版社，2000 年 1 月第 1 版，第186 頁。

〔註138〕游志誠：《論〈文選〉之難體》，轉引自穆克宏：《昭明文選研究》，人民文學出版社，1998 年 12 月第 1 版，第 104 頁。

〔註139〕同註 137，第 187～192 頁。

分別是補亡詩、述德詩、勸勵詩、獻詩、公宴詩、祖餞詩、詠史詩、百一詩、遊仙詩、招隱詩、反招隱詩、遊覽詩、詠懷詩、哀傷詩、贈答詩、行旅詩、軍戎詩、郊廟詩、樂府、輓歌、雜歌、雜詩、雜擬。

　　蕭統的文體分類對《藝文類聚》的編纂產生了這樣幾點影響：第一，《文選》首次將文學作品與非文學作品分開，祇選富有文學性的賦、詩、書、檄等，而不選經、史、子等類作品。但是，對於史書中的「史論」、「史述贊」，則因為「贊論之綜緝辭采，序述之錯比文華，事出於沈思，義歸乎翰藻」，〔註140〕所以將其收錄。《文選》鮮明地區分了文學作品與非文學作品，劃定了兩者的界限，這給《藝文類聚》的編纂以有益的啟示。《藝文類聚》的體例是事居其前，文列於後，「事」的部分輯錄的是經史子類作品，是非文學的；「文」的部分輯錄的是集類作品，是文學的。《文選》的文體分類，無疑為《藝文類聚》的編纂提供了可資借鑒的文體模式。第二，《文選》將「騷」與「賦」作為兩種文體，騷不再併入賦中。區別這兩種文體的根據是騷抒情：「耿介之意既傷，壹鬱之懷靡訴。臨淵有懷沙之志，吟澤有憔悴之容。」而賦是「紀一事，詠一物」的。〔註141〕任昉《文章緣起》也將「離騷」與「賦」看作兩種文體，劉勰《文心雕龍》亦以《辨騷》與《詮賦》分篇，這些都為《藝文類聚》「騷」、「賦」分體提供了編輯思路。在《藝文類聚》中，楚辭作品（包括《離騷》）被摘錄在「事」的部分，賦體作品被摘錄在「文」的部分。

第二節　《藝文類聚》的分類思想

　　作為類書，《藝文類聚》雖然基本上是「述而不作」的（也有「述而又作」的，但那不是主要的），但是，從其部類的劃分和排列順序，仍然能夠反映出它的分類思想。

一、五大部類的劃分及其思想基礎

　　在第二章，已經討論過，《藝文類聚》是按照天、地、人、事、物的順序劃分部類的，具體如下：

　　第一大類「天」：為卷一到卷五，包含天部、歲時部。

〔註140〕同註86，第3頁。
〔註141〕同註86，第1頁。

　　第二大類「地」：爲卷六到卷九，包含地部、州部、郡部、山部、水部。

　　第三大類「人」：爲卷十到卷三十七，包含符命部、帝王部、后妃部、儲宮部、人部。

　　第四大類「事」：爲卷三十八到卷六十，包含禮部、樂部、職官部、封爵部、治政部、刑法部、雜文部、武部、軍器部。

　　第五大類「物」：爲卷六十一到卷一百，包含居處部、產業部、衣冠部、儀飾部、服飾部、舟車部、食物部、雜器物部、巧藝部、方術部、內典部、靈異部、火部、藥香草部、寶玉部、百穀部、布帛部、果部、木部、鳥部、獸部、鱗介部、蟲豸部、祥瑞部、災異部。

　　《藝文類聚》處於類書發展非常關鍵的鏈條上，即處在由專輯故事的類書，以及捃拾字句的類書，向事文兼采的類書發展的階段。它的任務是要融合前代類書，更要把類書的編纂推向一個新的高度。沒有繼承，就沒有發展。《藝文類聚》五大部類的劃分，也是有前代類書的經驗可資借鑒的。把現存最早的類書《北堂書鈔》與《藝文類聚》做個比較，就會清楚這種劃分的由來。

　　《北堂書鈔》的部類劃分如下：

　　卷一～卷二十二，帝王部；卷二十三～卷二十六，后妃部；

（以上爲第一大類「人」）

　　卷二十七～卷四十二，政術部；卷四十三～卷四十五，刑法部；卷四十六～卷四十八，封爵部；卷四十九～卷七十九，設官部；卷八十～卷九十四，禮儀部；卷九十五～卷一百四，藝文部；卷一百五～卷一百十二，樂部；卷一百十三～卷一百二十六，武功部；

（以上爲第二大類「事」）

　　卷一百二十七～卷一百二十九，衣冠部；卷一百三十～卷一百三十一，儀飾部；卷一百三十二～卷一百三十六，服飾部；卷一百三十七～卷一百三十八，舟部；卷一百三十九～卷一百四十一，車部；卷一百四十二～卷一百四十八，酒食部；

（以上爲第三大類「物」）

　　卷一百四十九～卷一百五十二，天部；卷一百五十三～卷一百五十六，歲時部；

（以上爲第四大類「天」）

　　卷一百五十七～卷一百六十，地部。

（以上爲第五大類「地」）

　　《北堂書鈔》輯錄的材料是按照人、事、物、天、地的順序排列的，與《藝文類聚》天、地、人、事、物的排列順序不同。《藝文類聚》對《北堂書鈔》的排列順序有所繼承，也有所調整；雖然祇是順序的不同，但不是完全的沿襲，而是革新。按照天、地、人、事、物的順序劃分類書的部類，始於《藝文類聚》，爲後世類書的類目序列奠定了基礎。

　　天、地、人、事、物分類觀念的思想基礎是什麼呢？它源於儒家思想。《周易》云：「方以類聚，物以群分，……古者包犧氏之王天下也，仰則觀象於天，俯則觀法於地，觀鳥獸之文與地之宜，近取諸身，遠取諸物，於是始作八卦，以通神明之德，以類萬物之情。」「是以立天之道曰陰與陽，立地之道曰柔與剛，立人之道曰仁與義。」〔註 142〕在《周易》中已經產生天、地、人、事、物分類的萌芽。作爲傳統文化的載體，類書從內容到形式，都滲透著儒家文化的精髓，天、地、人、事、物的類分體系，集中體現了「天人合一」、「天人感應」的世界觀。董仲舒是「天人合一」、「天人感應」理論的集大成者。天人合一的理論把人類社會和宇宙視爲一個互相聯繫的整體，調節天人關係是其思想的基本出發點。他說：「古之造文者，三畫而連其中，謂之王。三畫者，天、地與人也，而連其中者，通其道也。取天地與人之中以爲貫而參通之，非王者庸能當是？」〔註 143〕他認爲君主是天人之間的中介，上爲天之子，下爲民之父母。這就是《藝文類聚》把帝王置於天、地兩部之後、人部之前的原因。至於天人感應說更直接衍生了類書天、地、人、事、物部類的安排。《漢書·董仲舒傳》載其賢良對策云：「臣謹案《春秋》之中，視前世已行之事，以觀天人相與之際，甚可畏也。國家將有失道之敗，而天乃先出災害以譴告之，不知自省，又出怪異以警懼之，尚不知變，而傷敗乃至。以此見天心之仁愛人君而欲止其亂也。自非大亡道之世者，天盡欲扶持而全安之，事在強勉而已矣」。〔註 144〕其《春秋繁露》說：「王者與臣無禮，貌不肅敬，則木不曲直，而夏多暴風。風者，木之氣也，其音角也，故應之以暴風。王者言不從，則金不從革，而秋多霹靂。霹靂者，金氣也，

─────────────────

〔註 142〕同註 5，第 76 頁、第 86 頁、第 93〜94 頁。

〔註 143〕閻麗：《董子春秋繁露譯注》，黑龍江人民出版社，2003 年 1 月第 1 版，第 199頁。

〔註 144〕〔漢〕班固撰，〔唐〕顏師古注：《漢書·董仲舒傳》，中華書局，1962 年 6月第 1 版，第 2498 頁。

其音商也，故應之以霹靂。王者視不明，則火不炎上，而秋多電。電者，火氣也，其音徵也，故應之以電。王者聽不聰，則水不潤下，而春夏多暴雨。雨者，水氣也，其音羽也，故應之以暴雨。王者心不能容，則稼穡不成，而秋多雷。雷者，土氣也，其音宮也，故應之以雷。」〔註145〕天人感應說，把天人格化了，把自然界原本與人間無關的災異，硬拉在一起。董仲舒認為「天」對地上統治者經常用符瑞、災異分別表示希望和遣責，用以指導他們的行動，為君權神授製造理論。將天道和人事牽強比附，假借天意把封建統治秩序神聖化、絕對化。

在《春秋繁露》中，董仲舒指出：

何謂本？曰：天、地、人，萬物之本也。天生之，地養之，人成之。天生之以孝悌，地養之以衣食，人成之以禮樂，三者相為手足，合以成體，不可一無也。〔註146〕

天、地、陰、陽、木、火、土、金、水，九，與人而十者，天之數畢也。故數者至十而止，書者以十為終，皆取之此。聖人何其貴者？起於天，至於人而畢。畢之外謂之物，物者投其所貴之端，而不在其中。以此見人之超然萬物之上，而最為天下貴也。人，下長萬物，上參天地。〔註147〕

從「天、地、人，萬物之本」，到「人，下長萬物，上參天地」，其排序是天、地、人、事、物，而這正是《藝文類聚》輯錄資料的編排順序。由此可以知道，《藝文類聚》天、地、人、事、物的大類排序，導源於天人感應說。天人感應說，是董仲舒將儒家思想和陰陽五行思想相結合的產物，再加上漢武帝獨尊儒術的倡導，遂成為儒學發展的一個主流。天、地、人、事、物的結構系統，井然有序，不容變易。「天者，天神之君也，王者之所最尊也。」〔註148〕「天者萬物之祖，萬物非天不生。」〔註149〕天在宇宙中佔據至上之尊，是有意志的至高無上的神，是自然界和人類社會的創造者和最高主宰。「天地者，萬物之本、先祖之所出也。廣大無極，其德昭明，歷年眾多，永永無疆。天出至明，眾知類也，其伏無不照也。地出至晦，星日為明，不敢暗。君臣、父子、夫婦之道取

〔註145〕同註143，第 25 頁。
〔註146〕同註143，第 95 頁。
〔註147〕同註143，第 314 頁。
〔註148〕同註143，第 260 頁。
〔註149〕同註143，第 268 頁。

之此。」〔註150〕天地之序，在宇宙中得到確定。「人」在董仲舒的宇宙系統中，居於中間的位置，「人」除了「上參天地」，還應該「下長萬物」。於是，花鳥魚蟲，飛禽走獸，工藝器物，也都在董仲舒的宇宙結構系統中擁有了自己的地位。在「人」的承上啓下的作用下，「事物」也有了歸屬。天、地、人、事、物相輔相成，相生相剋，組成一個自然規律和人事政治相互作用的結構系統。《漢書・董仲舒傳》說：「（董）仲舒遭漢承秦滅學之後，《六經》離析，下帷發憤，潛心大業，令後學者有所統一，爲群儒首。」〔註151〕正因爲董仲舒的巨大影響和統治者的支持，從而在人們的思想上，奠定了佔統治地位的「天—地—人—事—物」的等級序列，進而影響到類書的類目編排。不僅《藝文類聚》是天、地、人、事、物的分類體系，後世的類書也是遵循這種對世界的認識來安排類目的。

二、分類體系所反映的傳統文化觀念

從《藝文類聚》類目的劃分、類目的名稱和內容的選擇上，都能夠反映出編者的編纂理念和蘊涵其中的傳統文化觀念。這個問題廣博而複雜，在此，祇擇要談三點：

第一，《藝文類聚》的分類體系，反映了唐代社會對「人」的重視。可將《北堂書鈔》與《藝文類聚》的有關類目做一比較。《北堂書鈔》雖然把「人」這個大類置於全書之首：卷一～卷二十二，帝王部一～帝王部二十二；卷二十三～卷二十六，后妃部一～后妃四；但是在一百六十卷中，「人」這個大類祇佔二十六卷，且祇有「帝王部」和「后妃部」，而沒有反映普通百姓內容的「庶民部」。《藝文類聚》「人」這個大類共有：卷十，符命部；卷十一～卷十四，帝王部一～帝王部四；卷十五，后妃部；卷十六，儲宮部；卷十七～卷三十七，人部一～人部二十一；在一百卷中，「人」這個大類佔二十八卷。與《北堂書鈔》相比，增加了「人部」這個以普通百姓爲主要內容的部類，且「帝王部」由《北堂書鈔》的二十二卷，減少爲四卷，「后妃部」由《北堂書鈔》的四卷，減少爲一卷。

這些類目設置上的變化，說明在唐初「人」受到格外的重視。稍後即位的唐太宗對此是深有體會的。《貞觀政要》載：「貞觀初，太宗謂侍臣曰：『爲君之道，必須先存百姓。若損百姓以奉其身，猶割股以啖腹，腹飽而身斃。』」

〔註150〕同註143，第162頁。
〔註151〕同註144，第2526頁。

「魏徵上太宗疏曰：『怨不在大，可畏惟人，載舟覆舟，所宜深慎，奔車朽索，
其可忽乎！』」〔註152〕又載：「貞觀六年，太宗謂侍臣曰：『……天子者，有道
則人推而爲主，無道則人棄而不用，誠可畏也。』魏徵對曰：『自古失國之主，
皆爲居安忘危，處治忘亂，所以不能長久。今陛下富有四海，內外清晏，能
留心治道，常臨深履薄，國家曆數，自然靈長。臣又聞古語云：『君，舟也；
人，水也。水能載舟，亦能覆舟。』陛下以爲可畏，誠如聖旨。』」〔註153〕
「君舟民水」論，來源於《荀子》。《荀子》云：「傳曰：『君者，舟也；庶人
者，水也。水則載舟，水則覆舟。』此之謂也。」〔註154〕民者，人之通稱也。
歷代政治家均有重民的論述。《尚書》云：「民惟邦本，本固邦寧。」〔註155〕
這是較早的關於重民思想的表述。孔子也表達了同樣的意思。《禮記・哀公問》
載：「孔子對曰：『古之爲政，愛人爲大。』」〔註156〕孟子的重民思想對後世影
響最大。《孟子》載：「孟子曰：『民爲貴，社稷次之，君爲輕。』」〔註157〕這
是他重民思想的著名論斷。《孟子》又載：「孟子曰：『諸侯之寶三：土地，人
民，政事。』」〔註158〕在當時的歷史條件下，孟子能有這樣的眞知灼見，是難
能可貴的。賈誼《新書》也指出：「聞之於政也，民無不爲本也，國以爲本，
君以爲本，吏以爲本。」〔註159〕進一步闡述「以民爲本」的重民思想，認爲
國家的安危、存亡、興衰、功業等，都取決於人民。先唐這些重民論述，無
疑會對《藝文類聚》的編者發生作用，從而影響到《藝文類聚》的類目設置
和排列。

第二，《藝文類聚》的分類體系，反映了「由天道推演人事的思維模式」。
〔註160〕這主要是指「祥瑞部」和「災異部」的設置。在這兩部中，收錄了一

〔註152〕王吉祥、王英志：《貞觀政要注譯》，河北人民出版社，1987 年 4 月第 1 版，
　　　　第 1 頁、第 7 頁。
〔註153〕同註 152，第 22～23 頁。
〔註154〕同註 26，第 97 頁。
〔註155〕同註 33，第 156 頁。
〔註156〕同註 30，第 1611 頁。
〔註157〕〔戰國〕孟軻著，〔清〕焦循撰：《孟子正義》，載《諸子集成》，上海書店影
　　　　印，1986 年 7 月第 1 版，第 573 頁。
〔註158〕同註 157，第 588 頁。
〔註159〕于智榮：《賈誼新書譯注》，黑龍江人民出版社，2003 年 1 月第 1 版，第 256
　　　　頁。
〔註160〕于翠玲：《論官修類書的編輯傳統及其終結》，載《北京師範大學學報》（人文
　　　　社會科學版）2002 年第 6 期，第 122 頁。

些鳥獸和自然的奇異現象，作為預測社會進展的徵兆。「由天道推演人事的思
維模式」雖然是道家所特有，但其結論卻被儒家所演繹和利用。

　　祥，是吉祥，代表好運；瑞，是瑞物，代表美好事物或自然現象。按照
天人感應說的解釋，祥瑞是天對人的表彰和支持，人做了好事，天就會降下
祥瑞，以示嘉獎。《淮南子》云：「聖人者，懷天心，聲然能動化天下者也。
故精誠感於內，形氣動於天，則景星見，黃龍下，祥鳳至，醴泉出，嘉穀生，
河不滿溢，海不溶波。」〔註161〕聖人的行為、欲念與世道國運，都通於天地，
所以能引起天象、自然景觀的徵兆性的變化。在《白虎通義》中還詳細列舉
了德行的傳播和祥瑞的關係。沈約撰的《宋書》為祥瑞開闢專志，稱《符瑞
志》，記載從伏羲到南朝宋武帝歷代帝王膺受天命的各種祥瑞，其它種類的祥
瑞還有：麒麟、鳳凰、黃龍、靈龜、龍馬、白象、白狐、白鹿、白狼、赤兔、
赤雀、嘉禾、白兔、赤鳥、白雀、白鳩、白魚、木蓮理、神鼎，等等。《藝文
類聚》祥瑞部的子目為：祥瑞、慶雲、甘露、木連理、木芝、龍、麟、鳳凰、
鸞、比翼、鳥、雀、燕、鳩、雉、馬、白鹿、狐、兔、騶虞、白狼、比肩獸、
龜、魚、鼎。與《宋書‧符瑞志》比較，兩者所列祥瑞之物，重複的很多，
可以看出《藝文類聚》的編者沿襲了前代的祥瑞之說。大約和沈約同時，北
朝魏收撰的《魏書》，也為「靈徵」設專志。所謂《靈徵志》，兼有災異和符
瑞。這也可以解釋為什麼《藝文類聚》的編者把「祥瑞部」和「災異部」連
排在一起了。《魏書》中符瑞的內容，與《宋書‧符瑞志》相仿。許多動物和
器物都被稱為祥瑞之物，如鸞、鳥、雀、燕、鳩、雉、馬、鹿、狐、兔、龍、
龜、魚，它們既分別出現在《藝文類聚》的鳥部、獸部、雜器物部和鱗介部，
又同時出現在祥瑞部，是重複設置的子目。

　　災異，是災害、怪異的簡稱，都是對人有害的自然現象。災異被認為是
天對人的譴責和警告。《藝文類聚》災異部的子目有：旱、祈雨、蝗、螟、蟊、
賊、蝕。災異部的設置，也是有其學術思想基礎的。董仲舒首創「災異譴告」
說。他認為：「國家將有失道之敗，而天乃先出災害以譴告之，不知自省，又
出怪異以警懼之，尚不知變，而傷敗乃至。」〔註162〕《春秋繁露》亦云：「凡
災異之本，盡生於國家之失。國家之失乃始萌芽，而天出災害以譴告之。譴
告之而不知變，乃見怪異以驚駭之，驚駭之尚不知畏懼，其殃咎乃至。以此

〔註161〕同註32，第347頁。
〔註162〕同註144。

見天意之仁而不欲陷人也。」〔註163〕災異譴告，被認爲是天對君主的愛護和關心。班固《白虎通義‧災變》亦說：「天所以有災變何？所以譴告人君，覺悟其行，欲令悔過修德，深思慮也。」〔註164〕王充的《論衡》也論及這種觀點：「論災異，謂古之人君爲政失道，天用災異譴告之也。」〔註165〕《魏書‧靈徵志》記載有：山崩、大風、大水、雨雹、羽蟲之孽、蝗蟲螟、毛蟲之孽，等等，與《藝文類聚》災異部的子目有相近之處，可以看出《藝文類聚》的編者沿襲了前代的災異之說。

有關德政與祥瑞、暴政與災孽之間相互對應的思想，在漢代以前就早已盛行。《左傳》載：「國之將興，明神降之，監其德也；將亡，神又降之，觀其惡也。故有得神以興，亦有以亡，虞、夏、商、周皆有之。」〔註166〕《禮記‧中庸》載：「至誠之道，可以前知。國家將興，必有禎祥；國家將亡，必有妖孽。」〔註167〕知國將興者，往往有仁善之舉措，百業漸興；反之，則暴殄天物，病入膏肓。仁德、惡政與國之興亡發生了因果聯繫。

第三，《藝文類聚》的分類體系，反映了唐代社會對人文知識的重視與對科技知識的忽視。葛兆光說：「（《藝文類聚》）的類目多偏於描述大自然的各種存在物，而很少記載技術的發明與人工的製造，它的內容多是以文學語言進行形容與誇飾的文獻，而很少有知識與技術性的記載，麗詞秀句的集錄，其意義似乎遠遠超過了知識技術的記載，對自然的吟唱和謳歌的興趣，其價值似乎也大大超過了對自然的精確描述。從後來中國的情況看，這種對知識與技術的輕蔑與放逐，多少影響了古代中國的技術性知識的進展，也使得古代中國的人文知識與思想承擔了過於沈重的社會責任，往往成爲全部的知識而壟斷了絕大部分文化人的教育時間和內容。」〔註168〕這不僅反映了《藝文類聚》編者編纂理念的局限，也是中國傳統文化觀念的一個缺陷。

對人文知識的重視與對科技知識的忽視，這不僅從類目的設置中可以看出，而且在有關條目中也得到反映。在應該輯錄有關科技知識的子目下，輯

〔註163〕同註143，第153頁。

〔註164〕〔漢〕班固：《白虎通義》，載《景印文淵閣四庫全書》，臺灣商務印書館，1983年版。

〔註165〕同註94，第142頁。

〔註166〕同註6，第1783頁。

〔註167〕同註30，第1632頁。

〔註168〕葛兆光：《中國思想史》（第一卷），復旦大學出版社，2004年7月第1版，第457～458頁。

錄的仍然是人文知識和詩文。僅舉兩例來說明。

居處部本來應該介紹建築學方面的知識，至少也應該輯錄一定數量的這方面的知識，但是，卷六十二居處部二的子目「宮」「事」的部分輯錄的資料卻是：

《世本》曰：禹作宮。《釋名》曰：宮，穹也，屋見垣上穹隆也。《方言》曰：吳有館娃之宮。《禮記》曰：儒有一畝之宮，環堵之室。《大戴禮》曰：周時德澤和洽，蒿茂大，以爲宮柱者，名曰蒿宮。《毛詩》曰：定之方中，作于楚宮。揆之以日，作于楚室。又曰：鼓鍾于宮，聲聞于外。《管子》曰：黃帝有合宮，以聽政。《穆天子傳》曰：天子升于崑崙之丘，以觀帝之宮。《越絕書》曰：美人宮周五百九十步，土城者，句踐所習教美人西施鄭旦宮室。《列子》曰：周穆王時，西胡國有化人來，王執化人之袪，騰而上天。暨化人之宮，構以金銀，絡以珠玉，出雲雨之上，實爲清都紫微也。《孟子》曰：齊宣王見孟子於雪宮。《呂氏春秋》曰：武王勝殷，靖箕子之宮。……《列仙傳》曰：鉤翼夫人，齊人也，右手拳，望色者云，東方有貴人氣。及到，姿色甚偉。帝披其手，得一鉤，手尋下不拳。故名其宮曰鉤翼宮。《説苑》口：楚使使聘齊，齊王享之梧宮。使者曰：「大哉梧乎！」王曰：「江海之魚吞舟，況大國之樹也。」《漢武帝故事》曰：上起明光宮，發燕趙美女二千人充之。建章、未央、長樂三宮，皆輦道相屬，懸棟飛閣，不由徑路。……《三輔黃圖》曰：有夜光宮、望遠宮、照臺宮、蒲萄宮、棠梨宮、資陽宮、長平宮、五柞宮。………《東觀漢記》曰：帝遺單于饗賜作樂百戲，上幸離宮臨觀。《魏略》曰：大秦國城中有五宮，相去各五十里，宮室皆以水精爲柱，食器亦然。王隱《晉書》曰：高堂隆刻鄴宮屋材云：「後若干年，當有天子居此宮。」惠帝止鄴宮，治屋者土剝更泥，始見刻字，計年正合。〔註169〕

除《釋名》一條對「宮」做出描述性解釋外，其它各條無非是某宮的名稱、對某宮的形象描繪，以及在某宮發生的歷史事件，絲毫不涉及宮的建築式樣、建築規模、建造工序等建築學方面的知識。

鳥獸部本應該介紹一些動物學的知識，但是，卷九十一鳥部中的子目「孔

〔註169〕《藝文類聚》，第1111～1113頁。

雀」「事」的部分輯錄的資料卻是：

> 《春秋元命苞》曰：火離爲孔雀。《周書》曰：成王時，西方人獻孔雀。《楚辭》曰：孔蓋兮翠旌。《鹽鐵論》曰：南越以孔雀珥門戶。今貴其所饒，非所以厚中國也。《神仙傳》曰：蕭史吹簫，常致孔雀。《漢書》曰：尉佗獻文帝孔雀二雙。《西域傳》曰：罽賓國出孔雀。《續漢書》曰：西南夷曰滇池，出孔雀。又云：西域條支國，出孔雀。魏文帝《詔朝臣》曰：前于闐王山習，所上孔雀尾萬枚，文彩五色，以爲金根車蓋，遙望曜人眼。《郭子》曰：梁國楊氏子，年九歲，甚聰慧。孔君平詣其父，父不在。乃呼兒出，爲設果，有楊梅。孔指以示兒：「此貴君家果。」兒應聲答曰：「未聞孔雀是夫子家禽。」《晉公卿贊》曰：世祖時，西域獻孔雀，解人語，馴指，應節起舞。楊孝元《交州異物志》曰：孔雀，人拍其尾則舞。〔註170〕

多是某地產孔雀、某地獻孔雀、孔雀起舞等資料。《郭子》一條，則完全是借漢語的諧音來顯示口才，與孔雀本身無關。至於孔雀的外形、生理特徵、習性等方面的知識，均未介紹。

《藝文類聚》全書的情況均如此，沒有一個子目是專門輯錄科技資料的。《藝文類聚》的編者們關注的是人事、倫理和歷史、政治方面的資料，而對科技資料則基本忽略。即使輯錄的是關於某些自然現象的資料，也是對這些自然現象的描繪和附會的解釋，而不是這方面專門知識的介紹。這種祇輯錄人文知識的編纂理念，固然與《藝文類聚》是供人們臨文取材的工具書有關，但另外一個重要方面，也與古人把科技知識看成雕蟲小技有關。

〔註170〕《藝文類聚》，第 1574 頁。

第四章　《藝文類聚》的編纂與目錄學

　　類書的產生與發展，與目錄學的關係密切。類書類目的設立、資料的排列，無不受到目錄學發展的影響。到了唐代，由於科舉的推動，也由於社會對類書多種功能的需求，類書的編纂達到一個比較高的水平，其中蘊涵的目錄學思想與方法，也取得前所未有的發展，有些目錄學方法的運用甚至先於一般書目。類書中目錄學方法的有效運用，提高了類書的應用價值，也豐富了唐代目錄學的理論與實踐。

第一節　《藝文類聚》中的目錄學方法

　　《藝文類聚》運用的目錄學方法有類目注釋、互著與別裁、類目參照等。

一、類目注釋

　　雖然當今的圖書館學和文獻分類學著作對類目注釋的定義表述不一，但均是從類目注釋與類目之間的相互關係、類目注釋的功能等兩個方面來加以定義的，內容基本相同：第一，類目注釋是對類目的性質（或類名）的補充說明文字。第二，類目注釋具有確定類目的性質和範圍，明確類目之間的相互關係，指示類目的細分方法和同類書排列方法等作用，是提高分類表質量的一種重要方法。

　　現代中國圖書館分類法中的類目注釋主要有這樣幾種類型：1. 對類目內容範圍的注釋，指明類目的含義，對類目的內容範圍加以劃分，說明某類包含與不包含的內容以及某事物的定義、同義詞和近義詞等。2. 對類目關係的

注釋，指明單純參照、相互參照以及同交替類目相對應的正式類目。3. 對類目編列方法的注釋，有選擇地對一些類目加以注釋，說明其編列方法。4. 對類目沿革的注釋，說明類目的內容範圍、類目體系、類名、類號等的變化情況。5. 對分類方法的注釋，指明類目復分方法與組配方法、文獻集中與分散方法、特殊分類規則等。6. 對同類書區分方法的注釋，指出同類書的區分方法。〔註1〕

　　現代類目注釋的體系相當完備，《藝文類聚》的類目注釋遠沒有這樣完備。在《藝文類聚》中，有四個子目運用了類目注釋，它們是：第十六卷儲宮部的「儲宮　太子妃附」、第八十一卷藥香草部上「草香附」、第八十八卷木部上「木花葉附」、第九十卷鳥部上「黃鵠玄鵠附」。其中的「太子妃附」、「香附」、「花葉附」、「玄鵠附」均為類目注釋。如果用現代類目注釋來歸類，它們屬於哪一種類型呢？我們認為大抵相當於第二種，即對類目關係的注釋，指明類目之間的主從關係，告訴讀者哪一個是正式子目，哪一個是附屬子目。

　　《藝文類聚》書前的目錄中，第十六卷的目錄是：儲宮部　儲宮　太子妃附　公主。「儲宮部」是部類名，「儲宮　太子妃附　公主」三個是子目名；其中「附」字用小字號排印，表明「太子妃」是子目「儲宮」的附目。第十六卷卷首目錄，與書前的目錄排印情況一樣。「儲宮」，在這裡的意思是「太子」。「太子妃」作為「儲宮」的附目，兩者在內容上有關聯。子目「儲宮」所引的資料，都與「太子」有關。「事」的部分摘引《周易》、《尚書大傳》、《禮記》等書的資料。例如：「《尚書》（汪紹楹校記曰：《太平御覽》一百四十六作《尚書大傳》，下同。）曰：惟四月，太子發上祭于畢，下至於盟津之上，乃告司馬司徒司空。又曰：太子發升于舟，中流，白魚入于舟，王跪取出，俟以燎，群公咸曰：休哉。《尚書大傳》曰：天子太子年十八，曰孟侯。孟侯者，於四方諸侯來朝迎於郊者，問其所不知也。《尚書洪範五行傳》曰：心之大星，天皇也；其前星，太子也；後星，庶子也。《禮記》曰：王太子王子群后之太子卿大夫元士之適子，凡入學以齒。」〔註2〕「文」的部分摘錄王融《皇太子哀策文》、梁武帝《立皇太子詔》、庾信《慶傳位於皇太子表》等，均與「儲宮（太子）」有關，祗有兩條資料，字面上與「儲宮」沒有關係。一條是：

〔註1〕俞君立、陳樹年主編：《文獻分類學》，武漢大學出版社，2001年10月第1版，第63～65頁。文字略有改動。
〔註2〕《藝文類聚》，第291頁。

「《周易》曰：黃離，元吉。象曰：明兩作離，大人以繼明照于四方。」〔註3〕
此條摘自《周易‧離第三十》。離，高亨說：「借爲螭，龍也，謂雲氣似龍形
者，虹之類也。音轉而謂之霓。黃螭爲黃霓。黃爲吉祥之色。元，大也。古
人認爲黃霓出現天空，是大吉之兆，故曰：『黃離，元吉。』」〔註4〕《周易》
王弼、韓康伯注曰：「繼，謂不絕也，明照相繼，不絕曠也。〔註5〕「儲宮」
篇所引《周易》的文句意謂：「天空出黃霓，大吉大利。《象辭》說，今朝太
陽昇，明朝太陽昇，相繼不絕，這是離卦的卦象。貴族王公觀此卦象，從而
以源源不斷的光明照臨四方。」雖表面不關太子，但太子是繼承君位的人，
是「繼明照于四方」的，所以《藝文類聚》的編者從《周易》中摘錄此句作
爲「儲宮」的首個條目，是有寓意的。另一條是「文」的部分摘錄的魏文帝
的《答卞蘭教》：「賦者言事類之所附也，頌者美盛德之形容，故作者不虛其
辭，受者必當其實。蘭此豈吾實哉？昔吾丘壽王，一陳寶鼎，何武等徒以歌
頌，猶受金帛之賜，蘭事雖不諒，義足壽也。今賜牛一頭。」〔註6〕觀其內容，
與儲宮（太子）沒有任何關係。那麼爲什麼要把它選入「儲宮」呢？我們發
現，在「儲宮」「文」的部分的「賦」體中，收有卞蘭的《讚述太子賦》，這
是與儲宮（太子）有關的。在《讚述太子賦》中，卞蘭極力稱頌曹丕（魏文
帝）的才華和功德，頗多諛詞。魏文帝《答卞蘭教》是與此相呼應的一篇文
章。教是上教喻下的文辭。劉勰《文心雕龍‧詔策》：「教者，效也，出言而
民效也。契敷五教，故土侯稱教。」〔註7〕選錄《答卞蘭教》的目的，是讓讀
者與《讚述太子賦》兩文對照閱讀。

　　雖然「太子妃」是作爲「儲宮」的附目，但是它也像正式子目一樣，是
單獨列目的，收錄與「太子妃」有關的事與文。祇是「太子妃」這個附目下
開頭的幾個條目略有不同。它們是：「《漢書》曰：漢景薄皇后，孝文薄太后
家女也。景帝爲太子時，太后爲太子取以爲妃。又曰：武帝陳皇后，長公主
嫖女也。初武帝得立爲太子，公主有力焉，故欲以女納太子。又曰：武（汪
紹楹校記曰：《太平御覽》一百四十九作「孝」。）成許皇后，平恩侯嘉女也。

〔註3〕《藝文類聚》，第291頁。
〔註4〕高亨：《周易大傳今注》，齊魯書社，1979年6月第1版，第282頁。
〔註5〕〔魏〕王弼、〔晉〕韓康伯注，〔唐〕孔穎達等正義：《周易正義》，載〔清〕
　　　阮元校刻：《十三經注疏》，中華書局，1980年9月第1版，第43頁。
〔註6〕《藝文類聚》，第298頁～299頁。
〔註7〕周振甫：《文心雕龍今譯》，中華書局，1986年12月第1版，第185頁。

元帝選配太子，上令中常侍黃門親近者侍送，還白帝，稱太子欣悅。元帝喜，謂左右曰：『酌酒賀我。』左右皆稱萬歲。《漢武故事》曰：初，武帝爲太子時，長公主欲以女配帝。時帝尚小，長公主指女問帝曰：『得阿嬌好不？』帝曰：『若得阿嬌，以金屋貯之。』主大喜，乃以配帝，是曰陳皇后；阿嬌，后字也。王隱《晉書》曰：武帝欲爲太子取妃，久而不決，上欲娶衛瓘女，楊后欲娶賈充女。上曰：『衛公女有五可，賈公女有五不可；衛家種賢而多子，端正而長白；賈家種妬而少子，醜而短黑。』楊后既納寶物，固欲娶賈氏，因乃納之。」〔註8〕這幾個條目，都分別提到「太子」，同時也提到「妃」，但未有「太子妃」的字樣。視其內容，似應編排在上面的「儲宮」中，但因爲有「妃」的字樣和爲太子取妃等內容，所以就連類而及編排在附目「太子妃」下。這也可以解釋爲什麼將「太子妃」作爲「儲宮」的附目，因爲兩者的關聯是十分緊密的。

　　《藝文類聚》書前的目錄中，第八十一卷的目錄是：藥香草部上　藥　空青　芍藥……術　草香附　蘭　菊……；第八十一卷卷首目錄作「草香附出」，雖多出一「出」字，其實與書前的目錄相同。「藥香草部」是部類名，「草香附」則告訴讀者，子目「草」的附目是「香」。在子目「草」中，「事」的部分收錄典籍中一些含有「草」的語句，但沒有收錄與「香」有關的條目；「文」的部分收錄詠草或語句涉及「草」的詩文，也收錄有嵇含《懷香賦序》、劉刪《詠青草詩》、卞敬宗《懷香贊》等寫「香」的詩文。劉刪《詠青草詩》題目中有「草」，詩中「風傳十步香」一句又有「香」字，可以說它是子目「草」和附目「香」兩屬的。「香」是作爲子目「草」的附目的，但與「太子妃」不同的是，它沒有獨立列目，作爲附目「香」的資料，是與子目「草」混雜編在一起的。「香附」爲子目「草」的類目說明。

　　《藝文類聚》書前的目錄中，第八十八卷的目錄是：木部上　木花葉附松　柏　槐　桑　榆　桐；第八十八卷卷首目錄與此相同。在子目「木」下收錄大量與「木」有關的資料，同時也收錄一些既與「木」有關又與「花葉」有關的資料，或者祇與「花葉」有關的資料。「事」的部分，如：《十洲記》（其中有「花葉香聞數百里」之句）、《淮南子》（其中有「凡見葉落而知歲暮」之句）、《國語》（其中有「人之有孝也，猶樹之有枝葉」之句）、《文選》（其中有「根朽則葉危」之句）、《山海經》（其中有「黃花黑葉」之句）、《離騷》（其

〔註8〕《藝文類聚》，第 302 頁～303 頁。

中有「洞庭波兮木葉下」、「搴芙蓉於木末」等詩句）;「文」的部分,如:劉楨詩（其中有「得托芳蘭苑」之句）、李爽《賦得芳樹詩》（其中有「春至花如錦,夏近葉成帷」之句）、賀循《賦得庭中有奇樹詩》（其中有「香風飄舞花間度」、「密葉由來好作帷」等詩句）、庾信《枯樹賦》（其中有「片片真花」、「木葉落」等句）,又例如:何遜《詠雜花詩》、蕭子範《落花詩》、劉孝威《望隔牆花詩》、庾信《詠園花詩》、張正見《賦得岸花臨水發詩》、劉孝威、朱超、鮑泉《詠剪綵花詩》、蕭綜《悲落葉詩》、王氏《春花賦》、梁元帝《為姜弘夜姝謝東宮賚合歡花釵啓》,標題中均有「花」或「葉」的字樣。「花葉」是作為子目「木」的附目的,「花葉附」為子目「木」的類目說明。「木花葉附」與第八十一卷的「藥香草部上　草香附」相同,兩者都沒有從「木」和「草」兩個子目中析出獨立標目的附目「花葉」和「香」;這一是因為可能有關「花葉」和「香」的內容太少（當然,這並不是主要原因）;二是因為《藝文類聚》成於眾手,造成體例上的不統一。

　　《藝文類聚》書前的目錄中,第九十卷的目錄是:鳥部上　鳥　鳳　鸞　鴻　鶴　白鶴　黃鵠玄鵠附　雉　鷓。「鳥部」是部類名,其餘是子目。「玄鵠附」是用小於正式子目的字號排印的,表明它是「黃鵠」的類目注釋。第九十卷卷首目錄是:鳥部上　鳥　鳳　鸞　鴻　鶴　白鶴　黃鵠　玄鵠附　雉　鷓。其中「白鶴　黃鵠　玄鵠附」是用小於正式子目的字號排印的,排印上與書前的目錄不同。《藝文類聚》書前的目錄告訴讀者,「玄鵠」是「黃鵠」的附目;第九十卷卷首目錄則告訴讀者,「白鶴、黃鵠、玄鵠」是「鶴」的附目。造成如此理解上的誤差,是由於排印上的不同。從第九十卷鳥部上的子目設置看,「白鶴」、「黃鵠」、「玄鵠」是作為子目「鶴」的附目的。翻檢子目「鶴」中摘錄的資料,就會發現子目設置的信息,其中含有「鴻鵠」、「鵠」的條目,共四條。第一條:「《韓詩外傳》曰:晉平公游於河而樂,曰:安得賢士與之樂此也?舡人蓋胥跪而對曰:夫珠出於江海,玉出於崑山。無足而至者,猶主君之好也。士有足而不至者,蓋主君無好士之意耳。何患無士乎?公曰:吾食客門左千人,門右千人。朝食不足,夕收市賦;暮食不足,朝收市賦。吾可謂不好士乎?對曰:夫鴻鵠一舉千里,所恃者六翮耳。背上之毛,腹下之毳。益一把,飛不為加高;損一把,飛不加下。今君之食客,門左門右各千人,亦有六翮在其中矣。將皆背上之毛,腹下之毳耶?」第二條:「《東觀漢記》曰:章帝至岱宗,柴望畢,鵠三十從東南來,經祀壇上。」第三條:

「《陶侃傳》曰：侃丁母艱，在墓下，忽有二客來弔，不哭而退，儀服鮮潔，知非常人。隨而看之，但見雙鵠飛而沖天。」第四條：「《異苑》曰：魏安釐王觀翔鵠而樂之，曰：寡人得如鵠之飛，視天下如芥也。客有隱遊者聞之，作木雕而獻王。王曰：此有形無用者也。夫作無用之器，世之奸民也。召遊欲加刑焉。遊曰：大王知有用之用，未寤無用之用也。今臣請爲大王翔之。乃取而騎焉，遂翻然飛去，莫知所之。」〔註9〕這四條是祇含「鴻鵠」、「鵠」，而不含有「鶴」的條目。還有一條，既含有「鶴」又含有「鵠」：「《述異傳》曰：荀瓌事母孝，好屬文及道術，潛棲却粒。嘗東游，憩江夏黄鵠樓上，望西南有物飄然。降自霄漢。俄頃已至，乃駕鶴之賓也。鶴止戶側，仙者就席，羽衣虹裳。賓已歡對，辭去，跨鶴騰雲，眇然烟滅。」〔註10〕子目「鶴」不僅摘錄大量與「鶴」有關的資料，也摘錄幾個含有「鴻鵠」、「鵠」的條目，這就透露「鶴」、「鴻鵠」、「鵠」幾者的關係和子目設置的信息。

鶴是鳥綱鶴科各種類的統稱，有丹頂鶴、白鶴等。《本草綱目·禽部》載：「《八公相鶴經》云：『鶴乃羽族之宗，僊人之驥，千六百年乃胎產，則胎、仙之稱以此。』」「鶴大於鵠，長三尺，高三尺餘，喙長四寸。丹頂赤目，赤頰青腳，修頸凋尾，粗膝纖指。白羽黑翎，亦有灰色、蒼色者。嘗以夜半鳴，聲唳雲霄。」〔註11〕今丹頂鶴並非「赤目」、「赤頰」，白鶴和赤鶴有「赤頰」，李時珍將幾種相似的鶴混淆了。因爲「鶴乃羽族之宗」，所以子目「鶴」排在幾個標目之首，「白鶴」是「鶴」的一個附目。子目「鶴」中收錄了四個祇含「鴻鵠」、「鵠」，而不含有「鶴」的條目，這無疑是告訴讀者，「鶴」與「鴻鵠」、「鵠」是有關聯的。它們的關係究竟怎樣呢？關於「鵠」的解釋，許愼《說文解字》云：「鵠，鴻鵠也。」〔註12〕段玉裁注云：「鵠，黄鵠也。……凡經史言鴻鵠者，皆謂黄鵠也。或單言鵠，或單言鴻。」〔註13〕朱駿聲《說文通訓定聲》云：「形似鶴，色蒼黄，亦有白者，其翔極高，一名天鵝。」〔註14〕玄鵠，即黑天鵝。鵠「形似鶴」，是把「鶴」、「黄鵠」、「玄鵠」幾個標目排在一起的原因之一。黄

〔註 9〕 《藝文類聚》，第 1562 頁～1564 頁。

〔註 10〕 《藝文類聚》，第 1564 頁。

〔註 11〕 李時珍：《本草綱目》，人民衛生出版社，1979 年 5 月第 1 版，第 2557 頁。

〔註 12〕 〔漢〕許愼：《說文解字》，中華書局，1963 年 12 月第 1 版，第 80 頁。

〔註 13〕 〔漢〕許愼撰，〔清〕段玉裁注：《說文解字注》，上海古籍出版社，1981 年10 月第 1 版，第 151～152 頁。

〔註 14〕 〔清〕朱駿聲：《說文通訓定聲》，中華書局，1984 年 6 月第 1 版，第 287 頁。

生《字詁》云：「『鵠』與『鶴』自是二種，然古人多以『鵠』字作『鶴』字用。」
〔註15〕這是把「鶴」、「黃鵠」、「玄鵠」幾個標目排在一起的原因之二。子目「鶴」
中摘錄的《述異傳》條，有「黃鵠樓」，此處「黃鵠樓」即「黃鶴樓」。可以得
出結論：「鶴」爲正式子目，「白鶴」、「黃鵠」、「玄鵠」是它的附目，「白鶴　黃
鵠　玄鵠附」是子目「鶴」的類目注釋。第九十卷卷首目錄，排印是正確的。
也像第十六卷的「儲宮　太子妃附」一樣，雖然「白鶴」、「黃鵠」、「玄鵠」是
「鶴」的附目，但它們也像正式子目一樣，是單獨列目的。

二、互著與別裁

　　互著與別裁，是古代書目著錄中所採用的兩種方法。所謂「互著」，就是
將同樣的一部書重複著錄在相關的類目中。「別裁」則是把一部書著錄在主要
類目中，而把書中與它類相關的篇章，裁篇別出，著錄在其它相關的類中。
別裁又叫「分析著錄」。元代馬端臨在《文獻通考・經籍考》中最先使用「互
著」與「互」、「迪」的概念。

　　那麼，互著、別裁的著錄方法起於何時呢？清代章學誠認爲起源於《七
略》。他根據《漢書・藝文志》對《七略》的省併、改編和班固自己所加的注
語，進行分析，正式提出「互著」與「別裁」的概念。

　　關於互著，他說：「理有互通、書有兩用者，未嘗不兼收並載，初不以重複
爲嫌；其於甲乙部次之下，但加互注，以便稽檢而已。」〔註16〕意謂，凡是一
書的主題，與兩個類目有關；或者一書有兩個以上主題，則應重複互注，既可
以收錄在甲類，又可以收錄在乙類。他又說：「古人最重家學。敘列一家之書，
凡有涉此一家之學者，無不窮源至委，竟別其流，所謂著作之標準，群言之折
衷也。如避重複而不載，則一書本有兩用而僅登一錄，於本書之體，既有所不
全；一家本有是書而缺而不載，於一家之學，亦有所不備矣。」〔註17〕章氏認
爲，目錄的目的是「即類求書，因書究學」，因此就要將那些「理有互通」而又
有兩用的書，兼收並載，重複著錄，「以便稽檢」；同時，這樣還可以使一書之
體完整，使一家之學齊備。反之，「如避重複而不載，則一書本有兩用而僅登一

〔註15〕〔清〕黃生：《字詁》，載《景印文淵閣四庫全書》，臺灣商務印書館，1983
　　　　年版。
〔註16〕〔清〕章學誠：《校讎通義》，載〔清〕章學誠著，葉瑛校注：《文史通義校注》
　　　　（附《校讎通義》），中華書局，1985 年 5 月第 1 版，第 966 頁。
〔註17〕同註 16。

錄，於本書之體，既有所不全；一家本有是書而缺而不載，於一家之學，亦有所不備矣。」按照章學誠的看法，互著是在「理有互通、書有兩用」的情況下，在書目的兩處加注，以便讀者循此而考察其學術源流。

關於別裁，他說：「古人著書，有採取成說，襲用故事者。其所採之書，別有本旨，或歷時已久，不知所出；又或所著之篇，於全書之內，自爲一類者；並得裁其篇章，補苴部次，別出門類，以辨著述源流；至其全書，篇次具存，無所更易，隸於本類，亦自兩不相妨。蓋權於賓主重輕之間，知其無庸互見者，而始有裁篇別出之法耳。」〔註18〕意謂，別裁就是把一書中可以自成一類的部分，裁篇別出，著錄在相應的類目中。爲了說明什麼是別裁，他舉例說，《管子》屬於道家，劉歆裁其《弟子職》一篇入小學類；《大戴禮》屬於禮類，劉歆裁其《三朝記》一篇入《論語》類。〔註19〕別裁的基本意思是「裁其篇章」，「別出門類」，其功用是使讀者「辨著述源流」。

就互著與別裁的實質來講，它們的思想旨趣是相通的。在章學誠的論述中，互著亦作互注、互見。互注、互見衹是從兩個不同角度運用的術語。在編輯整理文獻時，可稱作互注；在閱覽使用文獻時，可以稱作互見。互著與別裁的關係是，某一部書按照不同的主題進行了互著，則不一定同時再需要別裁；而一部書有了「裁篇別出」的別裁，則一定同時又有互著發生。

《藝文類聚》中運用的互著與別裁，是類書中的互著與別裁，與純粹的目錄學中的互著與別裁有一定區別。目錄學中的互著，用於書目的編制，主要是指同一部書在目錄中的不同地方著錄幾次，使讀者能夠從不同的途徑查找到此書。目錄學中的別裁，也是用於書目的編制，即把某部書中的一部分材料分析出來，單獨作爲一個單位進行著錄。在《藝文類聚》編纂的過程中，借鑒了目錄學的互著與別裁的方法。比如，編者從一部書中摘引了若干條資料，如果把這些資料都放在同一個子目下，那就很簡單了，也用不著互著了。但問題是這若干條資料，存在若干個主題和關鍵詞等，應該分門別類地編排在不同的子目下，這時，就不能不用互著的方法了。又如，編者爲了讀者查詢的方便，將一部大書的某一篇中的資料輯錄了若干條，並直接使用這部書中的一個篇名，在某個子目「事」的部分標注爲：某書某篇曰，或省略其書名，直接標注爲：某篇曰，這就是在運用別裁了。

〔註18〕同註16，第972頁。
〔註19〕同註16，第972頁。

路林分析說：「『互著』、『別裁』方法在我國古代目錄學中孕育較早，《七略》中即有萌芽。唐代類書中，這種方法使用處處可見，俯拾皆是。如《藝文類聚》中，《孫子兵法》一書除武部『將帥』類外，還著錄在火部『火』類，鱗介部『蛇』類，居處部『櫓』類。這與類書本身分門輯錄資料的性質有關，祇要某文獻資料與主題有關即有要求著錄在其下。」〔註20〕

茲舉幾例《藝文類聚》運用「互著」與「別裁」例子。

例一，《孫子》的互著：

　　　輯錄在卷五十九武部‧將帥。

　　又名《孫子兵法》：

　　　輯錄在卷六十三居處部三‧櫓，

　　　輯錄在卷八十火部‧火，

　　　輯錄在卷九十六鱗介部上‧蛇。

例二，《漢書》（班固）的別裁：

在《藝文類聚》中，《漢書》除了輯錄在264個子目卜以外，其中的《郊祀志》、《百官表》等9部分又被別裁下來，具體的輯錄情況如下：

1. 《漢書‧文帝詔》：

　　　輯錄在卷三十九禮部中‧籍田。

2. 《漢書‧郊祀志》：

　　　輯錄在卷八十八木部上‧榆。

3. 《漢書‧天文志》：

　　　輯錄在卷八十八木部上‧榆。

4. 《漢書‧百官表》：

　　　輯錄在卷四十五職官部一‧諸王，

　　　輯錄在卷四十五職官部一‧相國，

　　　輯錄在卷四十六職官部二‧太尉，

　　　輯錄在卷四十七職官部三‧大司馬，

　　　輯錄在卷四十八職官部四‧黃門侍郎，

　　　輯錄在卷四十八職官部四‧給事中，

　　　輯錄在卷四十九職官部五‧太僕，

〔註20〕路林：《唐代科舉文化、類書與目錄學》，載《圖書館學研究》1987年第5期，第48頁。

輯錄在卷四十九職官部五・光祿大夫，

輯錄在卷四十九職官部五・太子詹事，

輯錄在卷四十九職官部五・太子中庶子。

5.《漢書・西域傳》：

輯錄在卷五歲時部下・熱，

輯錄在卷八十二草部下・茱萸。

6.《漢書・循吏傳》：

輯錄在卷八十八木部上・榆。

7.《漢書・匈奴傳》：

輯錄在卷七山部上・燕然山。

8.《漢書・蘇武傳》：

輯錄在卷二天部下・雪。

9.《漢書・陸賈傳》：

輯錄在卷八十九木部下・桂。

《藝文類聚》中「互著」與「別裁」的例子，還有不少，遠不止這兩例，因為與上兩例大體相同，所以不再重複舉例。

其實，「互著」與「別裁」有時是相連的。上面所舉《漢書》的例子就是這樣：以《漢書》的書名將其分別輯錄在 267 個子目下，這就是互著；同時，又以《漢書》中的《郊祀志》、《百官表》、《西域傳》等具體篇目為出處，分別將有關材料輯錄在對應的子目下，這就是別裁。

例三，《藝文類聚》的編者在輯錄《山海經》的時候，也同時運用了「互著」與「別裁」的方法。

在《藝文類聚》中，以《山海經》的書名將其分別輯錄在 91 個子目下，這就是互著。例如：

輯錄在卷一天部上・日，

輯錄在卷一天部上・月，

輯錄在卷二天部下・雪，

輯錄在卷二天部下・雨，

……

輯錄在卷六十二居處部二・臺，

輯錄在卷六十五產業部上・圃，

輯錄在卷七十一舟車部・舟。

……

同時，又以《山海經》中的《海內經》、《海外經》、《大荒西經》、《西山經》等具體篇目爲出處，分別將有關的材料輯錄在對應的子目下，這又是別裁。具體的輯錄情況如下：

《海內經》：

輯錄在卷九十一鳥部中・雁。

《海外經》：

輯錄在卷九十鳥部上・鸞，

輯錄在卷九十九祥瑞部下・鸞。

《大荒西經》：

輯錄在卷七山部上・崑崙山。

《西山經》：

輯錄在卷七山部上・華山。

《山海經》的別裁與《漢書》的別裁不同的是，《山海經》的別裁只標注篇名，而《漢書》的別裁，既標注書名，又標注篇名。

在分類目錄中自覺地、有意識地使用互著與別裁的方法，如前所述，始於馬端臨的《文獻通考・經籍考》，但這要比《藝文類聚》晚了將近 700 年。

三、類目參照

《藝文類聚》中的類目參照，即參見法。目前關於《藝文類聚》中「參見法」的論述並不多見，且持論多數不夠深入。因此，有必要對此進行深入細緻的研究，以便弄清楚：（一）參見法的歷史演變軌跡。（二）參見法的運用與《藝文類聚》類目分類的關係，即爲什麼要在編纂《藝文類聚》的過程中運用參見法。（三）參見法中主條目與參見條目的對應關係。（四）參見法在《藝文類聚》中的指示方式。

（一）參見法的歷史演變軌跡

參見法原本是一種寫作方法，後來才演變成爲目錄學的著錄方法。

有的學者認爲，《呂氏春秋》和《韓非子》中就有參見法的運用。《呂氏春秋》中「《有始覽》七篇全用互見法，每篇所引證的史實故事，祇簡舉事名，

略去具體內容，以『解在乎』的形式見於其他篇。這同韓文『其說在』的形式一樣。所不同的是韓文見於本篇，而呂氏見於他文，如《應同》篇中『解在乎史墨來而綴不襲衛，趙簡子可謂知動靜矣。』這史事詳見《召類》篇。《聽言》篇中『解在乎』白圭、公孫龍等四件史事分別見於《不屈》、《應言》、《淫辭》三文。這樣安排材料，可以避免引證史料的重複，達到簡明扼要的說理效果。呂氏這種分見他篇的互見法，爲司馬遷所繼承。」〔註21〕

《韓非子》中的參見法，如《韓非子·內儲說上七術》載：「觀聽不參則誠不聞，聽有門戶則臣壅塞。其說在侏儒之夢見灶，哀公之稱『莫眾而迷』。」〔註22〕「其說在」的意思是「這種觀點的說明在」。這句話的意思是「這種觀點的說明在侏儒說自己夢見了灶、魯哀公稱引『沒有眾人合謀就會迷惑』兩則故事中」。緊接著就是這兩則故事：

> 衛靈公之時，彌子瑕有寵，專於衛國。侏儒有見公者曰：「臣之夢踐矣。」公曰：「何夢？」對曰：「夢見灶，爲見公也。」公怒曰：「吾聞見人主者夢見日，奚爲見寡人而夢見灶？」對曰：「夫日兼燭天下，一物不能當也；人君兼燭一國，一人不能擁也。故將見人主者夢見日。夫灶，一人煬焉，則後人無從見矣。今或者一人有煬君者乎？則臣雖夢見灶，不亦可乎！」

> 魯哀公問於孔子曰：「鄙諺曰：『莫眾而迷。』今寡人舉事，與群臣慮之，而國愈亂，其故何也？」孔子對曰：「明主之問臣，一人知之，一人不知也；如是者，明主在上，群臣直議於下。今群臣無不一辭同軌乎季孫者，舉魯國盡化爲一，君雖問境內之人，猶不免於亂也。」

> 一曰：晏子聘魯，哀公問曰：「語曰：『莫三人而迷。』今寡人與一國慮之，魯不免於亂，何也？」晏子曰：「古之所謂『莫三人而迷』者，一人失之，二人得之，三人足以爲眾矣，故曰『莫三人而迷』。今魯國之群臣以千百數，一言於季氏之私，人數非不眾，所言者一人也，安得三哉？」〔註23〕

〔註21〕 章滄授：《論〈呂氏春秋〉的文學價值》，載《文學遺產》1987年第4期，第49頁。

〔註22〕 劉乾先、韓建立、張國昉、劉坤：《韓非子譯注》，黑龍江人民出版社，2003年1月第1版，第354頁。

〔註23〕 同註22，第355～357頁。

《韓非子》中的參見均在本篇之內，其形式爲「其說在」，都是先概括點出故事內容，之後用具體故事來解釋經文，用法規範。

關於《史記》中參見法，很多論著都談到。錢鍾書《管錐編》說：「按《高祖本紀》王陵曰：『陛下慢而侮人，項羽仁而愛人……妒賢疾能，有功者害之，賢者疑之』；《陳相國世家》陳平曰：『項王爲人恭敬愛人，士之廉節好禮者多歸之；至於行功爵邑重之，士亦以此不附』；《淮陰侯列傳》韓信曰：『請言項王之爲人也。項王暗噁叱咤，千人皆廢；然不能任屬賢將，此特匹夫之勇耳。項王見人恭敬慈愛，言語嘔嘔，人有疾病，涕泣分食飲；至使人有功，當封爵者，印刓敝，忍不能予，此所謂婦人之仁也』。《項羽本紀》歷記羽拔襄城皆坑之；坑秦卒二十餘萬人，引兵西屠咸陽；《高祖本紀》：「懷王諸老將皆曰：『項羽爲人慓悍滑賊，諸所過無不殘滅。』」《高祖本紀》於劉邦隆準龍顏等形貌外，並言其心性：『仁而愛人，喜施，意豁如也，常有大度』。《項羽本紀》僅曰：『長八尺餘，力能扛鼎，才氣過人』，至其性情氣質，都木直敘，當從范增等語中得之。『言語嘔嘔』與『暗噁叱咤』，『恭敬慈愛』與『慓悍滑賊』，『愛人禮士』與『妒賢疾能』，『婦人之仁』與『屠坑殘滅』，『分食推飲』與『玩印不予』，皆若相反相違；而既具在羽一人之身，有似雙手分書、一喉異曲，則又莫不同條共貫，科以心學性理，犁然有當。《史記》寫人物性格，無復綜如此者。」〔註24〕

到劉向、劉歆父子編纂《別錄》、《七略》時，才開始在文獻分類時無意識地使用參見法，但僅限於目錄學領域。《漢書·藝文志》載：「至成帝時，以書頗散亡，使謁者陳農求遺書於天下。詔光祿大夫劉向校經傳諸子詩賦，步兵校尉任宏校兵書，太史令尹咸校數術，侍醫李柱國校方技。每一書已，向輒條其篇目，撮其指意，錄而奏之。會向卒，哀帝復使向子侍中奉車都尉歆卒父業。歆於是總群書而奏其《七略》，故有《輯略》，有《六藝略》，有《諸子略》，有《詩賦略》，有《兵書略》，有《術數略》，有《方技略》。今刪其要，以備篇籍。」〔註25〕劉向「條其篇目，撮其指意，錄而奏之」的書即是《別錄》。阮孝緒《七錄序》云：「昔劉向校書，輒爲一錄。論其指歸，辨其訛謬，遂竟奏上，皆載在本書。時又別集眾錄，謂之《別錄》，即今之《別錄》是也。子歆撮其指要，著

〔註24〕錢鍾書：《管錐編》（第一冊），商務印書館，1986 年 6 月第 2 版，第 275 頁。

〔註25〕〔漢〕班固撰，〔唐〕顏師古注：《漢書·藝文志》，中華書局，1962 年 6 月第 1 版，第 1701 頁。

爲《七略》。」〔註26〕由《漢書‧藝文志》的記載可知，《漢書‧藝文志》是由《七略》「刪其要」而成。《隋書‧經籍志》亦云：「光武中興，……又於東觀及仁壽閣集新書，校書郎班固、傅毅等典掌焉。並依《七略》而爲書部，固又編之，以爲《漢書‧藝文志》。」〔註27〕由此可見《別錄》、《七略》、《漢書‧藝文志》的傳承關係。因爲《別錄》、《七略》已絕大部分亡佚，所以我們祇能從《漢書‧藝文志》中去窺視劉向、劉歆的目錄學思想了。關於劉向、劉歆在目錄學研究中所使用的互著法，請參見本節的「互著與別裁」。

參見法運用於類書的編纂，《藝文類聚》屬於首創。唐朝初年，隨著類書的內容和形式的演變，應用於其中的目錄學方法也隨之發展。參見法移用於類書的編纂便是重要的一例。潘樹廣《〈藝文類聚〉概說》說：「《類聚》在體例方面還有一個值得注意之處，那就是參見法（即引見法）的運用。當某項資料與兩個類目都有關係時，編者根據關係的遠近，在其中一個類目下略引該項資料，並於其下以注語指引讀者參閱另一類目下的詳細資料。」〔註28〕應該指出的是，目錄學中的參見法是用於書目著錄的，與《藝文類聚》中的參見法並不完全相同。《藝文類聚》的參見不是用於目錄，而是用於條目內部，用來指示條目之間內容上的關聯。但是，毫無疑問，《藝文類聚》的參見是受了目錄學參見法的影響的。

「參見」功能是《藝文類聚》的特色之一。根據裴芹的統計，在《藝文類聚》中「有『事具……』192條（筆者按，實爲211條），分佈在30部109篇中。『事具』也作『事見』、『見』、『已見』、『亦具』，或簡作『具』。完整正確地標明『事具×部×篇』者52條，祇正確標出『事具×部』者46條，祇標出『事具×篇』而無誤者10條。」〔註29〕又據《藝文類聚》全書的體例，可以在大部分的部類中劃出兩個部分，前邊的是「事」，後邊的是「文」。「參見法」的運用，均集中在「事」的部分。《藝文類聚》把參見法引進到圖書編輯技術中來，「是對圖書編輯技術的又一個重要貢獻。它把可以歸類於不同條

〔註26〕阮孝緒：《七錄序》，載〔唐〕釋道宣：《廣弘明集》，載《景印文淵閣四庫全書》，臺灣商務印書館，1983年版。

〔註27〕〔唐〕魏徵、令狐德棻：《隋書‧經籍志》，中華書局，1973年8月第1版，第906頁。

〔註28〕潘樹廣：《〈藝文類聚〉概說》，載《辭書研究》1980年第1期，第163～173頁。

〔註29〕裴芹：《漫說〈藝文類聚〉的「事具……」》，載《文教資料》1997年第5期，第123頁。

目中的同一事物，分別在相關的條目中重複著錄，並對內容相同而輯錄的片段詳簡不一，或出處不同的事物，用『具某部某篇』、『已具某部某篇』、『事具某部某篇』或『某部已載』等參見方法，指導讀者從簡略摘述參看詳細輯錄，從第二手資料參看第一手資料。」〔註30〕「事具××」等是擁有類似「參見」功能的。

　　當代學者認為：參見法「是用來指引讀者從目錄中的一條款或一部分去查閱另一條款或另一部分的方法。由於參照內容不是揭示圖書的而是指引讀者查找目錄的方法，因此參照不能稱為款目。其作用在於用來指引目錄之間的聯繫，通過參照將目錄之間的聯繫和相互補充的關係反映出來，以幫助讀者多方面查檢所需的文件。參照用在不同的目錄中一般可分為：（1）書名參照。（2）著者參照。（3）類目參照。按其作用劃分則有：（1）單純參照。（2）相互參照。（3）一般參照。」〔註31〕

　　羽離子認為：「類書中廣泛運用了參照，它是類書分析分類法及類書目錄體系的重要一部分。」他認為，類書參照系統中常見的參照形式有互著參照。「如《藝文類聚》『天部·風』這一標目中，『《楚辭》曰：風光轉蕙泛崇蘭。事具草部。』……因同一文獻的同一內容的部分互著在不同類目裏，互著參照可從一類目中參照另一類目，以便從此一文獻參照錄著取捨的角度略有不同或略詳一些的另一處的同一種文獻。互著參照是一種單向參照。」〔註32〕

　　什麼叫「互著參照」呢？它是參見法的一個種類，即上文提到的「相互參照」，也叫「相關參照」。《圖書館學情報學詞典》對其的解釋是：「相關參照，又稱相互參照，在卡片目錄中俗稱參見片。可指引讀者從一個標目去查閱另一個或幾個相關標目。其作用是使兩個或幾個互相有關的標目互相聯繫、互相補充，進一步擴大讀者檢索文獻的範圍。」〔註33〕以上定義，雖然說的是現代文獻的著錄方式，但是類似的定義也比較適合用來說明《藝文類聚》類目與類目之間的關係：主條目用「事具……」的方法，把讀者指引到

〔註30〕　張國朝：《〈藝文類聚〉的編輯技術成就及其價值》，載《圖書與情報》1985年第4期，第59～60頁。

〔註31〕　張玉鐘、劉學豐、陳瑞玲、馬玉英主編：《新編圖書情報學辭典》，學苑出版社，1989年12月第1版，第352頁。

〔註32〕　羽離子：《類書的分類和目錄》，載《圖書館研究與工作》1986年第4期，第27頁。

〔註33〕　本書編委會：《圖書館學百科全書》，中國大百科全書出版社，1993年8月第1版，第35頁。

參見條目，就像現在的「參見」一樣。可以說，《藝文類聚》的「事具……」功能相當於「參見」的功能，所不同的是，「事具……」是一種單向參照，而現代「參見法」往往是雙向參照。

（二）參見法的運用與《藝文類聚》類目分類的關係

作為類書，「以類相從」是《藝文類聚》編排資料的基本方法，即它是按「類」來編排文獻的。《藝文類聚》的部類分類是一種事物分類，用事物的分類來組織與事物有關的文獻資料，一個部就是一類事物或一種事物文獻資料的彙集，部類的名稱，具有現在主題詞的性質。姚名達說：「著者認類書為主題目錄之擴大。蓋分類之道，有時而窮。惟以事物為主題，匯列參考資料於各主題之下，使學者一目了然，盡獲其所欲見之書。此其功用較分類目錄為又進一步。」〔註34〕編纂類書，要設置部類，並對各種文獻資料進行分類輯錄，「以類相從」的「類」基本上是事物的分類，分類的基礎是人們對事物的認識，反映著人們對事物性質及其聯繫的認識深度。

分類講究兩個原則，一個是窮盡性原則，一個是排他性原則。所謂窮盡性原則是指，「從邏輯上說，分類就是把一個種概念劃分為若干屬概念。這個種概念叫做母項，而那些屬概念叫做子項。分類須有窮盡性的意思就是，劃分出來的子項的外延之和，必須等於母項的外延。換句話說，屬於母項外延中的每一分子都必須毫無遺漏地歸入各子項的外延中。」〔註35〕對於《藝文類聚》某一個具體部類的劃分，也應該貫徹窮盡性原則，但是由於事物是複雜的，人類對事物的認識總是在不斷提高和深化，再加上編書時的疏忽，所以窮盡性原則有時很難貫徹到底，正如《四庫全書總目》中所說：《藝文類聚》「其中門目，頗有繁簡失宜，分合未當。如山水部五嶽存三，四瀆闕一；帝王部三國不錄蜀漢，北朝惟載高齊。」〔註36〕當然這是極端的例子，從總體上講，《藝文類聚》的部類劃分具有舉要性質，例如第七卷山部上和第八卷山部下的子目：「總載山、崑崙山、嵩高山、華山、衡山、廬山、太行山、荊山、鍾山、北邙山、天台山、首陽山、燕然山、羅浮山、九疑山、虎丘山、蒜山、石帆山、石鼓山、石門山、太平山、岷山、會稽諸山、交廣諸山」，天下之山，

〔註34〕姚名達：《中國目錄學史》，上海古籍出版社，2002年6月第1版，第57頁。

〔註35〕林康義、唐永強：《比較・分類・類比》，遼寧人民出版社，1987年3月第1版，第49頁。

〔註36〕〔清〕永瑢等：《四庫全書總目》，中華書局，1965年6月第1版，第1141頁。

何其多也，怎能盡數，所以衹好舉要。再如第七十二卷食物部的子目：「食、餅、肉、脯、醬、鮓、酪蘇、米、酒」，也衹是舉要。就連包含卷數很多的「人部」也不是盡舉人的全部特徵，而是帶有舉要性質。這是從小的子目來說的，再看大的部類，《藝文類聚》共有 46 個部類，雖然是按照「天、地、人、事、物」的部類結構排序，但也不能窮盡天下所有事物，也衹是舉要而已。儘管在《藝文類聚》的多數類目中都沒有貫徹窮盡性的原則，但並不影響它的質量和人們對它的使用。

至於排他性原則，是指「把母項劃分後，各子項的外延或範圍應該互不相容。否則，各子項就會相互交叉，模糊了類別的界限，引起概念上和工作上的混亂。」「分類必須遵守排他性原則，也就是說，作為分類根據的那個屬性在各子項中所規定的範圍，應該是互不相容和互不交叉的。要保證分類的排他性，在分類時就必須注意劃分的層次性和一次劃分衹能根據一個標準這兩個方面。」﹝註37﹞但是，由於事物的屬性是多方面的，因此對事物的分類，既可以采用某一屬性特徵作為分類的根據，又可以采用另一種屬性特徵作為分類的根據，同一個文獻由於具有多種性質，從不同的角度觀察就可能編在不同的部類裏。對於亦此亦彼的事物，從科學分類的角度說，應該有一個明確的歸類，然而，在編纂類書時，就做不到這一點。用對事物的分類來類分文獻資料，自然有許多困難，《藝文類聚》中部類內涵外延不清晰的材料是很多的，不能完全貫徹排他性原則。這就遇到三個難題：第一，如何對一個具有多方面屬性的材料進行分類，因為任何一個屬性都可以成為分類的依據。第二，如何加強材料之間的橫向聯繫，將一些相關的資料聯繫起來，彌補縱向分類帶來的資料間的離散狀態，以便於讀者檢索，減少因對分類掌握不確切而發生的漏檢現象，因為分類的一個重要作用，就是為迅速查找資料提供方便的檢索手段。第三，內容相同的材料出現在不同的類目裏，如何減少引文的重複、節縮文字。

例如，卷六州部·冀州：

> 《淮南子》曰：往古之時，四極廢，九州裂。於是女媧殺黑龍，
> 以祭冀州。事具帝王部。﹝註38﹞

卷八水部上·總載水：

﹝註37﹞ 林康義、唐永強：《比較·分類·類比》，遼寧人民出版社，1987 年 3 月第 1
版，第 53～54 頁。
﹝註38﹞ 《藝文類聚》，第 111 頁。

《淮南子》曰：往古之時，九州裂，水浩漾而不息。於是女媧積蘆灰以止淫水。事具帝王部。〔註39〕

卷十一帝王部一・帝女媧氏：

《淮南子》曰：往古之時，四極廢，九州裂，天不兼覆，地不周載，猛獸食精民，鷙鳥攫老弱。於是女媧鍊五色石以補蒼天，斷鼇足，以立四方極。蒼天補，四極正，淫水涸，冀州平，狡蟲死，精民生，背方州，抱圓天。〔註40〕

以上三則材料，內容是一樣的，祗是敘述的側重點不同。第一則材料繫在子目「冀州」下，因有「以祭冀州」的字樣。第二則材料繫在子目「總載水」下，因有「水浩漾而不息」，「積蘆灰以止淫水」的字樣。第三則材料繫在子目「帝女媧氏」下，因敘述比較全面，顯示了女媧作為「帝」的卓越功績。由於關鍵詞（冀州、水、女媧）不相同，所以同一則材料分別歸屬到了不同的子目。「事具……」的標注，具有引導讀者從一處查到另一處的指示作用，加強了材料之間的橫向聯繫，彌補了材料之間的離散狀態，便於讀者從不同的角度檢索。每個條目的文字各有側重，減少了引文的重複，節縮了文字，壓縮了篇幅。參見法的運用，解決了《藝文類聚》在編纂過程中出現的三個難題。

從《藝文類聚》的類目關係上看，部類和子目的關係是從屬關係；按照分類的排他性原則，子目與子目之間的關係應該是並列關係，彼此互不關涉。但是，考察《藝文類聚》全書，發現某些條目彼此是互相關涉的，它們的內容是相關的或者相同的，參照就是顯示類目之間相互關係的方法。

例如，卷二十一人部五・德：

《呂氏春秋》曰：宋景公時，熒惑在心。公問子韋，對曰：「禍在君，可移宰相。」公曰：「宰相所與治國也。」曰：「移於民。」公曰：「民死，誰與為君？」曰：「移於歲。」曰：「歲飢，民必死。」子韋曰：「天處高而聽卑，君有至德之言三，天必賞君。」熒惑果徙三舍。已具天部星篇。〔註41〕

卷一天部上・星：

《呂氏春秋》曰：宋景公時，熒惑在心，公召子韋問焉。子韋

〔註39〕《藝文類聚》，第 148 頁。
〔註40〕《藝文類聚》，第 208 頁。
〔註41〕《藝文類聚》，第 376 頁。

日：「禍當君，雖然，可移於宰相。」公曰：「宰相所與治國家也。」

日：「移於民。」公曰：「民死，寡人將誰爲君？」曰：「可移於歲。」

公曰：「歲饑民餓必死。爲人後而殺其民，誰以我爲君乎？」子韋曰：

「君有至德之言三，天必三賞君。熒惑必徙三舍，（舍）行七星，星

當一年，君延年二十一矣。」熒惑果徙三舍。〔註42〕

根據「已具天部星篇」的指引，把兩個有密切聯繫但側重點不同的類目聯繫

起來了。

（三）參見法中主條目與參見條目的對應關係

在運用參見法的諸條目（通常是兩個條目）中，把其中含有「事具××」

的一個條目叫做主條目，另一個叫做參見條目。根據「事具××」提供的線

索，從主條目去查找參見條目，便有了一條通道。稍微麻煩一點的是，「事具

××」提示的線索僅指示到部、篇，而沒有標出具體的頁碼，因此需要依據

主條目的內容、出處，來確定相應的參見條目。主條目和參見條目大致有以

下幾種狀況：

第一，主條目和參見條目絕大多數出處相同，內容相同或相關。這又分

爲三種情況：

第一種情況：主條目和參見條目出處相同，內容相同，文字基本相同，

相差僅僅幾個字，這種差異，可以視爲摘錄時的隨手改動或抄寫之誤。

1.「鄒子在燕」之例

卷五歲時部下・律：

劉向《別錄》曰：鄒子在燕，燕有谷，地美而寒，不生五穀。

鄒子居之，吹律而溫氣至，今名黍谷。事具地部谷篇（筆者按，「地」

應作「水」）。〔註43〕

卷九水部下・谷：

劉向《別錄》曰：方士傳言：「鄒衍在燕，燕有谷，地美而寒，

不生五穀。鄒子居之，吹律而溫氣至，而穀生，今名黍谷。」〔註44〕

參見條目僅比主條目多「方士傳言」、「而穀生」七個字，主條目中的「鄒子」，

參見條作「鄒衍」；其餘完全相同。

〔註42〕《藝文類聚》，第11頁。
〔註43〕《藝文類聚》，第96頁。
〔註44〕《藝文類聚》，第175頁。

2.「東海棄華而不實」之例

卷八十五百穀部、布帛部・布：

> 《晏子》曰：景公謂晏子曰：「東海中有水而赤，有棗華而不實，何也？」晏子曰：「昔秦繆公乘龍理天下，以黃帝布裹蒸棗，至海而投其棗布，故水赤，蒸棗，故華而不實。」公曰：「吾佯問子。」對曰：「嬰聞佯問者亦佯對之。」事具棗部（筆者按，「部」應作「篇」）。
> 〔註45〕

卷八十七果部下・棗：

> 《晏子》曰：景公謂晏子曰：「東海之中，有水而赤，其中有棗華而不實，何也？」晏子曰：「昔者秦繆公乘龍理天下，以黃布裹蒸棗，至海而投其布，故水赤，蒸棗，故華而不實。」公曰：「吾佯問子耳。」對曰：「嬰聞之，佯問者，亦佯對。」〔註46〕

參見條目僅多出「之」、「其中」、「者」、「耳」、「之」幾字，主條目中的「黃帝」、「棗布」、「對之」，參見條目分別作「黃」、「布」、「對」；其餘完全相同。

第二種情況：主條目和參見條目出處相同，內容相同或相關，而文字詳略有別，一般是參見條目文字較詳，相差十幾字到一百多字不等。

1.「蘇從諫楚莊王」之例

卷二十人部四・忠：

> 《說苑》曰：楚莊王立，三年不聽朝，令於國曰：「諫者死。」蘇從曰：「處君之高爵，食君之厚祿，愛死不諫，非忠也。」乃諫。事具諫篇。〔註47〕

卷二十四人部八・諫：

> （《說苑》）又曰：楚莊王立，三年不聽朝，令於國曰：「寡人惡為人臣諫其君者。今寡人有國家，立社稷，有諫即死無赦。」蘇縱曰：「處君之高爵，食君之厚祿，愛死不諫，則非忠臣也。」乃諫莊王，立鍾鼓之閒。王左伏楊姬，右擁成姬曰：「吾鍾鼓不暇，何諫之聽？」縱曰：「臣聞之，好樂者迷，荊國亡無日矣。」王曰：「善。」

〔註45〕《藝文類聚》，第1461頁。
〔註46〕《藝文類聚》，第1485頁。
〔註47〕《藝文類聚》，第366頁。

左執縱手，右抽佩刀，刎鍾鼓之懸。明日授縱爲相。〔註48〕

2.「燕雀處屋下」之例

卷八十火部・灶：

《呂氏春秋》曰：燕雀處一屋之下，自以爲安。竈突決，火上棟宇，鷃雀不知禍將至也。事具雀部（筆者按，「部」應作「篇」）。〔註49〕

卷九十二鳥部下・雀：

《呂氏春秋》曰：鷃雀處一屋之下，子母相哺，呴呴然其相樂也，自以爲安矣。竈突決，火上，棟宇將焚，鷃雀顏色不變，不知禍將及也。爲人臣免鷃雀之智者寡矣。〔註50〕

3.「葛由綏山成仙」之例

卷八十六果部上・桃：

《列仙傳》曰：葛由，羌人，好刻木作羊賣之。騎羊入蜀，蜀中王侯貴人追之。上綏山，皆得仙。故里諺曰：「得綏山一桃，雖不能仙，亦足以豪。」事具獸部。〔註51〕

卷九十四獸部中・羊：

《列仙傳》曰：葛由者，羌人。周成王時，好刻木作羊賣之。一旦騎羊而入蜀，蜀中王侯遣人追之。上綏山，山在峨眉山西南，無（汪紹楹校記曰，《太平御覽》九百零二「無」上有「高」字）極，隨之者不得還，皆得仙道。山上有桃，故里諺曰：「得綏山一桃，雖不得仙，亦足以豪，山下立祠。」〔註52〕

也有個別參見條目的文字較爲簡略的，例如：

「趙簡子渡河娶婦」之例

卷七十一舟車部・舟：

《列女傳》曰：趙簡子南擊荊，至河津。津吏醉臥，不能渡。簡子怒，將殺之。津吏之女，乃持楫而前走曰：「妾父聞君王將渡，

〔註48〕《藝文類聚》，第 436 頁。
〔註49〕《藝文類聚》，第 1374 頁。
〔註50〕《藝文類聚》，第 1594 頁。
〔註51〕《藝文類聚》，第 1469 頁。
〔註52〕《藝文類聚》，第 1632 頁。

恐風波之起，水神動駭，故禱祀九江三淮之神，不勝杯杓餘瀝，醉
於此。君命誅之，願以微軀易父之死。」簡子將渡，用楫少一人。
操楫曰：「妾居河濟之間，習舟楫之事，願備員持楫。」簡子遂與操
度，中流奏河激之歌。簡子乃聘為夫人。事具水部津篇。〔註53〕

卷九水部下・津：

《列女傳》曰：趙簡子南擊楚，津吏醉臥，不能渡。簡子召，
欲殺之。津吏女子持楫而前曰：「妾父聞君東渡不測之水，恐風波之
起，故禱九江三淮之神，不勝巫祝杯酌餘瀝，醉至於此。妾願以鄙
軀易父之死。」簡子將渡，少一人，乃備員持楫，遂與度。中流，
發激棹之歌。簡子悅，以為夫人。〔註54〕

主條目的文字多於參見條目的文字。

第三種情況：主條目和參見條目出處相同，內容相關，且可以互相補充。

1.「燭之武退秦師」之例

卷十八人部二・老：

《左傳》曰：燭之武對鄭伯曰：「臣之壯也，猶不如人；今老矣，
無能為。」事具遊說篇（筆者按，「遊」字衍）。〔註55〕

卷二十五人部九・說：

《左傳》曰：晉侯、秦伯圍鄭，佚之狐言於鄭伯：「國危矣！若
使燭之武見秦君，師必退。」燭之武夜縋而出，見秦伯曰：「秦晉圍
鄭，鄭既知亡矣！若亡鄭而有益於君，敢以煩執事。越國以鄙遠，君
知其難也；焉用亡鄭以陪鄰？夫晉何厭之有？既東封鄭，又欲肆其西
封；不闕秦，焉取之？闕秦以利晉，唯君圖之！」秦伯悅。〔註56〕

對照《左傳・僖公三十年》，可以看到下列文字：

晉侯、秦伯圍鄭，……佚之狐言於鄭伯曰：「國危矣！若使燭之
武見秦君，師必退。」公從之。辭曰：「臣之壯也，猶不如人；今老
矣，無能為也已。」公曰：「吾不能早用子；今急而求子，是寡人之
過也。然鄭亡，子亦有不利焉。」許之。夜縋而出。見秦伯曰：「秦、

〔註53〕《藝文類聚》，第 1231 頁。
〔註54〕《藝文類聚》，第 181 頁。
〔註55〕《藝文類聚》，第 339 頁。
〔註56〕《藝文類聚》，第 442 頁。

晉圍鄭，鄭既知亡矣！若亡鄭而有益於君，敢以煩執事。越國以鄙
遠，君知其難也；焉用亡鄭以陪鄰？……夫晉何厭之有？既東封鄭，
又欲肆其西封；若不闕秦，將焉取之？闕秦以利晉，唯君圖之！」
秦伯說，與鄭人盟。〔註57〕

很顯然，《藝文類聚》中的兩條，均摘自《左傳·僖公三十年》，文字各有側重，
但都不是對原文的照錄，而是有刪減。卷十八人部二·老「《左傳》」條，僅為
一句話，不包含任何事件；卷二十五人部九·說「《左傳》」條，敘述的是「燭
之武退秦師」事，而祇有兩個條目互相參照，才可以展現一個比較完整的故事。

2.「伍子胥薦孫子」之例

卷五十三治政部下·薦舉：

《吳越春秋》曰：孫子者，吳人，名武，善為兵法，僻隱幽居，
世人莫知其能。子胥明於識人，乃薦孫子。吳王問以兵法，每陳一
篇，王不覺口之稱善。事具人部嘯篇。〔註58〕

卷十九人部二·嘯：

《吳越春秋》曰：吳王闔閭，將欲伐楚，登臺向南風而嘯，有
頃而歎，群臣莫有曉王意者。伍子胥深知王憂，乃薦孫武，善為兵
法，人莫知其能。〔註59〕

對照《吳越春秋·闔閭內傳》，可以看到下列文字：

三年，吳將欲伐楚，未行。……有頃，吳王問子胥、白喜曰：「寡
人欲出兵，於二子何如？」子胥、白喜對曰：「臣願用命。」吳王內
計，二子皆怨楚，深恐以兵往，破滅而已。登臺向南風而嘯，有頃
而歎，群臣莫有曉王意者。子胥深知王之不定，乃薦孫子於王。孫
子者，名武，吳人也，善為兵法，僻隱深居，世人莫知其能。胥乃
明知鑒辯，知孫子可以折衝銷敵，乃一旦與吳王論兵，七薦孫子。
吳王曰：「子胥託言進士，欲以自納。」而召孫子，問以兵法。每陳
一篇，王不知口之稱善。〔註60〕

〔註57〕 〔晉〕杜預注，〔唐〕孔穎達等正義：《春秋左傳正義》，載〔清〕阮元校刻：
《十三經注疏》，中華書局，1980年9月第1版，第1830～1831頁。

〔註58〕 《藝文類聚》，第957頁。

〔註59〕 《藝文類聚》，第353頁。

〔註60〕 〔漢〕趙曄原著，張覺譯注：《吳越春秋全譯》，貴州人民出版社，1993年9
月第1版，第117～119頁。

《吳越春秋‧闔閭內傳》這段文字，敘述吳王欲伐楚、子胥薦孫子、孫子精通兵法、孫子向吳王論兵法等幾層意思，祇有把《藝文類聚》中所引的兩段文字合起來看，才能展現事情的完整過程，因此說，它們的內容是互相補充的。

第二，少數主條目與參見條目雖然內容相關，但是出處不一樣。這又分為兩種情況。

第一種情況：主條目和參見條目出處不同，但內容相同或相關。

1.「陰氏臘日祠灶」之事

卷五歲時下‧臘：

> 《搜神記》曰：宣帝時，陰子方者，當臘日晨炊，而竈君神形見，子方再拜受慶。家有黃羊，因以祀之。自是以後，暴至巨富，故後常以臘日祠竈。事具竈部（筆者按，「部」當作「篇」）。〔註61〕

卷八十火部‧灶：

> 《東觀漢記》曰：初陰氏世奉管仲之祀於邑，謂之相君子。至子方，以累積恩德，為神所饗。臘日晨炊於竈，神見，再拜受慶。時有黃羊，因以祠之。自是富殖百萬，田至七百頃。後世子孫，常以臘日奉祠竈神以黃羊。〔註62〕

兩條出處不同，但敘述的是同一件事。因為摘錄材料時側重點不同，同時這個材料又具有兩屬的特性，所以它們被安排在不同的類目下。按照《藝文類聚》的編寫原則，參見條目的內容較主條目詳細。

2.「史魚屍諫」之例

卷四十禮部下‧弔：

> 《家語》曰：史魚將卒，命其子曰：「吾在朝，不能進蘧伯玉，退彌子瑕，是不能正君，不可以成禮。我死，汝其置屍牖下。」靈公弔焉，怪而問之。其子以父言告。公曰：「寡人過也。」令殯於客位。進蘧伯玉，退彌子瑕。孔子曰：「史魚死而屍諫，可謂直乎！」事具人部諷篇（筆者按，「諷」應作「諫」）。〔註63〕

卷二十四人部八‧諫：

〔註61〕《藝文類聚》，第 94 頁。
〔註62〕《藝文類聚》，第 1374 頁。
〔註63〕《藝文類聚》，第 727 頁。

《逸禮》曰：衛史鰌病且死，謂其子曰：「我死，治喪於北堂。吾生不能進蘧伯玉而退彌子瑕，是不能正君也。生不能正君者，死不當成禮。死而置屍於北堂，於我足矣。」靈公往弔，問其故，其子以父言聞於靈公。公失容曰：「吾失矣。」立召蘧伯玉而貴之，召彌子瑕而退之。徙喪於堂，成禮而後去。〔註64〕

「史魚屍諫」之記載，見於《家語‧困誓》、《逸禮》，又見於《新書‧胎教》、《韓詩外傳》卷七、《新序‧雜事一》、《大戴禮記‧保傅》，各木文字小異。《藝文類聚》的編者從不同的書中採錄此故事，分編到不同的類目下，並用「事具××」的辦法指引讀者參見閱讀。蔡邕《琴操》卷下也引此故事，但說史魚是自殺。

第二種情況：主條目和參見條目出處不同，內容相關，但不大相同，可以互相補充。

1. 「張芝學書」之例

卷九水部下‧池：

《王羲之書》云：張芝臨池學書，池水盡黑。寡人耽之若是，未必後之。事具藝部書篇（筆者按，「藝」應作「巧藝」）。〔註65〕

卷七十四巧藝部‧書：

《後漢書》曰：張奐長子芝，字伯玉（汪紹楹校記曰：「玉」字衍）英，最知名。芝及弟昶，善草書，至今稱之。〔註66〕

兩個條目涉及同一個人物張芝，但是所記事蹟不同，可以互補參看。

2. 「魯仲連辭讓歸隱」之例

卷二十一人部五‧讓：

（《史記》）又曰：魯連既說秦軍，秦軍爲却。平原君欲封魯連，魯連辭謝者三，終不肯受。平原乃置酒，酒酣起前，以千金爲魯連壽。連歎曰：「所貴天下之士者，爲人排患釋難解紛而無所取也；即有取者，是商賈之事，連不忍爲也。」遂辭而去，終身不復見。事具隱逸部（筆者按，「部」應作「篇」）。〔註67〕

〔註64〕《藝文類聚》，第 433 頁。
〔註65〕《藝文類聚》，第 171 頁。
〔註66〕《藝文類聚》，第 1266 頁。
〔註67〕《藝文類聚》，第 379 頁。

卷三十六人部二十‧隱逸上：

> （《高士傳》）又曰：魯連好奇偉俶儻，嘗遊趙，難新垣衍以秦
> 爲帝，秦軍爲却。平原君欲封連，連三辭。平原君乃以千金爲連壽。
> 連笑曰：「所貴於天下之士者，爲人排患釋難也；即有取之，是商賈
> 之事爾。」及燕將守遼（汪紹楹校記曰：《史記》八十三《魯仲連傳》
> 作「聊」）城，田單攻之不能下，連乃爲書射城中，遺燕將。燕將見
> 書，泣三日，乃自殺，城降。田單欲爵連。連曰：「吾與於富貴而詘
> 於人，寧貧賤輕世而肆意。」〔註68〕

查《史記》卷八十三《魯仲連鄒陽列傳》，知以上兩個條目是抄錄其中的文句
連綴而成。第一個條目爲魯仲連却秦軍，第二個條目包含兩個故事：魯仲連
却秦軍、魯仲連助田單攻下聊城，可以互補參看。

第三，少數主條目中「事具××」提示的部、篇內沒有相關的具體條目，
而是指向部、篇的整體。這又分爲兩種情況。

第一種情況：主條目中「事具××」指向某部的。

1.「王子喬吹笙」之例

卷四十四樂部四‧笙：

> 《列仙傳》曰：王子喬者，周靈王太子晉也。好吹笙作鳳鳴。
> 遊伊雒閒道士浮丘公接以上嵩山。事具神仙部（筆者按，「神仙部」
> 應作「靈異部‧仙道」）。〔註69〕

「靈異部‧仙道」並無與此相關的具體條目，但「靈異部‧仙道」皆敘神仙
事，與此條目在整體上內容是相關的，故用「事具××」指向「靈異部‧仙
道」。此條本應是用「事具××」指向某篇的條目，但因《藝文類聚》原書作
「事具神仙部」，故繫於此。

2.「休與之山」之例

卷七十四巧藝部‧博：

> 《山海經》曰：休與之山，其上有石焉，名曰帝臺之棊。五色
> 而文，狀如鶉卵。事具山部。〔註70〕

查山部上、下，並無與此相關的具體條目，但山部皆敘各地之山，與此條在

〔註68〕 《藝文類聚》，第 638 頁。
〔註69〕 《藝文類聚》，第 792 頁。
〔註70〕 《藝文類聚》，第 1276 頁。

整體上內容是相關的，故用「事具××」指向山部。

第二種情況：主條目中「事具××」指向某篇的。

1.「師曠勸學」之例

卷八十火部・燭：

> 《尚書大傳》曰：晉平公問師曠曰：「吾年七十，欲學，恐已暮。」
> 師曠曰：「臣聞老而學者，如執燭之明；執燭之明，孰與昧行？」公
> 曰：「善！」事具禮部學篇（筆者按，「學」應作「學校」）。〔註71〕

查「禮部・學校」，並無與此相關的具體條目，但「禮部・學校」中各條目或敘學校名稱，或敘學校功能，或敘學校建制與教學，均與《尚書大傳》所記學習之事有關，所以用「事具××」指向「禮部・學校」。

2.「侯瑾好學」之例：

> （《汝南先賢傳》）又曰：侯瑾甚孤貧，依宋人居。晝為人傭賃，
> 暮輒燃柴薪以讀書。事具文部讀書篇（筆者按，「文」應作「雜文」）。
> 〔註72〕

查雜文部・讀書，並無與此相關的具體條目，但「雜文部・讀書」篇中均敘苦讀故事，所以將侯瑾好學苦讀事用「事具××」指向雜文部・讀書。

這種情況，即：少數主條目中「事具××」提示的部、篇內沒有相關的具體條目，而是指向部、篇的整體，它不如前兩種容易查找，因此要認真翻檢，仔細辨識，否則將造成誤會。裴芹《漫說〈藝文類聚〉的「事具……」》就犯了這樣的錯誤。裴文說：

> 有的「事具」指示的部、篇內既查不到相關條目，也發現不了
> 它們之間有任何聯繫，例如地部・野篇（102 頁）引錄：「《韓詩外
> 傳》曰：孔子出遊少原之野，有婦人哭甚哀，問之。婦人曰：『向刈
> 著薪，亡吾簪，是以哀也。』」下注「事具草部」，查草部有著篇（1410
> 頁）。著篇事的部分引錄資料僅四條，無一與刈著亡簪而哀相關者。
> 再如：布帛部・素篇引錄《揚雄答劉歆書》「天下上……二十七歲於
> 今矣」一段，注云「事具雄（雜）文部」，而雜文部內的書篇、筆篇
> 均查不出與它相關聯的資料來。這類「事具」約有十多條。〔註73〕

〔註71〕《藝文類聚》，第 1370 頁。
〔註72〕《藝文類聚》，第 1377 頁。
〔註73〕同註29，第 126 頁。

根據筆者對《藝文類聚》的考察，並沒有發現裴文所說的「既查不到相關條目，也發現不了它們之間有任何聯繫」的條目，祗是這類情況中，主條目並不是與某一個具體的參見條目相對應，而是主條目以其涉及的某一方面內容與它指示的某一部或某一篇相對應。就拿裴文中所舉的兩個例子來說，「刈蓍亡簪而哀」事，「草部下・蓍」沒有與此相對應的具體條目，但是，在《藝文類聚》的參見中，有一類是主條目指向相關的部、篇的，即前面說的第三類參見，此條就屬於這種情況。因為主條目中有「向刈蓍薪」的字樣，編者便以「蓍」為主題索引，讓讀者去參見列在草部下的「蓍」篇。《說文解字》云：「蓍：蒿屬，生十歲，百莖，易以為數。天子蓍九尺，諸侯七尺，大夫五尺，士三尺。」〔註74〕《爾雅・釋草》載：「繇之醜，秋為蒿。」郭璞注：「醜，類也。春時各有種名，至秋老成，通皆呼為蒿。」〔註75〕在《爾雅》的時代，就已經把蒿歸為草類，又蓍為蒿屬，那麼《藝文類聚》的編者把蓍歸屬於草部是正確的。讓讀者感到「既查不到相關條目，也發現不了它們之間有任何聯繫」的原因，是地部・野篇《韓詩外傳》條目的「事具××」標注殘缺，應標作：「事具草部蓍篇」。因為「蓍」在此條目中並不是一個主要物象，按《藝文類聚》原書的標注方式，很難讓人想到此條目是指向參見草部下・蓍篇的。在現代人看來，「蓍」祗不過是一種普通的草而已，但是，「蓍」在古人眼中卻是非常重要的，因為古代多用它的莖占卜。《洪範五行》曰：「蓍之言為耆也。百年一本生百莖。此草木之壽，亦知吉凶者，聖人以問鬼神。」〔註76〕《周易・繫辭上》載：「是故蓍之德圓而神，卦之德方以知。」〔註77〕《史記・龜策列傳》載：「余至江南，觀其行事，問其長老，云龜千歲乃遊蓮葉之上，蓍百莖共一根。又其所生，獸無虎狼，草無毒螫。」〔註78〕李時珍《本草綱目・草四・蓍》云：「蓍乃蒿屬，神草也。」〔註79〕原來蓍是占卜吉凶的神草。這就是為什麼《藝文類聚》的編者要標出「事具草部」讓讀者去參見草部的原因。

〔註74〕 同註12，第20頁。
〔註75〕 〔晉〕郭璞注，〔宋〕刑昺疏：《爾雅注疏》，載〔清〕阮元校刻：《十三經注疏》，中華書局，1980年9月第1版，第2630頁。
〔註76〕 《藝文類聚》，第1410頁。
〔註77〕 〔魏〕王弼、〔晉〕韓康伯注，〔唐〕孔穎達等正義：《周易正義》，載〔清〕阮元校刻：《十三經注疏》，中華書局，1980年9月第1版，第81頁。
〔註78〕 〔漢〕司馬遷：《史記・龜策列傳》，中華書局，1982年11月第2版，3225頁。
〔註79〕 同註11，第935頁。

布帛部・素篇引錄的《揚雄答劉歆書》這個條目，是一個主條目用「事具××」指向參見某篇的，主條目中的「事具雄（雜）文部」，應作「事具雜文部書篇」。由於《藝文類聚》編者的疏忽，「事具××」的標注殘缺，造成查檢上的麻煩，以致於在「雜文部內的書篇、筆篇均查不出與它相關聯的資料」。在雜文部內的書篇中，摘錄了鄒陽《上書梁王》、沈約《與范述曾論竟陵王賦書》等多篇書體文章；《藝文類聚》編者在布帛部・素篇引錄的《揚雄答劉歆書》條目下標注「事具雄（雜）文部」，是要引導讀者去參見雜文部・書篇內摘錄的這些文章，因為它們和《揚雄答劉歆書》一樣，都是屬於「書」這個文體。

（四）參見法在《藝文類聚》中的指示方式

前面談到，《藝文類聚》中的參見是一種單向參見，與現代參見法往往是雙向參見的情況不同。《藝文類聚》中「事具」參見的指示方式，大體上說有三類：事具某部類、事具某部某篇類、事具某篇類，即指向某部的參見、指向某部某篇的參見、指向某篇的參見。

第一，「事具某部」類

1. 「桓公北征」例

卷九水部下・谿：

　　《管子》曰：桓公北征孤竹，至卑耳之谿。事具武部。〔註80〕

卷五十九武部・戰伐：

　　（《管子》）又曰：桓公北伐孤竹，未至卑耳之谿十里，援弓而射，未敢發也，謂左右曰：「見前人乎？」對曰：「不見。」公曰：「寡人見人長尺，而人物具焉。冠冠，右祛衣，馬前疾走。寡人其不濟乎？」管仲曰：「祛衣示前有水也，右示涉也。」至卑耳之谿，從左涉，深及冠；從右涉，方深至膝。已涉大濟，公拜曰：「仲父之聖若此也。」〔註81〕

2. 「越王焚宮室」例

卷八十火部・火：

　　（《韓子》）又曰：越王問於大夫種曰：「吾欲伐吳，可乎？」對

〔註80〕《藝文類聚》，第 174 頁。
〔註81〕《藝文類聚》，第 1063 頁。

曰：「可矣。何不試焚宮室？」於是遂焚宮室，民莫能救火。乃下令曰：「民之救火而死者，比死敵之賞。」民之塗其體，被濡衣走火者，左二千人，右三千人。事具刑法部。〔註82〕

卷五十四刑法部・刑法：

（《韓子》）又曰：越王問於大夫種曰：「吾欲伐吳，可乎？」對曰：「可矣。君賞厚而信，罰嚴而必，君欲知之，何不試焚宮室？」於是遂焚宮室，民莫救火。乃下令曰：「人救火而死者，比敵死之賞；勝火而死者，比勝敵之賞；不救火，若比降北之罪。」民之塗其體，被濡衣，走火者，左三千人，右三千人。此知必勝之勢也。〔註83〕

第二，「事具某部某篇」類

1.「楚昭王夫人溺水」例

卷八水部上・江水：

《列女傳》曰：楚昭王貞姜，齊女也。昭王出遊，留夫人漸臺。江水大至，使使者迎夫人，忘持符。夫人不肯出。使者還取符，未及，臺已壞，流水而死。事具人部賢婦篇。〔註84〕

卷十八人部二・賢婦人：

《列女傳》曰：楚昭貞姜，齊侯之女、楚昭王之夫人也。昭王出遊，留夫人漸臺之上而去。王聞江水大至，使使者迎夫人，忘持符。使者至，請夫人出。夫人曰：「大王與宮人約，命曰：『召宮（人）必以符。』今使者不持符，妾不敢從使者而行。妾聞之：貞女之義不犯約，勇者不畏死，守節而已。妾知從使者必生，留必死也，然妾不敢弃約，越義而求生。」大水至而死。乃號曰「貞姜」。〔註85〕

2.「奇肱氏飛車」例

卷七十一舟車部・車：

《括地圖》曰：奇肱民能爲車，從風遠行。湯時西風久，奇肱車至於豫州，去玉門四萬里。事具天部風篇。〔註86〕

卷一天部上・風：

〔註82〕《藝文類聚》，第 1363 頁。
〔註83〕《藝文類聚》，第 968 頁。
〔註84〕《藝文類聚》，第 157 頁。
〔註85〕《藝文類聚》，第 334 頁。
〔註86〕《藝文類聚》，第 1235～1236 頁。

《括地圖》曰：奇肱氏能爲飛車，從風遠行。湯時，西風吹奇肱車至於豫州。湯破其車，不以示民。十年，西風至，乃復使作車，遣歸，去玉門四萬里。〔註87〕

第三，「事具某篇」類

1.「神人驅石下海」例

卷六地部・石：

《三齊略記》曰：始皇作石塘，欲過海看日出處。時有神人，能驅石下海。石去不速，神輒鞭之，皆流血，至今悉赤。陽城山石盡起立，嶷嶷東傾，狀如相隨。事具神篇。〔註88〕

卷七十九靈異部下・神：

《三齊略記》曰：始皇作石橋，欲過海觀日出處。于時有神人能驅石下海。城陽一山石，盡起立，嶷嶷東傾，狀似相隨而去。云石去不速，神人輒鞭之，盡流血，石莫不悉赤，至今猶爾。〔註89〕

2.「閔子騫喪畢鼓琴」例

卷三十四人部十八・哀傷：

《家語》曰：閔子騫三年喪畢，見於孔子，與之琴，使之絃，切切而悲。孔子曰：「君子也，哀未盡，能斷之以禮。」事具品藝篇（筆者按，「藝」應作「藻」）。〔註90〕

卷二十二人部六・品藻：

（《家語》）又曰：子夏三年喪畢，見於孔子，與之琴，使之弦，侃侃而樂，作而曰：「先王製禮，不敢不及。」子曰：「君子也。」閔子三年喪畢，見於孔子，與之琴，使之弦，切切而悲，作而曰：「先王製禮，不敢過焉。」子曰：「君子也。」子貢曰：「二者殊情，而俱曰君子，賜也惑之，敢問？」孔子曰：「閔子哀未盡，能斷之以禮；子夏哀已盡，能引之及禮。雖鈞謂之君子，不亦可乎？」〔註91〕

參見法在《藝文類聚》中的三類指示方式，都不同程度地體現了參見的功能，它們或指引讀者從簡略的摘錄去參看詳細的記述，或指引讀者從某個事例去

〔註87〕《藝文類聚》，第 17 頁。
〔註88〕《藝文類聚》，第 108 頁。
〔註89〕《藝文類聚》，第 1347 頁。
〔註90〕《藝文類聚》，第 595 頁。
〔註91〕《藝文類聚》，第 403～404 頁。

參看相關的補充資料，或指引讀者在看到某個資料時再同時從不同的角度參看相同的資料。裴芹說：「類書用事物的類系來組織文獻資料，由此產生兩個不可避免的問題：文獻的割裂與引錄的重複。……爲減少重複，節縮文字，《藝文類聚》用略一處、詳一處，而在略處注明『事具×部×篇』的辦法，不能不說是一種有效的措施。它密切了條目間的聯繫，增加了檢索入口。」〔註92〕這種參見系統雖然簡單，卻是《藝文類聚》在類書史上的一個創舉。

第二節　《藝文類聚》與索引的關係

何爲索引？索引有哪些要素？這是在探討《藝文類聚》與索引的關係之前，應該首先弄清楚的。索引又稱「通檢」、「備檢」等，也有據英文（index）音譯爲「引得」的。

彭斐章等的《目錄學》說：

> 所謂索引，就是記錄和指引相關文獻信息或單元知識，並按照一定的編排系統組織起來的檢索工具。〔註93〕

這個定義尚嫌簡略。哈羅德‧博科等的《索引的概念與方法》說：

> 索引是一種便利的指南，不僅把我們引向感興趣的主題，還提供了某個主題領域的全貌——概況，其它任何書目工具都作不到這一點。

> 《美國遺產詞典》把索引定義爲：「印刷著作中人名、地名和主題的字順排列表，並爲每一項指明它所在的頁碼。」〔註94〕

這個定義的前半部分是對索引的一般解釋，還不是嚴格的定義。後半部分是轉述別人的定義，也稍嫌簡略。黃恩祝從比較的角度爲索引下了定義：

> 索引、書目和文摘都是揭示文獻的工具，都是以目與錄爲它的款目結構形式。但三者又各有所異：索引是揭示文獻中的資料單元的線索；書目是揭示文獻的外部特徵；文摘是揭示文獻內容的精義。這些異點就是三者各自的本質屬性。

〔註92〕同註29，第127頁。

〔註93〕彭斐章、喬好勤、陳傳夫：《目錄學》（修訂本），武漢大學出版社，2003年11月修訂版，第234頁。

〔註94〕哈羅德‧博科、查爾斯‧L‧貝尼埃：《索引的概念與方法》，書目文獻出版社，1984年12月第1版，第1頁。

　　……索引對揭示文獻中的資料單元稱爲「標目」；對標目的專指和修飾稱爲「限定詞」或「說明語」；對顯示標目在文獻内容中的「地址」則稱爲「出處」。「標目」、「限定詞」、「出處」三者合組成索引的款目，稱爲款目三要素。……

　　把一定數量的索引款目組合成的系統，就叫索引系統。組合的方式叫整序，整序的基本方法有兩種：一是類序法；二是字序法。……

　　把揭示文獻内容的資料單元按要求編成款目，對標目進行整序，按需要建立參照結構，這樣組成的一種用以檢索文獻内容的資料單元的線索，就是索引。〔註95〕

這個定義比較完整、全面，逐一解釋有關術語，在此基礎上給出索引的概念。日本索引家協會的《索引編製工作手冊》對索引的界定也較爲完善：

　　（1）作爲索引，必須由許多叫做索引款目的單位集合起來才能成立。

　　（2）作爲一個索引款目，必須由標目、限定詞、地址出處這三個發揮不同功能的要素結合起來才能成立。

　　（3）針對眾多的索引款目，把它們的標目按照一定的排列規則排列起來，才能編製成索引。

　　（4）已經編成的索引中的標目，要通過設立參照和賦予上位—下位關係來進行控制，才能方便索引利用者。〔註96〕

這個定義也符合中國索引發展的實際。

　　曹聰孫認爲：

　　把書籍、期刊中的目錄、項目、内容、字、詞（組）、句摘記爲條目，於其下注明出處和頁碼，然後按一定的順序加以排列，這樣的工具表或工具書即稱爲索引。〔註97〕

　　徐建華認爲：

　　索引，它是一種將散見於書刊中的相關資料，按照一定檢索方式編排起來，並注明資料出處的供讀者檢索用的工具書。它祇向讀

〔註95〕黃恩祝：《應用索引學》，上海書店出版社，1993 年 12 月第 1 版，第 3～5 頁。

〔註96〕日本索引家協會編，賴茂生、余惠芳、張國清譯：《索引編製工作手冊》，北京大學出版社，1988 年 4 月第 1 版，第 10 頁。

〔註97〕曹聰孫：《索引闡要》，載《津圖學刊》1984 年第 3 期，第 75 頁。

者提供查找資料的線索，而不提供資料本身。〔註98〕

綜合上面幾家的說法，我們認爲現代索引應該包含五要素：

第一，要有揭示文獻資料的標目。

第二，要有對標目的專指和修飾的限定詞。

第三，要注明文獻的出處。

第四，要按照一定的方法排列文獻，如類序法、字序法等，即索引應具有一定的檢索方式。

第五，衹向讀者提供查找資料的線索，而不提供資料本身。

而潘樹廣認爲索引有四個基本要素：第一，須明確規定一定的文獻資料作爲索取範圍。第二，須規定特定的款目作爲索取對象。第三，所有款目須按一定的排檢法編排。第四，所有款目後面均須詳注出處。具備以上四個基本要素的，才是嚴格意義上的索引。〔註 99〕潘樹廣提出的索引四要素，與我們的索引五要素略有不同。雖然各自的角度不同，但是，潘樹廣忽略了我們講的第五條，即索引衹向讀者提供查找資料的線索，而不提供資料本身。他的第二條、第三條與第四條，跟我們總結的基本相同；而其第一條則可有可無，因爲任何一種索引不可能沒有明確的索取範圍，沒有明確索取範圍的索引是無法編制的。所以，在下面的論述中，還以我們總結的五要素爲標準，來探討《藝文類聚》和索引的關係，以及《藝文類聚》的索引功能。

一、關於類書與索引關係的不同觀點

關於類書與索引的關係有兩大對立的觀點。

第一種觀點認爲，類書是我國古代的索引。

侯漢清認爲：類書是我國古代索引的濫觴。索引的三個要素——標目、出處和檢索手段，類書均具備。「無論從類書的性質、功能和結構，還是從索引的發展，都可以看出類書符合索引的定義，具有索引的特徵，是具有我國特點的早期索引。」〔註 100〕

黃恩祝認爲：

〔註98〕徐建華：《索引溯源》，載《津圖學刊》1984 年第 4 期，第 112 頁。

〔註99〕潘樹廣：《古籍索引概論》，書目文獻出版社，1984 年 6 月第 1 版，第 1～2 頁。

〔註100〕侯漢清：《我國古代索引探源》，載《圖書館理論與實踐》1986 年第 2 期，第 6～8 頁。

類書不僅是我國古代早期的索引，而且是我國索引發展史從胚胎進入成型期的主要界石。

接著作者談了五點論據：一、類書是反映文獻內容（線索）的工具書；二、類書以文獻內容的主題詞爲檢索語言；三、類書具有相當完整的複合主題結構。四、絕大部分類書都能通報款目所在的地址。五、類書已出現專題的題錄與作者索引的結構。作者最後說：

綜上所述，類書這五種結構形式可以明證它是我國古代的索引。這些結構形式及其多種功能也證明它已超過萌芽期的索引如《古今人表》、《古今同姓名錄》。它的這些成果促使我國的索引史進入了成型期的階段。〔註101〕

第二種觀點認爲，類書不是我國古代的索引。

錢振新認爲：

我國類書編制歷史源遠流長，成績斐然。而我國索引事業起步遲，發展慢，至今尚有許多空白。如果說類書是我國古代的索引，那等於說我國的索引事業與類書編纂一同起步，將類書的成績加在索引工作上顯然是不客觀的。總之，索引與類書有如下幾方面不同：

索引是一種二次文獻情報產品。類書是我國古代的一種集一次文獻大成的工具書。

索引作用在「指南」，旨在提供一次文獻的線索而不是直接閱讀。類書是供直接閱覽備考的。因此有些類書本身需要輔助索引；索引本身是一種派生情報工作，在我國起步遲，發展慢，而且至今還有許多落後之處。類書的編纂是我國圖書編纂工作的驕傲，它以百科全書性質爲世界學術界所矚目。〔註102〕

管蔚華也認爲：

索引和類書是不盡相同的二個事物，且分屬於檢索工具和工具書兩個不盡相等的概念。它們之間還存有某些實在的差異，因此是不宜隨意等同起來的。雖然類書在輯錄文獻條目時，大都引用原材

〔註101〕黃恩祝：《類書是我國古代的索引》，載《湖北高校圖書館》1986年第3期，第64～66頁。

〔註102〕錢振新：《「類書是我國古代的索引」說質疑》，載《廣東圖書館學刊》1988年第3期，第76～78頁。

料，也注明出處，它與索引之間的關係較爲接近，並對我國的索引
事業的產生和發展還是起了很大的促進作用。我國古代類書的編纂
工作，僅可被看作是拉開了我國古代索引史的序幕，它同本身意義
上的索引還是有區別的。〔註103〕

他的意思很明確，即不能把類書等同於索引，兩者是有一定區別的，祇能說
類書具有索引的某些功能。

用索引的五個要素來衡量，一些類書符合第一條和第四條，另一些類書
同時還符合第三條。類書並不完全符合索引的要素，而且類書均提供原始的
資料供人們閱讀，所以說，類書並不等同於索引。

既然類書不是古代的索引，那麼類書是否與索引沒有關係呢？不是的。
潘樹廣認爲，索引的四個基本要素「類書大部分具有，即：規定特定的款目
作爲索取對象（綜合性或專科性），款目按一定的排檢法編排（分類或分韻），
注明出處。因而，我們可以說，古代的類書，已具索引的雛形。」〔註104〕他
在《古典文學文獻及其檢索》中也有類似的論述：

　　類書與索引也有很多不同之處：（1）索引一般祇注明文獻的出
處，不引錄原文，而類書除了注明出處外，還引錄原文，這是它的
長處；（2）索引在其規定檢索的範圍之內，要求入索齊全（即所謂
「周遍性」），而類書則帶有文獻舉要的性質，沒有明確規定哪幾種
書籍作爲自己的收錄範圍。所以說，類書祇具有索引的部分功能。
〔註105〕

現在，多數學者持有同樣的觀點。胡道靜從清理文化遺產中類書所起的
資料搜集的助手作用的角度認爲：

　　在研究古代文化的學術工作中，利用它們（筆者按，指類書）
來對某一專題搜集文獻資料，可以節省不少時間，也免得耗費過多
精力。當然，類書上的資料是第二手的，還需要用原始資料來加以
核對。但是它們已將一定門目的資料輯集在一處，起著「索引」的
作用，比我們自己一開始就直接從散漫無邊而又浩若煙海的文獻中

〔註103〕管蔚華：《試論索引的本質屬性及與類書的關係》，載《圖書館學刊》，1989
　　　　年第 2 期，第 25 頁。
〔註104〕潘樹廣：《古籍索引概論》，書目文獻出版社，1984 年 6 月第 1 版，第 16 頁。
〔註105〕潘樹廣：《古典文學文獻及其檢索》，陝西人民出版社，1984 年第 1 版，第 367
　　　　～368 頁。

去尋第一手資料，其效果自大不相同。〔註106〕

黃恩祝更明確指出：

> 622年，唐代歐陽詢的《藝文類聚》，是首次出現具有較典型的萌芽期索引功能的類書，其功能反映在：1. 輯錄群書內容中的重要資料；2. 以關鍵字、詞爲條目並採用「以類相從」的方法排列這些資料；3. 注明資料的出處。……
>
> 歐陽詢在編《藝文類聚》時，明確提出編輯第二次文獻的必要性，說「九流百氏，爲說不同，延閣石渠，架藏繁積，周流極源，頗難尋究……欲摘其菁華，采其指要，事同遊海，義等觀天。」因此必須「披條索貫」。這「披條索貫」，可以看作索引的形式和作用。〔註107〕

侯漢清也指出：

> 《皇覽》、《北堂書鈔》、《藝文類聚》、《韻海鏡源》、《元和姓纂》等類書，從其編排方式和體例等方面來分析，可以看作是我國古代各種索引類型的濫觴。〔註108〕

由上述論述可知，類書就其功能來說，的確具有索引的部分功能，是索引的雛形，但是，類書並不是現代意義上的索引，這一點是十分清楚的。

類書雖然具有索引的大部分功能，但是最終沒有發展爲現代意義上的索引，而索引學在我國古代的發展又極爲緩慢。這是因爲，類書包含各種知識，兼有百科全書和資料彙編的性質，能滿足人們日常多方面的需要，又方便閱讀和攜帶，比索引更具有實用性。而索引祇能提供檢索的線索，卻不能提供文獻本身；在書籍數量不多又流通不廣的古代社會，它不利於人們對文獻的索取與閱讀。因此，類書興盛，索引則發展緩慢。

二、《藝文類聚》的索引功能

按照我們歸納的索引五要素，《藝文類聚》具備三要素，即標目、出處、檢索方式。

〔註106〕胡道靜：《中國古代的類書》，中華書局，2005年5月新1版，第46頁。

〔註107〕黃恩祝：《中國古代索引略述》，載《辭書研究》1983年第1期，第54頁、第59頁。

〔註108〕同註100，第5頁。

索引五要素中的第一要素是索引要有揭示文獻資料的標目。「標目通常又稱爲索引詞，由於它是識別特定款目的主要標誌，因此也稱爲標誌。」〔註 109〕《藝文類聚》把當時的知識，按照天、地、人、事、物，分爲 100 卷，46 部，再按以類相從的方法將輯錄的資料分別編排爲 727 個子目。從一級類目和二級類目的具體標目看，有事物的名稱，如日、月、琵琶、笙；有地名，如冀州、河南郡；有人名，如晉武帝、齊高帝；這些與現代的詞語索引、地名索引、人名索引極其相似。

索引五要素中的第三要素是索引要注明文獻的出處。祇有注明出處，才能使輯錄的眾多資料具有索引功能，否則，祇是一般的資料彙編。《藝文類聚》的每個子目下，均輯錄大量資料，並且用「××曰」的方式注明這些文獻的來源、出處。如卷四歲時中‧九月九日：

> 《風土記》曰：九月九日，律中無射而數九，俗尚此月，折茱萸房以插頭，言辟除惡氣而禦初寒。《續晉陽秋》曰：陶潛嘗九月九日無酒，宅邊菊叢中，摘菊盈把，坐其側久。望見白衣至，乃王弘送酒也。即便就酌，醉而後歸。《續齊諧記》曰：汝南桓景，隨費長房遊學累年，長房謂之曰：「九月九日，汝家當有災厄。急宜去，令家人各作絳囊，盛茱萸以繫臂，登高飲菊酒，此禍可消。」景如言，舉家登山，夕還家，見雞狗牛羊，一時暴死。長房聞之曰：「代之矣。」今世人每至九日，登山飲菊酒，婦人帶茱萸囊是也。《孟嘉傳》曰：嘉爲桓溫參軍，既和而正，溫甚重之。九月九日，溫遊龍山，參僚畢集，時佐吏並著戎服。有風至，吹嘉帽墮落。溫謂左右及賓客勿言，以觀其舉止。《臨海記》曰：郡北四十步，有湖山，山甚平正，可容數百人坐，民俗極重，每九日菊酒之辰，讌會於此山者，常至三四百人。〔詩〕宋謝瞻《九日從宋公戲馬臺詩》曰：……宋謝靈運《九日從宋公戲馬臺送孔令詩》曰：……齊竟陵王蕭子良《九日侍宴詩》曰：……齊王儉《侍皇太子九日玄圃宴詩》曰：……梁簡文帝《九日侍皇太子樂遊苑詩》曰：……周王褒《九日從駕詩》曰：……〔賦〕宋傅亮《九月九日登陵囂館賦》曰：……〔書〕魏文帝《與鍾繇書》曰：……〔註 110〕

〔註 109〕同註 93，第 240 頁。
〔註 110〕《藝文類聚》，第 81～84 頁。

先列出經史百家之書中關於「九月九日」的論述及其出處，然後列出涉及「九月九日」的詩文及其篇名。「事」的部分注明書名，一般不注明作者，也不注明朝代；「文」的部分注明朝代、作者和篇名。但不論「事」的部分，還是「文」的部分，均不注出原書的卷次和頁碼，這是《藝文類聚》作爲一部具有部分索引功能的類書，與現代索引不完全相同的地方。

索引五要素中的第四要素是索引應具有一定的檢索方式。沒有檢索方式，就不成其爲索引。《藝文類聚》是用事物分類和主題分類，按照天、地、人、事、物的基本序列排列有關資料的。如果要在《藝文類聚》中檢索關於某一座山峰（比如衡山）的文獻記載，就不必從第一頁開始逐一查找，而是可以憑藉一定的檢索方式（即本書資料排列的天、地、人、事、物序列和本書的目錄），迅速檢索到。檢索其它的文獻記載，也是如此。

《藝文類聚》是具有部分索引功能的類書。以檢索《藝文類聚》中收錄的隱逸資料爲例，來說明其擁有的檢索體系。

如果想要檢索《藝文類聚》中收錄的有關隱逸的資料，第一步是要確定這類資料所在的大類。隱逸與「人」有關，應該在「人」這個大類。《藝文類聚》中屬於「人」這個人類的是第十卷到第三十七卷，包含符命部、帝王部、后妃部、儲宮部、人部。在卷三十六人部二十·隱逸上和卷三十七人部二十一隱逸下，輯錄了唐代以前關於隱逸的資料。由「人」這個大類，進而到「人部」這個一級經目，再到「隱逸」這個二級經目。《藝文類聚》的體例是在二級經目下輯錄資料，按照「事前文後」的體例，分爲兩個部分，前面的部分是「事」，排列經史子著作中的有關資料，後面的部分是「文」，按文體排列各體文章。「事」與「文」是《藝文類聚》的隱形一級緯目。在一級緯目「文」之下，又按照「詩、賦、頌、贊、表、銘、令、啓、論、箋」等文體進行復分，這是二級緯目。二級緯目下的文體，如果沒有作品可以輯錄，就自然空缺。現圖示如下：

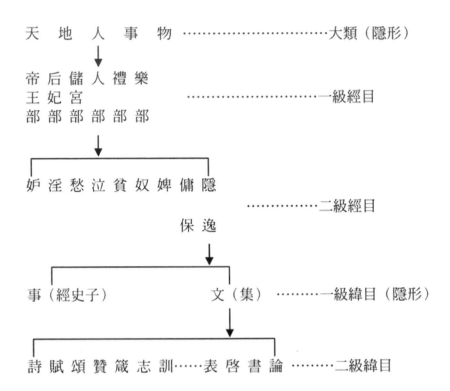

以上就是以子目「隱逸」為例，展示的《藝文類聚》的檢索體系。在每個一級經目下的二級經目，有多有少，根據內容靈活設置，且名稱不一。每個二級經目下的二級緯目一般祗有幾個，上例中的二級緯目算是較多的，有 21 個。

《藝文類聚》的索引功能也具有現代價值。

《藝文類聚》徵引先唐古籍豐富，共有 1400 餘種，現存者不及百分之十，因此可以說它是一部資料保存性類書，是檢索唐代以前文獻的工具。由於它採用了分類法與主題法相結合的編排結構（詳見下節），編排上的特色與優勢，使後人按圖索驥查找先唐文獻比其它類書便捷。掌握了《藝文類聚》的立類和分類——主題體系的編排規律，其文獻的檢索作用一目了然。上海古籍出版社出版的、汪紹楹點校的《藝文類聚》，書末附有李劍雄、劉德權編的《藝文類聚索引》，分《人名索引》和《書名篇名索引》兩個部分，為古老的《藝文類聚》增添了新的檢索功能。《藝文類聚》作為類書，除了檢索工具的檢索功能以外，還有檢索工具保存資料的功能。

《藝文類聚》是檢索先唐文史資料，進行文史研究的良好工具。在《藝文類聚》中，保存了天皇氏等上古傳說帝王的史料，為研究上古歷史與神話提供了寶貴的資料。例如燧人氏，他鑽木取火，教人熟食，是人工取火的發

明者。關於他的神話反映了中國原始時代從利用自然火，進化到人工取火的情況。《藝文類聚》中保存了《尚書大傳》的記載：「燧人為燧皇，以火紀官。」以及《禮含文嘉》的記載：「燧人始鑽木取火，炮生為熟，令人無腹疾，遂天之意，故為燧人。」〔註111〕介紹了燧人氏鑽木取火的事蹟和「燧人」名字的來歷。《藝文類聚》卷八十七引《九州論》又有「燧人夏取棗杏之火」的傳說，〔註112〕均與今河南商丘流傳的「燧人擊石取火」的活神話相互印證。

　　《藝文類聚》保存了大量的文化史方面的資料。例如關於九月九重陽節的習俗，在卷四歲時中·九月九日中保存著這方面的五條記載。一般根據《西京雜記》的記載，認為重陽節登高的習俗始於西漢。《藝文類聚》徵引的《風土記》中的文字，更加強了人們的這種看法；還徵引了南朝梁人吳均的《續齊諧記》，保存了關於重陽節風習最完整的傳說。關於筆的來歷，《藝文類聚》中也有明確的記載，卷五十八引《博物志》曰：「蒙恬造筆。」〔註113〕這是關於蒙恬造筆的最早記載，而今本《博物志》無。清代俞樾《春在堂隨筆》載：「秦將軍蒙恬，築長城，絕地脈，致不得其死。今長城之下，未知尚有蒙將軍廟貌否？乃吾湖之菩連村，則固有蒙公祠。其地皆以筆為世業。筆工不忘所始，故有祠宇以祀蒙公，香火頗盛。蒙公本秦將，乃以有功翰墨，千秋廟食，度亦非其意計所及矣。」〔註114〕筆在秦以前早已有之，然傳說流播民間，則有如俞樾所寫之景況。

　　查找典故，注釋古詩文，也要用到《藝文類聚》。唐代李商隱的《錦瑟》詩有「滄海月明珠有淚」之句，「珠淚」如何解釋？查《藝文類聚》卷八十四寶玉部下·珠，引有鮫人泣珠的故事：「《搜神記》曰：南海之外，有鮫人，水居如魚，不廢絹績，其人能泣珠。」〔註115〕「珠淚」，原來是用典。

　　不僅如此，根據其類目標示的內容，《藝文類聚》還是檢索先唐天文史料、地理史料、音樂史料、哲學史料、軍事史料、藥物學史料、動植物史料、建築史料等的寶庫。這些文獻記錄的線索，都是先按分類、後在每類下標以主題詞來排列的，其檢索性頗有規律，顯而易見。雖然這些方面的資料不是很

〔註111〕《藝文類聚》，第207頁。
〔註112〕《藝文類聚》，第1487頁。
〔註113〕《藝文類聚》，第1054頁。
〔註114〕〔清〕俞樾著，張道貴、丁鳳麟標點：《春在堂隨筆》，江蘇人民出版社，1984年1月第1版，第113頁。
〔註115〕《藝文類聚》，第1437頁。

多，但也有一些它書稀見的記載。

地中概念在中國天文學史上十分重要，它不但是古人宇宙結構理論的重要組成部分，而且在古代天文計量方面發揮了巨大作用。對有關地中問題的關注，影響了中國古代天文學的走向，促成了中國天文學史上一些重要事情的發生。但是，地中具體在什麼地方呢？對此，古人有不同的解答。在中國本土的諸山中，有崑崙山地中說。查《藝文類聚》卷七山部上·崑崙山引《水經》曰：「崑崙墟在西北，去嵩高五萬里，地之中也。其高萬一千里，河水出其東北陬。」〔註116〕崑崙山之所以被視為地中，是由於古人賦予了它一定的神話和天文特徵。司馬遷在《史記·大宛列傳》中引《禹本記》言：「河出崑崙。崑崙其高二千五百里，日月所相避隱為光明也。其上有醴泉、瑤池。」〔註117〕《博物志》則引《河圖括地象》曰：「地南北三億三萬五千五百里。地部之位起形高大者有崑崙山，廣萬里，高萬一千里，神物之所生，聖人僊人之所集也。出五色雲氣，五色流水，其泉南流入中國，名曰河也。其山中應於天，最居中，八十城布繞之，中國東南隅，居其一分，是奸（筆者按，"奸"應作"好"）城也。」〔註118〕《山海經·西山經》亦云：「西南四百里，曰崑崙之丘，是實惟帝之下都，神陸吾司之。」〔註119〕崑崙山既然是「日月所相避隱為光明」處，是聖人、僊人居住的地方，又是天帝之下都，且與天的中心相對應，說它是地中，豈不是很相宜的嗎？地中說十分複雜，此不詳敘，在此祇是想說明，《藝文類聚》的記載，支持了崑崙山地中說，是研究古代天文學的寶貴材料。

吳普的《吳氏本草》現已佚，《藝文類聚》摘錄該書8條，保存了有用的藥物學資料，如卷九十七蟲豸部·蝙蝠引《吳氏本草》曰：「伏翼或生人家屋間。立夏後陰乾，治目冥，令人夜視有光。」〔註120〕記載了蝙蝠的藥用價值。

《藝文類聚》卷九十八祥瑞部上·木連理摘錄了有關木連理的記載：「《東觀漢記》曰：安帝延和（汪紹楹校記曰：當依《東觀漢記》三作「光」。）

〔註116〕《藝文類聚》，第130頁。

〔註117〕〔漢〕司馬遷：《史記·大宛傳》，中華書局，1982年11月第2版，第3179頁。

〔註118〕〔晉〕張華撰，范寧校證：《博物誌校證》，中華書局，1980年1月第1版，第7頁。

〔註119〕袁軻：《山海經校注》，上海古籍出版社，1980年7月第1版，第47頁。

〔註120〕《藝文類聚》，第1685～1686頁。

三年，衛縣木連理。又其年，定陵縣木連理。袁山松《漢書》曰：建和二年，河東木連理。《魏略》曰：文帝嗣立爲魏王，是歲天下奏醴泉涌，木連理。干寶《晉紀》曰：武帝自咸寧三年，至太康元年，木連理八生。《晉中興徵祥說》曰：王者德澤純洽，八方同一，則木連理。連理者，仁木也。或異枝還合，或兩樹共合。建元（汪紹楹校記曰：湯球輯《晉中興書》云當作「武」。）元年，木連理四：一生嵩（汪紹楹校記曰：湯輯本云當作「嵩」。）山，一生武昌，一生汝陰，一生汝陽。泰興元年，又生武昌。」〔註121〕仁木，即良種植物，異枝還合，或兩樹共合，是自然嫁接產生的現象。具體記載這一現象的文獻已經失傳，祗能從《藝文類聚》中檢索到這些資料了。據《藝文類聚》記載，在先唐時期，木連理現象出現在這幾個時期（當然這種記載很可能是不完全的）：延光三年（124年）、延光四年（125年）、建和二年（148年）、文帝嗣立爲魏王（220年）、咸寧三年（277年）至太康元年（280年）、建武元年（317）、泰興元年（318）。這些文字彌補了古代植物學史料的不足。

　　以上僅是略加舉例，探討了《藝文類聚》索引功能的現代價值，其實，它的多方面價值，有待進一步開發和利用。

第三節　《藝文類聚》分類與主題相結合的目錄體系

　　編纂類書，總是要查閱大量的資料，摘引出有關條目，天文地理、日月星辰、山川河流、歷史典故、人物逸事、事物源流、飲食起居、飛禽走獸、草木蟲魚等，進行排比分類，把相同性質的資料集中在一起，將其編排在預先設定好的子目下。類書的編纂體例，從大的方面分有兩大類：一是按類分，一是按字分。按類分的，是將各種材料，依據不同的門類，如按天、地、人、事、物等不同事類的順序，將有關資料集中編纂在一起。歷代的類書大多是按類編排的，《藝文類聚》亦如此。

一、分類法與類目劃分

　　什麼叫分類？《原始分類》一書中有如下闡釋：

　　　　所謂分類，是指人們把事物、事件以及有關世界的事實劃分成類和種，使之各有歸屬，並確定它們的包含關係或排斥關係的過

〔註121〕《藝文類聚》，第 1699～1700 頁。

程。〔註 122〕

《圖書館學情報學詞典》的解釋是：

> 分類：根據對象的屬性或特徵，將對象集合成類，並按照其相
> 互關係予以系統組織。根據對象的本質屬性對對象的區分和組織，
> 稱為自然分類；根據對象的某種顯著特徵對對象的區分和組織，稱
> 為輔助分類。分類是人類認識事物、區分事物、組織事物的一種基
> 本方法。以圖書為對象的分類，即為圖書分類。〔註 123〕

但是，類書的分類不是一般的分類，而是一種特有的分類，羽離子說：

> 類書摘抄、彙編了大量文獻，為使對文獻的分解以及歸納相聚
> 能前後一致地順利進行，必須依據一定的法則，這就是類書特有的
> 分類法。〔註 124〕

這種特有的分類法，就是以天、地、人、事、物為五大類來初分文獻。《藝
文類聚》部類是分類編排的。從分類方法上看，它的基本類目主要不是以學
科分類為標準，而是以事物分類為依據，分兩級類目，主要以事物名稱立目，
如一級類目（即部類）的天、歲時、職官、鳥、獸等，以及二級類目（即子
目）的石、琴、宅舍等。全書以天、地、人、事、物為基本序列組織文獻，
採用「以類相從」的編輯方法，一級類目（即部類）共分 46 部；二級類目（即
子目）之下選編有關資料，按照「事居於前，文列於後」、「事」與「文」兼
的編纂方法，構成「事文一體」的體制。《藝文類聚》的分類知識來源於儒家
六經，司馬遷《太史公自序》云：「《易》著天地陰陽四時五行，故長於變；《禮》
經紀人倫，故長於行；《書》記先王之事，故長於政；《詩》記山川谿谷禽獸
草木牝牡雌雄，故長於風；《樂》樂所以立，故長於和；《春秋》辯是非，故
長於治人。」〔註 125〕《藝文類聚》「天、地、人、事、物」的排序，正是這種
思想的體現。下面是它的分部情況：

〔註 122〕〔法〕愛彌爾·涂爾幹、馬塞爾·莫斯著，汲喆譯：《原始分類》，上海人民
　　　　　出版社，2005 年 4 月第 1 版，第 2 頁。

〔註 123〕周文駿主編：《圖書館學情報學詞典》，書目文獻出版社，1991 年 12 月第 1
　　　　　版，第 112 頁。

〔註 124〕羽離子：《類書的分類和目錄》，載《圖書館研究與工作》1986 年第 4 期，第
　　　　　25 頁。

〔註 125〕〔漢〕司馬遷：《史記·太史公自序》，中華書局，1982 年 11 月第 2 版，第
　　　　　3297 頁。

大類	部　　　　類	卷　數
天	天部、歲時部	卷一～卷五
地	地部、州部、郡部、山部、水部	卷六～卷九
人	符命部、帝王部、后妃部、儲宮部、人部	卷十～卷三十七
事	禮部、樂部、職官部、封爵部、治政部、刑法部、雜文部、武部、軍器部	卷三十八～卷六十
物	居處部、產業部、衣冠部、儀飾部、服飾部、舟車部、食物部、雜器物部、巧藝部、方術部、內典部、靈異部、火部、藥香草部、寶玉部、百穀部、布帛部、果部、木部、鳥部、獸部、鱗介部、蟲豸部、祥瑞部、災異部	卷六十一～卷一百

　　從上表可以看出，《藝文類聚》為讀者提供了一個從分類途徑檢索有關資料的分類目錄。

　　《藝文類聚》的這種分類，是以事物為中心建立類目體系，把各個知識門類有關一事物的條目集中在事物對象之下。例如卷八水部上・河水，是按事物對象輯錄的有關「河水」的資料，其中有地理學著作《山海經》，文學著作與作品《毛詩》、《楚辭》、《大河賦》、《河清頌》、《河銘》等，史學著作《左傳》、《穀梁傳》、《史記》，文字學著作《爾雅》，經學著作《孝經援神契》、《韓詩外傳》，儒家著作《物理論》，雜家著作《淮南子》、《呂氏春秋》。從事物分類的角度看是集中的，因為各種資料都是圍繞「河水」這一事物輯錄的；但從學科的角度看則是分散的，因為這些資料涉及到諸多學科。

　　為了更充分說明《藝文類聚》中的分類法，可將其與現代文獻分類法做一下比較。第一，從大的部類的確定來看，兩者的區別很大。《藝文類聚》是把當時的文獻分成天、地、人、事、物五個大類，並按照這個基本序列組織材料。現代文獻分類法通常採用的基本部類，是哲學、社會科學、自然科學三大部類，並以此構成基本序列。從現代文獻部類劃分的實際情況來看，是將其劃分為大的學科，然後再依據屬性區分和編排文獻。而《藝文類聚》不是按學科來劃分部類的，或者說不是以學科分類為劃分部類的主要方法。這是因為在唐代初年，學科的發展還不十分成熟，按照學科分類的條件還不完全具備。第二，從小的類目劃分來看，雖然兩者都是與文獻數量、學科發展水平和人們對學科劃分的認識密切相關，但是，它們的區別是非常明顯的。如上所述，《藝文類聚》中的分類法是以事物分類為基本依據的，它雖然也有學科分類的痕跡，如木部的分類很像現代植物學的分類，鳥部、獸部的分類

與現代動物學的分類也有些相似，但那種分類是不自覺的，袛能說初步具有現代文獻按學科分類的雛形。而現代文獻分類是以學科和專業爲中心集中文獻，其分類體系一般是將知識領域劃分成傳統學科，如哲學、宗教、政治、法律、軍事、經濟、文化、教育、體育、語言、文字、文學、藝術、歷史、地理，以及各門學科，如數學、物理學、化學、天文學、醫藥、衛生、工業技術、交通運輸、航空、航天、環境科學等，然後再在每個類目下進一步細分，構成以學科、專業爲中心的類目體系。有關某一事物對象的文獻，在這樣的分類體系中往往是分散的。例如，與「煙草」有關的文獻，如煙草的種植、煙草的加工、煙草的貿易等，在現代文獻分類體系中，是按照研究的學科角度分散在農業、輕工業和經濟等有關門類的。

《藝文類聚》中運用的分類法，按其編制方式來分，屬於等級列舉式，也稱列舉式分類法。按照這種方法，將全書所有類目組織成一個等級系統，並且採用儘量列舉的方式編制各級類目。例如卷七十四巧藝部，其下的子目爲：射、書、畫、圍棋、彈棋、博、樗蒲、投壺、塞、藏鉤、四維、象戲。在這個分類中，共有兩個等級：部類和子目，每個等級的類目劃分都使用一個特定的標準，部類是按照天、地、人、事、物的標準劃分的，巧藝部屬於「物」。「射、書、畫」等子目是按照巧藝所屬的內容劃分的，其內容帶有列舉性，不是巧藝內容的全部。這種分類是依據傳統的知識體系進行的。列舉式分類法的特點是，採用等級列舉方式，將分類結構加以展示，類目比較系統，類目體系概括、直觀，易於把握，便於使用。其不足是，採用列舉的方式分類，很難詳盡無遺地揭示各種複雜事物之間的關係，往往無法滿足確切分類的需要。這種分類的類目是一種靜態的分佈，具有一定的凝固性，不能根據需要進行多角度的檢索。

在研究《藝文類聚》分類法時，必然涉及類目劃分的標準問題。類目劃分是依據一定的屬性，對各級類目進行區分，生成一個個類目的過程。類目是《藝文類聚》分類體系的基本構成單元。在類目體系建立的過程中，類目的劃分一般說應遵守相應的邏輯分類規則：第一，每次分類袛能使用一個標準，不得同時使用兩個或兩個以上的標準。第二，應該貫徹窮盡性原則，使劃分後的子類之和與母類相等。第三，應貫徹排他性原則，使劃分後的各個子目相互排斥，界限分明，類目之間沒有相互交叉的現象。以「產業部」和「服飾部」爲例，對此做進一步說明：第六十五卷、六十六卷產業部上、下

的子目是：農、田、園、圃、蠶、織、針、市、田獵、釣、錢；第六十九卷、七十卷服飾部上、下的子目是：帳、屏風、幔、簟、薦席、案、几、杖、扇、塵尾、枕、被、縟、如意、胡床、火籠、香爐、步搖、釵、梳枇、囊、鏡、襪。《藝文類聚》的部類是按照事物的性質來區分的。由於篇幅的限制和事物本身的多樣性、複雜性，《藝文類聚》並沒有完全貫徹分類的基本原則。例如，窮盡性的分類原則，在《藝文類聚》中就沒有得到很好的貫徹。以上面四卷為例，產業部不是衹能劃分出「農、田、園」等十一個子目，服飾部也不是衹能劃分出「帳、屏風、幔」等二十三個子目，但是，兩部的子目也就僅此而已，從劃分的規則上講，各子項（此即指子目）並未窮盡所有母項（此即指產業、服飾）。分類的另外一個原則——排他性原則，《藝文類聚》卻是嚴守的，這是它運用類書特有的分類方法劃分部類取得成功的重要原因。就拿上面這兩部來說，因為很好地貫徹了排他性原則，所以，產業部和服飾部內各自擁有的子目，不會互相包容與交叉，而是界限分明地分屬在各自的部類。

二、主題法與子目下的資料摘錄

什麼是主題法？《圖書館學情報學詞典》是這樣定義的：「主題法，指以文獻中論及的事物或概念為標引對象，直接用語詞做這種對象的標識，按字順序列組織文獻，並用參照系統顯示概念之間相互關係的一種索引方法或文獻處理方法。……它在揭示文獻主題和組織文獻的方法上都不同於分類法。它以事物和概念為中心，集中相關的文獻，區分不相關的文獻，表達主題概念直接性強，排列方式直觀易懂，更適於揭示文獻中的新事物、新問題及其它新情報。」〔註126〕其實，就其實質而言，主題法與分類法並不是互相排斥的，而是相互滲透或兼容的。在《藝文類聚》的目錄體系中，就體現了主題法與分類法的滲透與兼容。關於此點，後文將有評述。

潘樹廣從主題索引的角度對此做出論述：「唐宋以來，《藝文類聚》、《太平御覽》等類書，把分散在各種古籍中的有關資料摘錄出來，分類編排（也有按韻編排的），每一個細目之下排比了大量資料，並注明出處，這就不但使讀者從類書中讀到引文，而且能根據引文的出處追溯原始文獻。從這個角度而言，類書實際上兼具主題索引的性質。」〔註127〕歐陽詢在《藝文類聚序》中指出：「九

〔註126〕同註123，第590頁。
〔註127〕潘樹廣：《文獻檢索與語文研究》，載《辭書研究》1979年第1期，第254頁。

流百氏，爲說不同，延閣石渠，架藏繁積，周流極源，頗難尋究」，爲了貫徹「俾夫覽者易爲功，作者資其用」的編輯宗旨，必須「披條索貫」，即編制目錄必須方便檢索，才能「日用弘多」。在材料的選擇與編排上，要「摘其精華，采其指要」，「棄其浮華，刪其冗長，金箱玉印，比類相從」，「事居於前，文列於後」，〔註128〕以方便讀者查檢爲原則。例如，卷九十四獸部中・牛：

> 《爾雅》曰：……《毛詩》曰：爾牛來思，其耳濕濕。《左傳》曰：……《玄中記》曰：萬歲樹精爲青牛。《漢書》（汪紹楹校記曰：《太平御覽》九百作《玄中記》。）：桓帝出遊河上，忽有一青牛從河中出，……《呂氏春秋》曰：百里奚未遇時，販牛於秦，……《史記》曰：騎劫攻即墨，田單取牛千頭，……《蜀王本紀》曰：秦惠王欲伐蜀，乃刻五石牛，……謝承《後漢書》曰：劉寬嘗行，有人失牛者，……《列異傳》曰：秦文公伐梓樹，梓樹化爲牛。……《魏略》曰：钜鹿時苗，爲壽春令，始之官，乘牸牛。……《諸葛亮集》曰：木牛者，方腹曲頭，……《符子》曰：堯以天下讓巢父。巢父曰：「君之牧天下，亦猶餘之牧孤犢。……」袁山松《宜都山川記》曰：自峽口泝江百許里，至黃牛灘。……竺法眞《登羅山疏》曰：增城縣南有列渚洲，洲南又有牛潭。……《琴操》曰：甯戚飯牛車下，……【賦】臧道顏《駃牛賦》曰：……【贊】梁劉孝威《辟厭青牛畫贊》曰：……【表】魏陳王曹植《上牛表》曰：……【啓】梁元帝《謝東宮賚蒸栗牛啓》曰：……梁劉孝儀《謝始興王賜車牛啓》曰：……又《謝豫章王賜牛啓》曰：……【書】梁劉孝威《謝南康王饟牛書》曰：……〔註129〕

《爾雅》、《毛詩》、《左傳》、《玄中記》等條目，是在「牛」的子目下，把各種書籍中有關「牛」的資料，按照事在前、文在後的順序加以聚集編排，故曰「類聚」。事的部分包含經史子三部的典籍，文的部分是集部的典籍。對所引之事，都注明書名，其中鮮見和容易混淆之書還著錄了作者；所引詩文都注明時代、作者和題目，並按不同文體，用「賦」、「贊」、「表」、「啓」等標明類別。這樣，如果以「牛」爲主題，那麼，卷九十四獸部中的子目「牛」下類聚的一些有關資料，實際上類似於今天的主題索引，查檢十分方便，起

〔註128〕《藝文類聚》，第 27 頁。
〔註129〕《藝文類聚》，第 1625〜1629 頁。

到索引「按圖索驥」和「一索即得」的作用。

　　《藝文類聚》共有 727 個子目，每個子目下的材料，都是運用主題法摘錄的。如卷七十三雜器物部以「盤」爲標目，摘錄《周官》、《禮記》、《康誥》、《左傳》、《史記》、《孫卿子》、《神異經》、《漢武內傳》、應劭《漢官儀》、《風土記》中的有關資料，這是「事」的部分，包含經史子三部的內容；此外還有關於「盤」的各體文學作品，有詩、賦、銘等，這是「文」的部分，包含集部的內容。這些資料都是圍繞「盤」這一主題選編的，沒有考慮學科分類。用四部分類法衡量，上述文獻已遍佈經史子集四大部。在同一子目下輯錄豐富的資料，讀者可以通過這種主題目錄，查閱各種圖書中有關某一事物的內容並弄清其出處。

　　關於主題法有幾點是應該明確的。其一，主題法，按照主題詞的選詞方式，可以分爲標題法、元詞法、敘詞法、關鍵詞法。〔註130〕《藝文類聚》中運用的是標題法。標題法「是一種以標題詞作爲文獻主題標識的標引和檢索的主題法。所謂標題詞，亦稱標題，是指經過規範化處理的，用來標引文獻的詞或詞組，通常爲比較定型的事物名稱。」〔註131〕在《藝文類聚》中，會看到這樣的子目：天、日、月、峽、石、舟、車、木、馬，等等，這些都是比較定型的事物名稱。其二，收錄在《藝文類聚》每個子目下的資料，是以相同的主題而類聚在一起的。所謂相同的主題，應該做寬泛的理解，凡是內容相同，或句中含有與子目相同的詞語，或篇題中含有與子目相同的詞語，均可以看作是相同的主題。正是因爲按照主題法來輯錄材料，所以完全不考慮摘引的原書是屬於哪個學科的。例如，子目「琴、箏、將帥、燈、燭」等，既是上一級部類劃分出的下級類目，同時又是一個個單獨的主題。這些子目互相並列，互不隸屬。每個子目下的文獻少則幾種，多則數十種，它們都跨門類地聚集在各自的子目下。如卷八十火部的子目「庭燎」中，摘錄按學科應當歸在禮部的禮學著作《禮記》；卷九十五獸部下的子目「象」中，摘錄按學科應當歸在天部或歲時部的天文學著作《萬歲曆》。《藝文類聚》的子目，就是這樣打破學科界限，按照主題法來摘引資料的。

〔註130〕馬張華、侯漢清：《文獻分類法主題法導論》，北京圖書館出版社，1999 年 7
　　　　月第 1 版，第 114 頁。

〔註131〕馬張華、侯漢清：《文獻分類法主題法導論》，北京圖書館出版社，1999 年 7
　　　　月第 1 版，第 114 頁。

三、分類法與主題法的並用

通過以上分析可知，《藝文類聚》的目錄是分類法和主題法並用的。它的目錄體系共有四層。第一層爲天、地、人、事、物的分目層次，這一層爲編者隱去，爲隱形目錄。第二層爲天部、歲時部、地部等 46 個部類。第三層爲部類下的天、日、月、星、雲等子目。第四層爲每個子目下的「事」前「文」後的細目，這一細目被書前目錄精簡而未予列出；在正文中，「事」的部分沒有明確標注，但「事」是居前的；「文」的部分以「詩」、「賦」、「贊」、「表」等文體名稱標注。第一層、第二層、第四層爲分類目錄，第三層爲主題目錄。第三層的主題目錄，既是上一級分類目錄的下位類，又是下一級分類目錄的上位類，所以它兼有雙重身份，完善地把分類目錄和主題目錄結合起來。《藝文類聚》分類與主題相結合的目錄體系，把所輯錄的各種書籍中的資料和各體詩文，從縱橫兩方面編輯起來，渾然一體。既可以使讀者從事物分類的角度去檢索文獻，又可以使讀者從主題詞的角度去檢索文獻。姚名達曾總結說：「類書爲主題目錄之擴大。蓋分類之道，有時而窮。惟以事物爲主題，匯列參考資料於各主題之下，使學者一目了然，盡獲其所欲見之書。此其功用較分類目錄爲又進一步。儻刪其繁文，僅存書目，即現代最進步之主題目錄也。」〔註 132〕

《藝文類聚》分類與主題相結合的目錄體系，使其具備了一定的檢索功能。「臨事取給用便檢索，這是類書編撰的最主要的作用，動機在此，效果亦如此。」〔註 133〕「因爲類書是將抄錄眾書的有關資料分門別類編排的，便於按類查詢有關資料。」〔註 134〕比如，要查古人交友方面的資料，可以先查《藝文類聚》卷二十一人部五，這是按分類法進行檢索；再查其子目"交友"，這是按主題法進行檢索。於是，可以看到唐朝以前 19 種書中 36 條關於交友的資料，以及 4 首詩、1 篇賦、2 篇贊、1 篇箴。如果查更大的類書，比如《太平御覽》，在其卷四百十人事部五十一‧交友，則會發現關於交友的材料竟達263 條，其中既有交友的理論，又有交友的故事，還輯錄有詩文。這是後世類書沿用分類與主題相結合的目錄體系的結果。

通過《藝文類聚》的目錄體系，還可以查找典故。比如《紅樓夢》第七十

〔註 132〕同註 34，第 57 頁。

〔註 133〕同註 106，第 23 頁。

〔註 134〕彭邦炯：《百川匯海：古代類書與叢書》，臺北：萬卷樓圖書公司，2001 年，第 39 頁。

八回，賈寶玉哀悼晴雯的悼詞《芙蓉誄》中，有「洲迷聚窟，何來卻死之香」一句。要想知道出自何典，即可查《藝文類聚》。首先，確定關鍵詞「聚窟」，其次，按分類法找到卷七十八靈異部，再次，按主題法找到子目「仙道」，逐條檢索，便可查到這個典故出自《十洲記》：「聚窟洲，在西海中。洲上有大樹，與楓木相似而材芳，華葉香聞數百里，名此為反魂。叩其樹，樹亦能自聲，聲如群牛吼，聞之者皆心震神駭。伐其根心，玉釜中煮取汁，更微火熟煎之，如飴，令可丸，名曰驚精香，或名之振靈丸，或名之為反生香。」〔註135〕據此可以知道，賈寶玉是為找不到這種起死回生的返生香而發出感歎。《藝文類聚》的此類功能，上文已經談得很充分，這裡不過是連類而及，故不再贅述。

〔註135〕《藝文類聚》，第 1331～1332 頁。

第五章 《藝文類聚》的編纂與文體學

　　文體是指文章之體，也簡稱為「體」。褚斌傑說：「研究文體的學科稱為文體論或文體學，是文學理論的一個重要方面。但文體本身是一個非常複雜的現象。」〔註1〕「文體」一詞，最早見於西漢賈誼《新書·道術》：「動有文體謂之禮，反禮為濫。」〔註2〕這裡的「文體」指的是文雅有節的體態。東漢王充《論衡·正說》云：「大經之有篇也，猶章句也；有章句，猶有文字也。文字有意以立句，句有數以連章，章有體以成篇，篇則章句之大者也。」〔註3〕這裡的「體」指體例。這兩例都不是我們所指的「文體」的含義。

　　魏晉以降，「文體」的界說已較為清楚。「文體」的義項豐富，總的來看，主要有四方面的含義。一是指文章體裁。如《南齊書·文學傳論》載：「若子桓之品藻人才，仲治之區判文體，陸機辨於《文賦》，李充論於《翰林》，張陟摘句褒貶，顏延圖寫情興，各任懷抱，共為權衡。」〔註4〕摯虞（字仲治）的《文章流別論》對多種文章做了較詳細的辨析，《南齊書》中說的「文體」顯然是指文章體裁。又如劉勰《文心雕龍·辨騷》云：「故其陳堯舜之耿介，稱禹湯之祇敬，典誥之體也。」〔註5〕典、誥是《尚書》中的兩類文體，所以這裡的「體」

〔註1〕褚斌傑：《中國古代文體概論》（增訂本），北京大學出版社，1990年10月第1版，第1頁。

〔註2〕于智榮：《賈誼新書譯注》，黑龍江人民出版社，2003年1月第1版，第237頁。

〔註3〕〔漢〕王充：《論衡》，載《諸子集成》，上海書店影印，1986年7月第1版，第270頁。

〔註4〕〔梁〕蕭子顯：《南齊書·文學傳論》，中華書局，1972年1月第1版，第907頁。

〔註5〕周振甫：《文心雕龍今譯》，中華書局，1986年12月第1版，第43頁。

也是指文章體裁。二是指文章風格。如《宋書·謝靈運傳論》云：「自漢至魏，四百餘年，辭人才子，文體三變。」〔註6〕鍾嶸《詩品》云：「文體省淨，殆無長語。」〔註7〕此二例中的「文體」均指文章風格。三是指語體。江淹《雜體詩三十首序》云：「關西、鄴下，既已罕同；河外、江南，頗爲異法。今作三十首詩，效其文體，雖不足品藻淵流，庶亦無乖商榷。」〔註8〕這裡的「文體」是語體的意思。江淹模擬自漢無名氏至晉宋諸家的語言體式，寫下三十首詩，故曰《雜體詩三十首》，被蕭統列入《文選》雜擬類。四是指篇章體制，即一篇文章的全部及其各個組成部分。《文心雕龍》云：「夫才童學文，宜正體制，必以情志爲神明，事義爲骨髓，辭采爲肌膚，宮商爲聲氣；然後品藻玄黃，摛振金玉，獻可替否，以裁厥中：斯綴思之恒數也。」〔註9〕劉勰說，學童學習寫作，應該端正文章的篇章體制，一篇文章要以抒寫的思想感情爲精神，內容的事義爲骨髓，文章的辭采爲肌膚，語言的音調爲聲氣。這裡的「體」就是指篇章體制。劉勰認爲，一篇文章由情志、事義、辭采、宮商四個要素組成。

「文體」的含義是多樣的，本文中使用的「文體」含義是指「文章體裁」。

第一節　《藝文類聚》中選錄的文體

《藝文類聚》是一部供學子閱讀的、看文體的類書，其中選錄了大量各種文體的文章。

一、選錄的文體數量與名稱辨正

在《藝文類聚》許多子目「文」的部分，分別標注了選錄的各種文體，在子目中也有以文體作爲標題的，如卷五十六雜文部二的子目是「詩」、「賦」，卷五十八雜文部三的子目是「七」、「連珠」等。現依據各種文體名稱出現的先後順序，將《藝文類聚》選錄的文體排列如下：

〔註6〕〔梁〕沈約：《宋書·謝靈運傳論》，中華書局，1974年10月第1版，第1778頁。

〔註7〕〔梁〕鍾嶸著，陳延傑注：《詩品注》，人民文學出版社，1961年10月第1版，第41頁。

〔註8〕〔梁〕蕭統編，〔唐〕李善注：《文選》，上海古籍出版社，1986年8月第1版，第444頁。

〔註9〕同註5，第378頁。

（1）詩，（2）賦，（3）贊，（4）表，（5）歌，（6）文，（7）頌，（8）銘，（9）令，（10）序，（11）祭文，（12）啓，（13）論，（14）箴，（15）碑，（16）吟，（17）書，（18）敘，（19）典引，（20）述，（21）誄，（22）策文，（23）章，（24）議，（25）哀策文，（26）哀策，（27）敕，（28）箋，（29）謚策，（30）詔，（31）行狀，（32）教，（33）墓誌，（34）誡，（35）說，（36）解，（37）疏，（38）訓，（39）誥，（40）答客難，（41）歎，（42）哀辭，（43）志，（44）譏，（45）弔，（46）樂府古詩，（47）樂府，（48）傳，（49）策，（50）奏，（51）難，（52）書奏，（53）七，（54）連珠，（55）檄文，（56）移文，（57）引，（58）詠，（59）移，（60）戒，（61）勢，（62）弈旨，（63）弈勢，（64）寺碑，（65）放生碑，（66）眾食碑，（67）檄，（68）謳，（69）讚，（70）狀。

因爲其中的文體劃分出於眾手，標準掌握得不一致，甚至不准確，所以顯得細密而雜亂。《藝文類聚》中收錄的實際文體，並沒有 70 種，因爲其中有編者生造的文體，有同一種文體分做兩個名稱或兩個以上名稱，分別收在不同部類的，有將文題誤作文體的，所以《藝文類聚》中收錄的文體，實際上要少於 70 種。

下面對《藝文類聚》中選錄的文體做出辨正：

1. （3）「贊」與（69）「讚」，實際上是同一種文體。詳細論述見本章第二節中的「文論」。

2. （10）「序」與（18）「敘」，實際上是同一種文體。詳細論述見本章第二節中的「文論」。

3. （15）「碑」和（64）「寺碑」、（65）「放生碑」、（66）「眾食碑」，均應屬於同一種文體，即「碑」。詳細論述見本章第二節中的「文論」。

4. （19）「典引」不是文體名稱。在卷十符命部的子目「符命」下文體「典引」中，輯錄有班固的《典引》，且祇輯錄了這一篇。《後漢書·班彪傳》載：「（班）固又作《典引篇》，述敘漢德。以爲相如《封禪》，靡而不典，楊雄《美新》，典而不實，蓋自謂得其致焉。」〔註10〕在《後漢書》的作者看來，《典引》與《封禪》（即《封禪文》）、《美新》（即《劇秦美新論》）是一類性質的文章，《昭明文選》引蔡邕言注釋其篇名曰：「《典引》者，篇名也。典者，常也，法也。引者，伸也，長也。《尚書疏》堯之常法，謂之《堯典》。漢紹其緒，仲而長之也。」

〔註10〕〔宋〕范曄撰，〔唐〕李賢等注：《後漢書·班彪傳》，中華書局，1965 年 5 月第 1 版，第 1375 頁。

〔註11〕典，指《尚書‧堯典》，是稱述古代氏族首領唐堯品德和政績之文。班固寫《典引》的目的，就是要根據《尚書‧堯典》的讚美唐堯，來讚美漢朝，再加引申。《後漢書‧班彪傳》載：「（班）固所著《典引》、《賓戲》、《應譏》、詩、賦、銘、誄、頌、書、文、記、論、議、六言，在者凡四十一篇。」〔註12〕《藝文類聚》將《典引》看作文體的名稱，可能是對《後漢書‧班彪傳》有關記載的誤讀。其實，「《典引》、《賓戲》、《應譏》」是文章名，而「詩、賦、銘、誄、頌、書、文、記、論、議、六言」是文體名，兩者並不是一回事。《昭明文選》將班固的《典引》收在「符命」一體之下，同時收錄的還有司馬相如的《封禪文》、揚雄的《劇秦美新論》，而《文心雕龍》則將此三篇文章歸入「封禪」類。但《藝文類聚》既沒有「符命」這個文體，也沒有「封禪」這個文體，所以，我們按其內容將《典引》歸入「頌」體文。

　　5.（22）「策文」和（25）「哀策文」、（26）「哀策」，均應屬於同一種文體，即「哀策」。詳細論述見本章第二節中的「文論」。

　　6.（34）「誡」和（60）「戒」，實際上是同一種文體，即「戒」。詳細論述見本章第二節中的「文論」。

　　7.（40）「答客難」應劃歸在（51）「難」體下。詳細論述見本章第二節中的「文論」。

　　8.（44）「譏」不是文體的名稱。卷三十六人部二十七隱逸上文體「譏」下選錄有魏麋元的《譏許由》：

　　　　潛居默靜，隱於箕山，身在布衣，而輕天下。世人歸其高行，
　　學者以爲美談。夫際會之間，矯時所譽，至乃抽簪散髮，背時逆命，
　　隱于山林之中，以此自高，非以勸智慧之士，入通遠之教，故譏而
　　責之曰：

　　　　太上貴德，其次立功，世殊時異，不得而同，故伯禹過門而不
　　入，稷契刻節而奮庸，股肱帝室，作民王公。今子生聖明之世，得
　　觀雍熙之法，則當攄不朽之功，暢不羈之志，龍飛鳳起，修攝君司，
　　佐天理物，幹成王事。若子以堯爲闇主，則歷代載其功；以民爲貪
　　亂，則比屋可封。若夫世濁時昏，上無賢君，忠臣不出，小人聚群，
　　即當撥煩理亂，跨騰風雲，光顯時主，拔濟生民，何得偃蹇，藏影

〔註11〕同註8，第2158頁。
〔註12〕同註10，第1386頁。

蔽身？夫道不虛行，士不徒生，生則幹時，爲國之楨，故伊尹干湯，
周公相成，興治濟世，以致太平。生有顯功，沒有美名，人生於世，
貴能立功，何得逃位？矯世絕蹤，丹朱不肖，朝有四凶，堯放求賢，
遜位于子，度才處分，不能則已，何所感激？臨河洗耳，山居巢處，
執心不傾，辭君之祿，忘君之榮，居君之地，避君之庭，立身若此，
非子之貞？欲言子智，則不仕聖君；欲言子高，則鳥獸同群，無功
可紀，無事可論。〔註13〕

　　譚家健將《譏許由》這類文章歸爲詼諧文，並指出：「詼諧文，或稱誹諧
文，滑稽文，是具有詼諧、幽默、諷刺、諷諭甚至調笑內容的雜文。」「雖然
有時也借用其他文體名目，而內容卻是遊戲筆墨。」「六朝文中還有譏嘲古人
的，如魏糜（筆者按，應作「麋」）元《譏許由》、《弔夷齊文》，李兆洛悉歸
入雜文。」〔註14〕其實，李兆洛的《駢體文鈔》選錄了麋元的《弔夷齊文》，
並沒有選《譏許由》，但這不妨礙我們對《譏許由》是詼諧文的認定。李兆洛
《駢體文鈔》「雜文」云：雜文是「緣情託興之作」。「戰國詼諧、辨譎者流，
實肇厥端。其言小，其旨淺，其趣博，往往託思於言表，潛神於旨裏，引情
於趣外，是故小而能微，淺而能永，博而能檢。就其褊者，亦潤理內苞，秀
采外溢，不徒以縷繪爲工，連崎取致而已。」〔註15〕早在六朝時期，劉勰就
將詼諧文作爲一種文體加以考察了。劉勰在《文心雕龍·諧讔》中說：「諧之
言皆也，辭淺會俗，皆悅笑也。昔齊威酣樂，而淳于說甘酒；楚襄宴集，而
宋玉賦好色:意在微諷，有足觀者。及優旃之諷漆城，優孟之諫葬馬，並譎辭
飾說，抑止昏暴。是以子長編史，列傳滑稽，以其辭雖傾回，意歸義正也。」
〔註16〕劉勰認爲詼諧文的作用在於諷諫，它的外在形式是「辭淺會俗」、悅笑
世人、「譎辭飾說」，內容上是「意歸義正」。

　　譚家健關於詼諧文的劃分是著眼其內容的，若從文章形式上看，詼諧文
也應該歸爲「文」這個文體。來裕恂《漢文典》云：「文者，文章也，凡篇章
皆謂之文。而此以『文』名者，蓋文中有一種文體，往往爲文人遊戲俳諧之
作。或雜著之文，隨事命名，無一定之體格，或盟神，或諷人，或用韻語，

〔註13〕《藝文類聚》，第 655 頁。
〔註14〕譚家健：《六朝詼諧文述略》，載《中國文學研究》2001 年第 3 期，第 15～23
　　　　頁。
〔註15〕〔清〕李兆洛：《駢體文鈔》，載《四部備要》，中華書局版。
〔註16〕同註 5，第 133 頁。

或爲散文，或爲四六文。其體不同，其用各異。然本乎義理，發乎性情，則與他文無異焉。」〔註17〕來裕恂所說的「文人遊戲俳諧之作」的「文」，正是指麋元《譏許由》這類作品。

所以，《藝文類聚》卷三十六人部二十七隱逸上「譏」的文體標注應爲「文」。

9.（46）「樂府古詩」和（47）「樂府」，實際上是同一種文體，即「樂府」。詳細論述見本章第二節中的「詩論」。

10.（50）「奏」和（52）「書奏」，實際上是同一種文體，即「奏」。詳細論述見本章第二節中的「文論」。

11.（55）「檄文」和（67）「檄」，實際上是同一種文體，即「檄」。詳細論述見本章第二節中的「文論」。

12.（56）「移文」和（59）「移」，實際上是同一種文體，即「移」。詳細論述見本章第二節中的「文論」。

13.（61）「勢」和（62）「弈旨」、（63）「弈勢」，實際上均不是文體名稱。

「勢」非文體，已見第三章第一節「文體分類」的有關論述。《辭源》和《漢語大字典》、《漢語大詞典》均把「勢」解釋爲一種文體的名稱，大誤，這恐怕是受到《文章緣起》的影響。《藝文類聚》卷七十四巧藝部的子目「書」下的文體「勢」中，共收有四篇文章，分別是：後漢蔡邕的《篆書勢》、晉衛恒的《四體書勢》、晉索靖的《書勢》、晉劉邵的《飛白書勢》。《文章緣起》中提到的崔瑗的《草書勢》，是書論史上的第一篇專論，王鎮遠評論說：「（《草書勢》）通過形象描摹而展現書法特徵的論書方式沾漑後人，成爲中國書論的一種重要表現形式，如蔡邕的《篆勢》、衛恒的《古文字勢》、《隸勢》及索靖的《草書勢》以及唐宋大量描摹書法的詩賦都可以說是崔瑗此文的後裔。」〔註18〕蔡邕的《篆書勢》等所謂「勢」體文章，均是書論體的文章，應該歸入「論」體。

同樣道理，《藝文類聚》卷七十四巧藝部的子目「圍棋」下文體「弈勢」中收錄的魏應瑒的《弈勢》，則是專論圍棋的文章，也應該歸入「論」體；「弈勢」也不是文體名稱。《藝文類聚》卷七十四巧藝部的子目「圍棋」下文體「弈旨」中收錄的後漢班固的《弈旨》，弈，圍棋；旨，要旨、要領。《班蘭臺集》

〔註17〕來裕恂著，高維國、張格注釋：《漢文典》，南開大學出版社，1993年2月第1版，第341～342頁。

〔註18〕王鎮遠：《中國書法理論史》，黃山書社，1990年7月第1版，第12頁。

歸爲文體「文」，當然，按照上面的分法，歸爲「論」體文亦未嘗不可；「弈旨」也同樣不是文體名稱。

通過對《藝文類聚》中選錄的文體名稱的辨正，去掉重複和錯謬的，共得出 52 種：

（1）詩，（2）賦，（3）贊，（4）表，（5）歌，（6）文，（7）頌，（8）銘，（9）令，（10）序，（11）祭文，（12）啓，（13）論，（14）箴，（15）碑，（16）吟，（17）書，（18）述，（19）誄，（20）章，（21）議，（22）哀策，（23）敕，（24）箋，（25）諡策，（26）詔，（27）教，（28）墓誌，（29）說，（30）解，（31）疏，（32）訓，（33）誥，（34）歎，（35）哀辭，（36）志，（37）弔，（38）樂府，（39）傳，（40）策，（41）奏，（42）難，（43）七，（44）連珠，（45）引，（46）詠，（47）移，（48）戒，（49）檄，（50）謳，（51）行狀，（52）狀。

《藝文類聚》實際選錄的文體數量，比其標注的少 18 種。

二、選錄的常用文體考察

《藝文類聚》選錄了大量文體，雖然每種文體選錄的文章數量多少並不相同，但是這些文體都是先唐時期出現並使用過的。我們將沿著以下思路來考察這些文體中哪些是先唐和唐代常用的文體：

首先，確定《藝文類聚》選錄較多的文體。這些選錄較多的文體，可能是唐代或唐代以前的，特別是魏晉南北朝時期的常用文體，因爲祇有是常用文體，才能大量創作，也才能有足夠的文體資源供《藝文類聚》的編者摘引。但是，考察《藝文類聚》選錄的常用文體，以《隋書・經籍志》、《舊唐書・經籍志》和《新唐書・藝文志》的記載爲主，因爲個別在《藝文類聚》中選錄較少的文體，也可能是常用文體，因爲它們沒有符合《藝文類聚》類目要求的文句可供摘引，所以選錄較少。

其次，是把《藝文類聚》選錄的文體與《隋書・經籍志》集部總集類著錄的文體做比較，從而確定《藝文類聚》中選錄的文體哪些是先唐常用文體。《隋書・經籍志》是隋朝以前著述的總錄。姚振宗云：「其所收錄，亦最爲宏富，自周秦、六國、漢、魏、六朝，迄於隋唐之際，上下千餘年，網羅十幾代，古人製作之遺，胥在乎是。」〔註19〕《四庫全書總目・隋書》提要亦云：

〔註19〕姚振宗：《隋書經籍志考證》，載二十五史刊行委員會編：《二十五史補編》，中華書局，1955 年 2 月第 1 版，第 5049 頁。

「後漢以後之藝文，惟藉是以考見源流，辨別真偽。」〔註20〕《隋書·經籍志》集部總集類著錄的按文體編纂的總集，應當是先唐流行最廣的常用文體。所以，《藝文類聚》、《隋書·經籍志》同時選錄的文體，就是《藝文類聚》收錄的先唐常用文體。

再次，是把《藝文類聚》選錄的文體與《舊唐書·經籍志》、《新唐書·藝文志》集部總集類著錄的文體做比較，從而確定《藝文類聚》中選錄的文體哪些是唐代常用文體。《舊唐書·經籍志》、《新唐書·藝文志》與《隋書·經籍志》一樣，也著錄了大量按文體編纂的總集，這些按文體編纂的總集，應當是唐代流行最廣的常用文體。《藝文類聚》雖然成書於唐代初年，但是，因為選錄了一定數量的、在唐代仍然流行的常用文體，所以才使它在唐代擁有廣泛的讀者，促進了它的流通與傳播。

下面，就按這樣的思路，對《藝文類聚》選錄的常用文體做出考察。

第一，《藝文類聚》選錄較多的文體。

在 81 卷 285 個子目中，收錄有「詩」體作品。

在 77 卷 292 個子目中，收錄有「賦」體作品。

在 53 卷 144 個子目中，收錄有「贊」體作品。

在 46 卷 97 個子目中，收錄有「表」體作品。

在 46 卷 57 個子目中，收錄有「書」體作品。

在 45 卷 109 個子目中，收錄有「啟」體作品。

在 35 卷 81 個子目中，收錄有「銘」體作品。

在 34 卷 65 個子目中，收錄有「頌」體作品。

在 32 卷 47 個子目中，收錄有「論」體作品。

在 24 卷 36 個子目中，收錄有「序」體作品。

在 22 卷 37 個子目中，收錄有「碑」體作品。

在 18 卷 44 個子目中，收錄有「箴」體作品。

在 18 卷 24 個子目中，收錄有「文」體作品。

在 11 卷 13 個子目中，收錄有「詔」體作品。

在 11 卷 11 個子目中，收錄有「箋」體作品。

在 9 卷 27 個子目中，收錄有「誄」體作品。

在 9 卷 19 個子目中，收錄有「墓誌」體作品，

〔註20〕〔清〕永瑢等：《四庫全書總目》，中華書局，1965 年 6 月第 1 版，第 409 頁。

在 9 卷 13 個子目中，收錄有「教」體作品。

所以，《藝文類聚》選錄較多的文體爲：詩、賦、贊、表、書、啓、銘、頌、論、序、碑、箴、文、詔、箋、誄、墓誌、教。

第二，《隋書・經籍志》集部總集類著錄的按文體編纂的總集有：賦體作品集 18 種，詩體作品集 31 種，封禪書體作品集 2 種，頌體作品集 1 種，箴銘體作品集 1 種，誡體作品集 8 種，贊體作品集 2 種，七體作品集 3 種，碑體作品集 3 種，設論體作品集 1 種，論體作品集 6 種，連珠體作品集 3 種，雜文體作品集 1 種，詔體作品集 19 種，表體作品集 2 種，啓事體作品集 3 種，書體作品集 5 種，策體作品集 3 種，誹諧文體作品集 2 種。

其中，箴銘體作品集 1 種，實際上包涵了「箴」、「銘」兩種文體。《文選》卷三十六《宣德皇后令》文題下，劉良注曰：「皇后、太子稱令。令，命也。」〔註21〕所以，「令」是「詔」的別體。《文選》卷三十六「教」體下，李善注曰：「蔡邕《獨斷》曰：諸侯言曰教。」〔註22〕所以，「教」也是「詔」的別體。

《隋書・經籍志》著錄的按文體編纂的總集共涉及文體 19 種，涵蓋的文體實際共有 22 種，它們是：賦、詩、封禪書、頌、箴、銘、誡、贊、七、碑、設論、論、連珠、雜文、詔（令、教）、表、啓事、書、策、誹諧文。

與《藝文類聚》分體相同的有：賦、詩、頌、箴、銘、誡、贊、七、碑、論、連珠、詔、表、書、策，共 15 種。

封禪書，《藝文類聚》未作文體分類。

設論，《藝文類聚》未作文體分類。《文選》「設論」體下收錄《答客難》、《解嘲》、《答賓戲》等三篇，均爲賦，因此，可以推知，《隋書・經籍志》著錄的設論體作品集 1 種，當是賦體作品集。

雜文，《藝文類聚》未作文體分類。《文心雕龍・雜文》論述了「對問」、「七」、「連珠」三種文體，實際上都可以歸入楚辭體或賦體，所謂雜文體應當包括這三種文體。七、連珠，《藝文類聚》都作爲文體立類，而對問未予立類。

啓事，《藝文類聚》未予立類。

誹諧文，《藝文類聚》未予立類。

由此可以確定，《藝文類聚》選錄的先唐常用文體爲：

〔註21〕〔唐〕李善等：《六臣注文選》，載《景印文淵閣四庫全書》，臺灣商務印書館，1983 年版。

〔註22〕同註 8，第 1640 頁。

賦、詩（包括歌、吟、歎、樂府、引、詠、謳）、頌、箴、銘、誡（包括戒）、贊（包括讚）、七、碑、論、連珠、詔（包括令、教）、表、書、策。按照《藝文類聚》標注的文體統計，共計 25 種。（誡與戒、贊與讚，均算作一種文體。）

第三，《舊唐書‧經籍志》集部總集類著錄的按文體編纂的總集有：賦體作品集 14 種，詩體作品集 38 種，詔體作品集 4 種，頌體作品集 3 種，論體作品集 3 種，碑體作品集 2 種，設論體作品集 2 種，連珠體作品集 3 種，贊體作品集 5 種，箴銘體作品集 1 種，書體作品集 2 種，表體作品集 1 種，策體作品集 2 種，七體作品集 2 種，訓誡體作品集 3 種，啓事體作品集 2 種，薦文體作品集 1 種，誹諧文體作品集 1 種。

《舊唐書‧經籍志》著錄的按文體編纂的總集共涉及文體 18 種，涵蓋的文體實際共有 21 種，它們是：賦、詩、詔（令、教）、頌、論、碑、設論、連珠、贊、箴、銘、書、表、策、七、訓誡、啓事、薦文、誹諧文。

《新唐書‧藝文志》集部總集類著錄的按文體編纂的總集有：賦體作品集 17 種，詩體作品集 82 種，詔體作品集 4 種，頌體作品集 3 種，碑體作品集 2 種，論體作品集 2 種，設論體作品集 2 種，連珠體作品集 4 種，贊體作品集 5 種，箴銘體作品集 4 種，書體作品集 2 種，表體作品集 2 種，策體作品集 6 種，七體作品集 3 種，哀策體作品集 1 種，誡體作品集 3 種，啓事體作品集 2 種，薦文體作品集 1 種，誹諧體作品集 1 種，奏（含奏議）體作品集 2 種。

《新唐書‧藝文志》著錄的按文體編纂的總集共涉及文體 20 種，涵蓋的文體實際共有 23 種，它們是：賦、詩、詔（令、教）、頌、碑、論、設論、連珠、贊、箴、銘、書、表、策、七、哀策、誡、啓事、薦文、誹諧、奏（含奏議）。

《舊唐書‧經籍志》、《新唐書‧藝文志》著錄的按文體編纂的總集共涉及文體 23 種，它們是：賦、詩、詔（令、教）、頌、碑、論、設論、連珠、贊、箴、銘、書、表、策、七、哀策、誡、啓事、薦文、誹諧、奏（含奏議）。

誡與訓誡爲一種文體，故未重複計算。

《舊唐書‧經籍志》、《新唐書‧藝文志》著錄的按文體編纂的總集與《藝文類聚》分體相同的有：賦、詩、詔、頌、碑、論、連珠、贊、箴、銘、書、表、策、七、哀策、誡、奏（含奏議），共 17 種。

綜合以上分析可以確定，《藝文類聚》選錄的唐代常用文體爲：

賦、詩（包括歌、吟、歎、樂府、引、詠、謳）、詔（包括令、教）、頌、碑、論、連珠、贊（包括讚）、箴、銘、書、表、策、七、哀策、誡（包括戒）、奏（包括奏議）。按照《藝文類聚》標注的文體統計，共計 26 種。（贊與讚、誡與戒、奏與奏議，均算作一種文體。）

第二節　《藝文類聚》文體論

本節將《藝文類聚》「文」的部分選錄的 52 種文體劃分為三大部分來論述：詩論、賦論、文論。

一、詩　論

《藝文類聚》中選錄的詩體，除標注「詩」者外，尚有「歌」、「吟」、「歎」、「樂府古詩」、「樂府」、「引」、「詠」、「謳」。這裡所說的「詩」，包括以上各體。

樂府古詩與樂府，是同一種文體，都指樂府詩。那麼為什麼有的叫「樂府古詩」，有的叫「樂府」呢？「樂府古詩」在卷四十一樂部一，是該卷子目「論樂」下的文體標目。所選錄的，大部分是三國魏及其以後的作品，個別樂府詩題中選錄了漢代的樂府民歌。如《飲馬長城窟行》這個題目，選錄的篇目為：《飲馬長城窟行》、魏文帝《飲馬長城窟行》、晉傅玄《飲馬長城窟行》、晉陸機《飲馬長城窟行》、梁沈約《飲馬長城窟行》，其中《飲馬長城窟行》是漢代的樂府古詩。又如《陌上桑》（又名《日出東南隅行》）這個題目，選錄的篇目為：《古陌上桑羅敷行》、晉陸機《日出東南隅行》、宋謝靈運《日出東南隅行》、梁沈約《日出東南隅行》、梁蕭子顯《日出東南隅行》，其中《古陌上桑羅敷行》是漢代樂府詩。又如《相逢行》這個題目，選錄的篇目為：《古相逢行》、宋謝靈運《相逢行》、梁張率《相逢行》，其中《古相逢行》是漢代樂府詩。可見，編者把漢代的樂府詩叫做樂府古詩，所以選錄包括漢代樂府詩及其它朝代樂府詩的文體名稱，便為「樂府古詩」。我們這個推斷，可以從「樂府」這個子目得到驗證。「樂府」是卷四十二樂部二樂府的子目。在這個子目下選錄的樂府詩，除了兩首漢代的樂府詩以外，都是三國魏及其以後的作品。這兩首漢代的樂府詩是《古長歌行》（二首），其中第二首「昭昭清明月」，《玉臺新詠》卷二署「魏明帝」作。此子目下《古長歌行》（二首）是誤

收，按照編者對樂府的理解，應該將它們收在卷四十一樂部一的子目「論樂」下的文體「樂府古詩」中。由此可見，樂府古詩與樂府，是同一種文體。

《藝文類聚》選錄的「歌」、「吟」、「歎」、「引」、「詠」、「謳」，均為樂府詩體的名稱。對於它們各自的特徵，元稹《樂府古題序》云：「《詩》訖於周，《離騷》訖於楚，是後，詩之流為二十四名：賦、頌、銘、贊、文、誄、箴、詩、行、詠、吟、題、怨、歎、章、篇、操、引、謠、謳、歌、曲、詞、調，皆詩人六義之餘，而作者之旨。由操而下八名，皆起於郊祭、軍賓、吉凶、苦樂之際。在音樂者，因聲以度詞，審調以節唱。句度短長之數，聲韻平上之差，莫不由之準度。而又別其在琴瑟者為操、引，採民氓者為謳、謠，備曲度者，總得謂之歌、曲、詞、調，斯皆由樂以定詞，非選調（筆者按，調，疑當作「詞」）以配樂也。由詩而下九名，皆屬事而作，雖題號不同，而悉謂之為詩可也。後之審樂者，往往採取其詞，度為歌曲，蓋選詞以配樂，非由樂以定詞也。」〔註23〕元稹論列詩的流變，樂曲和歌辭互相配合的關係，界定了樂府詩的各種樣式。從詩與樂關係的角度，把漢以後的詩分為兩大類；一是原來有樂曲，後人「皆由樂以定詞」；一是原來是詩，後人「採取其詞，度為歌曲」，「選詞以配樂」。

論述最完整縝密的是徐師曾，他在《文體明辨序說》中云：「按樂府命題，名稱不一：蓋自琴曲以外，其放情長言，雜而無方者曰『歌』；步驟馳騁，疏而不滯者曰『行』；兼之曰『歌行』；述事本末，先後有序，以抽其臆者曰『引』；高下長短，委曲盡情，以道其微者曰『曲』；吁嗟嘅歌，悲憂深思，以呻其鬱者曰『吟』；因其立辭之意曰『辭』；本其命篇之意曰『篇』；發歌曰『唱』；條理曰『調』；憤而不怒曰『怨』；感而發言曰『歎』。又有以『詩』名者，以『弄』名者，以『章』名者，以『度』名者，以『樂』名者，以『思』名者，以『愁』名者。」〔註24〕雖然中國文論感悟式的論說方式，還不能完全表述清楚樂府詩各種類之間的細微差別，但是對樂府詩幾個種類的大致特徵的描述還是清楚的。由於古曲譜已經失傳，樂府詩各種類之間有怎樣的細微差別，現在已經很難說清楚了。

〔註23〕〔唐〕元稹撰，冀勤點校：《元稹集》（上冊），中華書局，1982 年 8 月第 1版，第 254 頁。

〔註24〕〔明〕徐師曾：《文體明辨序說》，人民文學出版社，1962 年 8 月第 1 版，第104 頁。

　　《藝文類聚》收錄在「事」的部分的詩作者共 303 人，作品總數爲 2230
首，具體情況詳見下表：

《藝文類聚》收錄的詩作

朝代	作者人數	作品總計	收 錄 作 品 較 多 的 作 者 及 其 數 量
先秦	2 人	2 首	
漢	18 人	32 首	李陵，8 首；蘇武，4 首；蔡邕，3 首；漢武帝劉徹，2 首；班婕妤，2 首
魏	17 人	189 首	曹植，61 首；曹丕，33 首；阮籍，26 首；王粲，15 首；阮瑀，10 首
蜀	1 人	1 首	
晉	70 人	347 首	陸機，61 首；傅玄，37 首；張華，24 首；庾闡，17 首；潘岳，15 首；潘尼，15 首；郭璞，15 首；傅咸，12 首；張協，10 首
後秦	1 人	1 首	
宋	27 人	215 首	鮑照，48 首；謝靈運，45 首；謝惠連，24 首；顏延之，19 首；宋孝武帝劉駿，16 首；謝莊，12 首；陶潛，8 首
齊	15 人	109 首	謝朓，51 首；王融，21 首；虞羲，7 首；蕭子良，5 首；王儉，5 首
梁	97 人	1006 首	蕭綱，183 首；沈約，125 首；蕭繹，82 首；庾肩吾，67 首；吳均，67 首；劉孝綽，47 首；劉孝威，40 首；范雲，31 首；何遜，29 首；王僧孺，25 首；蕭衍，21 首；王筠，20 首
陳	29 人	151 首	陰鏗，32 首；張正見，27 首；徐陵，15 首；沈炯，15 首
北魏	2 人	2 首	
北齊	7 人	15 首	邢子才，5 首；劉逖，3 首
北周	6 人	102 首	庾信，68 首；王褒，25 首
隋	11 人	58 首	江總，36 首；王由禮，4 首；虞世基，4 首

　　先秦時期的詩歌，祇收錄 2 首，即荊柯的《蕭蕭歌》（即《易水歌》）和
甯戚的《扣牛角歌》。《蕭蕭歌》見於《戰國策·燕策》，又載於《史記·刺客
列傳》。胡應麟《詩藪》評此歌曰：「《易水歌》僅十數言，而淒婉激烈，風骨
情景，種種具備。亙千載下，復欲二語，不可得。」〔註 25〕齊甯戚的《扣牛

〔註 25〕〔明〕胡應麟：《詩藪》，上海古籍出版社，1979 年 11 月新 1 版，第 42 頁。

角歌》，《淮南子》載其創作的背景：「甯越欲干齊桓公，困窮無以自達，於是為商旅，將任車，以商於齊，暮宿於郭門之外。桓公郊迎客，夜開門，關任車，爝火甚盛，從者甚眾。甯越飯牛車下，望見桓公而悲，擊牛角而疾商歌。桓公聞之，撫其僕之手曰：『異哉，歌者非常人也！』命後車載之。」〔註26〕《淮南子》未錄其歌。《樂府詩集》卷八十三錄作《商歌二首》，其第二首即《扣牛角歌》。甯越，《樂府詩集》云：「越，一作戚。」〔註27〕像《易水歌》等載於史書或子書的古歌，尚有一定數量，但《藝文類聚》多未收錄，可見它對此類作品的漠視，也說明它選錄的各種文體的作品多來自現成的作品集或選本，很少或根本不從史書、子書中選錄各體作品。

漢代，共選錄 18 人的 32 首詩作。按照選錄數量的多少排序，依次為：李陵，8 首；蘇武，4 首；蔡邕，3 首；漢武帝劉徹，2 首；班婕妤，2 首；司馬相如、烏孫公主、漢高祖劉邦、班固、張衡、孔融、酈炎、崔瑗、崔駰、傅毅、宋子侯、李尤、趙壹，各 1 首。

漢代，騷體詩仍間有新作品，著名的如漢高祖劉邦的《大風歌》，漢武帝劉徹的《瓠子歌》、《秋風辭》，其中前兩首，《藝文類聚》均收錄。收錄的烏孫公主的《烏孫公主歌》亦為騷體詩。

《藝文類聚》收錄的西漢詩，有 15 首被後代學者認為是偽作，即司馬相如的《琴歌》、班婕妤的《怨歌行》、漢武帝劉徹的《柏梁臺詩》、李陵和蘇武的詩。關於司馬相如的《琴歌》，《史記·司馬相如列傳》祇云相如在卓王孫席間彈奏琴曲，而未載此辭。至陳徐陵《玉臺新詠》始見收錄，《藝文類聚》亦收，研究者或疑其乃兩漢琴工假託。班婕妤的《怨歌行》，始見於《文選》，題為班婕妤作；《玉臺新詠》亦選錄，作班婕妤《怨詩》，並序云：「昔漢成帝班婕妤失寵，供養於長信宮，乃作賦自傷，並為《怨詩》一首。」〔註28〕但《漢書》本傳未載《怨詩》，所以，後代多疑其為偽作。劉勰認為：「辭人遺翰，莫見五言，所以李陵、班婕妤見疑於後代也。」〔註29〕從五言詩發展的角度辨偽，是有一定說服力的，但其它方面則沒有確證。漢武帝劉徹的《柏梁臺詩》，又名《柏梁臺

〔註26〕〔漢〕劉安撰，〔漢〕高誘注，〔清〕莊逵吉校：《淮南子》，載《諸子集成》，上海書店影印，1986 年 7 月第 1 版，第 194 頁。

〔註27〕〔宋〕郭茂倩：《樂府詩集》，中華書局，1979 年 11 月第 1 版，第 1167 頁。

〔註28〕〔陳〕徐陵編，〔清〕吳兆宜注、程琰刪補，穆克宏點校：《玉臺新詠箋注》，中華書局，1985 年 6 月第 1 版，第 26 頁。

〔註29〕同註 5，第 58 頁。

聯句》，首句以漢武帝領起，繼而群臣各聯詠一句，末以東方朔戲弄群臣一句做結。據顧炎武考證，此詩所述與史實不合，所列官職年代亦多與史實相左，「蓋是後人擬作，剽取武帝以來官名及《梁孝王世家》乘輿駟馬之事以合之，而不悟時代之乖舛也。」〔註30〕李陵詩，《藝文類聚》收錄 8 首，因多與作者身世、經歷不合，學者多疑爲僞作。《太平御覽》引顏延之《庭誥》云：「逮李陵眾作，總雜不類，元是假託，非盡陵制，至其善篇，有足悲者。」〔註31〕劉勰亦認爲此「見疑於後代」。現在可見的眞實可信的李陵詩，衹有《漢書‧蘇武傳》所載的《別蘇武》：「（李）陵起舞，歌曰：『徑萬里兮度沙幕，爲君將兮奮匈奴。路窮絕兮矢刃摧，士眾滅兮名已隤。老母已死，雖欲報恩將安歸！』陵泣下數行，因與武決。」〔註32〕惜《藝文類聚》並未錄此詩，這亦可見它不直接從史書中選錄各體作品的特點。蘇武詩，《藝文類聚》收錄 4 首，詩中與作者經歷不符之處頗多，後世多認爲其僞。如逯欽立《漢詩別錄》說，宋初迄於齊末，僅有李陵詩見稱以及模擬，而無所謂蘇武詩。檢《隋書‧經籍志》，梁有《李陵集》，無《蘇武集》。以蘇詩原屬李集，故他書引錄，尚多作李陵。《詩品序》所說的「子卿」《雙鳧》句，爲「少卿」之誤，因爲《詩品序》所舉名篇，皆屬上、中二品內人，《雙鳧》作者，如爲蘇武，則上、中品不得獨無其名。庾信《哀江南賦》云：李陵之雙鳧永去，蘇武之一雁空飛。仍作李陵，不作蘇武。〔註33〕逯欽立的考證詳實，當屬確論。其輯校的《先秦漢魏晉南北朝詩》中有「李陵錄別詩二十一首」，其中就包含有《藝文類聚》題名爲李陵、蘇武的詩，逯欽立認爲這些詩都是漢末文士僞託。他說：「此二十一首種類雖雜，然無一切合李陵身世者，說明既非李陵所自作，亦非後人所擬詠。前賢如蘇軾、顧炎武等皆疑之固是，然亦未能釋此疑難也。欽立曩寫《漢詩別錄》一文，曾就此組詩之題旨內容用語修辭等，證明其爲後漢末年文士之作。依據《古今同姓名錄》，後漢亦有李陵其人，固不止西京之少卿也。以少卿最爲知名，故後人以此組詩附之耳。」〔註34〕這個結論是可信的。

〔註30〕　〔清〕顧炎武著，〔清〕黃汝成集釋：《日知錄集釋》，上海古籍出版社，1985年 6 月第 1 版，第 1590 頁。

〔註31〕　李昉等：《太平御覽》，中華書局，1960 年 2 月第 2 版，第 2640 頁。

〔註32〕　〔漢〕班固撰，〔唐〕顏師古注：《漢書‧蘇武傳》，中華書局，1962 年 6 月第 1 版，第 2466 頁。

〔註33〕　逯欽立：《漢魏六朝文學論集》，陝西人民出版社，1984 年 11 月第 1 版，第 5～7 頁。

〔註34〕　逯欽立輯校：《先秦漢魏晉南北朝詩》，中華書局，1983 年 9 月第 1 版，第 337 頁。

　　東漢的詩人中，比較著名的是班固、張衡、孔融、趙壹。班固的詩作有《詠史》等，是五言詩，但《藝文類聚》未予選錄，選錄的是他的《竹扇詩》，亦爲五言，共四句。《古文苑》輯有《竹扇賦》；《竹扇詩》語見於《竹扇賦》。姜書閣認爲，《竹扇賦》這樣的作品，不是班固時代所能產生的，且語頗鄙俗，斷爲僞託，無疑。〔註35〕今存《竹扇賦》祇是一個殘篇，根據一個殘篇來斷眞僞，不免過於武斷；而《竹扇詩》的眞僞更不能妄下結論。張衡的《四愁詩》，始見於《文選》。用七言帶騷體的詩格，創爲新製。趙壹的《客秦詩》，祇錄其兩句。從這兩句詩來看，所謂《客秦詩》，也就是《疾邪詩》。其詩共兩首，附於《刺世疾邪賦》之末，最早見於《後漢書·趙壹傳》。檢《後漢書·趙壹傳》，因詩前有「有秦客者，乃爲詩曰」的字樣，故名《客秦詩》。〔註36〕孔融的《離合詩》，乃是一種拆解文字以組成新字的詩，本詩共合成「魯國孔融文舉」六字。在《藝文類聚》卷五十六雜文部二·詩中，收錄多位作者數首《離合詩》。其實，眞正代表孔融詩歌創作成就的是《六言詩》和《臨終詩》，但《藝文類聚》未選錄。蔡邕的《翠鳥詩》刻畫細膩，神態逼眞。宋子侯的《董嬌饒詩》，採用對話體，以桃李秋天零落，春天又復芬芳，反襯並感歎女子盛年一去永不復返。

　　三國魏，共選錄 17 人的 189 首詩作。按照選錄數量的多少排序，依次爲：陳思王曹植，61 首；魏文帝曹丕，33 首；阮籍，26 首；王粲，15 首；阮瑀，10 首；劉楨，9 首；應瑒，6 首；繁欽，6 首；應璩，5 首；魏明帝曹叡，5 首；徐幹，3 首；陳琳，3 首；何晏，2 首；魏武帝曹操，2 首；王脩，1 首；邯鄲淳，1 首；劉伶，1 首。

　　曹操今存詩全部是樂府詩。他利用漢代樂府舊題，自創新辭，反映現實，述志抒情，形成慷慨悲涼的基本情調。代表作有《短歌行》、《步出夏門行》等。《藝文類聚》選錄曹操詩二題，一曰《短歌行》，一曰《歌詩》，其實《歌詩》即爲《短歌行》的後半部分，所以，兩題實爲一首詩。對於曹操這樣一位重要的詩人。《藝文類聚》祇選錄其一首詩，數量是少了些，這可能是由於曹操多以樂府寫時事，尤其是軍國大事，其詩歌意象不太符合《藝文類聚》類目的選錄標準。曹丕的詩大致分爲紀事詩、遊宴詩、代人立言的擬作詩三類。《飲馬長城

〔註35〕姜書閣：《漢賦通義》，齊魯書社，1989 年 10 月第 1 版，第 424 頁。

〔註36〕〔宋〕范曄撰，〔唐〕李賢等注：《後漢書·趙壹傳》，中華書局，1965 年 5 月第 1 版，第 2631 頁。

窟行》、《於黎陽作詩》、《至廣陵於馬上作詩》等屬於第一類；《善哉行》、《於玄武陂作詩》、《芙蓉池詩》、《在孟津詩》等屬於第二類；《寡婦詩》、《代劉勳出妻王氏詩》、《秋胡行》、《燕歌行》等屬於第三類。上述提到的這些詩，《藝文類聚》均收錄。其中第三類詩中最優秀的是七言詩《燕歌行》（秋風蕭瑟天氣涼），氣氛淒清悲涼，感染力強，是我國早期成熟的七言詩。曹植是魏國詩人中選錄詩最多的。他的詩歌創作以曹丕稱帝爲界，分前後兩個時期。前期詩有的表現鄴城生活的浪漫與放縱，如《名都篇》、《鬥雞詩》、《公宴詩》、《箜篌引》、《侍太子坐詩》等；有的表現建功立業的報國壯志，如《白馬篇》；有的抒寫友情，如《送應氏》（其二）、《離友詩》等；另外還有一些擬作詩，如《美女篇》等。作於前期的《送應氏》本爲二首，《藝文類聚》祇選錄其二，而反映喪亂的其一（步登北邙阪）未選。《藝文類聚》選錄的曹植後期詩作有《贈弟白馬王彪詩》、《種葛篇》、《籲嗟篇》，多表現憂思和愁情。

三曹之外，「建安七子」是這一時期重要的文士集團。「七子」中的孔融，按照《藝文類聚》的體例歸屬到漢代，這裡祇述其他六子。王粲的詩在「七子」中是選錄最多的，與他在詩壇上的地位相稱。其著名的《七哀詩》（二首）、《從軍詩》、《雜詩》（《藝文類聚》祇題作《詩》（列車息眾駕）），亦均收錄。劉楨的重要作品，如《贈從弟詩》（其二、其三）及與此意蘊相近的失題詩（昔君錯畦疇）均選錄。陳琳的詩數量較少，且均爲五言詩，他的文學成就在書、檄、章、表等應用文章，而不在詩歌；但未選他的詩歌代表作《飲馬長城窟行》，是個缺陷。阮瑀的詩，漏選其名作《駕出北郭門行》，大概因爲此詩是寫一孤兒受後母虐待而哭訴於生母墓前之事，雖其情可感，但其狀可悲，與《藝文類聚》崇尚美與善的選錄原則不符，故爲編者所棄。徐幹的《答劉楨詩》表現誠篤的友情，《室思詩》流利婉轉，情致繾綣，淳厚質樸。應瑒的《報趙淑麗詩》、《別詩》（二首）頗見作者眞情。

繁欽雖名列「七子」之外，卻是鄴下文人集團的重要成員，其《定情詩》最爲重要。《樂府解題》曰：「（《定情詩》）言婦人不能以禮從人，而自相悅媚。乃解衣服玩好致之，以結綢繆之志，若臂環致拳拳，指環致殷勤，耳珠致區區，香囊致扣扣，跳脫致契闊，佩玉結恩情，自以爲志而期於山隅、山陽、山西、山北。終而不答，乃自傷悔焉。」〔註37〕全詩採用排比句法，語言曉暢。魏國較著名的詩人還有阮籍。《晉書·阮籍傳》載：「籍能屬文，初不留

〔註37〕同註27，第1076頁。

思，作《詠懷詩》八十餘篇，爲世所重。」〔註38〕《詠懷詩》是他的主要詩歌作品，含蓄蘊藉，飄逸自然。《藝文類聚》選錄阮籍詩 26 首，全部是《詠懷詩》。魏明帝曹叡也是文學名家，與其父曹丕、祖父曹操一起稱爲「魏之三祖」。他的詩全部爲樂府歌辭，《短歌行》等篇名踵武曹操，甚至語句亦學之；《燕歌行》亦仿曹丕同題之作。曹操、曹丕、曹叡，三世爲文，皆以樂府詩創作爲主，雖各有成就，但正如鍾嶸所云「叡不如丕」。〔註39〕劉伶放浪形骸，服膺老莊，不專意於著作，故詩文較少，《北芒客舍詩》寫作者憂思難當，長夜無眠，借酒澆愁，以琴瑟抒懷。何晏是玄學家，又善詩賦，惜多已佚，《藝文類聚》在兩個子目下錄其兩首同題詩。其中「鴻鵠比翼遊」一首，始見於《世說新語·規箴》注引《名士傳》：「是時曹爽輔政，識者慮有危機。晏有重名，與魏姻戚，內雖懷憂，而無復退也。著五言詩以言志曰：『（原詩略）』蓋因輅言，懼而賦詩。」〔註40〕詩題，鍾嶸《詩品》作《擬古》；認爲其抒寫憂禍之思，「風規見矣」，「文采高麗，並得虬龍片甲，鳳皇一毛。」〔註41〕評價頗高。應璩是應瑒之弟，其《百一詩》較著名，《文選》錄《百一詩》一首。《藝文類聚》錄《百一詩》2 首，與《文選》所選亦不同。關於《百一詩》的作意，《三國志·魏書·應璩傳》注引《文章敘錄》曰：「曹爽秉政，多違法度，璩爲詩以諷焉。其言雖頗諧合，多切時要，世共傳之。」〔註42〕《百一詩》中確有這方面內容的詩，如「室廣致凝陰」一首，針對魏明帝廣開宮館而發，旨在譏刺奢靡的世風；然其內容也有抒發日常生活感受的，如「年命在桑榆」一首，感歎遲暮，以及時行樂來自我安慰。

三國時，蜀國祇收錄 1 位詩人的 1 首作品，即諸葛亮的《梁父吟》，但此詩非諸葛亮所作。《樂府詩集》引《古今樂錄》曰：「《蜀志》曰：諸葛亮好爲《梁甫吟》。然則不起於亮矣。」郭茂倩曰：「梁甫，山名，在泰山下。《梁甫吟》，蓋言人死葬此山，亦葬歌。」〔註43〕余冠英認爲此詩爲齊地土風。〔註44〕

〔註38〕〔唐〕房玄齡等：《晉書·阮籍傳》，中華書局，1974 年 11 月第 1 版，第 1361頁。

〔註39〕同註7，第 56 頁。

〔註40〕余嘉錫：《世說新語箋疏》，中華書局，1983 年 8 月第 1 版，第 553 頁。

〔註41〕同註7，第 34 頁。

〔註42〕〔晉〕陳壽撰，〔宋〕裴松之注：《三國志·魏書·應璩傳》，中華書局，1982年 7 月第 2 版，第 604 頁。

〔註43〕同註27，第 605 頁。

〔註44〕余冠英：《漢魏六朝詩選》，人民文學出版社，1978 年 12 月第 2 版，第 38 頁。

　　晉代，共選錄 70 人的 347 首詩作。按照選錄數量的多少排序，依次爲：陸機，61 首；傅玄，37 首；張華，24 首；庾闡，17 首；潘岳，15 首；潘尼，15 首；郭璞，15 首；傅咸，12 首；張協，10 首；張載，9 首；左思，7 首；湛方生，6 首；石崇，5 首；司馬彪，5 首；袁宏，5 首；陸雲，5 首；王讚，4 首；夏侯湛，4 首；張翰，4 首；孫綽，4 首；荀勖，4 首；成公綏，4 首；何劭，3 首；嵇康，3 首；李顒，3 首；楊泉，3 首；棗據，3 首；曹毗，3 首；劉琨，3 首；王凝之妻謝氏、許詢、王獻之、晉武帝司馬炎、孫楚、嵇含、程曉、江逌、李充、桓玄、蘇彥、棗腆、陸沖，各 2 首；卞伯玉、辛曠、辛氏、王康琚、王彪之、王叔之、王濟、王濬、王浚、劉和妻王氏、裴秀、盧諶、嵇紹、殷仲文、江偉、顧愷之、左九嬪、陳新涂妻李氏、袁山松、摯虞、杜育、楊方、曹攄、阮脩、丘巨源、陸筠、閭丘沖、歐陽建，各 1 首。

　　傅玄的詩平實、樸拙，在西晉文壇佔有重要地位。其詩絕大部分模擬漢魏樂府，以描寫婦女命運的作品爲最多。《秋胡行》詠秋胡戲妻的原始主題；《豔歌行》擬樂府古辭《陌上桑》。這類作品往往少新變，乏個性。《苦相篇》反映女子低賤的地位與不幸，是傅詩中的佳篇，惜《藝文類聚》並未選錄。《車遙篇》、《雜言詩》在比興運用上有特色。其子傅咸的詩以四言爲主。《孝經詩》、《論語詩》、《毛詩詩》、《周易詩》等，類同書鈔；《贈崔伏二郎詩》等應酬贈答之作，枯橋乾澀。傅咸的詩並不見佳，入選數量過大。張華是西晉重要詩人。他的詩有一部分是郊廟歌辭，《藝文類聚》棄而不選，裁奪較爲允當。樂府詩《壯士篇》、《遊俠篇》多有豪壯之語，《遊獵篇》刺豪奢風氣，而同類性質的名篇《輕薄篇》未選。五言詩《情詩》、《雜詩》寫男女情愛，《答何劭詩》頗能傳達作者的眞實心態，《荷詩》寫景中透著感喟。四言詩《勵志詩》正面述志，但淪爲道德說教。成公綏的詩，祇有述行詩「洋洋熊耳流」較出色。夏侯湛的詩均爲楚歌體，這在五言詩勃興的時代，實屬特例。《離親詠》較好。荀勖的詩，均泛泛之作，無可稱述。何劭的《贈張華詩》，《文選》亦收錄；但《雜詩》，《文選》收錄，《藝文類聚》未錄。孫楚的詩當時頗受推重，《征西官屬送別詩》，《文選》亦收錄。潘岳的《悼亡詩》三首比較成功，《藝文類聚》收錄其中兩首。《懷縣詩》是述志詩，《關中詩》爲奉詔命而作，《爲賈謐贈陸機詩》、《於賈謐坐講漢書詩》、《北芒送別王世胄詩》爲贈答酬唱之作；作爲「二十四友」之首，他有貴遊之作《金谷集詩》。其代表性詩作，《藝文類聚》大體均收錄。陸機爲西晉選詩最多的詩人。《赴

洛詩》、《贈從兄車騎詩》是其代表作。其詩模擬之作較多，有模擬漢樂府的，如《日出東南隅行》、《猛虎行》；有模擬古詩的，如《擬庭中有奇樹詩》、《擬青青河畔草詩》；有模擬建安作品的，如模擬曹操的《短歌行》、模擬曹丕的《燕歌行》、模擬王粲的《從軍行》等。其詩內容比較貧乏，但文辭華美，清新可誦。左思的《詠史詩》爲組詩，是其代表作，《藝文類聚》選錄其中 3 首。劉勰說：「左思奇才，業深覃思，盡銳於《三都》，拔萃於《詠史》，無遺力矣。」〔註45〕所論極是。石崇的《明君辭》開以王昭君事入詩之先。潘尼的詩多贈答之作，《送盧弋陽景宣詩》、《答陸士衡詩》等，均平淡無情致。惟作於「八王之亂」的《迎大駕》，是西晉少有的紀亂之作，《文選》收錄，但《藝文類聚》未選。陸雲在西晉詩人中創作四言詩最多，如《侍大將軍宴詩》、《餞太尉王公還京邑詩》。五言詩有《贈兄詩》等。其詩詞華意淺。陸雲自言「不便五言詩」，「四言五言非所長」，〔註46〕蓋非自謙之詞。張翰的詩，「暮春和氣應」一首，抒發歸隱後的人生感慨。《周小史詩》爲四言，從多方面描寫人物，顯出新的探索。曹攄的詩皆多章長篇，故祇選其《贈石崇詩》片段。張載的詩，較著名的有《登成都白菟樓詩》、《七哀詩》。張協的《雜詩》10 首是抒情述懷之作，造語清新警拔，爲其代表作，《藝文類聚》選錄其中 7 首；另外較好的是《詠史詩》。嵇紹的《贈石季倫詩》，《文選》亦收錄，但藝術上較平淡。嵇含的《悅晴詩》和《伉儷詩》，全爲兩兩對偶，在五言詩史上實屬空前。王贊的詩，「朔風動秋草」一首較好。劉琨的詩，《扶風歌》最佳，《贈盧諶詩》（應作「《重贈盧諶詩》」）亦悲涼慷慨。盧諶的《答劉琨詩》，爲答劉琨《重贈盧諶詩》之作。

庾闡是東晉詩壇較有影響的詩人，《遊仙詩》（10 首）借遊仙以表達老莊玄理。《江上遇風詩》、《三月三日詩》、《登楚山詩》、《觀石鼓詩》等，均爲山水景物詩。李充的《嘲友人詩》爲擬徵夫之詞。李顒的「炎光燦南溟」一首爲詠溽暑之作，《涉湖詩》詠太湖，狀湖光山色，描摹生動，體現其詩歌成就。郭璞與庾闡同爲東晉初遊仙詩的兩大作者，其主要作品爲《遊仙詩》，《藝文類聚》選錄其中 11 首；他的贈答詩，《藝文類聚》選錄《贈溫嶠詩》2 首。孫綽爲東晉玄言詩的代表作者，但《藝文類聚》並未側重選其此類詩，「蕭瑟仲

〔註45〕 同註5，第 429 頁。
〔註46〕 陸雲：《與兄平原書》，載〔清〕嚴可均輯：《全晉文》，商務印書館，1999 年 10 月第 1 版，第 1074～1080 頁。

秋月」一首、《三月三日詩》為寫景詩；《情人詩》為愛情詩；《表哀詩》為悼母之作，哀思綿綿，並非全是玄理。許詢為東晉另一玄言詩代表作者，但從《藝文類聚》所選片段看，並未見玄言的影子。袁宏的詩，「周昌梗概臣」、「無名困螻蟻」兩首吟詠古人，感慨今世。鍾嶸云：「彥伯《詠史》（筆者按，指上兩首詩），雖文體未遒，而鮮明緊健，去凡俗遠矣。」〔註47〕此二首為東晉詠史詩中的佳構。曹毗的《詠冬詩》為景物詩；《夜聽擣衣詩》寫夜晚擣衣女子心態，實開寫作「擣衣詩」之先。江逌的詩，「祝融解炎轡」一首詠秋，「蓽門不啟扉」一首詠貧。殷仲文的《送東陽太守詩》為送別之作；另有《南州桓公九井作詩》寫秋色述襟懷，《文選》選錄，但《藝文類聚》未選。顧愷之的《神情詩》，五言四句寫四季。《藝文類聚》注曰：「摘句」，〔註48〕可見非全詩。湛方生的山水景物詩堪稱上品，如《帆入南湖詩》、《還都帆詩》。

南朝宋代，共選錄 27 人的 215 首詩作。按照選錄數量的多少排序，依次為：鮑照，48 首；謝靈運，45 首；謝惠連，24 首；顏延之，19 首；宋孝武帝劉駿，16 首；謝莊，12 首；陶潛，8 首；吳邁遠，6 首；謝瞻，5 首；宋南平王劉鑠，4 首；王僧達，3 首；宋江夏王劉義恭，3 首；張望、傅亮、鮑令暉、宗炳、宋文帝劉義隆、湯惠休、袁淑，各 2 首；顏師伯、王微、何長瑜、任豫、伏係之、徐爰、賀道慶、鄭鮮之，各 1 首。

陶潛，依照《藝文類聚》的體例，歸入南朝宋的作者。其代表性作品是田園詩和詠史詩；這兩類作品，《藝文類聚》均有選錄，如《雜詩》（種豆南山下）、（開荒南野際）等為田園詩，《讀山海經詩》、《詠荊軻詩》等為詠史詩。但是，以陶潛在中國詩歌史上的地位，僅選 8 首詩，數量偏少，這大概由於《藝文類聚》的編者受到前朝對陶詩漠視態度的影響。顏延之的詩，歷來受稱頌的《秋胡詩》、《北使至洛詩》均選錄。寫景詩《罷郡還與張湘川登巴陵城樓詩》、《登景陽樓詩》亦有清麗的佳句。另有廟堂應制之作，如《三日侍游曲阿後湖詩》、《詔宴曲水詩》、《侍遊蒜山詩》。謝靈運是扭轉玄言詩風，開創山水詩派的人物，故所錄多為山水詩，如《登池上樓詩》、《彭蠡口詩》、《石壁還湖中作詩》、《石門巖上宿詩》等。謝詩有鮮麗清新的特點，但也流於雕琢堆砌，有佳句，少佳篇，不過這正好適合於類書摘錄其佳句。謝瞻入選的詩，有 4 首《文選》亦選錄。謝惠連的《懷秋詩》、《擣衣詩》最有

〔註47〕同註 7，第 39 頁。
〔註48〕《藝文類聚》，第 42 頁。

名。鍾嶸云：「《懷秋》、《擣衣》之作，雖復靈運銳思，亦何以加焉。」〔註49〕較著名的尚有《西陵獻康樂詩》等。鍾嶸云：「（謝惠連）又工爲綺麗歌謠，風人第一。」〔註50〕《塘上行》、《善哉行》等樂府詩，均顯「綺麗」特色。鮑照擅長樂府詩，尤工七言，《擬行路難》18 首是代表作，《藝文類聚》選錄 2 首。其五言樂府詩也頗具特色，《出自薊北門行》、《苦熱行》等是名篇。其它題材的詩，如《擬古詩》（幽并重騎射）、（日晏罷朝歸）等，也較好。鮑令暉的詩，均爲思婦之辭，情意纏綿，語言清麗。謝莊的《北宅秘園詩》、《游豫章西山觀洪崖井詩》爲寫景名篇，已擺脫玄言影響。《懷園引》、《山夜憂》爲雜言代表作。宋孝武帝劉駿的詩並不見佳，鍾嶸說：「孝武詩，雕文織彩，過爲精密。爲二藩希慕，見稱輕巧矣。」〔註51〕《藝文類聚》選錄劉駿詩 16 首，在入選的南朝宋代 27 位詩人中，位居第五；選錄如此數量的劉詩，是因爲劉駿本人愛好文學，形成風尙。《南史‧王儉傳》載：「先是宋孝武好文章，天下悉以文采相尙，莫以專經爲業。」〔註52〕同時也反映了《藝文類聚》的編者重視選錄前朝帝王作品的傾向。吳邁遠的《長相思詩》爲代表作。其善爲樂府，詩多征人思婦之情、男女贈答之辭。湯惠休入選的詩均是七言，爲思婦之辭；其《怨詩行》比較著名，但《藝文類聚》未收。

南朝齊代，共選錄 15 人的 109 首詩作。按照選錄數量的多少排序，依次爲：謝朓，57 首；王融，21 首；虞羲，7 首；齊竟陵王蕭子良，5 首；王儉，5 首；劉繪，3 首；孔稚珪，2 首；陸厥，2 首；齊隨郡王蕭子隆、石道慧、張融、徐孝嗣、袁象、劉瑱、陸慧曉，各 1 首。

張融的《別詩》，是其現存詩中最好的一首。孔稚珪的《游太平山詩》，寫山中的奇觀異景，詩境新鮮活潑。王儉的《後園餞從兄豫章詩》，較爲輕巧。劉繪的詩，《有所思行》寫相思，含蓄委婉；《送別詩》寫別情，眞摯深沈。齊竟陵王蕭子良的《同隋王經劉先生墓詩》較好，《遊後園詩》淡雅閒適。謝朓的詩，選錄 57 首。他與沈約、王融並稱爲「永明體」的創始人。王融的詩，選錄 21 首，沈約的詩，選錄 125 首，可見《藝文類聚》對永明體詩人的推重。但以詩歌成就論，謝朓爲最。其山水詩成就最高，《晚登三山望京邑詩》、《夜

〔註49〕 同註 7，第 46 頁。

〔註50〕 同註 7，第 46 頁。

〔註51〕 同註 7，第 63 頁。

〔註52〕 〔唐〕李延壽：《南史‧王儉傳》，中華書局，1975 年 6 月第 1 版，第 595頁。

發新林至京邑詩》、《遊敬亭山詩》、《宣城郡內登望詩》等，清俊秀麗，體物入微，描寫逼眞，意境清新。《鼓吹曲》、《臨高臺行》、《玉階怨詩》等，爲永明體詩，篇幅短小，凝練工巧，影響到唐代律詩、絕句的形成。王融的《巫山高》頗有風致；但《古意》、《江皋曲》、《思公子》、《王孫遊》、《詠池上梨花》等諸多好詩，仍漏選。陸厥的《奉答內兄顧希叔詩》較好。虞羲的《霍將軍北征詩》一洗綺靡華豔詩風；《見江邊竹》爲頗有情致和新意的詠竹佳作；《橘詩》以描寫生動見長，富於情韻。

南朝梁代，共選錄 97 人的 1006 首詩作。按照選錄數量的多少排序，依次爲：梁簡文帝蕭綱，183 首；沈約，125 首；梁元帝蕭繹，82 首；庾肩吾，67 首；吳均，67 首；劉孝綽，47 首；劉孝威，40 首；范雲，31 首；何遜，29 首；王僧孺，25 首；梁武帝蕭衍，21 首；王筠，20 首；任昉，18 首；江淹，16 首；梁昭明太子蕭統，15 首；柳惲，10 首；蕭子顯，9 首；王臺卿，9 首；劉孝儀，9 首；鮑泉，8 首；江洪，8 首；丘遲，8 首；朱超，7 首；戴暠，7 首；蕭子範，7 首；劉緩，6 首；范靖妻沈氏，5 首；蕭于雲，5 首；張率、虞騫、徐摛、徐悱妻劉氏、費昶、劉遵、劉孝先，各 4 首；張纘、裴子野、梁邵陵王蕭綸、何思澄、朱超道、蕭子暉、劉邈、劉孝標、陸罩，各 3 首；高爽、王規、王錫、鄧鏗、殷鈞、梁豫章王蕭綜、梁定襄侯蕭祗、褚沄、范泰、范筠、蕭琛、劉瑗、劉孝勝、劉苞，各 2 首；庾仲容、庾成師、施榮泰、王訓、王脩己、王孝禮、張騫、到溉、孔燾、孔翁歸、伏挺、朱異、朱越、釋惠、鮑至、徐君蒨、徐勉、徐昉、徐防、徐悱、宗懍、江祿、梁武陵王蕭紀、沈趨、湯僧濟、李鏡遠、蕭瑱、蕭巡、蕭若靜、蕭暉、賀文摽、楊曒、劉霽、劉孺、劉綏、劉顯、王叔英妻劉氏、陸倕、聞人蒨，各 1 首。

沈約是「永明體」的創始人之一，也是梁代文學的開拓者。他的詩風以自然工麗爲主。鍾嶸云：「觀休文眾製，五言最優。」「雖文不至，其工麗亦一時之選也。」〔註 53〕他的樂府詩，辭藻綺麗，但大都內容貧弱；較有特色者，如《春白紵歌》、《夏白紵歌》、《秋白紵歌》、《冬白紵歌》、《夜夜曲》、《朝雲曲》等，委婉眞摯，頗爲清新。他的描摹山水和抒寫離情別緒的詩，最爲傳誦。《泛永康江詩》、《渡新安江貽京邑遊好詩》、《石塘瀨聽猿詩》等描寫自然風光的詩，大多作於任新安太守時。《八詠詩》，《藝文類聚》選錄其中六首，即《望秋月》、

〔註 53〕同註 7，第 52～53 頁。

《臨春風》、《守山東》、《悲落桐》、《聽曉鴻篇》、《聞夜鶴篇》，一首寫一景，即景抒懷，聲韻和諧，對偶工巧。《懷舊詩》一組九首，全是五言八句，感情濃烈，其中「吏部信才傑」一首，傷謝朓，是公認的名作。《別范安成詩》、《送友人別詩》、《別謝文學詩》等，都表達了對友人的真摯情誼。江淹的詩多刻意雕飾，善於模擬。《雜體三十首》分別模擬自漢無名氏至晉宋諸家，頗肖各家風格；《藝文類聚》分別以《擬古雜體詩》、《擬魏武遊宴詩》、《擬班婕妤詠扇》為題，選錄 3 首。《效阮公詩》15 首，亦極似阮籍之《詠懷》；《藝文類聚》選錄其中 3首。除模擬之作外，還有一些頗具特色的抒懷詩，如《望荊山詩》、《遊黃蘗山詩》等。范雲的詩，以寫朋友之情和男女之情為主。《別詩》（洛陽城東西）是與何遜所作的聯句。《送沈記室夜別詩》是送別沈約之作，寫景寄情，感情真摯、細膩。《贈俊公道人詩》寫朋友爽約後作者的深切懷思。《別詩》（孤煙起新豐）是代言體，寫思婦傷別懷遠。《巫山高》借巫山神女的傳說，抒發對遠方伊人的思念。寫景詩《四色詩》從具體景物著手，描摹自然界綠、赤、白、玄四種顏色；《之零陵郡次新亭詩》描寫江天遠樹雲煙，筆調疏淡，語言清麗。任昉的詩簡練樸素，不追求華麗的辭藻，但學過於才，缺乏情韻。唯《濟浙江詩》寫船行錢塘江上的景象，輕快、清新，富有餘味。《哭范僕射詩》凝練悲涼，哀感動人。《苦熱詩》狀夏日酷暑，精細真切。丘遲的詩辭采麗逸，對仗工整。《題琴樸（筆者按，應作「材」）奉柳吳興詩》借詠琴材，表達對朋友的仰慕。《旦發漁浦潭詩》描述早發浙江漁浦潭，舟行富春江上的情景，文辭清美。《望雪詩》用奇特細膩的筆觸，渲染壯美的雪景。梁武帝蕭衍創作的樂府詩，大多是當時的新聲，即吳聲、西曲，其中《子夜四時歌》、《襄陽白銅堤歌》較為著名。《藝文類聚》選《子夜四時歌》3 首，即《春歌》、《夏歌》、《秋歌》，主要歌唱青年男女愛情，自然婉轉。《襄陽白銅堤歌》，《樂府詩集》作「《襄陽蹋銅蹄》」，並引《古今樂錄》曰：「襄陽蹋銅蹄者，梁武西下所製也。」〔註54〕認為是蕭衍從襄陽領兵西下所作，而《隋書·樂志》則認為是蕭衍即位後所作。所選「龍馬紫金鞍」一首，描寫馬的神駿不凡，誇讚襄陽翩翩少年。《籍田詩》反映天子耕籍的有關情況。另有一些儒學詩、佛理詩，如《撰孔子正言竟述懷詩》、《靈空詩》、《十喻幻詩》等，質木無文，意義不大。柳惲的詩清新秀逸，善為離愁閨怨之辭，尤工寫景，如《江南曲》、《擣衣詩》、《七夕穿針詩》、《獨不見》等。江洪的詩，雖輕豔卻多有情致，以《胡笳曲》、《詠荷詩》、《秋風曲》、《採菱詩》

〔註54〕同註27，第708頁。

較好。何遜的詩，多抒寫離情別緒和鄉愁旅思，尤善描寫山水景物，格調清新婉轉，如《與胡興安夜別詩》、《從鎮江州與遊故別詩》、《行經范僕射故宅》、《富陽浦口和朗上人詩》。《詠早梅詩》為詠物詩，也為人們稱道。他的詩均是五言，工於煉字，音韻和諧，寫景抒情，婉轉清幽。吳均的詩，遊俠、邊塞題材的較有特色。前者如《行路難》、「前有濁尊酒」等；後者如《古意詩》、《邊城詩》、《邊城將詩》等。他的贈答之作，蒼涼悲慨，如《答劉惲詩》、《贈周興嗣詩》、《贈別詩》等。王筠的詩工穩但稍遜情韻，《夕霽詩》等較好。他的詩選錄過多，但《行路難》、《楚妃吟》等較受稱頌的作品，卻未選。裴子野的詩，不尚駢儷，風格樸素。《梁書》本傳稱其「為文典而速，不尚麗靡之詞，其製作多法古，與今文體異」。〔註55〕但《藝文類聚》祇選其詩3首，可見編者對「與今文體異」的作品的態度。《詠雪詩》通過詠雪，表達高尚志趣。《答張貞成皋詩》是答贈出征友人之作，慷慨豪壯。劉孝綽的《愛姬贈土人詩》、《淇上戲蕩子婦詩》等，是典型的宮體題材，但這類作品，《藝文類聚》選錄的數量也祇有五、六首；即使是這類詩，也秀雅而不過於濃豔，在表現手法上頗有可資借鑒之處。《夕逗繁昌浦詩》是山水行旅之作，意境閒遠渾成，語言純淨，不事雕繪。《夜不得眠詩》描繪淒清的秋夜，抒發哀愁。《登陽雲樓詩》是抒情懷古之作，表達生逢亂世的憂愁與悲婉。劉孝儀的《帆渡吉陽洲詩》，敘事寫景，樸實精煉，是梁詩中的上乘之作。《從軍行詩》歌詠漢代征討匈奴的聲威，表現從軍之樂。劉孝威的詩，雖深染宮體淫風，但《藝文類聚》選錄其這類詩很少，所選頗有一些俊逸典雅之作，如《望雨詩》、《登覆舟山望湖北詩》、《春宵詩》、《冬曉詩》、《望隔牆花詩》等。不過，他的詩入選40首，與其在文壇的地位不符，這反映出《藝文類聚》編者格外重視南朝，特別是重視梁代作品的傾向。劉孝先的《竹詩》，詠物抒懷，氣骨遒勁。庾肩吾是最講究聲律和煉字的宮體詩人，其詩清麗工巧，因此選錄較多，但大多內容單薄。《望月詩》是對甜美月色的讚歎。《奉使江州船中七夕詩》詠七夕傳說，並融入自身感觸。《尋周處士弘讓詩》描寫尋訪周弘讓時所見山間美景，空靈超逸。《冬曉詩》攝取生活剪影，抒寫思婦愁緒，全用白描，頗有民歌風味。《亂後經吳郵亭詩》和《亂後經夏禹廟詩》，寫侯景之亂，凝重悲涼，與他的許多詩作風格不同。蕭子範的《春望古意詩》、《夏夜獨坐詩》，意趣不俗。蕭子雲的《落日郡西齋望海山詩》，描摹眼前景觀，抒發歸隱之念。

〔註55〕〔唐〕姚思廉：《梁書·裴子野傳》，中華書局，1973年5月第1版，第443頁。

《春思詩》寫女主人春日的怨情。蕭子顯的《春別詩》3 首，寫春天別離之苦，情意纏綿。《烏棲曲》麗而不淫。梁昭明太子蕭統的詩，平板質樸，缺少文采。因其當時文壇領袖的地位，以及所編《文選》是《藝文類聚》的重要藍本，所以他的詩選錄較多。梁簡文帝蕭綱是宮體詩的代表作家，今存詩有三分之一左右寫豔情；《詠內人畫眠詩》、《詠美人看畫詩》等，是宮體詩的代表作，但《藝文類聚》對這類作品選錄很少，由此可見編者的態度。他的寫景詠物之作，如《折楊柳詩》、《春日詩》、《春日想上林詩》、《納涼詩》、《玩漢水詩》、《詠蛺蝶詩》、《詠新燕詩》、《詠單鳧詩》、《詠蜂詩》、《詠螢詩》等，觀察細緻入微，輕靈秀逸。他的邊塞詩，如《雁門太守行》、《從軍行》、《渡（筆者按，應作「度」）關山行》等，借古諷今，抒情言志，風格硬朗。他的行旅詩，如《經琵琶峽詩》、《蜀道難曲》等，以山川峽谷爲表現對象，描繪奇險怪異的風光。梁元帝蕭繹的詩，追求華豔新巧。他的閨怨豔情之作，如《燕歌行》、《寒閨詩》、《閨怨詩》、《代舊姬有怨詩》等，描摹生動，婉麗多情。他的寫景詠物詩，多用畫筆，喜描春景，如《登江州百花亭懷荆楚詩》、《春日詩》、《晚景遊後園詩》、《折楊柳詩》、《出江陵縣還詩》、《細草詩》、《詠梅詩》等，婉轉秀麗，富有情趣。邊塞之作《紫騮馬》描繪長安少年的英姿；《關山月》是一幅邊塞征戰寒夜思家圖。鮑泉的詩，多寫景詠物，風格柔靡綺麗。《江上望月詩》清婉幽麗，別具情思。《奉和湘東王春日詩》是重字體，即每句詩中必須重複同一字，體裁獨特。全詩以「新」字爲主幹，寫新景、新愁。《秋日詩》抒秋日行旅情懷，清絕婉曲。《寒閨詩》寫女子思念征夫的悲苦之情。《詠剪綵花詩》讚美剪紙藝人。劉緩的詩多寫女子，《看美人摘薔薇花詩》筆觸活潑，情致深厚而不庸俗。《詠江南可採蓮詩》借漢樂府民歌中的句子做題目，表現青年男女愛情，語言工巧，結構嚴謹。王臺卿的詩，多爲奉和應令之作，內容多寫景詠物，詞華意淺。《詠風詩》抓住風的特點加以描寫，藉此詠懷。

　　南朝陳代，共選錄 29 人的 151 首詩作。按照選錄數量的多少排序，依次爲：陰鏗，32 首；張正見，27 首；徐陵，15 首；沈炯，15 首；周弘正，9 首；祖孫登，8 首；劉刪，8 首；伏知道，7 首；蕭詮，3 首；楊縉，3 首；阮卓，3 首；李爽，2 首；蘇子卿，2 首；賀循，2 首；謝燮、許倪、孔魚、孔奐、徐伯陽、徐湛、韋鼎、蕭琳、蕭有、賀澈、劉那、陳昭、陽愼、周弘讓、周弘直，各 1 首。

　　周弘正的《看新婚詩》、「名都宮觀綺」，風格綺靡豔麗，是其早年之作。

較著名的是《還草堂尋處士弟詩》，感物抒情，風格淒清。《隴頭送征客詩》
樸素遒勁。《答林法師詩》寫北上途中的見聞和感受，抒發辛苦勞頓之意。《詠
老敗鬥雞詩》寫一隻鬥敗了的老公雞，構思不同尋常。其弟周弘讓的《無名
詩》，寫訪山中隱士，娓娓道來，全用口語，清新率真。沈炯的憑弔梁亡之作
《望郢州詩》、《長安還至方山愴然自傷詩》、《賦得邊馬有歸心詩》，抒寫戰亂
之慨與滄桑之感，沈鬱蒼涼。《長安少年詩》託漢代遺老之口，寫治亂興亡，
實寓現實之感。陰鏗是陳代比較重要的詩人，其詩以寫景見長，喜歡描寫江
上景色，展現洞庭、武昌一帶長江風物。他善於鍛煉字句，《閑居對雨》、《晚
出新亭》等，都有修辭和聲律上頗見用心的佳句。在雕琢字句的同時，也講
究謀篇，注意到通篇的完整，如《晚泊五洲詩》對仗工整，平仄協調，已經
接近成熟的五言律詩。此外如《新成安樂宮詩》、《游巴陵空寺詩》、《秋閨怨
詩》、《經豐城劍池詩》等，均可視為唐代律體的濫觴。一些詩還表現了思鄉
之情，如《和傅司空登樓望鄉詩》用「信美」的他鄉之景，反襯自己的懷土
思歸之情。送別詩，如《和傅郎歲暮還湘州詩》，從景物的描寫之中反襯友人
旅途的辛苦；《江津送劉光祿不及詩》，寫追送友人不及，祇得惆悵獨立江津，
目送去帆。他也寫過一些豔詩，如《和樊晉陵傷妾詩》、《侯司空第山園詠妓
詩》。陰鏗生活在宮體詩全盛的時期，自然難免時代風氣的影響，但能夠在浮
華綺麗中獨標高格，擁有自己的特色，非常難能可貴。他的詩之所以選錄如
此之多，一是因為自身風格獨具，二是因為一些詩已近律詩，處在非格律詩
向格律詩轉變的重要環節，與唐初詩體接近。徐陵是著名的宮體詩人，但此
類作品入選並不多，《詠舞詩》寫宮中舞妓，描寫細膩，但不免流於輕薄。一
些寫景、送別之作，清新流麗，如《春情詩》渲染春光乍至的喜氣，文字清
雅。《新亭送別應令詩》畫面蒼涼遼遠，表達出送別者的無限掛念。《別毛永
嘉詩》是作者晚年寫的送別詩，語言淺近，但感情深摯，格調蒼老，在徐詩
中不多見。閑適之作，如《內園逐涼詩》寫家居之樂，極有情味。奉和侍宴
之作，如《奉和簡文帝山齋詩》、《奉和山池詩》等，也有一些細密的佳句。
可貴的是，他還寫過一些較為遒勁的邊塞詩，如《出自薊北門行》等。徐陵
在梁代已經成名，把他列入陳朝，是因為他在陳號稱「一代文宗」。〔註56〕張
正見的詩選錄較多，大概是由於他的新體詩語言流麗，對仗工巧，韻律和諧，
對律詩的形成有一定貢獻的緣故。《陳書・張正見傳》載：「其五言詩尤善，

〔註56〕　〔唐〕姚思廉：《陳書・徐陵傳》，中華書局，1972 年 3 月第 1 版，第 335 頁。

大行於世。」〔註57〕從詩的形式上看，多爲樂府詩，且一些詩以「賦得××」
爲題，如《賦得山卦名詩》、《賦得日中市朝滿詩》。從詩的內容上看，有寫景
紀遊詩，如《游匡山簡寂館詩》、《後湖泛舟詩》、《行經季子廟詩》；有詠物詩，
如《寒樹晚蟬疏詩》；有送別詩，如《秋日別庚正員詩》。他的宮體豔情詩均
未選錄，即使抒寫男女之情，如《賦得佳期竟不歸詩》，纏綿婉轉，但無涉豔
情。劉刪的《泛宮亭湖詩》、《詠青草詩》、《詠蟬詩》等，多爲寫景、詠物之
作。祖孫登亦多寫景、詠物詩，《宮殿名登高臺詩》明用或暗用一些宮殿名來
作詩，構思奇特；雖爲文字遊戲，但也與所寫之景、所抒之情相切合。《賦得
紫騮馬詩》通過對馬的描寫，塑造邊塞騎兵的英勇形象。蕭詮的《賦婀娜當
軒織詩》對棄婦的不幸遭遇有所同情。陳昭的《昭君辭》詠王昭君出塞事，
通過景色渲染，反映人物心緒，含蓄委婉。伏知道的《從軍五更轉》（5 首）
以民歌的形式，從一更敘寫到五更，描寫軍旅生活和戍卒愁思。

　　隋代，共選錄 11 人的 58 首詩作。按照選錄數量的多少排序，依次爲：
江總，36 首；王由禮，4 首；虞世基，4 首；盧思道，3 首；顏之推，2 首；
王胄，2 首；岑德潤，2 首；薛道衡，2 首；張文恭，1 首；殷英童，1 首；陽
休之，1 首。

　　江總是當時較有影響的詩人。《陳書·江總傳》云：「（江總）好學，能屬
文，於五言七言尤善，然傷於浮豔，故爲後主所愛幸。多有側篇，好事者相
傳諷玩，於今不絕。」〔註58〕陳亡之前，他的詩風浮豔，爲宮體詩人；入隋
以後，詩風漸趨悲涼清勁。其七言詩多爲豔體，《閨怨詩》（寂寂青樓大道邊）
是名篇，寫思婦在空閨中思念從軍的丈夫，語言華美，對仗嚴整工致，《藝文
類聚》對這類作品選得不多，祇有六、七首。他的五言詩有一些作於離亂或
亡國後，與穠豔的七言詩迥異，如《遇長安使寄裴尚書詩》表達身處異鄉、
愁苦萬端、急切盼歸的心情，《藝文類聚》對這類作品選錄得更少。江總詩作，
入選最多的是描寫景物、唱和贈答之作，因爲這類作品較符合選錄的標準。
王由禮的《賦得岩穴無結構詩》題中的「岩穴無結構」，是左思《招隱》詩中
的句子，王詩描繪山中清幽景色，流露出企羨之意，與左詩頗爲近似。顏之
推的《古意詩》（十五還詩書），回憶作者在梁時的情形，寫江陵之敗亡，情
辭哀婉。盧思道的七言歌行《聽鳴蟬》是其代表作。《北史·盧思道傳》載：

〔註57〕〔唐〕姚思廉：《陳書·張正見傳》，中華書局，1972 年 3 月第 1 版，第 470 頁。
〔註58〕〔唐〕姚思廉：《陳書·江總傳》，中華書局，1972 年 3 月第 1 版，第 347 頁。

「周武帝平齊，授儀同三司，追赴長安。與同輩陽休之等數人作《聽蟬鳴篇》。思道所爲，詞意清切，爲時人所重。新野庾信遍覽諸同作者，而深歎美之。」〔註59〕詩由聽蟬鳴而引出鄉思，再寫因宦遊不達而生歸隱之意。《藝文類聚》將此詩收錄在卷九十七蟲豸部・蟬「賦」體中，文體歸屬不當，蓋因前文有宋顏延之《寒蟬賦》，因此連類而誤。贈別詩《贈司馬幼之南聘詩》，剛健明快，挺拔開朗。《上巳禊飲詩》寫上巳節的活動和景致，表現出喜愛自然風光、厭惡人世囂塵的情趣。他的樂府詩大多模倣南朝豔情詩，風格華豔軟媚，其樂府詩的唯一佳作是《從軍行》，詞意蒼涼，剛健勁逸，但《藝文類聚》未選。薛道衡的詩，雖仍帶有較濃厚的齊梁綺靡色彩，但已顯露剛健清新的趨勢。《人日思歸詩》是敘寫鄉思之情的短詩，委婉含蓄。《游昆明池詩》描寫景物，語言典雅華麗。閨怨詩《昔昔鹽》是其代表作，但《藝文類聚》未選。一些較爲剛健的詩，如《出塞》、《渡河北》，《藝文類聚》也均未選錄，可見編者偏愛柔媚勝於剛健。虞世基的《晚飛烏詩》抒寫去國懷鄉的情感；《出塞》、《入關》等是歷代選家注目的詩，但《藝文類聚》均未選。

二、賦 論

這裡所論的「賦」，包括標注「賦」的作品，也包括標注「七」的作品。

「七」體是賦的一個特殊分支。傅玄《七謨序》云：「昔枚乘作《七發》，而屬文之士若傅毅、劉廣世、崔駰、李尤、桓麟、崔琦、劉梁、桓彬之徒，承其流而作之者紛焉，《七激》、《七興》、《七依》、《七款》、《七說》、《七蠲》、《七舉》、《七設》之篇，於是通儒大才馬季長、張平子亦引其源而廣之。馬作《七厲》，張造《七辨》，或以恢大道而導幽滯，或以黜瑰奓而託諷詠，揚輝播烈，垂於後世者，凡十有餘篇。自大魏英賢迭起，有陳王《七啓》，王氏《七釋》，楊氏《七訓》，劉氏《七華》，從父侍中《七誨》，並陵前而邈後，揚清風於儒林，亦數篇焉。世之賢明，多稱《七激》工，余以爲未盡善也，《七辨》似也。非張氏至思，比之《七激》，未爲劣也。《七釋》僉曰『妙哉』，吾無間矣。若《七依》之卓轢一致，《七辨》之纏綿精巧，《七啓》之奔逸壯麗，《七釋》之情密閒理，亦近代之所希也。」〔註60〕傅玄列舉了「七」體「源」

〔註59〕〔唐〕李延壽：《北史・盧思道傳》，中華書局，1974年10月第1版，第1076頁。
〔註60〕傅玄《七謨序》，載〔清〕嚴可均輯：《全晉文》，商務印書館，1999年10月第1版，第473頁。

與「流」的一些重要作品，描述了「七」成為一種專門文體的過程。「七」體之所以成為專門文體，主要是因為題目中均含有「七」字和在創作數量上的眾多，而從表現手法等方面看，它仍然屬於賦體。《藝文類聚》將「七」獨標一體，是受到前代文體學著作和總集的影響，摯虞的《文章流別論》、任昉的《文章緣起》、劉勰的《文心雕龍》等，均論述過「七」體，蕭統的《文選》錄有「七」體 3 篇。但是劉熙載的《藝概》稱《七發》為賦，言其源「出於宋玉《招魂》」；〔註61〕姚鼐的《古文辭類纂》將枚乘的《七發》選錄在辭賦類，並云：「余今編辭賦，一以漢《略》為法。」為什麼依此為標準呢？因為他認為《文選》分體碎雜，文體立名多有不當，不能作為確定文體的依據。〔註62〕當代的有關論著和文學史教材，也無不把「七」體看作賦，如姜書閣的《漢賦通論》、馬積高的《賦史》、程章燦的《魏晉南北朝賦史》、游國恩等主編的《中國文學史》等，均如此。因此將「七」體歸入賦加以論述。

《藝文類聚》收錄的賦作

朝代	作者人數	作品總計	收錄作品較多的作者及其數量
先秦	2 人	13 題	宋玉，8 題；荀況，5 題
西漢	14 人	29 題	揚雄，7 題；司馬相如，6 題
東漢	25 人	70 題	蔡邕，10 題；張衡，10 題；班彪，5 題；李尤，5 題
魏	32 人	159 題	曹植，43 題；曹丕，26 題；王粲，22 題；應瑒，10 題；繁欽，7 題；陳琳，6 題；劉楨，5 題；楊修，5 題
吳	3 人	7 題	楊泉，5 題
晉	91 人	343 題	傅咸，34 題；傅玄，30 題；陸機，28 題；夏侯湛，19 題；潘岳，18 題；成公綏，16 題；孫楚，16 題；潘尼，13 題；郭璞，9 題
宋	26 人	67 題	謝靈運，14 題；鮑照，8 題；謝莊，5 題；謝惠連，5 題；傅亮，5 題
齊	6 人	17 題	謝朓，8 題；卞伯玉，3 題
梁	26 人	109 題	江淹，20 題；蕭綱，18 題；沈約，17 題；蕭繹，7 題；張纘，6 題；吳均，5 題
陳	5 人	9 題	沈炯，3 題；張正見，3 題

〔註61〕〔清〕劉熙載：《藝概》，上海古籍出版社，1978 年 12 月第 1 版，第 92 頁。
〔註62〕〔清〕姚鼐：《古文辭類纂》，上海古籍出版社，1998 年 7 月第 1 版，第 17 頁。

北齊	1 人	1 題	
北周	2 人	15 題	庾信，14 題
隋	2 人	8 題	江總，7 題

　　對於賦體的界定，在唐代以前頗有不一致之處，同一篇作品，有人認爲是賦，有人則認爲非賦，界限較爲模糊。賦體在形成、發展的過程中，融合多種文體形式，以至於有時賦體的界限不清楚，給人們判斷孰者爲賦，孰者非賦，帶來一定困難與混亂。特別是在漢代，更是如此。具體表現爲，第一，辭、賦不分。《漢書‧敍傳》稱讚司馬相如「文豔用寡，子虛烏有，寓言淫麗，託風終始，多識博物，有可觀采，蔚爲辭宗，賦頌之首。」〔註63〕「辭宗」即「賦頌之首」，「辭」與「賦頌」的意思相同。《漢書‧藝文志》載：「《成相雜辭》十一篇。」〔註64〕《成相》爲荀子所做的賦，實爲 3 篇，載於《荀子》。此稱「辭」，可見辭、賦不分。第二，賦、頌不分。《漢書‧揚雄傳》云：「正月，（揚雄）從上甘泉，還奏《甘泉賦》以風。」〔註65〕而王充《論衡‧譴告》云：「孝成皇帝好廣宮室，揚子雲上《甘泉頌》，妙稱神怪，若曰非人力所能爲，鬼神力乃可成。」〔註66〕《甘泉頌》就是《甘泉賦》，賦、頌混稱，頌即是賦，賦即是頌。第三，騷體屬於賦。《史記‧屈原賈生列傳》云：「乃作《懷沙》之賦。」〔註67〕《懷沙》是屈原《九章》中的一篇。《九章》又是《楚辭》中的作品，此徑稱爲賦。《漢書‧地理志》云：「始楚賢臣屈原被讒放流，作《離騷》諸賦以自傷悼。」〔註68〕《漢書‧賈誼傳》云：「屈原，楚賢臣也，被讒放逐，作《離騷賦》。」〔註69〕明確將《離騷》及其它騷體作品稱爲賦。第四，認爲弔文是賦。《文選》收錄賈誼的《弔屈原

〔註63〕 〔漢〕班固撰，〔唐〕顏師古注：《漢書‧敍傳》，中華書局，1962 年 6 月第 1 版，第 4255 頁。

〔註64〕 〔漢〕班固撰，〔唐〕顏師古注：《漢書‧藝文志》，中華書局，1962 年 6 月第 1 版，第 1753 頁。

〔註65〕 〔漢〕班固撰，〔唐〕顏師古注：《漢書‧揚雄傳》，中華書局，1962 年 6 月第 1 版，第 3522 頁。

〔註66〕 同註 3，第 144 頁。

〔註67〕 〔漢〕司馬邊：《史記‧屈原賈生列傳》，中華書局，1982 年 11 月第 2 版，第 2487 頁。

〔註68〕 〔漢〕班固撰，〔唐〕顏師古注：《漢書‧地理志》，中華書局，1962 年 6 月第 1 版，第 1668 頁。

〔註69〕 〔漢〕班固撰，〔唐〕顏師古注：《漢書‧賈誼傳》，中華書局，1962 年 6 月第 1 版，第 2222 頁。

文》，並列爲弔文類第一篇。劉勰《文心雕龍·哀弔》云：「自賈誼浮湘，發憤弔屈，體同而事核，辭清而理哀，蓋首出之作也。」〔註70〕蕭統和劉勰都認爲賈誼的《弔屈原文》是弔文。而《史記·屈原賈生列傳》云：「賈生既辭往行，聞長沙卑濕，自以壽不得長，又以適去，意不自得。及渡湘水，爲賦以弔屈原。」〔註71〕《漢書·賈誼傳》亦云：「（賈）誼既以適去，意不自得，及度湘水，爲賦以弔屈原。」〔註72〕均明確指出這篇悼念屈原的文章是賦。第五，認爲設論體屬於賦。《文選》收錄東方朔《答客難》、揚雄《解嘲》、班固《答賓戲》，列入「設論」類。劉勰的觀點與蕭統相同。他認爲：「自對問以後，東方朔效而廣之，名爲《客難》，託古慰志，疏而有辨。揚雄《解嘲》，雜以諧謔，迴環自釋，頗亦爲工。班固《賓戲》，含懿采之華。」〔註73〕劉勰說的對問就是《文選》中的設論，他也認爲揚雄《解嘲》等 3 篇是設論。而漢代人卻將這類作品看作賦。許慎《說文解字》解釋「氏」時曰：「揚雄賦：響若氏隤。」〔註74〕「響若氏隤」出自揚雄《解嘲》，可見許慎將《解嘲》看作賦。

　　鑒於賦體與其它文體時有混淆不清的情況，爲了廓清賦體的界限，《藝文類聚》的編者採用的方法是：由題定體，即凡是在文題中含有「賦」的字樣的文章，便確定爲賦。檢《藝文類聚》收錄的賦，大多數均爲「《××賦》」的形式。這樣的文章題目，實際上包含了兩個部分，即篇名和體裁名。篇名主要表明內容，體裁名則是標出文章體裁。題目中的體裁標誌，有的是作者自定的，有的可能是《藝文類聚》的編者給確定的。後者如荀況的幾篇賦：《雲》、《禮》、《針》、《智》，在《荀子·賦篇》中袛在每篇之末，標出一字的題目，文題中並沒有「賦」字，顯然，《雲賦》、《禮賦》、《針賦》、《智賦》等題目中的「賦」字，是《藝文類聚》的編者後加上去的。在這幾篇的文題中各加上一個「賦」字，大概是因爲《荀子·賦篇》中有個「賦」字。

　　賦，是《藝文類聚》中收錄較多的文體，分別在 77 卷 292 個子目下收錄有賦體作品。共收錄賦家 235 家，賦作 847 題。

　　賦作爲一種文學體裁，它的公認的文體特徵是什麼呢？比較權威的說法

〔註70〕同註 5，第 120 頁。

〔註71〕同註 67，第 2492 頁。

〔註72〕同註 69。

〔註73〕同註 5，第 125 頁。

〔註74〕〔漢〕許慎：《說文解字》，中華書局，1963 年 12 月第 1 版，第 265 頁。

有二。《漢書・藝文志》云：「不歌而誦謂之賦。」〔註75〕《文心雕龍》云：「賦者，鋪也；鋪采摛文，體物寫志也。」〔註76〕前者是根據賦的起源加以概括的，後者則大體上概括了從漢代到劉勰所處的宋齊時代賦的內容和形式特色。

先秦時期，共選錄賦家 2 人，賦作 13 題。第一個賦家是荀況，共選其賦作 5 篇。荀況的賦，《漢書・藝文志》著錄爲 10 篇。《荀子・賦篇》有《禮》、《智》、《雲》、《蠶》、《針》5 篇賦，《藝文類聚》收錄了除《蠶》以外的其它 4 篇。《荀子・賦篇》末還附有兩賦：一是《佹詩》，二是荀子給楚春申君的賦；《藝文類聚》將其合二爲一，題名《賦》。荀況賦基本上是儒家者言，訓誡的意味很濃，風格與古代的箴銘相類。第二個賦家是宋玉，共選其賦作 8 題，分別是《風賦》、《登徒子好色賦》、《大言賦》、《諷賦》、《釣賦》、《笛賦》、《高唐賦》、《神女賦》。宋玉的賦，《漢書・藝文志》著錄有 16 篇。王逸《楚辭章句》收其《九辯》、《招魂》兩篇。《文選》又收其《風賦》、《登徒子好色賦》、《高唐賦》、《神女賦》。《九辯》雖然是宋玉的重要作品，但因其爲騷體，所以《藝文類聚》未予選錄，說明編者騷、賦的界限是很清楚的。《藝文類聚》選錄的宋玉作品 8 篇中有 4 篇出自《文選》，可見對《文選》的重視與依賴。《風賦》是宋玉的重要賦作，是一篇詠物賦，又是一篇寓言賦。作者把風分爲「大王之風」和「庶人之風」，並寓諷諫之意。《登徒子好色賦》寫了三種對待男女關係的態度，區分了好淫與好色。《高唐賦》、《神女賦》是互相銜接的姊妹篇，寫楚王與巫山高唐神女戀愛的故事。

西漢時期，共選錄賦家 14 人，賦作 29 題。收錄賦體較多的作家爲司馬相如和揚雄，分別爲 6 題和 7 題。司馬相如是西漢著名的賦家。《美人賦》、《子虛賦》、《上林賦》是文賦。《美人賦》是模擬之作，意淺辭蕩。《子虛賦》、《上林賦》名爲兩篇，其實已融爲一篇；其結構簡單，但氣勢強盛。《弔秦二世賦》是司馬相如侍從漢武帝過宜春宮時所獻。《大人賦》是爲迎合漢武帝的愛好而作，難怪漢武帝讀了此賦，竟飄飄然欲仙了。〔註77〕《長門賦》以寫怨爲主同時又包含著自責。這 3 篇都是騷體賦。揚雄是西漢又一位著名的賦家。劉勰稱其賦「理贍而辭堅」，〔註78〕但也有好爲艱深之辭的毛病，又有模擬前人

〔註75〕同註64，第 1755 頁。

〔註76〕同註5，第 76 頁。

〔註77〕〔漢〕司馬遷：《史記・司馬相如列傳》，中華書局，1982 年 11 月第 2 版，第 3063 頁。

〔註78〕同註5，第 424 頁。

作品的痕跡。《甘泉賦》、《幸河東賦》、《羽獵賦》都是諷諭皇帝奢華生活的，但往往借古立言，文辭亦極婉曲。這與他對賦的看法是一致的。《法言·吾子》載：有人問：「賦可以諷乎？」他回答：「諷乎？諷則已；不已，吾恐不免於勸也。」〔註79〕諷與勸兩個功能彼此相連，諷的目的還是勸，這些賦體現了漢大賦「勸百諷一」的正統。揚雄的一些賦，語言雖然艱深，但《酒賦》、《逐貧賦》等，卻很少僻字奇詞，同時也反映了作者不汲汲於名利，又希望一顯身手的思想。《酒賦》是詠物小賦，全用四言句式，促進了四言詩體賦的發展。漢初的賈誼，《漢書·藝文志》著錄其賦 7 篇。《鵩鳥賦》（「鵩」，《藝文類聚》作「服」）因載於《漢書》本傳，故得其全文。作品以「予」與鵩鳥問答的形式表達賦旨。《西京雜記》載：「賈誼在長沙，鵩鳥集其承塵。長沙俗以鵩鳥至人家，主人死。誼作《鵩鳥賦》，齊死生，等榮辱，以遣憂累焉。」〔註80〕其調子較低，雖有自我傷悼，而更多自我排遣。《旱雲賦》，《藝文類聚》作《旱雲頌》，收在卷一百災異部·旱「頌」體中，題為漢東方朔，然在《漢書·東方朔傳》中找不到佐證。枚乘的賦，《藝文類聚》卷六十五產業部上·園中收錄《梁王兔園賦》一篇，語句錯訛頗多。枚乘最著名的賦作是《七發》，收錄在《藝文類聚》卷五十七雜文部三·七和卷八十八木部上·桐，可見《藝文類聚》對賦體和七體是有嚴格區別的。淮南王君臣作賦較多，但大多散佚，祇留下兩篇：其中劉安的《屏風賦》，借《藝文類聚》得以保存，收在卷六十九服飾部上·屏風的「賦」體中。漢武帝劉徹的《李夫人賦》，纏綿悱惻，《漢書·外戚傳》載：「上（指漢武帝）思念李夫人不已，方士齊人少翁言能致其神。乃夜張燈燭，設帷帳，陳酒肉，而令上居他帳，遙望見好女如李夫人之貌，還幄坐而步。又不得就視，上愈益相思悲感，……上又自為作賦，以傷悼夫人。」〔註81〕《李夫人賦》為後世悼亡之作所祖。董仲舒的《士不遇賦》、司馬遷的《悲士不遇賦》，都是抒情言志之作，借《藝文類聚》得以流傳。兩賦說理成分較多，而少誇飾；董賦多儒家言，遷賦多憤世語。孔臧《蓼蟲賦》、《鴞賦》，皆四言詩體，文詞甚淺，後人疑為偽託。王褒的《洞簫賦》對簫的製作及其聲音做了具體細緻的描寫，為當時後宮傳誦，被後世詠物賦作者奉

〔註79〕　〔漢〕揚雄著，李軌注：《法言》，載《諸子集成》，上海書店影印，1986 年 7 月第 1 版，第 4 頁。

〔註80〕　〔晉〕葛洪：《西京雜記》，中華書局，1985 年 1 月第 1 版，第 38 頁。

〔註81〕　〔漢〕班固撰，〔唐〕顏師古注：《漢書·外戚傳》，中華書局，1962 年 6 月第 1 版，第 3952 頁。

爲圭臬。劉歆的《遂初賦》「歷敍於紀傳」，〔註82〕爲後來班彪《北征賦》、潘岳《西征賦》所本。班婕妤的《自傷賦》自述其入宮到失寵的遭遇，爲騷體；《搗素賦》爲駢體，疑係晉以後人擬作。

東漢時期，共選錄賦家 25 人，賦作 70 題。班彪的《覽海賦》、《冀州賦》，憑藉《藝文類聚》得以保存片段。《覽海賦》是中國文學史上第一篇描寫海的作品。《北征賦》仿劉歆《遂初賦》，典雅、含蓄。其女班昭曾仿之作《東征賦》，收錄在《藝文類聚》卷二十七人部十一・行旅中。杜篤的《論都賦》，不堆砌辭藻，與西漢逞辭大賦相比，是一種進步。班固的《幽通賦》雖乏精彩，亦有可留意之處。《西都賦》和《東都賦》，即所謂《兩都賦》，借貶抑西漢帝王的奢侈豪華，爲東漢統治者提供鑒戒，並宣揚崇儒思想。傅毅的賦，有三篇借《藝文類聚》得以流傳，它們是《琴賦》、《洛都賦》、《七激》；《七激》收錄在《藝文類聚》卷五十七雜文部三・七體中，被作爲七體。他的《舞賦》描寫舞姿的變化，刻畫形容細膩、委曲。崔駰以賦名篇的作品，今存四篇殘文，其中三篇載於《藝文類聚》，它們是《大將軍西征賦》、《反都賦》、《人將軍臨洛觀賦》。李尤的《函谷關賦》寫關山形勝，較爲可觀，《辟雍賦》、《德陽殿賦》、《平樂觀賦》、《東觀賦》均無特色。張衡的賦不少爲模擬前人之作，《二京賦》（即《藝文類聚》中收錄的《西京賦》、《東京賦》）模擬班固的《兩都賦》，《南都賦》模擬揚雄的《蜀都賦》。他的賦寫得很精美的，祇有《歸田賦》，是中國文學史上第一篇表現田園隱居之樂的作品，也是現存的東漢第一篇完整的抒情小賦。另外，《定情賦》、《舞賦》、《羽獵賦》等，借《藝文類聚》以保存片段。馬融的賦，《廣成賦》、《長笛賦》較好。前者載《漢書》本傳，《藝文類聚》未收錄；後者載於《文選》，《藝文類聚》摘錄片段。這一現象說明，《藝文類聚》選錄文章，一般不從史書中取材，而是從現成的文學選本中取材。《琴賦》、《樗蒲賦》等，借《藝文類聚》以保存其片段。王逸的《機賦》、《荔支賦》的殘篇，見於《藝文類聚》；前者是現存賦中第一篇描寫勞動和勞動工具的作品。王延壽的《魯靈光殿賦序》，對靈光殿的描寫頗爲詳盡，是研究漢代建築的絕好材料。《夢賦》和《王孫賦》，雖無甚新意，卻奇譎可喜。趙壹現存《刺世疾邪賦》、《窮鳥賦》、《迅風賦》，《藝文類聚》摘錄後兩篇的片段，但未收錄其揭露統治者腐朽的《刺世疾邪賦》。這一現象說明，《藝文類聚》選錄文章的標準是追求文辭華麗、雕琢，而一些具有社會意義和歷

史意義的質樸的作品，反遭摒棄。蔡邕是漢代賦家中寫作題材最廣泛的一位，其中有詠物的《琴賦》、《蟬賦》，有記天災的《傷故栗賦》，有寫水的《漢津賦》，有記征行的《述行賦》，有寫愛情與婚姻的《檢逸賦》、《青衣賦》，《藝文類聚》對蔡邕賦的選錄全面。禰衡的《鸚鵡賦》借題發揮，抒發作者的憂生之感，悱惻動人；不論是當時還是後代，描寫鸚鵡的賦作鮮有及此者。

　　三國時期，共選錄賦家 35 人，賦作 166 題。這一時期，作家林立，賦作也多。很多作家的賦作，借《藝文類聚》的輯錄才得以保存，但均為節錄。這時的賦，雖還有模擬之作，但針對現實的抒情言志之作，較漢代大為增加。抒情賦體式多樣，而以駢賦居多，題材也較過去有較大擴展。首先是景物抒情賦增加，如王粲的《登樓賦》，曹丕的《濟川賦》、《登臺賦》、《臨渦賦》，曹植的《遊觀賦》、《臨觀賦》，劉楨的《黎陽山賦》，夏侯惠的《景福殿賦》，楊泉的《五湖賦》等，後來的山水抒情賦即胚胎於此。其次是征行賦的數量也頗多。這類賦雖然上承劉歆的《遂初賦》、班彪的《北征賦》、蔡邕的《述行賦》，但已不限於一般的行旅生活的見聞，而是以描寫軍旅生活為主，如王粲的《初征賦》、曹丕的《述征賦》、曹植的《東征賦》、應瑒的《撰征賦》、繁欽的《征天山賦》、阮瑀的《紀征賦》、楊脩的《出征賦》、徐幹的《西征賦》等。再次是出現了大量反映愛情與婚姻的賦，如曹丕的《出婦賦》、《寡婦賦》、《離居賦》，曹植的《出婦賦》、《洛神賦》、《感婚賦》，王粲的《出婦賦》、《寡婦賦》、《神女賦》、《閒邪賦》，陳琳的《止欲賦》、《神女賦》，阮瑀的《止欲賦》，丁廙的《蔡伯喈女賦》，應瑒的《正情賦》等，其中寡婦與出婦的內容，都是以前的賦家沒有接觸的題材。婦女題材的出現，是作家關注社會生活範圍擴大的一個顯著標誌。詠物賦也呈現新面貌。託物言志之作，有的已經達到高度擬人化的境界，如曹丕的《柳賦》，曹植的《蝙蝠賦》、《鷂雀賦》等。同題的抒情詠物小賦時有出現，如曹丕、曹植都有《登臺賦》，王粲、陳琳、楊修等都有《神女賦》，楊修、鍾會都有《孔雀賦》，何晏、韋誕、夏侯惠都有《景福殿賦》等，這是文人創作時互相模倣和文人集團出現的反映。

　　兩晉時期，共選錄賦家 91 人，賦作 343 題。西晉時期，大賦一度受到重視，作為漢大賦的迴響，產生了左思的《三都賦》、木玄虛的《海賦》等名篇。關於《三都賦》的作意，李善曰：「『三都』者，劉備都益州，號『蜀』；孫權都建鄴，號『吳』；曹操都鄴，號『魏』。思作賦時，吳、蜀已平，見前賢文

之是非，故作斯賦以辨眾惑。」〔註83〕作者從晉承魏統的立場出發，帝魏而臣蜀、吳，表現出封建正統觀念。《三都賦》的另一作意，是誇飾三地形勝物產，與《二京賦》和《兩都賦》爭勝。《三都賦序》云：「余既思慕《二京》而賦《三都》，其山川城邑則稽之地圖，其鳥獸草木則驗之方志。風謠歌舞，各附其俗；魁梧長者，莫非其舊。」〔註84〕《蜀都賦》描寫蜀中富庶及風俗的文字神采煥發，而《吳都賦》、《魏都賦》則頗乏精彩之筆。木玄虛《海賦》的體制亦模倣漢大賦，結構宏偉，氣勢雄壯，當推西晉文賦第一。這一時期描寫自然現象的詠物賦較多，如成公綏的《天地賦》、《雲賦》，陸機的《浮雲賦》、《白雲賦》，楊乂的《雲賦》，李充、陸沖、湛方生、江逌、王凝之的《風賦》，孫楚的《雪賦》，李顒的《雪賦》、《雷賦》，顧凱之的《雷電賦》等。諷刺賦也在此時出現，但限於編者審美取向的偏狹，《藝文類聚》收錄的此類作品，除仲長敖的《核性賦》、阮籍的《獼猴賦》外，寥寥無幾。西晉賦在藝術上有創新的作品並不多。即使是《藝文類聚》收錄作品較多的傅玄、傅咸父子，其賦大部分是詠物之作，鮮有新意。較有特色的賦家是阮籍、左思、向秀、張華、陸機、陸雲、潘岳、成公綏等。《藝文類聚》祇選錄了阮籍的一篇賦作，即上面提到的《獼猴賦》。這是一篇詠物賦，借寫獼猴，意在諷世，表達了對「禮法之士」的深惡痛絕。左思的賦，除上面提到的《三都賦》外，《白髮賦》是一篇別開生面的作品，雖為遊戲之作，但文字生動活潑，沒有生澀艱深的語句。向秀的《思舊賦》，寫重睹亡友故居的內心感受，抒發深摯的懷念之情，吟歎咨嗟，情真意切。《文選》收此篇入賦之「哀傷」類。張華的《永懷賦》、《朽社賦》、《相風賦》平淡無奇，《歸田賦》模擬張衡，《感婚賦》模擬曹植，祇有《鷦鷯賦》獨出機杼；作者以鷦鷯自擬，表達「任自然以為資，無誘慕於世偽」的主旨。此賦繼承賈誼《鵩鳥賦》、禰衡《鸚鵡賦》等的傳統，又不相蹈襲，設譬言志，為魏晉詠物賦的名篇。陸機賦，《藝文類聚》選錄較多，惜摘錄的均為片段。《歎逝賦》是傷悼亡友的抒情賦。《感時賦》、《思親賦》、《行思賦》、《懷土賦》、《述思賦》、《思歸賦》、《感丘賦》等，流露出明顯的憂生、思歸之感。在其所有賦作中，《文賦》對後世影響最大。其弟陸雲亦能賦，《歲暮賦》、《逸民賦》較好。潘岳賦，《文選》選錄 8 篇，即《秋興賦》、《西征賦》、《懷舊賦》、《寡婦賦》、《籍田賦》、《笙賦》、《閒居賦》、《射

〔註83〕 同註8，第 172 頁。
〔註84〕 同註8，第 174 頁。

雄賦》,《藝文類聚》亦予摘錄片段。他的賦,思想內容較爲平淡,但是,其抒情賦和詠物賦在構思和技巧上卻有一些獨到之處。成公綏的《天地賦》,首次把天地當作賦的描寫對象,以技巧與辭采見長。

東晉時期,賦作無論就質量,還是數量來說,都不及西晉。較有特色的是郭璞、庾闡、孫綽、湛方生等。郭璞的《江賦》最爲當時所稱。描寫長江,氣勢雄奇,辭采華麗,與木玄虛的《海賦》同爲寫江海的巨製。《文選》李善注引《晉中興書》曰:「璞以中興,三宅江外,乃著《江賦》,述川瀆之美。」〔註85〕此賦是有爲之作。《南郊賦》亦見賞於晉元帝。劉勰曾謂:「景純豔逸,足冠中興,郊賦既穆穆以大觀,仙詩亦飄飄而凌雲矣。」〔註86〕認爲《南郊賦》和《遊仙詩》是郭璞兩大代表作。《流寓賦》記作者於西晉末從故鄉南遷的經歷,指切時事,包含較多的社會內涵,也抒發了身處亂世,欲逃不能的感慨,與他的《遊仙詩》互爲印證。西晉末反映戰亂的作品不多,此雖爲殘篇,亦可寶貴。《登百尺樓賦》是一篇抒情短賦,對西晉末的動亂亦有直接的描寫。庾闡最著名的賦是《揚都賦》,意在讚美「揚都」建康。今觀其殘文,知其已具京都大賦的格局,氣象恢宏。《世說新語》載有關於此賦的兩條逸事。其一云:「庾仲初作《揚都賦》成,以呈庾亮,亮以親族之懷,大爲其名價云『可三《二京》,四《三都》。』於此人人競寫,都下紙爲之貴。謝太傅云:『不得爾,此是屋下架屋耳,事事擬學,而不免儉狹。』」〔註87〕庾闡此賦名聲大噪,與庾亮的鼓吹有一定的關係,但它不脫模擬之跡,謝安的「屋下架屋」、「事事擬學」道破其弊。《涉江賦》於描摹山水之中,寄寓理趣。《浮查賦》寫物態,兼抒情志。孫綽的《遊天台山賦序》爲《文選》選錄,《藝文類聚》亦摘片段。它雖多言玄理,但刻畫山水,文字清麗。《望海賦》僅爲殘篇。湛方生的《風賦》、《懷春賦》,描寫景物能夠做到人與自然相得益彰。

南北朝和隋代,共選錄賦家68人,賦作226題。晉宋之際,賦作在悲觀消極的情調之中,又呈現幾分慷慨不平之氣;反映現實的賦作較少,較多的是寫景抒情和託物言志之作。受玄學影響,賦作亦雜有玄言佛理,同時也講究文辭的華美。代表作家是陶淵明、傅亮、謝靈運、謝惠連、謝莊、鮑照等。《歸去來》是陶淵明的代表作;此賦是從彭澤令歸來所作,寫樂天安命、陶

〔註85〕同註8,第557頁。
〔註86〕同註5,第431頁。
〔註87〕同註40,第258頁。

醉田園的情調。《藝文類聚》將陶淵明歸於宋，當代學者均以爲陶淵明應該屬晉，因爲他入宋不久就去世了。傳亮，今存賦6篇，其中5篇載於《藝文類聚》，惜均爲片段，一篇《感物賦》尚完整，載於《宋書》本傳，且有一定的社會現實意義，但《藝文類聚》未收錄。這是《藝文類聚》往往直接從前代詩文總集或選集中直接選文，而不從史書中錄文的又一個證明。謝靈運的賦選錄14題，他的大部分賦作借《藝文類聚》得以保存，惜多爲片段。《歸途賦》是一篇寫景抒情賦，藝術上較爲可取。他最好的作品是《山居賦》、《撰征賦》。《山居賦》借鑒漢賦的結構，吸收漢賦鋪排的傳統寫法，但沒有枯燥的物品羅列，而是側重於寫景，表現其貴族的閒情逸趣。《撰征賦》敘寫對當時政治事件的所見所感，此類賦在當時較爲少見。謝惠連的《雪賦》是其代表作，它沿用漢賦中自設主客的形式，描寫素淨、奇麗的雪景，抒發年歲易暮、及時行樂的思想。謝莊的《月賦》亦爲名篇，在秋景的襯托下展現了月色之美，兼有懷人之意。奉詔作的《赤鸚鵡賦》和《乘輿舞馬賦》，頗盡體物之妙。鮑照的賦辭采清麗，代表作《蕪城賦》描寫廣陵昔日的繁華和戰後的荒涼，極盡慷慨悲歌之致。《游思賦》抒發自己的漂泊之苦，充滿慷慨不平之氣。《舞鶴賦》、《野鵝賦》、《尺蠖賦》等均是詠物賦。

齊、梁、陳三代，寫景抒情賦得到進一步發展，賦作更趨於駢儷化、對偶化。代表作家有謝朓、沈約、江淹等。謝朓的《思歸賦》回顧自己的仕途經歷，並對仕途的險惡深懷憂慮，表達意欲歸隱的想法。《酬德賦》寫他與沈約的交情。《遊後園賦》長於寫景，頗具情致。《野鶩賦》借物寫人，表達欲報知遇之恩的意願。沈約的《郊居賦》是其賦作中唯一的長篇，爲晚年的得意之作，抒寫作者被梁武帝疏遠以後的牢騷，表達意欲歸隱的志向。《擬風賦》、《高松賦》、《桐賦》，是奉竟陵王蕭子良之命而作。《愍衰草賦》抒發歲暮的蕭瑟悲涼之感。《麗人賦》對女性的描寫較前代同題材的作品放蕩、細膩。江淹的《燈賦》模倣宋玉的《風賦》，將燈分爲大王之燈和庶人之燈，藉以表達自己忠不被察的不滿。《待罪江南思北歸賦》描寫他鄉荒涼的景色，抒發思鄉的愁緒，表達失職的憂憤。《四時賦》寫四時景色引起的思鄉之情。《恨賦》、《別賦》分別寫各種「飲恨吞聲」的死亡和「黯然銷魂」的離別。辭采華美，慷慨悲涼，爲駢賦的名篇。《江上之山賦》表達於世路艱難中欲自保節操的意願。張纘的《南征賦》，記敘其從建康到湘州所見，展現發生在其間的諸多史實，有實錄性質。蕭綱的《述羈賦》、《阻歸賦》爲思歸之作，《秋興賦》、《臨

秋賦》、《序愁賦》爲寫景抒懷之作。《箏賦》描繪歌女的體態神情細緻入微。
蕭繹的《蕩婦秋思賦》用秋天之景渲染倡婦對蕩子的思念。《採蓮賦》描繪採
蓮圖景和對採蓮女子的喜愛。吳筠的《吳城賦》，弔古傷今，情調與鮑照的《蕪
城賦》頗似，衹是篇幅短小。何遜的《窮鳥賦》，自比屈沈下僚的窮鳥，述失
意之悲，文辭淒苦。蕭子暉的《冬草賦》寫冬草凌寒不衰的倔強精神。沈炯
（炯，《藝文類聚》作「烱」）的《歸魂賦》（《藝文類聚》一作《歸魂賦》，一
作《魂歸賦》，兩篇實爲一賦），是作者從長安回建康後，追述被俘入關經歷
的作品。陳弘讓的《山蘭賦》，讚美山蘭「自然之高介」，「屏山幽而靜異」，
體物入微，格調高雅。張正見的《石賦》，句句對仗，實開律賦之先河。

　　隋代的作家有江總、盧思道。江總的《南越木槿賦》贊其夏盛，憫其秋
零，實寓身世之感。盧思道的《聽鳴蟬》表達對隱逸生活的嚮往。雖然《藝
文類聚》是作爲賦作收錄的，但它更像一首雜言歌行。可能《藝文類聚》的
編者對它的文體歸類也有些猶豫，所以文題中並未加「賦」字，並將它排列
在卷九十七・蟬「文」的部分賦體的最後。

　　北朝賦的文風與南朝相似。晚年羈留在周的庾信，是北朝賦的著名作家，
實際上也是南北朝賦的集大成者。《春賦》、《蕩子賦》、《鏡賦》、《象戲賦》、《燈
賦》、《對燭賦》、《鴛鴦賦》、《七夕賦》，作於南朝的梁，《三月三日華林園馬
射賦》、《哀江南賦》、《傷心賦》、《小園賦》、《竹杖賦》、《枯樹賦》，作於北朝
的魏、周。庾信在梁時的賦，以描寫女性居多。如《春賦》寫貴族婦女遊春；
《蕩子賦》寫思婦在丈夫戍邊後的孤寂愁苦；《鏡賦》詠閨中之物，兼及婦女
的體態和心理；《燈賦》重在寫燈下美人；《對燭賦》、《鴛鴦賦》亦宮廷豔賦。
較有價值的是後期的作品。《枯樹賦》以枯樹自比，寄託身世之感。《小園賦》
寫小園的簡陋、荒蕪，引出故國鄉關之思。《哀江南賦》歷敘梁代興亡和作者
經歷，以其宏闊的規模容納豐富的歷史內容，在藝術構思和語言技巧上均達
到很高成就；文采富麗，情調悲憤，爲南北朝賦的壓卷之作。

三、文　論

　　《藝文類聚》在不同的子目下選錄了 52 種文體，（已見上文）。其中屬於
「文」的有：贊，表，文，頌，銘，令，序，祭文，啓，論，箋，碑，書，
述，誄，章，議，哀策，敕，箋，諡策，詔，教，墓誌，說，解，疏，訓，
誥，哀辭，志，弔，傳，策，奏，難，連珠，移，戒，檄，行狀，狀。共計

42 種。現依次分別論述。

贊，《藝文類聚》在 53 卷的 144 個子目下選錄有贊體文，具體是：東漢：蔡邕，2 篇；班固，1 篇；李尤，1 篇。三國魏：曹植，30 篇；楊脩，1 篇；繁欽，1 篇；繆襲，1 篇；王粲，1 篇。晉代：郭璞，80 篇；左九嬪，12 篇；夏侯湛，9 篇；孫楚，8 篇；戴逵，6 篇；湛方生，5 篇；庾肅之，4 篇；卞敬宗，4 篇；傅玄，4 篇；庾闡，3 篇；孫綽，3 篇；殷仲堪，2 篇；陸機，2 篇；羊孚，1 篇；顧愷之，1 篇；曹毗，1 篇；庾亮，1 篇；王珣，1 篇；袁宏，1篇；潘岳，1 篇；王凝之妻謝氏，1 篇；王叔之，1 篇；支曇諦，1 篇；王升之，1 篇；謝莊，1 篇；阮脩，1 篇；杜預，1 篇；孔甯子，1 篇；鈕滔母孫氏，1 篇；伏滔，1 篇。南朝宋：謝惠連，5 篇；陶潛，5 篇；宋孝武帝劉駿，5 篇；謝靈運，4 篇；范泰，3 篇；顏延之，2 篇；顏峻，1 篇；顏淵，1 篇。南朝齊：王儉，1 篇。南朝梁：梁元帝蕭繹，6 篇；江淹，4 篇；沈約，3 篇；梁昭明太子蕭統，3 篇；劉孝威，2 篇。北周：庾信，17 篇。隋代：江總，4 篇。孔璠之，1 篇。綜合統計：東漢 3 人，4 篇；三國魏 5 人，34 篇；晉代 30 人，159 篇；南朝宋 8 人，26 篇；南朝齊 1 人，1 篇；南朝梁 5 人，18 篇；北周 1人，17 篇；隋代 1 人，4 篇。

關於贊，劉熙《釋名》云：「稱人之美曰讚，讚，纂也，纂集其美而敘之也。」〔註 88〕指出「贊」的意思是稱讚人，故其文體的內涵就是總結概括人的美德並敘寫出來。劉勰云：「贊者，明也，助也。……至相如屬筆，始贊荊軻。及遷史固書，託贊褒貶。約文以總錄，頌體以論辭；又紀傳後評，亦同其名；而仲治《流別》，謬稱為述，失之遠矣。及景純注雅，動植必贊，義兼美惡，亦猶頌之變耳。」〔註 89〕按劉勰的意見，贊體有二種，一是說明或總結，如《史記》、《漢書》每篇紀傳末尾的「贊曰」。二是讚美，也包括貶斥，如司馬相如的《荊軻贊》、郭璞的《山海經圖贊》。明代吳訥、徐師曾明確說明贊體文是稱讚、讚美的文體。吳訥《文章辨體序說》云：「贊者，贊美之辭。」〔註 90〕徐師曾《文體明辨序說》云：「字書云：『贊，稱美也，字本作讚。』……其體有三：一曰雜贊，意專褒美，若諸集所載人物、文章、書畫諸贊是也。

〔註88〕〔清〕王先謙：《釋名疏證補》，上海古籍出版社，1984 年 3 月第 1 版，第 175頁。
〔註89〕同註 5，第 88 頁。
〔註90〕〔明〕吳訥：《文章辨體序說》，人民文學出版社，1962 年 8 月第 1 版，第 47頁。

二曰哀贊，哀人之沒而述德以贊之者是也。三曰史贊，詞兼褒貶，若《史記索隱》（案司馬貞《史記索隱》在《史記》每篇後，皆附《述贊》。）、《東漢》、《晉書》諸贊是也。」〔註91〕贊體文是對整篇文章內容進行簡短概括、闡明的言辭，或對人物、事蹟及事物等進行稱頌讚美的文章，它或放在文章的末尾，或獨立成篇。

　　《藝文類聚》的贊體文，多用「贊」標出，也有用「讚」標明的。漢代是贊體文的形成期，《藝文類聚》收錄的贊體文有 4 篇：蔡邕的《焦君贊》、《太尉陳公贊》，班固的《公孫弘贊》，李尤的《鞠城銘》，均是東漢的作品；其中李尤的《鞠城銘》，應是「銘」體，誤收入「贊」體；所以，實際上贊體文祇有 3 篇。顯然對漢代贊體文的收錄不夠，特別是《漢書》、《史記》中大量的史贊均未收錄，不能不說是一個遺憾。蔡邕是漢末寫贊體文最多的作家，在促進贊體文發展的過程中起了重要作用。《藝文類聚》收其贊體文 2 篇，可以說是對其贊體文地位的肯定。魏晉南北朝時期，是贊體文創作的繁榮期，《藝文類聚》收錄這一時期的贊體文也最多。三國時期的贊體文，以曹植為最多，為 30 篇。晉代的贊體文，以郭璞為最多，為 80 篇；其次分別是左九嬪 12 篇，夏侯湛 9 篇。畫贊的創作在此時呈現繁榮局面。曹植的畫贊共收錄有：《庖羲贊》、《女媧贊》、《神農贊》、《黃帝贊》、《黃帝三鼎贊》、《少昊贊》、《帝顓頊贊》、《帝嚳贊》、《帝堯畫贊》、《帝舜贊》、《夏禹贊》、《禹治水贊》、《禹渡河贊》、《殷湯贊》、《湯禱桑林贊》、《文王贊》、《文王赤雀贊》、《周武王贊》、《周成王贊》、《周公贊》、《漢高皇帝贊》、《漢文帝贊》、《漢景帝贊》、《漢武帝贊》、《姜嫄簡狄贊》、《禹妻贊》、《許由巢父池主贊》、《卞隨贊》、《南山四皓贊》，內容基本是人物或人物的相關事蹟，形式多為四言八句。魏晉時期的其它畫贊，如庾闡的《虞舜像贊並序》、《二妃像贊》，傅玄的畫贊，郭璞的畫贊等，均有收錄。特別是郭璞的《爾雅圖贊》、《山海經圖贊》，是郭璞研究《爾雅》、《山海經》的成果。他不但作注，又畫圖，且有贊文。現存這類作品 267 則，而其中選錄在《藝文類聚》中的就有 80 則，可見《藝文類聚》在保存郭璞圖贊方面的作用。南北朝時期著名的畫贊作品，如梁元帝的《職貢圖贊》，劉孝威的《辟厭青牛畫贊》，庾信的《黃帝見廣成畫贊》、《舜干戚畫贊》、《漢高祖置酒沛宮畫贊》等，均有收錄。雜贊也是魏晉南北朝時期不可忽視的創作。雜贊主要是祥瑞贊、雅器寶物贊、山水景物贊等。收錄的這一時期的祥瑞贊

〔註91〕同註 24，第 143 頁。

有：曹植的《吹雲贊》，繆襲的《神芝贊》，宋孝武帝劉駿的《清暑殿薈嘉禾贊》、《景陽樓慶雲贊》等。關於雅器寶物贊，收錄的有：殷仲堪的《琴贊》、謝惠連的《琴贊》、庾肅之的《玉贊》、卞敬宗的《無患枕贊》等。雜贊中數量較多的是山水景物贊，這與當時山水題材創作的豐富有關。收錄的山水景物贊有：庾肅之的《雪贊》、《山贊》、《水贊》，羊孚的《雪贊》，戴逵的《山贊》，殷仲堪、顧凱之、孔甯子的《水贊》，謝惠連的《雪贊》、《松贊》，謝莊的《竹贊》，沈約的《雪贊》，江總的《香贊》，《花贊》等。

表，《藝文類聚》在 46 卷的 97 個子目下選錄有表體文，具體是：東漢：班固，1 篇；蔡邕，1 篇；孔融，1 篇；三國魏：曹植，18 篇；魏武帝曹操，6 篇；邯鄲淳，1 篇；魏文帝曹丕，1 篇；辛毗，1 篇；桓階等，1 篇；傅嘏，1 篇；卞蘭，1 篇；桓範，1 篇；殷褒，1 篇；王朗，1 篇。三國吳：張儼，1 篇；胡綜，1 篇；謝承，1 篇。晉代：庾亮，2 篇；范甯，2 篇；傅玄，1 篇；江逌，1 篇；劉琨，1 篇；左九嬪，1 篇；張士然，1 篇；孫毓，1 篇；盧諶，1 篇；殷仲文，1 篇；陸雲，1 篇；王述，1 篇；桓溫，1 篇；范汪，1 篇；王肅，1 篇；皇甫謐，1 篇。南朝宋：謝莊，5 篇；顏延之，4 篇；傅亮，2 篇；王弘，1 篇；鄭鮮之，1 篇；謝靈運，1 篇；趙伯符，1 篇；宋孝武帝劉裕，1 篇。南朝齊：謝朓，5 篇；王融，2 篇；孔稚珪，2 篇；齊竟陵王，1 篇；王儉，1 篇。南朝梁：梁簡文帝蕭綱，18 篇；沈約，17 篇；劉孝儀，8 篇；任昉，7 篇；王僧孺，6 篇；江淹，6 篇；陸倕，5 篇；丘遲，5 篇；梁元帝蕭繹，4 篇；范雲，4 篇；蕭子範，3 篇；王筠，3 篇；庾肩吾，2 篇；吳均，1 篇；張纘，1 篇；任孝恭，1 篇；梁邵陵王，1 篇；諸葛恢，1 篇。南朝陳：沈炯，7 篇；徐陵，6 篇；周弘正，1 篇。北魏：溫子昇，8 篇。北齊：邢子才，6 篇。北周：庾信，5 篇；王褒，3 篇；王襃，1 篇。隋代：江總，9 篇。綜合統計：東漢：3 人，3 篇；三國魏：11 人，33 篇；三國吳：3 人，3 篇；晉代：16 人，18 篇；南朝宋：8 人，16 篇；南朝齊：5 人，11 篇；南朝梁：18 人，93 篇；南朝陳：3 人，14 篇；北魏：1 人，8 篇；北齊：1 人，6 篇；北周：3 人，9 篇；隋 1 人，9 篇。

關於表，吳訥《文章辨體序說》云：「韻書：『表，明也，標也，標著事緒使之明白以告乎上也。』三代以前，謂之敷奏。秦改曰表。漢因之。竊嘗考之，漢晉皆尚散文，蓋用陳達情事，若孔明《前後出師》、李令伯《陳情》之類是也。唐宋以後，多尚四六。其用則有慶賀、有辭免、有陳謝、有進書、

有貢物，所用既殊，則其辭亦各異焉。」〔註92〕吳訥勾勒了表的發展簡況，指出它多方面的、廣泛的功能與用途。劉勰認為表文的特點是：「表體多包，情偽屢遷，必雅義以扇其風，清文以馳其麗。然懇惻者辭為心使，浮侈者情為文屈。必使繁約得正，華實相勝，唇吻不滯，則中律矣。」〔註93〕表，始於秦，漢代已有長足發展。據《後漢書》記載，東漢擅長作表文的有 10 餘人，但《藝文類聚》選錄的漢代的表文，袛有東漢班固、蔡邕、孔融 3 人 3 篇。選錄的數量少，一是說明《藝文類聚》的編者對漢代的表文不夠重視，二是說明在唐初，漢代的表文存世已經不是很多。三國時期，選錄表文最多的是曹植，《自試表》、《諫伐遼東表》等名篇，均已選錄，但未收其《求通親親表》，此表《文選》收錄。劉勰云：「魏初表章，指事造實，求其靡麗，則未足美也。……陳思之表，獨冠群才；觀其體贍而律調，辭清而志顯，應物製巧，隨變生趣，執轡有餘，故能緩急應節矣。」〔註94〕劉勰的評價是公允的。曹植的表文，氣勢壯，有生氣，辭采清麗，音節瀏亮。曹操所作，較有意義的是薦舉人才的表文，如《郭嘉有功早死宜追贈封表》。諸葛亮的《出師表》是這一時期重要的表文，但《藝文類聚》未選；這篇表現忠君思想的作品，定不會與《藝文類聚》的選編標準相左，大概由於編者在選文時較為草率以致遺漏，或者由於《出師表》沒有哪個子目可以歸屬。晉代，袛有庾亮、范甯每人各選 2 篇表文，其餘每人均選錄 1 篇。庾亮在東晉以章表聞於世，代表作為《讓中書監表》，《文選》收錄，但《藝文類聚》未收。范甯的《為豫章郡表》和《為豫章郡守》，看其題目，觀其內容，似同一篇表。嚴可均輯《全晉文》，即認為它們是同一篇文章，所以繫於標題《為豫章郡表》下。李密的《陳情表》亦為表中名文，《文選》收錄，但《藝文類聚》未錄。這幾處漏選，足以說明《藝文類聚》在錄文時不能從文體發展的角度考慮，而是隨意摘取，顯得粗疏、草率，缺乏周密安排。南北朝時期，特別是南朝時期，選錄的表文較多，看出編者對這一時期文章的重視，這也與全書選錄南朝作品偏多的情況相一致。梁簡文帝的表文，並不見得怎樣出色，卻選錄 18 篇，為收錄表文最多的作家。而一些著名的作品，如任昉的《為范尚書讓吏部封侯表》（《文選》收錄）、《江淹》的《為蕭拜太尉揚州牧表》等，均未收錄。這種主次倒置的現

〔註92〕 同註90，第 37 頁。
〔註93〕 同註5，第 208～209 頁。
〔註94〕 同註5，第 206～207 頁。

象，一是說明《藝文類聚》的編者對前朝皇帝文章的重視；二是說明對宮體、豔情詩文作者的重視；三是選文不顧文體的發展狀況，主觀隨意。

　　文，《藝文類聚》在 18 卷的 24 個子目下選錄有「文」，具體是：西漢：司馬相如，1 篇；揚雄，1 篇；賈誼，1 篇。東漢：蔡邕，2 篇；潘勗，1 篇。三國魏：曹植，2 篇；魏武帝曹操，1 篇；魏文帝曹丕，1 篇。晉代：潘岳，4篇；庾闡，2 篇；孫楚，2 篇；陸機，2 篇；張敏，1 篇；劉琨，1 篇；王羲之，1 篇；殷闡，1 篇；殷允，1 篇；王珣，1 篇；周穎文，1 篇；庾亮，1 篇；湛方生，1 篇；曹毗，1 篇。南朝宋：袁淑，3 篇；謝惠連，2 篇；宋孝武帝劉裕，1 篇；顏延之，1 篇；王僧達，1 篇；謝延之，1 篇；傅亮，1 篇。南朝齊：謝朓，2 篇；卞伯玉，1 篇；孔稚珪，1 篇。南朝梁：梁簡文帝蕭綱，3 篇；梁元帝蕭繹，3 篇；陸倕，2 篇；任孝恭，2 篇；徐悱妻劉氏，1 篇；王僧孺，1 篇；沈約，1 篇。南朝陳：沈炯，2 篇。北魏：溫子昇，1 篇。綜合統計：西漢：3 人，3 篇；東漢：2 人，3 篇；三國魏：3 人，4 篇；晉代：14 人，20篇；南朝宋，7 人，10 篇；南朝齊：3 人，4 篇；南朝梁：7 人，13 篇；南朝陳：1 人，2 篇；北魏，1 人，1 篇。

　　作為一種文體，「文」的標注是不恰當的。從《藝文類聚》所分的文體看，除了詩、賦等少數幾個文種外，都可以稱作「文」，再分出一個文體「文」來，那麼「文」就包括了其它幾乎所有的文種，這樣就造成了文體分類標準的失當。《藝文類聚》中的各個文種，應該是平行並列的，而不應該是互相包容的。雖然魏晉南北朝時期，也有「文」的概念，不過那多是與「筆」對舉的，且含義也與此不同。劉勰云：「今之常言，有『文』有『筆』，以為無韻者『筆』也，有韻者『文』也。」〔註95〕有韻的才叫「文」，而且是「常言」，即人們普遍習用的講法。《藝文類聚》中的「文」顯然不是這個意思。為了獲得對《藝文類聚》中「文」的合理解釋，可以借用徐師曾的說法。他對「文」的解釋是：「蓋文中之一體也。其格有散文，有韻語，或仿楚辭，或為四六，或以盟神，或以諷人，其體不同，其用亦異。」〔註96〕意謂「文」從形式上說，可以是散體的，也可以是押韻的；從作用上說，可以盟神，還可以諷人。《藝文類聚》中的「文」，雖不完全是這樣，但與此類似。有散體的，如殷允的《祭徐孺子文》曰：「惟豫章太守殷君，謹奠漢故聘士豫章徐先生。惟君資純玄粹，

〔註95〕同註 5，第 385 頁。
〔註96〕同註 24，第 137 頁。

含眞太和，卓爾高尚，道映南岳，逍遙環堵，萬物不干其志，負褐行吟，軒冕不易其樂。時攜虛榻，佇金蘭之眷；千里命契，寄生芻之詠。非夫超悟身名，遁世無悶者，孰若是乎？夫誠素自中，微物爲重，蘋藻是歆，實過牲牢。」〔註97〕也有押韻的，如王僧遠《祭顏延之文》曰：「氣高叔夜，方嚴仲舉，逸翮獨征，孤風絶侶。」〔註98〕「舉」與「侶」押韻，爲「語」韻。語言形式上與徐師曾所說的類似，功能上則不完全相同。可用於封禪祭祀，如司馬相如的《封禪文》、庾亮的《釋奠祭孔子文》；可用於祭悼，如蔡邕的《弔屈原文》、梁簡文帝蕭綱的《祭戰亡者文》；可用於祈天，如曹毗的《請雨文》、宋孝武帝劉裕的《祈晴文》。

頌，《藝文類聚》在34卷的65個子目下選錄有頌體文，具體是：西漢：王褒，2篇；揚雄，1篇；史岑，1篇；張浚，1篇；東方朔，1篇。東漢：蔡邕，5篇；班固，3篇；崔駰，2篇；張超，1篇；崔瑗，1篇；馬融，1篇；傅毅，1篇。三國魏：曹植，8篇；傅遐，1篇；何晏，1篇；王粲，1篇；劉伶，1篇。三國吳：薛綜，2篇。晉代：牽秀，4篇；劉臻妻，3篇；傅統妻，3篇；左九嬪，2篇；潘尼，2篇；孫楚，1篇；庾峻，1篇；潘岳，1篇；孫綽，1篇；傅咸，1篇；陸機，1篇；張子並，1篇；江偉，1篇；張載，1篇；庾闡，1篇；成公綏，1篇；王讚，1篇；蘇彥，1篇；湛方生，1篇；黃伯仁，1篇。南朝宋：謝靈運，7篇；宋孝武帝劉駿，2篇；顏延之，2篇；鮑照，1篇；何承天，1篇。南朝梁：江淹，11篇；梁簡文帝蕭綱，1篇；沈約，1篇。南朝陳：徐陵，1篇。北齊：邢子才，1篇。隋代：江總，1篇。佚名，1篇。另有《爾雅圖讚》，誤收入「頌」體，不計。綜合統計：西漢，5人，6篇；東漢，7人，14篇；三國魏，5人，12篇；三國吳，1人，2篇；晉，20人，29篇；南朝宋，5人，13篇；南朝梁，3人，13篇；南朝陳，1人，1篇；北齊，1人，1篇；隋，1人，1篇。

關於頌，劉勰云：「頌者，容也，所以美盛德而述形容也。……容告神明謂之頌。」〔註99〕它的特點是「原夫頌惟典雅，辭必清鑠」。〔註100〕吳訥亦云：「頌須鋪張揚厲，而以典雅豐縟爲貴。」〔註101〕劉勰和吳訥均認爲頌的基

〔註97〕《藝文類聚》，第679頁。
〔註98〕《藝文類聚》，第679頁。
〔註99〕同註5，第84頁。
〔註100〕同註5，第87頁。
〔註101〕同註90，第47頁。

本風格是「典雅」。各朝代不同作家的頌體文，由於內容的不同，而呈現出各自的特色，但是從總體上講，均保持了「典雅」的風格。而「其詞或用散文，或用韻語」。〔註102〕劉勰、吳訥等論及的《詩經》中的《時邁》、《那》、《清廟》等篇，《藝文類聚》均未作爲頌體文收錄。這反映了編者對頌體文的觀點：頌是文，《詩經》中的作品是詩，頌與詩是兩種不同的文體。漢代，有的作品祇是名稱上是頌，而實爲賦，如王褒的《甘泉宮頌》，但因其篇名有「頌」字，故《藝文類聚》將其收錄在「頌」體。漢代人往往對賦、頌區分不明，用賦體來寫頌，也經常賦、頌混稱，致使賦、頌無別。《藝文類聚》選錄的頌體文，篇名中均含有「頌」字。這一現象說明，《藝文類聚》對頌體文的界定，採取了「由題定體」的整齊劃一的方法，這樣有利於編纂時的操作。崔瑗的《南陽文學頌》、班固的《竇將軍北征頌》、蔡邕的《京兆樊惠渠頌》等，都是漢代頌體文的名篇。蔡邕的《五靈頌》，是一篇詠物頌，頌麟、白虎等5種祥瑞之物。魏晉南北朝時期，頌體文題材擴大，出現了一些比較完善的頌體文類型，如求仙隱逸頌、美物頌、符瑞頌、佛教頌等。求仙隱逸頌，在東漢末年就已出現，祇是數量較少。魏晉，此類頌的創作增多，如曹植的《玄俗頌》，牽秀的《黃帝頌》、《老子頌》、《彭祖頌》、《王喬赤松頌》，潘岳的《許由頌》等。與漢代相比，這時的美物頌題材明顯擴大，從日常用品擴大到花草樹木和鳥類等，如曹植的《露盤頌》、《宜男花頌》，王粲的《靈壽杖頌》，成公綏的《菊花頌》，王贊的《梨樹頌》，傅統妻辛女的《燕頌》，江淹的《杜若頌》、《山桃頌》、《杉頌》。劉伶的《酒德頌》，是借題發揮之作，借頌酒德表達對禮法的蔑視，與前代的頌截然不同。符瑞頌，於魏晉初露端倪，至南北朝則大量湧現，三國魏何晏有《瑞頌》，三國吳薛綜有《麟頌》、《鳳頌》，晉代湛方生有《木連理頌》，南朝宋鮑照有《河清頌》，南朝宋孝武帝劉駿有《芳春琴堂橘連理頌》，北齊邢子才有《甘露頌》，均以黃河清、甘露降等所謂吉祥的象徵，爲統治者歌功頌德。南北朝時期，頌體文還深受佛教影響，出現了以佛教活動爲題材的佛教頌，如謝靈運的《無量壽佛頌》、《法門頌》等，但《藝文類聚》以弘揚儒學爲要義，所以，這類佛教頌選錄的並不多。

銘，《藝文類聚》在35卷的81個子目下選錄有銘體文，具體是：西漢：劉向，2篇。東漢：李尤，48篇；崔駰，6篇；馮衍，5篇；崔瑗，4篇；蔡邕，4篇；班固，1篇；士孫瑞，1篇。三國魏：王粲，2篇；曹植，2篇；傅

選，1 篇；魏文帝曹丕，1 篇；何晏，1 篇；毋丘儉，1 篇。晉代：張協，5 篇；傅玄，4 篇；張載，3 篇；孫綽，3 篇；李充，2 篇；裴景聲，2 篇；嵇含，2 篇；摯虞，2 篇；蘇彥，2 篇；湛方生，1 篇；孫楚，1 篇；盧播，1 篇；王隱，1 篇；習鑿齒，1 篇；殷允，1 篇；傅咸，1 篇；劉柔妻王氏，1 篇；王導，1 篇；殷仲堪，1 篇；王淑之，1 篇；江統，1 篇；成公綏，1 篇。南朝宋：鮑照，2 篇；傅亮，1 篇；謝靈運，1 篇；顏延之，1 篇；張悅，1 篇；何偃，1 篇。南朝齊：齊竟陵王蕭子良，3 篇。南朝梁：梁簡文帝蕭綱，14 篇；梁元帝蕭繹，4 篇；陸倕，3 篇；庾肩吾，2 篇；沈約，2 篇；周舍，1 篇；劉孝儀，1 篇；陶弘景，1 篇。南朝陳：徐陵，6 篇；江總，4 篇；虞荔，1 篇。北齊：邢子才，2 篇。北周：庾信，3 篇；王裒，2 篇；王褒，1 篇，佚名，1 篇。隋代：江總，4 篇。綜合統計：西漢，1 人，2 篇；東漢，7 人，69 篇；三國魏，6 人，8 篇；晉代，22 人，38 篇；南朝宋，6 人，7 篇；南朝齊，1 人，3 篇；南朝梁，8 人，28 篇；南朝陳，3 人，11 篇；北齊，1 人，2 篇；北周，4 人，7 篇；隋代，1 人，4 篇。

　　銘，是刻在金石和器物上的韻文，或稱頌功德，或警戒自省，後來逐漸演化爲一種獨立的文體。吳訥云：「銘者，名也，名其器物以自警也。漢《藝文志》稱道家有《黃帝銘》六篇，然亡其辭。獨《大學》所載成湯《盤銘》九字，發明日新之義甚切。迨周武王，則凡几席觴豆之屬，無不勒銘以致戒警。厥後又有稱述先人之德善勞烈爲銘者，如春秋時孔悝《鼎銘》是也。又有以山川、宮室、門關爲銘者，若漢班孟堅之《燕然山》，則旌征伐之功；晉張孟陽之《劍閣》，則戒殊俗之僭叛，其取義又各不同也。傳曰：『作器能銘，可以爲大夫。』陸士衡云：『銘貴博約而溫潤。』斯蓋得之矣。」〔註103〕吳訥對銘體文的發展演變和特徵，做了大致的概括和總結，他所列的銘文《燕然山》、《劍閣》，《藝文類聚》均選錄。先秦是銘體文的發軔形成期，《藝文類聚》未選這一時期的作品。秦漢是銘體文的定型成熟期。秦代李斯有銘體文傳世，但《藝文類聚》未選。李尤是漢代選錄銘體文最多的作者。從內容上劃分，有山川銘，如《河銘》、《洛銘》等；有器物銘，如《鏡銘》、《筆銘》等；有居室銘，如《堂銘》、《永安宮銘》等。漢代選錄作品較多的其他作者，其銘體文也大抵不出這幾方面的內容。魏晉南北朝時期，銘文的內容進一步發展與完善，產生了寓戒勉之意的山川銘，張載的《劍閣銘》是其代表。而以記

〔註103〕同註 90，第 46～47 頁。

勝頌奇、禮贊山川為主的山川銘更是大量創作，如孫綽的《太平山銘》、湛方生的《靈秀山銘》、鮑照的《石帆銘》、庾信的《梁東宮行雨山銘》、梁簡文帝蕭綱的《明月山銘》等，這些作品勾畫流雲、溪水的神韻，攝取高巖幽林的風采，流露出對大自然的一往深情。這一時期還出現了緣情託興的抒情之銘，如庾信的《思舊銘》。南北朝時期，銘文由質樸莊重走向華美流麗。

令，《藝文類聚》在 4 卷的 4 個子目下收錄有令體文，具體是：魏武帝曹操，1 篇；魏曹植，2 篇；晉元帝司馬睿，1 篇；梁任昉，3 篇；總計 7 篇。劉勰說：「令者，命也。出命申禁，有若自天。管仲下令如流水，使民從也。」〔註104〕徐師曾亦云：「劉良云：『令，即命也。七國之時並稱曰令；秦法，皇后太子稱令。』至漢王有《赦天下令》，淮南王有《謝群公令》，則諸侯王皆稱令矣。意其文與制詔無大異，特避天子而別其名耳。」〔註105〕諸侯工用令，如曹操有《明罰令》，曹植有《黃初五年令》等。皇后也可以用令，如任昉的《敦勸梁王令》，是為宣德皇后所寫的勸令蕭衍接受南齊和帝封贈的詔命，任昉是代筆。此文，《文選》作《宣德皇后令》。

序，也作「敘」。王兆芳云：「敘者，通作序，次第也，端緒也，述也。」〔註106〕《藝文類聚》在 26 卷的 38 個子目下選錄有序體文，具體是：西漢：孔安國，1 篇。東漢：傅幹，1 篇。三國魏：曹植，2 篇；繆襲，1 篇。晉代：嵇含，5 篇；蘇彥，2 篇；傅咸，2 篇；王羲之，1 篇；孫綽，1 篇；顧愷之，1 篇；杜豫，1 篇；傅玄，1 篇；潘尼，1 篇；伏滔，1 篇；王叔之，1 篇；曹毗，1 篇；湛方生，1 篇；沈充，1 篇；成公綏，1 篇；阮籍，1 篇；袁山松，1 篇；王廙，1 篇。南朝宋：顏延之，1 篇；謝靈運，1 篇；范曄，1 篇。南朝齊：王融，1 篇。南朝梁：梁元帝蕭繹，9 篇；梁簡文帝蕭綱，3 篇；沈約，3 篇；陶弘景，2 篇；王僧儒，2 篇；劉孝標，1 篇；梁武帝蕭衍，1 篇；梁昭明太子蕭統，1 篇；任昉，1 篇。南朝陳：顧野王，1 篇；劉師，1 篇；徐陵，1 篇。北周：庾信，1 篇。隋代：江總，1 篇。綜合統計：西漢，1 人，1 篇；東漢，1 人，1 篇；三國魏，2 人，3 篇；晉代，18 人，24 篇；南朝宋，3 人，3 篇；南朝齊，1 人，1 篇；南朝梁，9 人，23 篇；南朝陳，3 人，3 篇；北周，1 人，1 篇；隋代，1 人，1 篇。（以上統計，包含標注「敘」和「集序」兩個

〔註104〕同註 5，第 237 頁。
〔註105〕同註 24，第 120 頁。
〔註106〕〔清〕王兆芳：《文體通釋》，1925 年印本。

子目中的序體文。）

序，指序文，是指寫在一部書或者一篇詩文前的文字。但唐以前，一般來說，爲文集寫的序，多置於書後，少數置於書前；爲單篇詩、文寫的序，多置於作品之前。任昉認爲：「序起《詩大序》，序所以序作者之意，謂其言次第有序也。」「其爲體有二：一曰議論，二曰敘事。」〔註107〕《詩大序》即《毛詩序》，《藝文類聚》分別選錄在卷十九、二十六、三十、三十五、四十三、五十六的相關子目的「事」的部分，未按序體文選錄。從所選序體文的朝代看，除西漢1篇、東漢1篇、三國魏3篇外，其餘都是晉代和南朝的作品。晉以前，有許多優秀的序體文，如司馬遷的《太史公自序》、劉向的《戰國策序》等，均未選錄。從這點可以看出《藝文類聚》的選文側重。從所選序體文的種類看，佔多數的是書序和篇章小序。前者如蕭統的《文選序》、任昉的《齊王儉集序》、徐陵的《玉臺新詠序》等；後者如繆襲的《青龍賦序》、傅玄的《朝華賦序》等。篇章小序，數量較多，又多是賦序，這與本時期賦作興盛的現實密切相關。其次是宴記之序，數量很少，代表作品爲王羲之的《三日蘭亭詩序》，即《蘭亭集序》，它對後世序文的發展具有開創之功，其語言和創作模式，都被後世文人倣仿。從所選序體文的表現方法看，書序總體上以敘事和議論爲主；篇章小序，雖也交代寫作緣起，卻多以抒情爲主，而不是敘事。值得注意的是序文的同題現象，如王羲之、孫綽都有《三日蘭亭詩序》，梁簡文帝蕭綱、顏延之都有《三日曲水詩序》。這類同題唱和之作，與當時文人的崇尚有關，蘊涵一定的文化內涵。先唐時期的序體文，尚未達到獨立發展的程度，還需依託各類文體而存在。

祭文，《藝文類聚》在5卷的5個子目下選錄有祭文，具體是：東漢：蔡邕，1篇；滕輔，1篇。晉代：袁宏，1篇；顧愷之，1篇；應碩，1篇。南朝宋：陶潛，1篇；顏延之，1篇；謝惠連，1篇；王誕，1篇；鄭鮮，1篇。南朝齊，謝朓，1篇。南朝梁：邵陵王，1篇；沈約，1篇。總計13篇。

祭文，是用於祭祀神靈、天地、祖先和祭奠親友的文辭，但祭文常用以祭奠親朋好友，如徐師曾所說：「祭文者，祭奠親友之辭也。」〔註108〕祭文常用韻語，也可用散體。徐師曾云：「（祭文）其辭有散文，有韻語，有儷語；而韻語

〔註107〕〔梁〕任昉：《文章緣起》，載《景印文淵閣四庫全書》，臺灣商務印書館，1983年版。

〔註108〕同註24，第154頁。

之中，又有散文、四言、六言、雜言、騷體、儷體之不同。」〔註109〕所選之文，大體分爲兩類：一類是一般的悼念親朋好友的祭文，如陶潛的《祭從弟文》、謝惠連的《爲學生祭周居士文》。一類是祭神文，主要是祭軍神，是在出師祭祀時宣讀的祭文。滕輔的《祭牙文》是現存較早的祭軍神之作，其後有袁宏、顧愷之、鄭鮮的《祭牙文》，王誕的《伐廣固祭牙文》也是此類作品。

　　啓，《藝文類聚》在 45 卷的 109 個子目下選錄有啓體文，具體是：晉代：翟鏗，1 篇。南朝宋：宋江夏王劉義恭，1 篇。南朝齊：王融，9 篇；謝朓，1 篇；孔稚珪，1 篇。南朝梁：庾肩吾，20 篇；梁元帝蕭繹，16 篇；劉孝儀，15 篇；梁簡文帝蕭綱，13 篇；沈約，11 篇；劉孝威，9 篇；梁皇太子，5 篇；任孝恭，3 篇；劉孝綽，2 篇；張纘，1 篇；陸倕，1 篇；梁湘東王，1 篇；梁昭明太子蕭統，1 篇；王儒，1 篇；梁邵陵王，1 篇；梁帝（筆者按，原文有誤），1 篇。南朝陳：徐陵，6 篇；周弘正，4 篇。北周：庾信，4 篇；王褒，2 篇。隋代：江總，1 篇。綜合統計：晉代，1 人，1 篇；南朝宋，1 人，1 篇；南朝齊，3 人，11 篇；南朝梁，17 人，101 篇；南朝陳，2 人，10 篇；北周，2 人，6 篇；隋代，1 人，1 篇。

　　啓是奏議體之一。劉勰云：「啓者開也。」〔註110〕他認爲，兩漢時期，因爲避漢景帝劉啓諱，所以在奏疏中沒有用「啓」字的，至三國魏時，在奏書中才出現「啓聞」的字樣。又說：「自晉來盛『啓』，用兼表奏。陳政言事，既奏之異條；讓爵謝恩，亦表之別幹。」〔註111〕將「啓」的含義、啓體文的發展脈絡和功能，述說得很清楚。至於啓的特徵，劉勰云：「必斂飭入規，促其音節，辨要輕清，文而不侈」。〔註112〕就是說，啓文要嚴謹簡要，輕靈小巧。啓體文的內容是多方面的，但總的說來，不出劉勰所云「陳政言事」、「讓爵謝恩」的範圍。王兆芳云：「啓者，……主於就事開聞，要其所至。」〔註113〕「主於就事開聞」，說明啓體文的內容具有即時性。它一般是就某件事上啓，如劉孝威的《爲皇太子謝敕賚功德馬啓》、任孝恭的《謝示圍棋啓》、蕭綱的《謝敕賚長生米啓》等。《藝文類聚》選錄最多的是謝物啓，如王融的《謝武陵王賜弓啓》、謝朓的《謝隨王賜紫梨啓》、蕭繹的《謝晉安王賜馬啓》等，多涉及日常物用和

〔註109〕同註 24，第 154 頁。
〔註110〕同註 5，第 217 頁。
〔註111〕同註 5，第 217 頁。
〔註112〕同註 5，第 217 頁。
〔註113〕同註 106。

食物，表現出對日常生活的關注。這類謝物啟基本上通篇是頌揚。

論，《藝文類聚》在 32 卷的 47 個子目下選錄有論體文，具體是：西漢：賈誼，1 篇；東方朔，1 篇；谷永，1 篇；吾丘壽王，1 篇。東漢：孔融，3 篇；班彪，1 篇；朱穆，1 篇；崔寔，1 篇；王符，1 篇；班固，1 篇。三國魏：曹植，7 篇；王粲，6 篇；曹冏，2 篇；魏高貴鄉公曹髦，2 篇；魏文帝曹丕，2 篇；丁儀，2 篇；嵇康，2 篇；曹羲，2 篇；阮籍，2 篇；徐幹，1 篇；夏侯玄，1 篇；阮瑀，1 篇；應瑒，1 篇；何晏，1 篇；王朗，1 篇。三國吳：韋昭，1 篇。晉代：庾闡，3 篇；干寶，2 篇；裴秀，1 篇；張韓，1 篇；歐陽建，1 篇；劉寔，1 篇；李康，1 篇；袁準，1 篇；張輔，1 篇；袁宏，1 篇；石崇，1 篇；王叔之，1 篇；陸機，1 篇；楊乂，1 篇；摯虞，1 篇；魯褒，1 篇；杜恕，1 篇；裴頠，1 篇。南朝宋：范曄，4 篇；何承天，1 篇。南朝梁：沈約，4 篇；梁元帝蕭繹，2 篇；劉孝標，2 篇。綜合統計：西漢，4 人，4 篇；東漢，6 人，8 篇；三國魏，15 人，33 篇；三國吳，1 人，1 篇；晉代：18 人，21 篇；南朝宋，2 人，5 篇；南朝梁，3 人，8 篇。

按照《藝文類聚》「由題定體」的原則，這裡所說的「論」是專指以論名篇的論說文。劉勰云：「聖哲彝訓曰經，述經敘理曰論。論者，倫也；倫理無爽，則聖意不墜。」〔註114〕倫，是有條理的意思。文章寫得有條理，道理才能講清楚。從內容上劃分，論體文可以分為政論、史論和雜論。賈誼的《過秦論》是現存第一篇以論名篇的政論。著名的政論還有班彪的《王命論》、曹冏的《六代論》、陸機的《五等論》、劉孝標的《辨命論》等。史論是專指史官寫進史籍的評論文章。如干寶的《晉紀總論》、《晉武革命論》，范曄的《皇后紀論》、《逸民傳論》、《宦者論》、《二十八將論》，沈約的《宋書恩倖傳序論》，均選自《文選》的「史論」。這類史論是依附於史書，而不獨立成篇的；《藝文類聚》不直接從史書中選文，祇從總集或別集中選文。探討關於社會、自然、人生的各種事情的論說文，可以稱作雜論。如徐幹的《中論》中有一些是論個人德行修養的，嵇康的《養生論》是談養生觀的，韋昭的《博弈論》是講棋藝的，摯虞的《文章流別論》是辭章學論文，阮籍的《樂論》是音樂論文；凡此種種，也可概稱為理論文。

箴，《藝文類聚》在 18 卷的 44 個子目下選錄有箴體文，具體是：西漢：揚雄，22 篇；邯鄲淳，1 篇。東漢：崔駰，3 篇；劉騊駼，1 篇；皇甫規，1 篇；

〔註114〕同註 5，第 166 頁。

傅幹，1 篇；張紘，1 篇。三國魏：王朗，1 篇。晉代：張華，2 篇；摯虞，2
篇；潘尼，1 篇；裴頠，1 篇；溫嶠，1 篇；蘇彥，1 篇；庾凱，1 篇；江逌，1
篇；潘岳，1 篇；王廙，1 篇；陸機，1 篇；齊王攸，1 篇；傅玄，1 篇。南朝
宋：謝惠連，2 篇；周祗，1 篇；顏延之，1 篇。南朝梁：梁武帝蕭衍，1 篇；
蕭子範，1 篇。北周：王褒，1 篇。隋代：戴逴，1 篇。綜合統計：西漢，2 人，
23 篇。東漢，5 人，7 篇。三國魏，1 人，1 篇。晉代，13 人，15 篇。南朝宋，
3 人，4 篇。南朝梁，2 人，2 篇。北周，1 人，1 篇。隋代，1 人，1 篇。

　　箴，劉勰云：「箴者，所以攻疾防患，喻針石也。」〔註115〕箴，有官箴和
私箴之分。官箴是臣下對君王或其他上層執政者所作的規勸；私箴是自我警
戒的文字。《藝文類聚》所選以官箴爲主，而且選文始於漢代。《後漢書・胡
廣傳》載：「初，楊雄依《虞箴》作《十二州二十五官箴》，其九箴亡闕，後
涿郡崔駰及子瑗又臨邑侯劉騊駼增補十六篇，（胡）廣復繼作四篇，文甚典美。
乃悉撰次首目，爲之解釋，名曰《百官箴》，凡四十八篇。」〔註116〕揚雄的《二
十五官箴》是以百官爲規誡對象的系列箴文，有《司空箴》、《尚書箴》、《衛
尉箴》等，都是勸朝中百官執忠守節的。他人增補所作的「百官箴」，《藝文
類聚》選錄崔駰 3 篇，即《河南尹箴》、《太尉箴》、《司徒箴》。揚雄的《十二
州箴》雖未擺脫箴諫的傳統，但是它們的大部分篇幅卻是歌頌國家的統一與
強盛，與前代箴文相比，這是全新的主題，是漢代箴文開拓的新領域。漢代
箴文另一開拓就是用箴文來吟詠物品，如張紘的《瑰材枕箴》。魏晉，隨著規
誡對象的進一步擴大，出現了以作者自身爲規誡對象的私箴，如王朗的《雜
箴》，就是產生較早的私箴。溫嶠的《侍臣箴》、潘尼的《乘輿箴》，是晉代箴
文的代表作。南北朝與隋代，箴文處於相對沈寂狀態，與前代相比，不僅箴
文數量減少，而且內容和形式均無突破。祇有蕭子範的《子冠子箴》較爲特
殊，是爲勉勵其子成爲「良士」而作。

　　碑，《藝文類聚》在 22 卷的 37 個子目下選錄有碑文，另外，在卷七十六
「內典上」的子目「內典」中誤標作文體名稱的「寺碑」下，在卷七十七「內
典下」的子目「寺碑」中（含誤標作文體名稱的「放生碑」、「眾食碑」下），
均選錄有碑文。具體爲：東漢：蔡邕，16 篇；禰衡，2 篇；張昶，1 篇；班固，

〔註115〕同註 5，第 104 頁。
〔註116〕〔漢〕班固撰，〔唐〕顏師古注：《漢書・胡廣傳》，中華書局，1962 年 6 月
　　　　第 1 版，第 1511 頁。

1 篇；胡廣，1 篇；桓麟，1 篇；潘勖，1 篇；孔融，1 篇；張超，1 篇。三國魏：劉楨，1 篇。晉代：孫綽，5 篇；袁宏，2 篇；孫楚，2 篇；潘尼，2 篇；張林，1 篇；潘岳，1 篇；裴希聲，1 篇。南朝宋：傅亮，2 篇。南朝齊：孔稚珪，2 篇；王儉，1 篇；王巾，1 篇。南朝梁：梁元帝蕭繹，17 篇；梁簡文帝蕭綱，9 篇；沈約，7 篇；陶弘景，3 篇；王筠，2 篇；王僧孺，2 篇；劉孝綽，2 篇；裴子野，2 篇；陸雲，1 篇；梁劭陵王蕭綸，1 篇；任昉，1 篇；劉孝儀，1 篇；劉勰，1 篇；陸倕，1 篇；張縮，1 篇；任孝恭，1 篇。南朝陳：徐陵，9 篇；沈炯，2 篇。北魏：溫子昇，6 篇。北齊：邢子才，4 篇。北周：王褒，9 篇；庾信，3 篇。陳代：江總，5 篇。綜合統計：東漢，9 人，25 篇；三國魏，1 人，1 篇；晉代，7 人，14 篇；南朝宋，1 人，2 篇；南朝齊，3 人，4 篇；南朝梁，16 人，52 篇；南朝陳，2 人，11 篇；北魏，1 人，6 篇；北齊，1 人，4 篇；北周，2 人，12 篇；隋代，1 人，5 篇。

　　碑，即碑文，亦稱碑志或碑銘，是刻在石碑上的文辭。碑文細分之，「有山川之碑，有城池之碑，有宮室之碑，有橋道之碑，有壇井之碑，有神廟之碑，有家廟之碑，有古跡之碑，有風土之碑，有災祥之碑，有功德之碑，有墓道之碑，有寺觀之碑，有託物之碑。」〔註 117〕按照其用途和內容，概而言之，大致有三種：紀功碑文、宮殿廟宇碑文、墓碑文。碑文始出先秦，東漢以後，作者漸盛。漢代碑文的成就主要體現在東漢。蔡邕是碑文創作的大家。劉勰云：「自後漢以來，碑碣雲起。才鋒所斷，莫高蔡邕：觀楊賜之碑，骨鯁訓典；陳郭二文，詞無擇言；周胡眾碑，莫非清允。」〔註 118〕劉勰提到的蔡邕的幾篇碑文，被《藝文類聚》選錄的有《楊太尉碑銘》、《郭泰碑》、《太傅胡廣碑銘》。蔡邕的碑文以墓碑文為主，風格古樸而不失清雅流麗。魏晉碑文的主要作家是曹植和孫綽。曹植的碑文，《藝文類聚》未選。孫綽是東晉碑文創作的名家。《晉書·孫綽傳》載：「綽少以文才垂稱，於時文士，綽為其冠。溫（嶠）、王（導）、郗（鑒）、庾（亮）諸公之薨，必須綽為碑文，然後刊石焉。」〔註 119〕劉勰云：「孫綽為文，志在碑誄。」〔註 120〕他的碑文數量相當可觀，並且有一種自然空靈之氣，如《太尉庾亮碑》等。南北朝是碑文創作

〔註 117〕 同註 24，第 144 頁。

〔註 118〕 同註 5，第 113 頁。

〔註 119〕 〔唐〕房玄齡等：《晉書·孫楚（附孫綽）傳》，中華書局，1974 年 11 月第 1 版，第 1547 頁。

〔註 120〕 同註 5，第 113 頁。

的繁榮期，以徐陵、庾信爲代表。徐陵的碑文以紀功碑爲主，庾信的碑文以墓碑爲主。徐陵的三篇德政碑《爲司空徐州刺史侯安都德政碑》、《廣州刺史歐陽頠德政碑》、《晉陵太守王勵德政碑》，碑主身份爲刺史或太守，與前代碑文相比，碑主身份有所降低。他的碑文在辭采、聲韻、偶對、用典的運用上相當成熟，表現出對形式美的刻意追求。庾信由南入北創作了大量墓碑文。《北史·庾信傳》記載他「特蒙恩禮。……群公碑志，多相託焉。」〔註121〕他的碑文偶對工整，大量使用典故，部分碑文堪稱精美的駢文。

書，《藝文類聚》在 46 卷的 57 個子目下選錄有書體文，具體是：先秦：魯仲連，1 篇；李斯，1 篇。西漢：鄒陽，2 篇；司馬相如，2 篇；李陵，2 篇；張敞，2 篇；劉向，1 篇；枚乘，1 篇；司馬遷，1 篇；楊惲，1 篇；蘇武，1篇；谷永，1 篇；王褒，1 篇；晁錯，1 篇；東方朔，1 篇。東漢：孔融，5 篇；張奐，3 篇；秦嘉妻徐淑，3 篇；馮衍，2 篇；秦嘉，2 篇；司馬徽，1 篇；馬援，1 篇；崔駰，1 篇；朱浮，1 篇；崔瑗，1 篇；馬融，1 篇；孔臧，1 篇；班固，1 篇；劉駒騄，1 篇。三國魏：應璩，8 篇；魏文帝曹丕，5 篇；魏武帝曹操，4 篇；曹植，2 篇；吳質，2 篇；應瑒，1 篇；王脩，1 篇；阮瑀，1篇；桓範，1 篇；阮籍，1 篇；管寧，1 篇。三國吳：陸景，3 篇。晉代：鈕滔母，2 篇；桓玄，2 篇；羊祜，2 篇；劉琨，2 篇；辛曠，2 篇；嵇康，1 篇；徐藻妻陳氏，1 篇；殷哀，1 篇；孫楚，1 篇；趙景眞，1 篇；嵇茂齊，1 篇；庾冰，1 篇；劉臻妻陳氏，1 篇；皇甫謐，1 篇；庾翼，1 篇；蔡謨，1 篇；慧遠法師，1 篇。南朝宋：陶潛，1 篇；謝莊，1 篇；鮑照，1 篇。南朝齊：謝朓，1 篇；虞羲，1 篇；陸厥，1 篇；孔稚珪，1 篇。南朝梁：梁簡文帝蕭綱，16 篇；梁元帝蕭繹，6 篇；劉孝標，4 篇；任昉，4 篇；陶弘景，4 篇；吳均，3 篇；王僧孺，3 篇；沈約，3 篇；劉孝威，2 篇；徐勉，1 篇；范縝，1 篇；梁邵陵王蕭綸，1 篇；丘遲，1 篇；何遜，1 篇；任孝恭，1 篇；劉孝儀，1 篇；劉孝綽，1 篇；梁昭明太子蕭統，1 篇；江淹，1 篇；劉之遴，1 篇；庾肩吾，1 篇。南朝陳：張種，1 篇；沈炯，1 篇；周弘，1 篇；徐陵，1 篇；伏知道，1 篇。北周：王褒，1 篇；庾信，1 篇。綜合統計：先秦 2 人，2 篇；西漢，13 人，17 篇；東漢，14 人，24 篇；三國魏，11 人，27 篇；三國吳，1 人，3篇；晉代，17 人，22 篇；南朝宋，3 人，3 篇；南朝齊，4 人，4 篇；南朝梁，21 人，57 篇；南朝陳，5 人，5 篇；北周，2 人，2 篇。

〔註121〕〔唐〕李延壽：《北史·庾信傳》，中華書局，1974 年 10 月第 1 版，第 2794 頁。

書，就是書信，分爲兩種類型。吳訥云：「昔臣僚敷奏，朋舊往復，皆總曰書。」〔註122〕一種是臣僚所上奏章，一種是親友之間往來的書信。但「書」的含義也在發生變化，後來專指親友之間的書信：「近世臣僚上言，名爲表奏；惟朋舊之間，則曰書而已。」〔註123〕《藝文類聚》所選，則是兩種類型均有，前者如鄒陽的《上書諫吳王》、司馬相如的《上書諫武帝》，後者如應璩的《與龐惠恭書》、桓玄的《與劉牢之書》等。從書體文的發展看，源於春秋時代，劉勰云：「三代政暇，文翰頗疏。春秋聘繁，書介彌盛。」〔註124〕這時的書體文與後世有很大不同，實乃外交辭令的書面化，《藝文類聚》未選這一時期的書體文。戰國時代，人們又用書的名義向國君侯王進言陳辭，如魯仲連的《與燕將書》、李斯的《上書諫始皇》（即《諫逐客書》）。書體文被用於私人之間溝通信息、交流思想，始於西漢。司馬遷的《報任安書》、楊惲的《報孫會宗書》，是其代表。東漢，書體文又應用於家庭成員之間，如馬援的《誡兄子書》、秦嘉的《與妻書》、秦嘉妻徐淑的《與嘉書》等。魏晉南北朝，書體文的數量增多，《文心雕龍・書記》中提到的魏晉書體文作家，如阮瑀、應璩、嵇康、趙景眞等，另外，像劉琨、陶潛、鮑照、江淹、吳均、陶弘景等，均有作品選錄。這時的書體文，有的論政，如劉琨的《答盧諶書》；有的論文學，如曹丕的《與吳質書》；有的諷刺現實，如嵇康的《與山濤絕交書》；有的記旅遊，如鮑照的《與妹書》；有的寫山水，如吳均的《與宋元思書》、陶弘景的《答謝中書》；有的酬問答，如徐陵的《答尹義尙書》。

述，《藝文類聚》在 2 卷的 7 個子目下選錄有述體文，具體是：東漢班固，6 篇；魏邯鄲淳，1 篇；隋李德林，1 篇；總計 8 篇。徐師曾說：「字書云：『述，譔也，纂譔其人之言行以俟考也。』」〔註125〕他引用的說法並不完備。清代學者的說法較爲接近述體文創作發展的實際。王兆芳《文體通釋》說：「述者，循也，循乎古也。鄭子曰：述者，述其古事。主於循舊申言，不敢妄作。源出吳陸績《周易述》，流有隋劉炫《尙書毛詩春秋孝經述義》，及魏邯鄲子叔《受命述》。」〔註126〕吳曾祺《文體芻言》說：「述與序相似。謂之述者，取述而不作之義。古今人著書，或以述義、述聞名篇，即此義也。今專取發明

〔註122〕同註 90，第 41 頁。
〔註123〕同註 90，第 41 頁。
〔註124〕同註 5，第 231 頁。
〔註125〕同註 24，第 148 頁。
〔註126〕同註 106。

作書之旨者，則列於此。」〔註127〕《藝文類聚》選錄了邯鄲淳的《上受命述》，班固的6篇述體文《高祖紀述》、《文帝述》、《景帝述》、《武帝述》、《昭帝述》、《宣帝述》，皆選自《漢書・敘傳》，這正是《漢書》的「序」且是「取述而不作之義」，即爲班固對這幾位皇帝的評價，並非一家之言，而是引述眾人公允的意見。李德林的《天命論》，按照《藝文類聚》「由題定體」的原則，應歸入「論」體，此爲誤收。

誄，《藝文類聚》在9卷的27個子目下選錄有誄體文，具體是：先秦：柳下惠妻，1篇。西漢：揚雄，1篇。東漢：張衡，3篇；崔瑗，2篇；傅毅，2篇；蘇順，1篇；杜篤，1篇。三國魏：曹植，7篇；魏文帝曹丕，1篇。晉代：潘岳，6篇；陸機，5篇；張華，3篇；左九嬪，2篇；處士劉參妻王氏，1篇；成公綏，1篇；盧湛，1篇；劉琨，1篇；傅玄，1篇。南朝宋：謝莊，3篇；謝靈運，2篇；顏延之，2篇。南朝齊：丘遲，1篇。南朝梁：張纘，2篇；梁簡文帝蕭綱，1篇；任昉，1篇；沈約，1篇；王均，1篇。北魏：溫子升，1篇。隋代：江總，3篇。綜合統計：先秦，1人，1篇；西漢，1人，1篇；東漢，5人，9篇；三國魏，2人，8篇；晉代，9人，21篇；南朝宋，3人，7篇；南朝齊，1人，1篇；南朝梁，5人，6篇；北魏，1人，1篇；隋代，1人，3篇。

誄，是累列死者生平，並致以哀悼的文體。劉勰云；「誄者，累也；累其德行，旌之不朽也。」〔註128〕誄文最初是在追贈死者諡號時使用的。自漢以下，誄文漸與定諡脫節；而且「賤不誄貴，幼不誄長」的規定，〔註129〕也不復存在。徐師曾云：「蓋古之誄本爲定諡，而今之誄惟以寓哀，則不必問其諡之有無，而皆可爲之。至於貴賤長幼之節，亦不復存在。」〔註130〕誄文的特點，正如劉勰所云：「詳夫誄之爲制，蓋選言錄行，傳體而頌文，榮始而哀終。」〔註131〕意思是說，誄文要記敘死者的生平並加以頌揚，開頭寫他的榮耀，結尾表達悲哀。《藝文類聚》所選的最早的誄文是柳下惠妻的《柳下惠誄》，劉勰云：「柳妻之誄惠子，則辭哀而韻長矣。」〔註132〕西漢揚雄的《皇后誄》，被劉勰譏爲「煩

〔註127〕〔清〕吳曾祺：《文體芻言》，轉引自金振邦：《文章體裁辭典》（修訂本），東北師範大學出版社，1995年11月第2版，第131頁。

〔註128〕同註5，第109頁。

〔註129〕〔漢〕鄭玄注，〔唐〕孔穎達等正義：《禮記正義》，載〔清〕阮元校刻：《十三經注疏》，中華書局，1980年9月第1版，第1398頁。

〔註130〕同註24，第154頁。

〔註131〕同註5，第112頁。

〔註132〕同註5，第109頁。

穢」，蓋因有奉承王莽之嫌。東漢誄文創作繁盛。張衡的《司空陳公誄》，盛讚
死者的德行與業績功勳；杜篤的《大司馬吳漢誄》，用語典雅；蘇順的《和帝誄》，
紀述和帝功德，不免溢美。三國曹植的《侍中王粲誄》，述其世系行跡而寓哀傷
之意。晉代潘岳的誄文，如《散騎常侍夏侯湛誄》，不僅繼承了前代誄文述德的
傳統，而且善寫哀情。劉勰說他的誄文「巧於序悲，易入新切」，〔註133〕可謂
確當。南朝顏延之的《陶徵士誄》，頌揚陶淵明高潔超逸的品德，表達深切的懷
念和哀悼。謝莊的《孝武帝宣貴妃誄》等誄文，如《南齊書・文學傳論》云：「謝
莊之誄，起安仁之塵。」〔註134〕魏晉以來，誄文的抒情功能加強，突破了應用
文體的束縛，成為哀悼文學的一種重要文體。

　　章，《藝文類聚》在5卷的7個子目下收錄有章體文，具體是：三國魏：
曹植，3篇。南朝宋：謝莊，2篇。南朝齊：王儉，1篇；謝朓，1篇。南朝
梁：江淹，1篇；沈約，1篇；梁簡文帝蕭綱，2篇；庾肩吾，1篇；陸倕，1
篇。隋代：江總，1篇。總計14篇。劉勰說：「章以謝恩，……章者，明也。
《詩》云『為章於天』，謂文明也；其在文物，赤白曰章。」劉勰認為，章的
稱呼，大概從這裡來的。〔註135〕徐師曾說：「漢定禮儀，乃有四品，其一曰章，
用以謝恩。及考後漢，論諫慶賀，間亦稱章，豈其流之浸廣歟？自唐而後，
此制遂亡。」〔註136〕章體文，《文選》未收，可見它不是常用文體，《藝文類
聚》收錄亦較少。從功能上看，曹植的《改封陳王謝恩章》、江總的《為陳六
宮謝章》等，是謝恩的；曹植的《慶文帝受禪章》，是慶賀的。

　　議，《藝文類聚》在8卷的11個子目下選錄有議體文，具體是：東漢：孔
融，1篇。三國魏：傅幹，1篇。晉代：張華，1篇；潘岳，1篇；曹志，1篇；
程咸，1篇；潘岳，1篇；陸機，1篇；蔡謨，1篇。南朝宋：顏延之，1篇。
南朝梁：沈約，2篇；梁元帝蕭繹，1篇。北齊：邢子才，1篇。總計14篇。

　　議，是議論政事。劉勰云：「『周爰諮謀』，是謂為議。議之言宜，審事宜也。……
《周書》曰：『議事以制，政乃弗迷。』議貴節制，經典之體也。」〔註137〕將普
遍訪問謀劃稱為議，並提出議體文的寫作要求：「言宜」，「審事宜」，「貴節制」。

〔註133〕同註5，第110頁。
〔註134〕〔梁〕蕭子顯：《南齊書・文學傳論》，中華書局，1972年1月第1版，第908
　　　　頁。
〔註135〕同註5，第205～206頁。
〔註136〕同註24，第121頁。
〔註137〕同註5，第221頁。

徐師曾概括議體文的功能與作用為：「古者國有大事，必集群臣而廷議之，交口往復，務盡其情，若罷鹽鐵、制匈奴之類是也。厥後下公卿議，乃始撰詞書之簡牘以進，而學士偶有所見，又復私議於家，或商今，或訂古，由是議浸盛焉。」〔註138〕指出其行文風格：「其大要在於據經析理，審時度勢。文以辯潔為能，不以繁縟為巧；事以明核為美，不以深隱為奇，乃為深達議體者爾。」〔註139〕漢代的應劭、晉代的傅玄，都精於議，但《藝文類聚》均未選其議體文。所選之文，大致分為三類：一類是臣下向君王陳述不同意見的奏議，即劉勰所云「議以執異」，〔註140〕故也稱為駁議，如潘岳的《上客舍議》；一類是私議，即某些文人有感於社會政治問題而模倣奏議，私下寫作的帶有辯論色彩的政論文，如陸機的《大田議》；一類是諡議，即專門為帝王或公卿大臣死後追贈稱號而寫的奏議，如顏延之的《武帝諡議》、沈約的《齊明帝諡議》。

　　哀策，《藝文類聚》在 3 卷的 8 個子目下選錄有哀策，同時在 2 卷的 2 個子目下選錄有哀策文，在 1 卷的 1 個子目下選錄有策文。哀策、哀策文、策文，均為同一種文體，即哀策。因為，第一，在「哀策」的文體下選錄的文章，文題均為《××哀策文》，如徐陵的《文帝哀策文》。第二，在「策文」的文體下選錄的文章，文題或為《××哀策》，如王珣的《孝武帝哀策》；或為《××哀策文》，如郭璞的《元皇帝哀策文》。「策文」應作「哀策」或「哀策文」，漏掉一「哀」字。三種標注方式下選錄的是同一種文體，具體為：三國魏：魏文帝，1 篇。晉代：張華，2 篇；郭璞，1 篇；潘岳，1 篇；王珣，1 篇；闕名，4 篇；南朝宋：謝莊，2 篇；顏延之，1 篇。南朝齊：王儉，2 篇；謝朓，1 篇；王融，1 篇。南朝梁：沈約，1 篇；任昉，1 篇；王筠，1 篇。南朝陳：沈炯，1 篇；徐陵，1 篇。北齊：邢子才，1 篇。隋代：江總，1 篇。總計 24 篇。哀策是寄寓哀思的詔書。摯虞云：「今所哀策者，古誄之義。」〔註141〕劉勰云：「漢代山陵，哀策流文。周喪盛姬，內史執策。然則策本書贈，因哀而為文也。」〔註142〕哀策本來是寫贈諡的，因為哀悼而成為哀策文。又云，哀策用誄文開頭，結尾表達哀傷之意，儀式是祝告。〔註143〕它可以用於帝王，如沈約的《齊明帝哀策

〔註138〕同註 24，第 133 頁。
〔註139〕同註 24，第 133 頁。
〔註140〕同註 5，第 205 頁。
〔註141〕〔宋〕李昉等：《太平御覽》，中華書局，1960 年 2 月第 2 版，第 2687 頁。
〔註142〕同註 5，第 96 頁。
〔註143〕同註 5，第 96 頁。

文》；也可以用於皇后、太子等人，如謝朓的《敬皇后哀策文》、王筠的《昭明太子哀策文》。

敕，《藝文類聚》在 2 卷的 2 個子目下選錄有敕體文，即梁沈約的 3 篇敕體文。敕，也稱戒敕、戒書，是天子誡約或贈封臣下的命令。劉勰云：「漢初定儀制，則命有四品：……四曰戒敕。敕戒州部」。〔註144〕徐師曾云：「字書云：『敕，戒敕也，亦作勅。』劉熙云：『敕，飭也，使之警飭不敢廢慢也。』」〔註145〕《藝文類聚》對敕體文的選錄較偏，僅就選錄的沈約的《武帝踐祚後與諸州郡敕》、《為武帝與謝朓敕》、《與何胤敕》而言，多是為梁武帝代筆。

箋，《藝文類聚》在 11 卷的 11 個子目下收錄有箋體文，具體是：班固，1篇；繁欽，1 篇；應璩，2 篇；何禎，1 篇；孫楚，1 篇；庾闡，1 篇；陸機，1 篇；桓溫，1 篇；劉謐之，1 篇；晃道元，1 篇；宋孝武帝，1 篇；任昉，2篇，王筠，1 篇；喻益期，1 篇；總計 16 篇。選錄的都是東漢以後的作品。箋是書體的一種。到了東漢時期，書體有了新的發展。劉勰說：「迄至後漢，稍有名品，公府奏記，而郡將奉箋。記之言志，進己志也。箋者，表也，表識其情也。」〔註146〕徐師曾沿襲劉勰的說法，並補充說：「（東漢）太子諸王大臣皆得稱箋，後世專以上皇后太子，於是天子稱表，皇后太子稱箋，而其他不得用矣。」〔註147〕選文中比較有代表性的作品是繁欽的《與太子箋》、任昉的《為百辟勸進梁王箋》（2 篇）。

謚策，《藝文類聚》在 2 卷的 2 個子目下選錄有謚策，即南朝宋謝莊的《殷貴妃謚策文》、南朝齊謝朓的《明皇帝謚策文》。謚策，是贈謚的詔書。定謚的功能本來是由誄文來完成的，後來發生變化，定謚由「謚策」等專門文體來完成，而誄文就不一定與定謚有必然聯繫了。由朝廷賜予的謚號為「官謚」，由親友、門人追稱的謚號為「私謚」。謚策是由朝廷發佈的，賜予的是官謚，兩篇選文即是如此。

詔，《藝文類聚》在 11 卷的 13 個子目下收錄有詔體文，具體是：漢代：漢獻帝劉協，2 篇。三國魏：魏文帝曹丕，2 篇；魏明帝曹睿，3 篇。南朝宋：傅亮，1 篇；宋武帝劉裕，1 篇。南朝梁：任昉，7 篇；沈約，4 篇；梁武帝蕭衍，

〔註144〕同註 5，第 178 頁。
〔註145〕同註 24，第 113 頁。
〔註146〕同註 5，第 233 頁。
〔註147〕同註 24，第 123 頁。

1 篇。南朝陳：徐陵，3 篇。北魏：溫子昇，3 篇。北齊：邢子才，1 篇。隋代：江總，1 篇；總計 29 篇。詔，又稱詔書。所謂詔，即告的意思，詔書就是詔告百官之書。任昉認爲：「詔起秦時璽文《秦始皇傳國璽》。」〔註148〕吳訥論及詔體文的發展演變：「三代王言，見於《書》者有三：曰誥，曰誓，曰命。至秦改之曰詔，歷代因之。」〔註149〕因爲《藝文類聚》的選文側重在南朝，所以，在此之前的詔體名文，如漢高祖劉邦的《求賢詔》、漢武帝的《求茂材異等詔》等，均未選錄。從文學角度衡量，詔體文眞正有價值的並不多，祇有一些興學、招賢的詔書，才具有充實的內容，如傅亮的《立學詔》、沈約的《爲武帝搜訪隱逸詔》、任昉的《求薦士詔》、江總的《舉士詔》等。

教，《藝文類聚》在 9 卷 13 個子目下收錄有教體文，具體是：晉代：湛方生，1 篇。南朝宋：傅亮，2 篇；宋孝武帝劉駿，1 篇。南朝齊：謝朓，1 篇。南朝梁：梁簡文帝蕭綱，8 篇；陸倕，2 篇；江淹，1 篇；梁元帝蕭繹，1 篇；丘遲，1 篇；任昉，1 篇；王僧孺，1 篇。北周：庾信，1 篇。總計 21 篇。《文心雕龍·詔策》云：「教者，效也，出言而民效也。契敷五教，故土侯楷教。」〔註150〕徐師曾亦云：「李周翰云：『教，示於人也。』秦法，王侯稱教；而漢時大臣亦得用之，若京兆尹王尊出教告屬縣是也。」〔註151〕《文心雕龍》和《文體明辨序說》論及的鄭弘、孔融、庾翼和王尊的教體文，《藝文類聚》均未選錄，其所選除晉代 1 篇外，其餘都是南北朝時期的作品。選錄作品最多的是蕭綱，這與《藝文類聚》對蕭綱等作家的偏重有關，但蕭綱的教體文無非是官樣文章，價值不大。

墓誌，《藝文類聚》在 9 卷的 19 個子目下選錄有墓誌，具體是：南朝宋：謝莊，2 篇；宋武帝劉裕，1 篇。南朝齊：王融，2 篇；謝朓，1 篇。南朝梁：梁簡文帝蕭綱，12 篇；梁元帝蕭繹，8 篇；沈約，5 篇；任昉，1 篇；張纘，1 篇；王僧孺，1 篇；梁邵陵王蕭綸，1 篇；陸倕，1 篇。南朝陳：徐陵，3 篇。北齊：邢子才，1 篇。北魏：溫子昇，2 篇。隋代：江總，4 篇。總計，16 人，46 篇。墓誌，在《藝文類聚》的選文中，有題爲某某墓誌者，有題爲某某墓誌銘者，有題爲某某墓銘者，在此則統稱爲墓誌銘。墓誌銘是埋於地下的墓

〔註148〕〔梁〕任昉：《文章緣起》，載《景印文淵閣四庫全書》，臺灣商務印書館，1983
　　　　年版。
〔註149〕同註 90，第 35 頁。
〔註150〕同註 5，第 185 頁。
〔註151〕同註 24，第 120 頁。

記，屬碑刻的一種。其內容多爲歌頌墓主的功德，記述墓主的行跡，以彰顯墓主的一生。就文體而論，墓誌銘與墓碑文幾乎雷同。兩者的區別在於：墓誌銘埋於墓中，墓碑文立於墓前，兩者在內容上是一致的，祗是由於墓誌銘要埋於墓中，故文字較爲簡練。一般有志，有銘。其志多用散文，敘死者姓氏、籍貫、生平等；銘則用韻文，是對死者的讚揚、悼念之詞。南北朝時期，墓誌銘從碑的一類分離，開始作爲一種獨立的文體加以運用，所以，《藝文類聚》所選均爲這一時期的作品。

說，《藝文類聚》在 2 卷的 2 個子目下選錄有說體文，即三國魏曹植的《髑髏說》、南朝梁吳均的《餅說》。說，是一種解釋、說明道理的文章。吳訥云：「說者，釋也，述也，解釋義理而以己意述之也。」〔註152〕魏晉以來，作者絕少，故祗選錄 2 篇。

解，《藝文類聚》在 1 卷的 1 個子目下選錄有解體文，即晉代湛方生的《上貞女解》。解，是指解釋疑難的文章。劉勰云：「解者，釋也。解釋結滯，徵事以對也。」〔註153〕解，另有假設問答一體，如揚雄的《解嘲》，但《藝文類聚》未按解體文選錄，而是按照賦體選錄的。

疏，《藝文類聚》在 1 卷的 1 個子目下選錄有疏體文，即東漢班超的《上疏》。疏，是向天子陳事的文書，漢代開始使用。劉勰云：「自漢以來，奏事或稱上疏，儒雅繼踵，殊采可觀。」〔註154〕徐師曾亦云：「漢時諸王官屬於其君，亦得稱疏」。〔註155〕這也符合《藝文類聚》選文的實際。祗是一些著名的疏體文，如賈誼的《論積貯疏》、晁錯的《論貴粟疏》等，均未選錄。

訓，《藝文類聚》在 2 卷的 2 個子目下收錄有訓體文，即潘岳的《兩階銅人訓》、繁欽的《祿里先生訓》。訓，是用於教誨、開導的文辭。《左傳‧襄公四年》引有《夏訓》，《尚書》中有《伊訓》篇，可見，其體非常古老。

誥，《藝文類聚》在 2 卷的 2 個子目下選錄有誥體文，即東漢張衡的《東巡誥》、南朝宋顏延之的《庭誥》。誥，是訓誡勉勵的文告。徐師曾云：「字書云：『誥者，告也，告上曰告，發下曰誥。』古者上下有誥」。〔註156〕顏延之的《庭誥》，意即家戒，家訓，是告誡子弟的文辭。

〔註152〕同註 90，第 43 頁。
〔註153〕同註 5，第 239 頁。
〔註154〕同註 5，第 213 頁。
〔註155〕同註 24，第 124 頁。
〔註156〕同註 24，第 115 頁。

　　哀辭，《藝文類聚》在 1 卷的 1 個子目下選錄有哀辭，具體是：三國魏：曹植，3 篇；晉代：陸機，1 篇；潘岳，7 篇。總計 11 篇。哀辭，是哀悼死者的文辭，一般用於哀悼童稚夭亡或不幸早逝者。摯虞云：「哀辭者，誄之流也。……率以施於童殤夭折，不以壽終者。」〔註157〕哀辭，當流行於東漢。徐師曾云：「昔漢班固初作《梁氏哀辭》，後人因之，代有撰著。」〔註158〕班固所作哀辭，《藝文類聚》未選。所選哀辭，或自作哀辭，哀悼晚生，如曹植的《金瓠哀辭》，悼念亡女；或爲他人代筆，如潘岳的《爲任子咸妻作孤女澤蘭哀辭》，爲他人哀悼女兒。潘岳是訴情敘悲的高手，因此，他的哀辭選錄也最多；其《哀永逝辭》是爲哀悼亡妻而作，辭情悲苦。

　　志，《藝文類聚》在 3 卷的 3 個子目下收錄有志體文，具體是：東漢班固，2 篇；魏王粲，1 篇；梁陶弘景，1 篇；梁劉孝標，1 篇；總計 5 篇。志，屬於「記」體之一。徐師曾說：「字書云：『志者，記也，字亦作志。』其名起於《漢書·十志》，而後人因之，大抵記事之作也。」〔註159〕班固的《述五行志》、《藝文志述》，均爲志體文的起源之作。不僅像徐師曾所言可以記事，如王粲的《荊州文學記官志》，而且可以記山川，如陶弘景的《尋山志》、劉孝標的《山棲志》。從《文選》不列其類、劉勰不著其說的情況看，唐以前志體文的創作尚少，所以《藝文類聚》選錄的也就較少。

　　弔，《藝文類聚》在 1 卷的 1 個子目下選錄有弔體文，即東漢胡廣、三國魏王粲、麋元的《弔夷齊》，三國魏阮瑀的《弔伯夷》。總計 4 篇。弔，是憑弔死者的文辭。徐師曾云：「弔文者，弔死之辭也。」〔註160〕弔文分兩類：一類是弔唁親友的「弔死之辭」，一類是追弔古人的「弔古之文」。《藝文類聚》所選的 4 篇弔文，均屬於後者。

　　傳，《藝文類聚》在 2 卷的 2 個子目下選錄有傳體文，即梁王僧孺的《太常敬子任府君傳》、江淹的《自序傳》。傳，用於記載人物事蹟。所謂「傳者，傳也，紀載事蹟以傳於後世也」。〔註161〕傳，分爲史傳、單篇傳記和傳記小說三種。《藝文類聚》所選 2 篇均爲單篇傳記。

〔註157〕〔晉〕摯虞：《文章流別傳》，載〔宋〕李昉等：《太平御覽》，中華書局，1960
　　　　年 2 月第 2 版，第 2687 頁。
〔註158〕同註 24，第 153 頁。
〔註159〕同註 24，第 146 頁。
〔註160〕同註 24，第 155 頁。
〔註161〕同註 24，第 153 頁。

　　策，《藝文類聚》在 1 卷的 1 個子目下選錄有策體文，即漢武帝的 3 篇策文：《使御史大夫策諸子立閎爲齊王》、《立子旦爲燕王》、《立子胥爲廣陵王》。《藝文類聚》中的策，是指皇帝的詔書。徐師曾云：「《說文》云：『冊，符命也。』字本作『策』。蔡邕云；『策者，簡也。漢制命令，其一曰策書，……』當是之時，唯用木簡，故其字作『策』。」〔註 162〕漢武帝的 3 篇策文，都是策立皇子爲王的，文辭古奧，內容不外是勉勵其修德守土。這種策與朝廷選拔人才、考問士子時所作的策文不同。

　　奏，《藝文類聚》在 1 卷的 1 個子目下選錄有奏體文，即三國魏：黃觀，1 篇；南朝宋：傅亮，1 篇；謝莊，1 篇。總計 3 篇。在另外 1 卷的 1 個子目下又以「書奏」爲文體，選錄 8 篇文章，分別是：漢代杜欽的《奏記於王鳳》，漢代貢禹、張俊、三國魏鍾繇、晉代劉頌的《上書》，晉代杜預的《奏事》，劉頌的《刑獄奏》，郭璞的《奏》。「書奏」並不是一種文體的名稱。考察這些文章的名與實，均應屬於「奏」體。奏，是上達天子之文。劉勰云：「昔唐虞之臣，敷奏以言；秦漢之輔，上書稱奏。陳政事，獻典儀，上急變，劾愆謬，總謂之奏。奏者，進也。言敷於下，情進於上也。」〔註 163〕概括了奏體文的名稱與用途。唐虞之時，有「敷奏以言」的說法，〔註 164〕即用言語向君主陳事，稱爲奏。春秋戰國時代，臣子向君主陳事，稱爲上書。秦朝初年，將上書改稱爲「奏」。漢代制定禮儀，則有四品，其二曰奏。王充：「上書謂之奏。」〔註 165〕雖然秦時已改上書爲奏，但後世「上書」作爲文體的名稱，仍繼續使用，如上面所舉的幾篇文章即是。

　　難，《藝文類聚》在 1 卷的 1 個子目下選錄有難體文，即漢代張敞的《議入穀贖罪蕭望之難》。難，是一種論辯文體。吳曾祺云：「難亦駁之類，蓋皆以己意不同於人者相往復也。」〔註 166〕文題《議入穀贖罪蕭望之難》有誤。據《漢書·蕭望之傳》，前半部分（「以豫備百姓之急」之前）爲張敞的上書，後半部分是蕭望之等的辯駁，此將兩部分文字誤作一篇文章。

〔註 162〕同註 24，第 115～116 頁。

〔註 163〕同註 5，第 212 頁。

〔註 164〕〔漢〕孔安國傳，〔唐〕孔穎達等正義：《尚書正義》，載〔清〕阮元校刻：《十三經注疏》，中華書局，1980 年 9 月第 1 版，第 127 頁。

〔註 165〕同註 3，第 281 頁。

〔註 166〕〔清〕吳曾祺：《文體芻言》，轉引自金振邦：《文章體裁辭典》（修訂本），東北師範大學出版社，1995 年 11 月第 2 版，第 102 頁。

連珠，《藝文類聚》在 1 卷的 1 個子目下選錄有連珠，具體是：漢代：傅玄，1 篇；揚雄，1 篇；班固，1 篇；潘勖，1 篇。三國魏：魏文帝曹丕，1 篇；王粲，1 篇。晉代：陸機，1 篇。南朝宋：謝惠連，1 篇；顏延之，1 篇。南朝齊：王儉，1 篇。南朝梁：梁武帝蕭綱，1 篇；梁宣帝，1 篇；沈約，1 篇；吳均，1 篇；劉孝儀，1 篇。總計 15 篇。連珠，也稱「聯珠」。其辭多駢偶有韻。徐師曾云：「連珠者，假物陳義以通諷諭之詞也。連之為言貫也，貫穿情理，如珠之在貫也。」〔註167〕其特點有三：一是往往用兩到三組駢偶而押韻的句子排比連屬；二是旨在說理，且多用比喻的方式表達；三是語言簡練，文辭華美。一般認為，連珠體定型於西漢的揚雄，其所作即名《連珠》。其後仿作競起。後世的連珠因係承前人而作，所以在標題之中多加「擬」、「仿」、「演」、「範」、「暢」等字樣，如班固的《擬連珠》、王粲的《仿連珠》、陸機的《演連珠》、顏延之的《範連珠》、王儉的《暢連珠》等。

移，即移文，《藝文類聚》在 2 卷的 2 個子目下選錄有「移」和「移文」，具體是，漢代劉歆，1 篇；南朝梁簡文帝蕭綱，1 篇；南朝梁任孝恭，1 篇；南朝梁吳均，1 篇；南朝陳徐陵，2 篇。總計 6 篇。移，是勸諭訓誡的文告。同檄文類似，但不用於對敵，而是行於官府和官民之間。劉勰云：「移者，易也；移風易俗，令往而民隨者也。」〔註168〕又云：「故檄移為用，事兼文武。」〔註169〕概括了移文的兩方面用途。用於武事的移，實際上為檄文的衍生名稱。為了界定文種，《藝文類聚》未選此類移文。《文章緣起》認為，最早的移文是劉歆的《移太常博士書》，其被劉勰評為「文移之首」，《藝文類聚》予以選錄，篇名作《讓太常博士移文》，是作者對太常博士的責讓。

戒，也作誡，《藝文類聚》在 3 卷的 3 個子目下選錄有「戒」和「誡」體文，具體是：漢代：東方朔，1 篇；鄭玄，1 篇；高義方，1 篇。三國魏：王肅，1 篇；王昶，1 篇；荀爽，1 篇；程曉，1 篇。三國蜀：諸葛亮，1 篇。三國吳：姚信，1 篇；陸景，1 篇；晉代：嵇康，1 篇；李充，1 篇；庾闡，1 篇。總計 13 篇。《藝文類聚》選錄的戒體文是自我警戒的文辭。王兆芳云：「戒者，與誡通，警也，敕也。其意曰戒，其言曰誡，渾語通也。亦謂之儆，儆戒也，

〔註167〕同註 24，第 139 頁。
〔註168〕同註 5，第 192 頁。
〔註169〕同註 5，第 193 頁。

主於警敕人己，意嚴辭厲。」〔註170〕所選戒體文大致有：家戒類戒文，如東方朔、鄭玄、姚信、諸葛亮的《誡子》，王肅、王昶、嵇康的《家誡》；物事類戒文，所戒多爲物或事，如高義方的《清戒》、李充的《起居戒》、庾闡的《斷酒戒》；女戒類，警戒對象爲女子，是爲其定的各種「清規戒律」，如荀爽的《女戒》；其它類戒文，所警戒對象爲家庭以外的他人，如陸景的《誡盈》。

檄，即檄文，《藝文類聚》中標注的「檄」與「檄文」均屬同一文體。在2卷的2個子目下收錄有檄體文，具體是：漢代：司馬相如，1篇。三國魏：陳琳，2篇；鍾會，1篇。晉代：孫惠，1篇；庾闡，3篇；桓溫，1篇。南朝梁：梁元帝蕭繹，1篇；裴子野，1篇；任孝恭，1篇；吳均，1篇。南朝陳：徐陵，1篇。北魏：魏收，1篇。總計15篇。檄，是軍事性文告，主要用於聲討被征伐的對象，也可以用來通報軍情；早期檄文還可以用來徵召官吏，曉諭人民。其特點是：「凡檄之大體，或述此休明，或敘彼苛虐，指天時，審人事，算強弱，角權勢，……故其植義揚辭，務在剛健。插羽以示迅，不可使辭緩，露板以宣眾，不可使義隱；必事昭而理辨，氣盛而辭斷，此其要也。若曲趣密巧，無所取才矣。」〔註171〕其名篇有司馬相如的《喻巴蜀檄文》、陳琳的《爲袁紹檄豫州》、鍾會的《檄蜀文》等，《藝文類聚》均收錄。它們從功用上看，主要用於征討；從語言上看，主要是散體文。

行狀，《藝文類聚》在3卷的3個子目下收錄有行狀體文，具體爲：南朝梁：任昉，2篇；沈約，2篇；江淹，1篇；裴子野，1篇。總計6篇。所謂「行狀」，就是指一個人的德行狀貌。劉勰說：「狀者，貌也。體貌本原，取其事實，先賢表諡，並有行狀，狀之大者也。」〔註172〕這是行狀的最初用途。它是一種記述死者世系、籍貫和生平概略的文字。吳訥認爲它多出於「門生故舊」之手。〔註173〕徐師曾認爲它的內容和用途是：「蓋具死者世系、名字、爵里、行治、壽年之詳，或牒考功太常使議諡，或牒史館請編錄，或上作者乞墓誌碑表之類皆用之。」〔註174〕《藝文類聚》所選的江淹、任昉、沈約、裴子野，都是擅長寫行狀的，但所選均爲梁代作品，梁代以前的一些較好的作品均沒有選錄；對行狀的選錄較偏，未能展示其發展演變的軌跡。

〔註170〕同註106。
〔註171〕同註5，第191～192頁。
〔註172〕同註5，第240頁。
〔註173〕同註90，第50頁。
〔註174〕同註24，第148頁。

狀，《藝文類聚》在 1 卷的 1 個子目下選錄有狀體文，即南朝宋顏延之的
《天馬狀》。它描寫一種神奇的馬。劉勰云：「狀者，貌也。體貌本原，取其
事實」。〔註175〕狀，是狀貌，最初的意思是描寫形貌。此「狀」之體，即取其
義。《天馬狀》其實是一篇描寫文。

　　作爲類書，《藝文類聚》以其內容駁雜與齊備見稱。僅就選錄的文體來看，
同樣具有這樣的特點。它選錄的文體數量多，覆蓋面廣，但是每種文體入選
的作品數量多寡不一，完全從實際情況出發；常用的、常見的文體選的多；
反之，選的就少，不強求整齊劃一。

〔註175〕同註 5，第 240 頁。

餘論：關於類書編纂學研究的思考

　　本文試圖通過對《藝文類聚》編纂的研究，推動類書編纂學的發展。類書的編纂研究，目前還很薄弱。這個問題，在緒論中已經談到一些，這裡做進一步補充。

　　類書編纂學是文獻編纂學的一個重要組成部分。它是研究類書的編纂目的、編纂形式和編纂過程等的學問。它的內容一般包括類書編纂基本功能研究、類書編纂過程研究、類書編纂體例研究、類書編纂技巧研究等幾個方面。

　　類書編纂功能研究，主要有兩個方面：政治功能和文化功能。從政治功能而言，官修類書，特別是早期官修類書的編纂，往往直接導源於封建帝王的政治需要，體現著封建的倫理和儒家的學說。《藝文類聚》是這樣，其它官修類書也多是這樣。《三國志·魏志·文帝紀》載：「初，帝好文學，以著述為務，……使諸儒撰集經傳，隨類相從，凡千餘篇，號曰《皇覽》。」〔註 1〕《史記·五帝本紀》司馬貞《索隱》云：「《皇覽》，書名也，記先代塚墓之處，宜皇王之省覽，故曰《皇覽》。」〔註 2〕「塚墓」祗是《皇覽》四十餘部中的一部，說它是「記先代塚墓之處」，並不恰當，但說它的編纂目的是供皇王閱覽，還是確當的，它的編纂即是魏文帝直接授意的。即使後來的《太平御覽》的編纂，也仍有其政治功能。宋太宗是非常喜歡讀書的皇帝，他曾對近臣說：「朕每退朝，不廢觀書，意欲酌前代成敗而行之，以盡損益也。」〔註 3〕又說：

〔註 1〕〔晉〕陳壽撰，〔宋〕裴松之注：《三國志·魏志·文帝丕》，中華書局，1982年 7 月第 1 版，第 88 頁。

〔註 2〕〔漢〕司馬遷：《史記·五帝本紀》，中華書局，1982 年 11 月第 2 版，第 5 頁。

〔註 3〕〔宋〕李燾：《續資治通鑒長編》，中華書局，1979 年 8 月第 1 版，第 528 頁。

「夫教化之本，治亂之源，苟無書籍，何以取法？」〔註4〕道出他讀書的目的是爲了「酌前代成敗」，用於「教化」和「治亂」的。書成，宋太宗下詔曰：「史館新纂《太平總類》，包羅萬象，總括群書，紀歷代之興亡。自我朝之編纂，用垂永世，可改名爲《太平御覽》。」〔註5〕爲倡文治，酌前代成敗之經驗的政治目的，是非常明顯的。

從文化功能而言，其一是爲了寫詩作文時採擷典故、辭藻。如《初學記》的編纂，據《大唐新語》載：「玄宗謂張說曰：『兒子等欲學綴文，須檢事及看文體。《御覽》（筆者按，指《修文殿御覽》）之輩，部帙既大，尋討稍難。卿與諸學士撰集要事並要文，以類相從，務取省便。令兒子等易見成就也。』說與徐堅、韋述等編此進上，詔以《初學記》爲名。」〔註6〕《初學記》選材謹嚴，體例完善，集敘事、事對、詩文爲一體，可以滿足皇子們「綴文」時「檢事」和「看文體」的需要。其二是爲了科舉考試的需要。《四庫全書總目・南朝史精語》提要云：「蓋南宋最重詞科，士大夫多節錄古書，以備遣用。其排比成編者，則有王應麟《玉海》、章俊卿《山堂考索》之流。」〔註7〕《玉海》和《山堂考索》都是爲科舉考試而編纂的類書。《四庫全書總目・玉海》提要云：「宋自紹聖置宏詞科，大觀改詞學兼茂科，至紹興而定爲博學宏詞之名，重立試格。於是南宋一代，通儒碩學多由是出，最號得人。而應麟尤爲博洽。其作此書，即爲詞科應用而設。」〔註8〕所以，它不像其它類書那樣祗是述而不作地摘引材料，而是多用撮要的方式加以概述，常常還略作考證，也兼采詩文。

類書編纂過程研究，主要有書名的確定、資料的選取與加工等。

類書的命名方式：一是以編纂手法命名，書名中帶有「類」字，表明是用「以類相從」的手法編纂的，如《藝文類聚》、《事文類聚》、《類雋》、《唐類函》、《五經類編》等。二是從功用的角度命名，如《初學記》、《小學紺珠》、《太平御覽》、《圖書便覽》、《格物要覽》等。三是以有關的地點命名，如《北堂書鈔》，編者虞世南在隋朝時曾任秘書郎，北堂是秘書省的後堂，是編者編纂此書的地點；又如《佩文韻府》，該書康熙年間編成，「佩文」是康熙的書

〔註4〕同註3，第571頁。
〔註5〕〔宋〕李昉等：《太平御覽・引》，中華書局，1960年2月第2版。
〔註6〕〔唐〕劉肅：《大唐新語》，中華書局，1984年6月第1版，第137頁。
〔註7〕〔清〕永瑢等：《四庫全書總目》，中華書局，1965年6月第1版，第578頁。
〔註8〕同註7，第1151頁。

齋名，它以韻目統領事類，故名《佩文韻府》。四是以「大典」、「集成」、「精華」等表示「博」與「精」的字眼命名，如《永樂大典》、《古今圖書集成》、《子史精華》等。類書的命名方式是多種多樣的，值得研究，以上祇是略舉幾例。

資料的選取與加工，主要指取材的範圍和對資料的處理方式。類書的取材範圍，概括說有兩類：一類是直接取自前代的類書，另一類則取自當時的藏書。類書對資料的處理方式，有兩種，一種是直接摘引，另一種是對所摘引的資料進行概括、提煉後編到類書中。

類書編纂體例研究，主要是類型化研究。類書的體例分三種：一是按類編排的，如《藝文類聚》、《玉海》、《太平御覽》等，這是類書的主要類型。二是按韻編排的，如《韻府群玉》、《佩文韻府》。三是按數字編排的，如《小學紺珠》，全書分為天道、地理、人倫等類，每類中以數為綱，用帶有數字的詞語作標題，如「兩儀」、「三才」、「四大」、「六極」、「九天」等，其下排列具體條目。除按類編排的類書外，其它兩種類型的類書，未見有專書編纂的研究。

類書編纂技巧研究，有其共性，也有各自的特性。作為類書，共同的編纂技巧就是以類相從，但也有各自獨特的編纂技巧。例如《藝文類聚》首創事前文後和參見的編纂方法，《古今圖書集成》融會了韻序法、時序法、地序法等。

以上祇是對類書編纂學研究的初步思考，還很簡陋、粗糙，有待在類書專書編纂研究充分展開後，進一步充實與完善。

主要參考文獻

一、著作類

A

〔法〕愛彌爾・涂爾幹、馬塞爾・莫斯著，汲喆譯：《原始分類》，上海人民出版社，2005 年 4 月第 1 版。

B

〔漢〕班固撰，〔唐〕顏師古注：《漢書》，中華書局，1962 年 6 月第 1 版。

〔漢〕班固著，〔明〕張溥輯，白靜生校注：《班蘭臺集校注》，中州古籍出版社，1991 年 9 月第 1 版。

白壽彝：《中國史學史論集》，中華書局，1999 年 4 月第 1 版。

北京大學圖書館學系《圖書分類》編寫組：《圖書分類》，書目文獻出版社，1990 年 9 月第 1 版。

C

〔晉〕陳壽撰，〔宋〕裴松之注：《三國志》，中華書局，1982 年 7 月第 2 版。

〔宋〕陳振孫：《直齋書錄解題》，載《四庫全書薈要》（第 50 冊），吉林人民出版社，1997 年 5 月第 1 版。

〔清〕陳夢雷主編：《古今圖書集成》，臺北：鼎文書局，1977 年版。

陳垣：《校勘學釋例》，中華書局，2004 年 7 月新 1 版。

陳垣：《史諱舉例》，中華書局，2004 年 5 月新 1 版。

陳飛：《唐代試策考述》，中華書局，2002 年 4 月第 1 版。

陳寅恪：《唐代政治史述論稿　隋唐制度淵源略論稿》，生活・讀書・新知三聯書店，2004 年 3 月第 1 版。

陳戌國：《中國禮制史》（隋唐五代卷），湖南教育出版社，1998 年 12 月第 1

版。

陳宏天、呂嵐：《詩經索引》，書目文獻出版社，1984 年 3 月第 1 版。

陳子展：《楚辭直解》，復旦大學出版社，江蘇古籍出版社，1988 年 2 月第 1 版。

陳必祥：《古代散文文體概論》，河南人民出版社，1986 年 1 月第 1 版。

陳瑛主編：《中國倫理思想史》，湖南教育出版社，2004 年 4 月第 1 版。

陳引馳編校：《劉師培中古文學論集》，中國社會科學出版社，1997 年 6 月第 1 版。

程千帆：《唐代進士行卷與文學》，上海古籍出版社，1980 年 8 月第 1 版。

程章燦：《魏晉南北朝賦史》，江蘇古籍出版社，2001 年 6 月第 1 版。

程俊英：《詩經譯注》，上海古籍出版社，1985 年 2 月第 1 版。

岑仲勉：《隋唐史》，河北教育出版社，2000 年 12 月第 1 版。

〔魏〕曹植著，趙幼文校注：《曹植集校注》，人民文學出版社，1984 年 6 月第 1 版。

曹之：《中國古籍版本學》，武漢大學出版社，1992 年 5 月第 1 版。

曹之：《中國古籍編纂史》，武漢大學出版社，1999 年 11 月第 1 版。

曹書傑：《中國古籍輯佚學論稿》，東北師範大學出版社，1998 年 9 月第 1 版。

曹道衡、沈玉成：《南北朝文學史》，人民文學出版社，1991 年 12 月第 1 版。

曹道衡、沈玉成：《中古文學史料叢考》，中華書局，2003 年 7 月第 1 版。

曹道衡、劉躍進：《南北朝文學編年史》，人民文學出版社，2000 年 11 月第 1 版。

曹道衡、劉躍進：《先秦兩漢文學史料學》，中華書局，2005 年 2 月第 1 版。

曹道衡、沈玉成：《中國文學家大辭典》（先秦漢魏晉南北朝卷），中華書局，1996 年 8 月第 1 版。

〔英〕崔瑞德：《劍橋中國隋唐史》，中國社會科學出版社，1990 年 12 月第 1 版。

蔡邕：《獨斷》，載《景印文淵閣四庫全書》，臺灣：商務印書館，1983 年。

褚斌傑、譚家健主編：《先秦文學史》，人民文學出版社，1998 年 11 月第 1 版。

褚斌傑：《中國古代文體概論》（增訂本），北京大學出版社，1990 年 10 月第 1 版。

D

〔晉〕杜預注，〔唐〕孔穎達等正義：《春秋左傳正義》，載〔清〕阮元校刻：《十三經注疏》，中華書局，1980 年 9 月第 1 版。

〔唐〕杜佑：《通典》，載《景印文淵閣四庫全書》，臺灣：商務印書館，1983

年版。

杜曉勤：《隋唐五代文學研究》（上、下），北京出版社，2001 年 12 月第 1 版。

杜澤遜：《文獻學概要》，中華書局，2001 年 9 月第 1 版。

戴克瑜、唐建華主編：《類書的沿革》，四川省圖書館學會編印，1981 年。

〔日〕大東文化大學東洋研究所：《藝文類聚（卷一）訓讀》，平成二年。

〔日〕大東文化大學東洋研究所：《藝文類聚（卷十二）訓讀》，平成二年。

鄧嗣禹：《燕京大學圖書館目錄初稿·類書之部》，燕京大學圖書館，1935 年 4 月。

董誥等：《全唐文》，載《景印文淵閣四庫全書》，臺灣：商務印書館，1983 年 版。

F

〔南朝宋〕范曄撰，〔唐〕李賢等注：《後漢書》，中華書局，1965 年 5 月第 1 版。

〔唐〕房玄齡等：《晉書》，中華書局，1974 年 11 月第 1 版。

方師鐸：《傳統文學與類書之關係》，天津古籍出版社，1986 年 8 月第 1 版。

方積六、吳冬秀：《唐五代五十二種筆記小說人名索引》，中華書局，1992 年 7 月第 1 版。

〔唐〕房玄齡等：《晉書》，中華書局，1974 年 11 月第 1 版。

裴芹：《古今圖書集成研究》，北京圖書館出版社，2001 年 12 月第 1 版。

費振剛主編：《先秦兩漢文學研究》，北京出版社，2001 年 12 月第 1 版。

費振剛、胡雙寶、宗明華輯校：《全漢賦》，北京大學出版社，1993 年 4 月第 1 版。

傅剛：《〈昭明文選〉研究》，中國社會科學出版社，2000 年 1 月第 1 版。

傅璇琮、張忱石、許逸民：《唐五代人物傳記資料綜合索引》，中華書局，1982 年 4 月第 1 版。

傅璇琮、謝灼華主編：《中國藏書通史》，寧波出版社，2001 年 2 月第 1 版。

傅璇琮：《唐代科舉與文學》，陝西人民出版社，2003 年 5 月第 2 版。

傅榮賢：《中國古代圖書分類學研究》，臺北：學生書局，1999 年版。

〔唐〕封演撰，趙貞信校注：《封氏聞見記校注》，中華書局，2005 年 11 月第 1 版。

馮浩菲：《中國古籍整理體式研究》，高等教育出版社，2003 年 7 月第 1 版。

G

〔晉〕葛洪：《抱朴子內外篇》，載《景印文淵閣四庫全書》，臺灣：商務印書

館，1983 年版。

〔清〕顧炎武著，〔清〕黃汝成集釋：《日知錄集釋》，上海古籍出版社，1985
年 6 月第 1 版。

顧易生、蔣凡：《先秦兩漢文學批評史》，上海古籍出版社，1990 年 4 月第 1
版。

葛兆光：《中國思想史》，復旦大學出版社，2004 年 7 月第 1 版。

葛曉音：《八代詩史》（修訂本），中華書局，2007 年 3 月第 1 版。

郜明：《儒家學術文化與類書編纂》，北京大學圖書館學情報學碩士論文，1989
年 11 月。

〔晉〕郭璞注，〔宋〕邢昺疏：《爾雅注疏》，載〔清〕阮元校刻：《十三經注疏》，
中華書局，1980 年 9 月第 1 版。

〔宋〕郭茂倩：《樂府詩集》，中華書局，1979 年 11 月第 1 版。

郭紹虞主編：《中國歷代文論選》，上海古籍出版社，1979 年 11 月第 1 版。

郭英德等：《中國古典文學研究史》，中華書局，1995 年 11 月第 1 版。

郭英德：《中國古代文體學論稿》，北京大學出版社，2005 年 9 月第 1 版。

郭預衡：《中國散文史》（上），上海古籍出版社，1986 年 5 月第 1 版。

郭預衡：《中國散文史》（中），上海古籍出版社，1993 年 10 月第 1 版。

郭建勳：《先唐辭賦研究》，人民出版社，2004 年 5 月第 1 版。

郭建勳：《辭賦文體研究》，中華書局，2007 年 4 月第 1 版。

高晨陽：《中國傳統思維方式研究》，山東大學出版社，1994 年 12 月第 1 版。

高亨：《周易大傳今注》，齊魯書社，1979 年 6 月第 1 版。

高路明：《古籍目錄與中國古代學術研究》，江蘇古籍出版社，1997 年 10 月第
1 版。

H

韓仲民：《中國書籍編纂史稿》，中國書籍出版社，1988 年 5 月第 1 版。

韓國磬：《隋唐五代史綱》（修訂本），人民出版社，1977 年 6 月第 1 版。

〔明〕胡應麟：《詩藪》，上海古籍出版社，1979 年 11 月新 1 版。

〔明〕胡應麟：《少室山房筆叢》，上海書店出版社，2001 年 8 月第 1 版。

〔明〕胡震亨：《唐音癸籤》，上海古籍出版社，1981 年 5 月第 1 版。

胡適：《中國哲學史大綱》，上海古籍出版社，1997 年 12 月第 1 版。

胡道靜：《中國古代典籍十講》，復旦大學出版社，2004 年 5 月第 1 版。

胡道靜：《中國古代的類書》，中華書局，2005 年 5 月新 1 版。

〔清〕何文煥：《歷代詩話》（上、下），〔清〕中華書局，1981 年 4 月第 1 版。

〔宋〕黃震：《黃氏日抄》，載《景印文淵閣四庫全書》，臺灣：商務印書館，1983 年版。

〔清〕黃生：《字詁》，載《景印文淵閣四庫全書》，臺灣：商務印書館，1983 年版。

黃侃平點，黃焯編次：《文選平點》，上海古籍出版社，1985 年 7 月第 1 版。

黃恩祝：《應用索引學》，上海書店出版社，1993 年 12 月第 1 版。

〔魏〕何晏等注，〔宋〕刑昺疏：《論語注疏》，載〔清〕阮元校刻：《十三經注疏》，中華書局，1980 年 9 月第 1 版。

侯漢青、王榮授主編：《圖書館分類工作手冊》，中國科學技術出版社，1992 年 3 月第 1 版。

哈羅德·博科、查爾斯·L·貝尼埃：《索引的概念與方法》，書目文獻出版社，1984 年 12 月第 1 版。

J

焦竑：《國史經籍志》，載《叢書集成初編》，商務印書館，1936 年～1939 年版。

翦伯贊主編：《中國史綱要》（上、下），人民出版社，1983 年 3 月第 1 版。

金健民：《中國古代典籍中的自然科學思想》，山東大學出版社，2003 年 6 月第 1 版。

姜書閣：《駢文史論》，人民文學出版社，1986 年 11 月第 1 版。

〔日〕吉川幸次郎著，〔日〕高橋和巳編，章培恒等譯：《中國詩史》，復旦大學出版社，2001 年 12 月第 1 版。

貫奮然：《六朝文體批評研究》，北京大學出版社，2005 年 10 月第 1 版。

金振邦：《文章體裁辭典》（修訂本），東北師範大學出版社，1995 年 11 月第 2 版。

K

〔漢〕孔安國傳，〔唐〕孔穎達等正義：《尚書正義》，載〔清〕阮元校刻：《十三經注疏》，中華書局，1980 年 9 月第 1 版。

L

〔唐〕李淵著，韓理洲輯校編年：《唐高祖文集輯校編年》，三秦出版社，2002 年 7 月第 1 版。

〔唐〕李百藥：《北齊書》，中華書局，1972 年 11 月第 1 版。

〔唐〕李延壽：《南史》，中華書局，1975 年 6 月第 1 版。

〔唐〕李延壽：《北史》，中華書局，1974 年 10 月第 1 版。

〔唐〕李林甫等撰，陳仲夫點校：《唐六典》，中華書局，1992 年 1 月第 1 版。

〔宋〕李昉等：《太平御覽》，中華書局，1960 年 2 月第 2 版。

〔宋〕李昉等：《文苑英華》，中華書局，1966 年 5 月第 1 版。

〔宋〕李攸：《宋朝事實》，載《景印文淵閣四庫全書》，臺灣：商務印書館，1983 年版。

〔明〕李時珍：《本草綱目》，人民衛生出版社，1979 年 5 月第 1 版。

〔清〕李兆洛：《駢體文鈔》，載《四部備要》，中華書局版。

〔英〕李約瑟著，陳立夫等譯：《中國古代科學思想史》，江西人民出版社，1999 年 9 月第 2 版。

李福長：《唐代學士與文人政治》，齊魯書社，2005 年 6 月第 1 版。

李萬健、賴茂生：《目錄學論文選》，書目文獻出版社，1985 年 8 月第 1 版。

李萬健：《中國著名目錄學家傳略》，書目文獻出版社，1993 年 6 月第 1 版。

李學勤、呂文郁主編：《四庫大辭典》，吉林大學出版社，1996 年 1 月第 1 版。

李昌遠：《中國公文發展簡史》，復旦大學出版社，2007 年 5 月第 1 版。

李士彪：《魏晉南北朝文體學》，上海古籍出版社，2004 年 4 月第 1 版。

李德山：《文子譯注》，黑龍江人民出版社，2003 年 1 月第 1 版。

李德輝：《唐代文館制度及其與政治和文學之關係》，上海古籍出版社，2006 年 5 月第 1 版。

〔唐〕令狐德棻等：《周書》，中華書局，1971 年 11 月第 1 版。

〔漢〕劉向撰，向宗魯校證：《說苑校證》，中華書局，1987 年 7 月第 1 版。

〔漢〕劉安撰，〔漢〕高誘注，〔清〕莊逵吉校：《淮南子》，載《諸子集成》，上海書店影印，1986 年 7 月第 1 版。

〔魏〕劉劭、王象等編，〔清〕孫馮翼輯：《皇覽》，載《叢書集成初編》，商務印書館，1936 年～1939 年版。

〔唐〕劉肅：《大唐新語》，中華書局，1984 年 6 月第 1 版。

〔唐〕劉餗：《隋唐嘉話》，中華書局，1979 年 10 月第 1 版。

〔唐〕劉知幾撰，〔清〕浦起龍釋：《史通通釋》（上、下），上海古籍出版社，1978 年 4 月第 1 版。

〔後晉〕劉昫等：《舊唐書》，中華書局，1975 年 5 月第 1 版。

〔清〕劉熙載：《藝概》，上海古籍出版社，1978 年 12 月第 1 版。

〔清〕劉寶楠：《論語正義》，載《諸子集成》，上海書店影印，1986 年 7 月第 1 版。

劉海峰、李兵：《中國科舉史》，東方出版中心，2004 年 6 月第 1 版。

劉葉秋：《類書簡說》，上海古籍出版社，1980 年 2 月第 1 版。

劉剛：《隋唐時期類書的編纂及分類思想研究》，東北師範大學碩士論文，2004

年 5 月。

劉躍進:《中古文學文獻學》，江蘇古籍出版社，1997 年 12 月第 1 版。

劉師培:《中國中古文學史講義》，人民文學出版社，1957 年 7 月第 1 版。

劉乾先、韓建立、張國昉、劉坤:《韓非子譯注》（上、下），黑龍江人民出版社，2003 年 1 月第 1 版。

劉長林:《中國系統思維》，中國社會科學出版社，1990 年 7 月第 1 版。

劉濤:《中國書法史》（魏晉南北朝卷），江蘇教育出版社，2002 年 12 月第 1 版。

〔秦〕呂不韋輯，〔漢〕高誘注:《呂氏春秋》，載《諸子集成》，上海書店影印，1986 年 7 月第 1 版。

呂思勉:《隋唐五代史》，上海古籍出版社，1984 年 1 月新 1 版。

梁啓超:《中國歷史研究法》，河北教育出版社，2000 年 12 月第 1 版。

梁啓超:《論中國學術思想變遷之大勢》，上海古籍出版社，2001 年 9 月第 1 版。

梁啓超:《清代學術概論》，上海古籍出版社，2005 年 4 月第 1 版。

梁啓超·《中國近三百年學術史》，東方出版社，1996 年 3 月第 1 版。

梁漱溟:《中國文化要義》，學林出版社，1987 年 6 月第 1 版。

盧鍾鋒:《中國傳統學術史》，河南人民出版社，1998 年 10 月第 1 版。

羅孟禎:《中國古代目錄學簡編》，重慶出版社，1983 年 11 月第 1 版。

羅宗強:《隋唐五代文學思想史》，上海古籍出版社，1986 年 8 月第 1 版。

羅宗強:《魏晉南北朝文學思想史》，中華書局，1996 年 10 月第 1 版。

羅熾、白萍:《中國倫理學》，湖北人民出版社，2002 年 10 月第 1 版。

駱鴻凱:《文選學》，中華書局，1989 年 11 月第 1 版。

〔漢〕陸賈:《新語》，載《諸子集成》，上海書店影印，1986 年 7 月第 1 版。

〔晉〕陸機撰，張少康集釋:《文賦集釋》，上海古籍出版社，1984 年 1 月第 1 版。

陸侃如:《中古文學繫年》，人民文學出版社，1985 年 6 月第 1 版。

逯欽立輯校:《先秦漢魏晉南北朝詩》，中華書局，1983 年 9 月第 1 版。

逯欽立:《漢魏六朝文學論集》，陝西人民出版社，1984 年 11 月第 1 版。

柳詒徵:《中國文化史》（上、下），上海古籍出版社，2001 年 10 月第 1 版。

林康義:《比較·分類·類比》，遼寧人民出版社，1987 年 3 月第 1 版。

來裕恂著，高維國、張格注釋:《漢文典注釋》，南開大學出版社，1993 年 2 月第 1 版。

來新夏：《古典目錄學淺説》，中華書局，2003 年 10 月新 1 版。

來新夏主編：《圖書館學、情報學、檔案學簡明辭典》，南開大學出版社，1991
年 1 月第 1 版。

來新夏等：《中國古代圖書事業史》，上海人民出版社，1990 年 4 月第 1 版。

M

〔元〕馬端臨：《文獻通考》，商務印書館，1935 年 3 月初版。

馬積高：《歷代辭賦研究史料概述》，中華書局，2001 年 4 月第 1 版。

馬積高：《賦史》，上海古籍出版社，1987 年 7 月第 1 版。

馬張華、侯漢清：《文獻分類法主題法導論》，北京圖書館出版社，1999 年 7
月第 1 版。

馬振鐸、徐遠和、鄭家棟：《儒家文明》，中國社會科學出版社，1999 年 9 月
第 1 版。

〔漢〕毛亨傳，鄭玄箋，〔唐〕孔穎達等正義：《毛詩正義》，載〔清〕阮元校
刻：《十三經注疏》，中華書局，1980 年 9 月第 1 版。

毛禮銳、沈灌群主編：《中國教育通史》（二），山東教育出版社，1986 年 12
月第 1 版。

毛春翔：《古書版本常談》，上海古籍出版社，2002 年 7 月第 1 版。

穆克宏：《魏晉南北朝文學史料述略》，中華書局，1997 年 1 月第 1 版。

穆克宏：《昭明文選研究》，人民文學出版社，1998 年 12 月第 1 版。

〔戰國〕孟軻著，〔清〕焦循撰：《孟子正義》，載《諸子集成》，上海書店影印，
1986 年 7 月第 1 版。

〔戰國〕墨翟著，〔清〕孫詒讓：《墨子閒詁》，載《諸子集成》，上海書店影印，
1986 年 7 月第 1 版。

N

倪士毅：《中國古代目錄學史》，杭州大學出版社，1998 年 5 月第 1 版。

聶石樵：《先秦兩漢文學史稿》，北京師範大學出版社，1994 年 4 月第 1 版。

聶石樵：《魏晉南北朝文學史》，中華書局，2007 年 11 月第 1 版。

牛致功：《唐高祖傳》，人民出版社，1998 年 11 月第 1 版。

O

〔宋〕歐陽修、宋祁：《新唐書》，中華書局，1975 年 2 月第 1 版。

〔唐〕歐陽詢撰，汪紹楹校：《藝文類聚》，上海古籍出版社，1999 年 5 月新 2
版。

P

彭定求等：《全唐詩》，中華書局，1960 年 4 月第 1 版。

彭斐章、喬好勤、陳傳夫：《目錄學》（修訂本），武漢大學出版社，2003 年 11 月修訂版。

彭斐章等：《目錄學研究文獻彙編》，武漢大學出版社，1996 年修訂版。

彭斐章、謝灼華、喬好勤：《目錄學資料彙編》，武漢大學出版社，1986 年 12 月第 1 版。

彭斐章、謝灼華：《目錄學文獻學論文選》，書目文獻出版社，1991 年 12 月第 1 版。

彭邦炯：《百川匯海：古代類書與叢書》，臺北：萬卷樓圖書公司，2001 年版。

潘樹廣：《古典文學文獻及其檢索》，陝西人民出版社，1984 年第 1 版。

潘樹廣：《古籍索引概論》，書目文獻出版社，1984 年 6 月第 1 版。

潘樹廣主編：《中國文學史料學》，臺灣：五南圖書出版公司，1996 年 12 月初版。

Q

戚志芬：《中國古代的類書、政書和叢書》，商務印書館，1996 年 12 月第 1 版。

喬象鍾、陳鐵民主編：《唐代文學史》（上、下），人民文學出版社，1995 年 12 月第 1 版。

〔清〕錢大昕：《補元史藝文志》，載二十五史刊行委員會編：《二十五史補編》，中華書局，1955 年 2 月第 1 版。

錢穆：《中國近三百年學術史》，中華書局，1986 年 5 月第 1 版。

錢鍾書：《管錐編》，中華書局，1986 年 6 月第 2 版。

錢倉水：《文體分類學》，江蘇教育出版社，1992 年 7 月第 1 版。

R

任繼愈主編：《中國道教史》（增訂本），中國社會科學出版社，2001 年 9 月第 1 版。

任繼愈主編：《中國佛教史》，中國社會科學出版社，1985 年 11 月第 1 版。

任繼愈譯注：《老子新譯》，上海古籍出版社，1985 年 5 月第 2 版。

〔南朝梁〕任昉：《文章緣起》，載《景印文淵閣四庫全書》，臺灣：商務印書館，1983 年版。

日本索引家協會編，賴茂生、余惠芳、張國清譯：《索引編制工作手冊》，北京大學出版社，1988 年 4 月第 1 版。

S

〔漢〕司馬遷：《史記》，中華書局，1982 年 11 月第 2 版。

司馬朝軍：《〈四庫全書總目〉研究》，社會科學文獻出版社，2004 年 12 月第 1 版。

〔宋〕司馬光：《資治通鑒》，中華書局，1956 年 6 月第 1 版。

〔宋〕宋敏求：《唐大詔令集》，載《景印文淵閣四庫全書》，臺灣：商務印書館，1983 年版。

〔梁〕沈約：《宋書》，中華書局，1974 年 10 月第 1 版。

〔清〕沈濤：《柴辟亭讀書記》，載《十經齋遺集》，1936 年建德周氏刻本。

何忠禮：《中國古代史史料學》，上海古籍出版社，2004 年 7 月第 1 版。

黃永年：《唐史史料學》，上海書店出版社，2002 年 12 月第 1 版。

黃永年：《六至九世紀中國政治史》，上海書店出版社，2004 年 7 月第 1 版。

〔日〕山根幸夫主編：《中國史研究入門》（上、下）（增訂本），社會科學文獻出版社，2000 年 1 月第 2 版。

宋大川、王建軍：《中國教育制度通史》（第二卷），山東教育出版社，2000 年 7 月第 1 版。

孫培青、袁士京、杜成憲主編：《中國考試通史》（卷一），首都師範大學出版社，2004 年 11 月第 1 版。

孫欽善：《中國古文獻學史》，中華書局，1994 年 2 月第 1 版。

孫欽善：《中國古文獻學史簡編》，高等教育出版社，2001 年 9 月第 1 版。

孫欽善：《中國古文獻學》，北京大學出版社，2006 年 5 月第 1 版。

尚學鋒等：《中國古典文學接受史》，山東教育出版社，2000 年 9 月第 1 版。

尚定：《走向盛唐》，中國社會科學出版社，1994 年 7 月第 1 版。

〔南朝梁〕釋寶唱等：《經律異相》，載〔日〕高楠順次郎等：《（大正新修）大藏經》（第 53 卷），臺灣佛陀教育基金會據日本昭和間排印本再版，1990 年。

〔唐〕釋道宣：《廣弘明集》，載《景印文淵閣四庫全書》，臺灣：商務印書館，1983 年版。

T

湯用彤：《隋唐佛教史稿》，中華書局，1982 年 8 月第 1 版。

湯用彤：《漢魏兩晉南北朝佛教史》，中華書局，1983 年 3 月第 1 版。

〔明〕陶宗儀：《書史會要》，上海書店，1984 年 11 月第 1 版。

譚華軍：《知識分類：以文獻分類為中心》，東南大學出版社，2003 年 4 月第 1 版。

陶敏、傅璇琮：《唐五代文學編年史》（初盛唐卷），遼海出版社，1998 年 12 月第 1 版。

《圖書分類學文集》編輯組：《圖書分類學文集》，書目文獻出版社，1985 年 9 月第 1 版。

W

〔北齊〕魏收：《魏書》，中華書局，1974 年 6 月第 1 版。

〔唐〕魏徵、令狐德棻：《隋書》，中華書局，1973 年 8 月第 1 版。

汪辟疆：《目錄學研究》，華東師範大學出版社，2000 年 11 月第 1 版。

汪小洋、孔慶茂：《科舉文體研究》，天津古籍出版社，2005 年 3 月第 1 版。

〔漢〕王充：《論衡》，載《諸子集成》，上海書店影印，1986 年 7 月第 1 版。

〔魏〕王弼、〔晉〕韓康伯注，〔唐〕孔穎達等正義：《周易正義》，載〔清〕阮元校刻：《十三經注疏》，中華書局，1980 年 9 月第 1 版。

〔五代〕王定保撰，姜漢椿校注：《唐摭言校注》，上海社會科學院出版社，2003 年 1 月第 1 版。

〔宋〕王應麟：《困學紀聞》，遼寧教育出版社，1998 年 3 月第 1 版。

〔宋〕王應麟：《玉海》，載《景印文淵閣四庫全書》，臺灣：商務印書館，1983 年版。

〔宋〕王讜撰，周勳初校正：《唐語林校正》，中華書局，1987 年 7 月第 1 版。

〔宋〕王溥：《唐會要》，中華書局，1955 年 6 月第 1 版。

〔宋〕王欽若等：《冊府元龜》，中華書局，1960 年 6 月第 1 版。

〔清〕王先謙：《釋名疏證補》，上海古籍出版社，1984 年 3 月第 1 版。

〔清〕王兆芳：《文體通釋》，1925 年印本。

〔清〕王仁俊輯：《玉函山房輯佚書三種》，上海古籍出版社，1989 年版。

王欣夫：《文獻學講義》，上海古籍出版社，1986 年 2 月第 1 版。

王子今：《20 世紀中國歷史文獻研究》，清華大學出版社，2002 年 10 月第 1 版。

王重民：《中國目錄學史論叢》，中華書局，1984 年 12 月第 1 版。

王國維：《觀堂集林》，河北教育出版社，2001 年 11 月第 1 版。

王仲犖：《隋唐五代史》，上海人民出版社，2003 年 4 月第 1 版。

王炳照、徐勇主編：《中國科舉制度研究》，河北人民出版社，2002 年 6 月第 1 版。

王立群：《《文選》成書研究》，商務印書館，2005 年 2 月第 1 版。

王立群：《現代〈文選〉學史》，中國社會科學出版社，2003 年 10 月第 1 版。

王運熙、楊明:《魏晉南北朝文學批評史》,上海古籍出版社, 1996 年版。

王運熙、楊明:《隋唐五代文學批評史》,上海古籍出版社,1994 年 10 月第 1 版。

王瑤:《中古文學史論集》,上海古籍出版社,1982 年 10 月新 1 版。

王鎮遠:《中國書法理論史》,黃山書社,1990 年 7 月第 1 版。

王吉祥、王英志:《貞觀政要注譯》,河北人民出版社,1987 年 4 月第 1 版。

王明:《抱朴子内篇校釋》(增訂本),中華書局,1985 年 3 月第 2 版。

〔唐〕溫大雅:《大唐創業起居注》,上海古籍出版社,1983 年 10 月第 1 版。

聞一多:《唐詩雜論》,中華書局,2003 年 6 月新 1 版。

無名氏、〔晉〕葛洪:《燕丹子·西京雜記》,中華書局,1985 年 1 月第 1 版。

〔宋〕吳曾:《能改齋漫錄》,上海古籍出版社,1979 年 11 月新 1 版。

〔明〕吳訥、徐師曾:《文章辨體序說·文體明辨序說》,人民文學出版社,1962 年 8 月第 1 版。

吳宗國:《唐代科舉制度研究》,遼寧大學出版社,1997 年 3 月第 2 版。

吳楓:《中國古典文獻學》,齊魯書社,2005 年 3 月第 1 版。

吳雲主編:《魏晉南北朝文學研究》,北京出版社,2001 年 12 月第 1 版。

吳雲:《20 世紀中古文學研究》,天津古籍出版社,2004 年 6 月第 1 版。

吳承學:《中國古代文體形態研究》(增訂本),中山大學出版社,2002 年 5 月新 1 版。

吳兆路、林俊相、甲斐勝二主編:《中國學研究》(第七輯),濟南出版社,2005 年 3 月第 1 版。

吳夏平:《唐代中央文館制度與文學研究》,齊魯書社,2007 年 4 月第 1 版。

吳小如、吳同賓:《中國文史工具資料書舉要》,中華書局,1982 年 3 月第 1 版。

X

〔南朝梁〕蕭子顯:《南齊書》,中華書局,1972 年 1 月第 1 版。

〔南朝梁〕蕭統,〔唐〕李善注:《文選》,上海古籍出版社,1986 年 8 月第 1 版。

熊承滌:《中國古代教育史料繫年》,人民教育出版社,1985 年 12 月第 1 版。

〔南朝陳〕徐陵編,吳兆宜注,程琰刪補:《玉臺新詠箋注》(上、下),中華書局,1985 年 6 月第 1 版。

〔唐〕徐堅等:《初學記》,中華書局,2004 年 2 月第 2 版。

徐公持:《魏晉文學史》,人民文學出版社,1999 年 9 月第 1 版。

徐召勳:《文體分類淺談》,安徽教育出版社,1986 年 6 月第 1 版。

〔漢〕許慎:《說文解字》,中華書局,1963 年 12 月第 1 版。

〔漢〕許慎撰,〔清〕段玉裁注:《說文解字注》,上海古籍出版社,1981 年 10 月第 1 版。

許槤選,曹明綱撰:《六朝文絜譯注》,上海古籍出版社,1999 年 6 月第 1 版。

許學夷:《詩源辯體》,人民文學出版社,1987 年 10 月第 1 版。

夏南強:《類書通論——論類書的性質起源發展演變和影響》,華中師範大學歷史文獻學博士論文,2001 年 6 月。

奚椿年:《中國書源流》,江蘇古籍出版社,2002 年 12 月第 1 版。

謝灼華主編:《中國圖書和圖書館史》(修訂本),武漢大學出版社,2005 年 10 月修訂版。

〔戰國〕荀況著,〔清〕王先謙集解:《荀子集解》,載《諸子集成》,上海書店影印,1986 年 7 月第 1 版。

Y

〔唐〕姚思廉:《梁書》,中華書局,1973 年 5 月第 1 版。

〔唐〕姚思廉:《陳書》,中華書局,1972 年 3 月第 1 版。

〔清〕姚鼐:《古文辭類纂》,上海古籍出版社,1998 年 7 月第 1 版。

〔清〕姚振宗:《隋書經籍志考證》,載二十五史刊行委員會編:《二十五史補編》,中華書局,1955 年 2 月第 1 版。

姚福申:《中國編輯史》(修訂本),復旦大學出版社,2004 年 6 月第 2 版。

姚名達:《中國目錄學史》,上海古籍出版社,2002 年 6 月第 1 版。

〔漢〕揚雄著,〔晉〕李軌注:《法言》,載《諸子集成》,上海書店影印,1986 年 7 月第 1 版。

楊東蓴:《中國學術史講話》,江蘇教育出版社,2005 年 4 月第 1 版。

楊燕起、高國抗主編:《中國歷史文獻學》(修訂本),北京圖書館出版社,2003 年 9 月第 1 版。

楊天宇:《禮記譯注》,上海古籍出版社,1997 年 4 月第 1 版。

〔隋〕虞世南:《北堂書鈔》,天津古籍出版社,1988 年 12 月第 1 版。

葉德輝:《書林清話》,中華書局,1957 年 1 月第 1 版。

葉怡君:《類書之目錄部居探原》,臺灣輔仁大學碩士論文,1986 年 7 月。

〔明〕俞安期:《唐類函》,載《四庫全書存目叢書》,齊魯書社,1995 年 9 月第 1 版。

〔清〕俞樾著,張道貴、丁鳳麟標點:《春在堂隨筆》,江蘇人民出版社,1984 年 1 月第 1 版。

俞君立、陳樹年主編：《文獻分類學》，武漢大學出版社，2001 年 10 月第 1 版。

余嘉錫：《目錄學發微》（含《古書通例》），中國人民大學出版社，2004 年 9 月第 1 版。

余嘉錫：《世説新語箋疏》，中華書局，1983 年 8 月第 1 版。

余冠英：《漢魏六朝詩選》，人民文學出版社，1978 年 12 月第 1 版。

余慶蓉、王晉卿：《中國目錄學思想史》，湖南教育出版社，1998 年 4 月第 1 版。

于智榮：《賈誼新書譯注》，黑龍江人民出版社，2003 年 1 月第 1 版。

〔美〕宇文所安著，賈晉華譯：《初唐詩》，生活・讀書・新知三聯書店，2004 年 12 月第 1 版。

〔清〕永瑢等：《四庫全書總目》，中華書局，1965 年 6 月第 1 版。

袁梅：《楚辭詞典》，山東教育出版社，2000 年 5 月第 1 版。

袁行霈主編：《中國文學史》（第一卷），高等教育出版社，1999 年 8 月第 1 版。

〔唐〕元稹撰，冀勤點校：《元稹集》（上、下），中華書局，1982 年 8 月第 1 版。

游國恩等主編：《中國文學史》（一）、（二），人民文學出版社，1963 年 7 月第 1 版。

陰法魯、許樹安主編：《中國古代文化史》，北京大學出版社，1989 年 11 月第 1 版。

〔宋〕嚴羽著，郭紹虞校釋：《滄浪詩話校釋》，人民文學出版社，1983 年 8 月第 2 版。

〔清〕嚴可均輯：《全上古三代秦漢三國六朝文》，中華書局，1958 年 12 月第 1 版。

〔清〕嚴可均輯：《全三國文》，商務印書館，1999 年 10 月第 1 版。

〔清〕嚴可均輯：《全晉文》，商務印書館，1999 年 10 月第 1 版。

〔清〕嚴可均輯：《全梁文》，商務印書館，1999 年 10 月第 1 版。

閻麗：《董子春秋繁露譯注》，黑龍江人民出版社，2003 年 1 月第 1 版。

〔春秋〕晏嬰著，（民國）張純一校注：《晏子春秋校注》，載《諸子集成》，上海書店影印，1986 年 7 月第 1 版。

Z

〔漢〕鄭玄注，〔唐〕賈公彥疏：《周禮注疏》，載〔清〕阮元校刻：《十三經注疏》，中華書局，1980 年 9 月第 1 版。

〔漢〕鄭玄注，〔唐〕孔穎達等正義：《禮記正義》，載〔清〕阮元校刻：《十三經注疏》，中華書局，1980 年 9 月第 1 版。

〔宋〕鄭樵:《通志》,商務印書館,1935 年 3 月初版。

〔宋〕朱熹:《四書章句集注》,中華書局,1983 年 10 月第 1 版。

〔清〕朱駿聲:《說文通訓定聲》,中華書局,1984 年 6 月第 1 版。

朱維錚:《中國經學史十講》,復旦大學出版社,2002 年 10 月第 1 版。

朱廣賢:《中國文章分類學研究》,民族出版社,2000 年 8 月第 1 版。

朱關田:《唐代書法家年譜》,江蘇教育出版社,2001 年 8 月第 1 版。

朱關田:《中國書法史》(隋唐五代卷),江蘇教育出版社,2002 年 11 月第 2 版。

〔宋〕祝穆:《古今事文類聚》,載《景印文淵閣四庫全書》,臺灣:商務印書館,1983 年版。

祝鼎民:《中文工具書及其使用》,北京出版社,1987 年 7 月第 1 版。

周桂鈿、李祥俊:《中國學術通史》(秦漢卷),人民出版社,2004 年 12 月第 1 版。

周振甫:《文心雕龍今譯》,中華書局,1986 年 12 月第 1 版。

周文駿主編:《圖書館學情報學詞典》,書目文獻出版社,1991 年 12 月第 1 版。

周繼良主編:《圖書分類學》(修訂本),武漢大學出版社,1992 年 6 月修訂版。

周祖譔主編:《中國文學家人辭典》(唐五代卷),中華書局,1992 年 9 月第 1 版。

〔晉〕張華撰,范寧校證:《博物志校證》,中華書局,1980 年 1 月第 1 版。

〔清〕章學誠著,葉瑛校注:《文史通義校注》,中華書局,1985 年 5 月第 1 版。

〔清〕張英、王世禎、王掞、張榕端:《淵鑒類函》,1887 年上海同文書局石印本,中國書店影印,1985 年 8 月第 1 版。

張金梁:《續書史會要補正》,河南美術出版社,1998 年 5 月第 1 版。

張金梁:《明代書法史探微》,時代文藝出版社,2003 年 6 月第 1 版。

張金梁:《明代書學銓選制度研究》,上海書畫出版社,2008 年 1 月第 1 版。

張國剛、喬治忠等:《中國學術史》,東方出版中心,2006 年 1 月第 2 版。

張滌華:《類書流別》(修訂本),商務印書館,1985 年 6 月第 1 版。

張舜徽:《中國文獻學》,華中師範大學出版社,2004 年 3 月第 1 版。

張顯成:《簡帛文獻學通論》,中華書局,2004 年 10 月第 1 版。

張伯偉:《中國古代文學批評方法研究》,中華書局,2002 年 5 月第 1 版。

張岱年:《中國古典哲學概念範疇要論》,中國社會科學出版社,1989 年 12 月第 1 版。

張固也:《新唐書藝文志補》,吉林大學出版社,1996 年 1 月第 1 版。

張玉鐘、劉學豐、陳瑞玲、馬玉英主編：《新編圖書情報學辭典》，學苑出版社，1989 年 12 月第 1 版。

張清常、王延棟：《戰國策箋注》，南開大學出版社，1993 年 3 月第 1 版。

張濤：《孔子家語注譯》，三秦出版社，1998 年 1 月第 1 版。

趙爾巽等：《清史稿》，中華書局，1977 年 8 月第 1 版。

趙含坤：《中國類書》，河北人民出版社，2005 年 5 月第 1 版。

趙超：《簡牘帛書發現與研究》，福建人民出版社，2005 年 6 月第 1 版。

趙敏俐、楊樹增：《20 世紀中國古典文學研究史》，陝西人民教育出版社，1997 年 8 月第 1 版。

趙克堯、許道勳：《唐太宗傳》，人民出版社，2005 年 1 月第 1 版。

趙林：《協調與超越——中國思維方式探討》，武漢大學出版社，2005 年 5 月第 1 版。

趙守正：《管子通解》，北京經濟學院出版社，1989 年 10 月第 1 版。

〔戰國〕莊周著，〔清〕郭慶藩集釋：《莊子集釋》，載《諸子集成》，上海書店影印，1986 年 7 月第 1 版。

莊芳榮：《中國類書總目初稿》，臺灣：學生書局，1984 年版。

鄭鶴聲、鄭鶴春：《中國文獻學概要》，上海書店，1983 年 11 月第 1 版。

曾貽芬、崔文印：《中國歷史文獻學史述要》，商務印書館，2000 年 4 月第 1 版。

曾貽芬、崔文印：《中國歷史文獻學》，學苑出版社，2001 年 6 月第 1 版。

詹德優等：《中文工具書使用法》（增訂本），商務印書館，1996 年 10 月增訂第 1 版。

〔梁〕鍾嶸著，陳延傑注：《詩品注》，人民文學出版社，1961 年 10 月第 1 版。

中國圖書館分類法編輯委員會：《中國圖書館分類法》（第四版），北京圖書館出版社，1999 年 3 月第 1 版。

〔春秋〕左丘明：《國語》，商務印書館，1935 年 12 月初版。

二、論文類

B

北京大學研究所：《藝文類聚引用書目》，載《國立北京大學二十五周年紀念研究所國學門臨時特刊》，1931 年 12 月。

C

曹聰孫：《索引闡要》，載《津圖學刊》1984 年第 3 期。

陳寶珍：《談談類書的分類體系》，載《津圖學刊》1987 年第 1 期。

D

段金泖：《從類書的沿革看我國編輯史的發展》，載《河南大學學報》（社會科學版）1997 年第 3 期。

F

樊義順：《評〈藝文類聚〉檢索古代科技文獻的作用》，載《高校圖書館工作》1999 年第 1 期。

G

郭紹林：《歐陽詢與〈藝文類聚〉》，載《洛陽師專學報》1996 年第 1 期。

郭醒：《〈藝文類聚〉研究》，南京大學中國古代文學專業博士學位論文，2003 年 6 月。

郭醒《〈藝文類聚〉卷四「歲時部」闕文考》，載《瀋陽師範大學學報》（社會科學版）2004 年第 4 期。

郭醒：《論〈藝文類聚〉對建安七子詩的選錄》，載《遼寧大學學報》（哲學社會科學版），2005 年第 3 期。

郭醒：《傳統類書的文學批評意義──以〈藝文類聚〉為中心》，載《瀋陽師範大學學報》（社會科學版）2006 年第 6 期。

管蔚華·《試論索引的本質屬性及與類書的關係》，載《圖書館學刊》1989 年第 2 期。

郜明：《中國人傳統思維方式與類書編撰》，載《上海大學學報》（社科版）1990 年第 6 期。

H

華上：《我國古代百科全書〈宋本藝文類聚〉影印出版》，載《讀書》1960 年第 2 期。

黃恩祝：《中國古代索引略述》，載《辭書研究》1983 年第 1 期。

黃恩祝：《類書是我國古代的索引》，載《湖北高校圖書館》1986 年第 3 期。

黃剛：《從類書看古代分類法及主題法》，載《四川圖書館學報》1982 年第 1 期。

侯漢清：《我國古代索引探源》，載《圖書館理論與實踐》1986 年第 2 期。

賀修銘：《興盛與歸宿──試論類書的政治與文化背景》，載《圖書館界》1988 年第 3 期。

賀巷超：《淺議類書產生和存在的條件》，載《圖書館理論與實踐》1993 年第 4 期。

L

李劍雄：《藝文類聚》，載《百科知識》1980 年第 10 期。

李劍雄：《〈藝文類聚〉引書之失》，載《文史》第十二輯，中華書局，1981 年9 月第 1 版。

李步嘉：《藝文類聚》校補（一）（二），載《文史》第二十輯，中華書局，1983年9 月第 1 版。

李捷：《李淵下令編〈藝文類聚〉》，載《教育藝術》1997 年第 5 期。

李榮慧：《類書是我國古代索引不發達的主要原因》，載《高校圖書館工作》1998 年第 2 期。

李榮慧：《我國類書、索引比較及其消長趨勢》，載《四川圖書館學報》1998年第 5 期。

李守素、梁松：《試論類書的分類體系與分類技術》，載《大學圖書館學報》1989 年第 5 期。

李海祁：《唐代類書中的目錄學方法》，載《圖書館工作與研究》2001 年第 4期。

凌朝棟：《試論歐陽詢編纂〈藝文類聚〉的價值》，載《渭南師專學報》1994年第 4 期。

力之：《〈藝文類聚〉的問題種種——〈藝文類聚〉研究之一》，載《古籍整理研究學刊》1998 年第 4、5 期合刊。

力之：《〈藝文類聚〉雜誌》，載《廣西師院學報》（哲學社會科學版）2001 年第 4 期。

力之：《〈藝文類聚〉刊誤（一）》，載《古籍整理研究學刊》2002 年第 2 期。

力之：《〈藝文類聚〉汪紹楹先生校語商兌》，載《三峽大學學報》（人文社會科學版）2007 年第 3 期。

劉剛：《隋唐時期類書的編纂及分類思想研究》，東北師範大學中國古典文獻學碩士論文，2004 年。

劉正平：《隋唐五代韻書、類書、總集的編纂與文化建設》，載《西北成人教育學報》2001 年第 3 期。

路林：《唐代科舉文化、類書與目錄學》，載《圖書館學研究》1987 年第 5 期。

M

馬明波：《類書與中國文化》，載《圖書情報知識》1988 年第 3 期。

馬明波：《從類書的類例透視中國傳統文化的內涵》，載《廣東圖書館學刊》1989 年第 1 期。

P

潘樹廣：《〈藝文類聚〉概說》，載《辭書研究》1980 年第 1 期。

潘樹廣：《文獻檢索與語文研究》，載《辭書研究》1979 年第 1 期。

裴芹:《漫說〈藝文類聚〉的「事具……」》,載《文教資料》1997 年第 5 期。

Q

邱五芳:《〈藝文類聚〉編撰年代之管見》,載《贛圖通訊》1986 年第 1 期。

錢振新:《「類書是我國古代的索引」說質疑》,載《廣東圖書館學刊》1988 年
    第 3 期。

S

孫書安:《論古代類書的內在成因》,載《辭書研究》1999 年第 2 期。

孫麒:《文淵閣〈四庫全書〉本〈藝文類聚〉初探》,載《四川師範大學學報》
    (社會科學版)2005 年第 2 期。

孫麟:《〈藝文類聚〉校記六則》,載《中國學研究》(第七輯),濟南出版社,
    2005 年 3 月第 1 版。

勝村哲也:《關於〈藝文類聚〉的條文構成與六朝目錄的關連性》,載(日本)
    《東方學報》(第 62 冊),1990 年 3 月。

T

唐雯:《〈藝文類聚〉、〈初學記〉與唐初文學觀念》,載《西安聯合大學學報》
    2003 年第 1 期。

唐光榮:《唐代類書與文學》,北京師範大學中國古典文獻學博士學位論文,
    2004 年。

譚家健:《六朝諧諧文述略》,載《中國文學研究》2001 年第 3 期。

W

汪雁:《唐宋類書編纂體系述略》,載《貴圖學刊》1992 年第 4 期。

王曉芳:《女性美的覺醒時代——從〈藝文類聚·美婦人〉看南朝文人對女性
    的審美心理》,載《雲夢學刊》2004 年第 4 期。

X

徐建華:《索引溯源》,載《津圖學刊》1984 年第 4 期。

許逸民:《〈藝文類聚〉和〈初學記〉》,載《文史知識》1982 年第 5 期。

謝德雄:《魏晉南北朝經籍分類體制的變革》,載《圖書情報工作》1983 年第
    2 期,轉引自彭斐章、謝灼華、喬好勤:《目錄學資料彙編》,武漢大學出
    版社,1986 年 12 月第 1 版。

夏南強:《類書分類體系的發展演變》,載《華中師範大學學報》(人文社會科
    學版)2001 年第 2 期。

Y

于翠玲:《論官修類書的編輯傳統及其終結》,載《北京師範大學學報》(人文

社會科學版）2002 年第 6 期。

羽離子：《類書的分類和目錄》，載《圖書館研究與工作》1986 年第 4 期。

羽離子：《類書分析分類法的立類原則及其體系的兩重性》，載《圖書館雜誌》
　　1991 年第 5 期。

楊壽祺：《關於宋刻本「藝文類聚」》，載《文匯報》1958 年 12 月 11 日。

楊梅：《類書和「藝文類聚」》，載《羊城晚報》1959 年 10 月 16 日。

楊鈴：《藝文類聚》，載《新民晚報》1960 年 8 月 27 日。

楊傑：《淺談類書的編排體例》，載《駐馬店師專學報》1989 年第 2 期。

袁逸：《試論類書之起源——兼析劉向〈說苑〉等三書》，《四川圖書館學報》，
　　1983 年第 1 期。

袁逸：《我國古代類書與索引》，載《圖書與情報》1985 年第 4 期。

Z

趙伯義：《論〈爾雅〉的學術成就》，載《河北師範學院學報》（社會科學版）
　　1997 年第 2 期。

張國朝：《〈藝文類聚〉的編輯技術成就及其價值》，載《圖書與情報》1985 年
　　第 4 期。

張乃鑒：《〈藝文類聚〉輯〈京口記〉佚文非劉楨所作考》，載《天津職業技術
　　師範學院學報》1990 年第 2 期。

張展舒、錢健：《以〈初學記〉為例剖析分類目錄與主題目錄結合的類書目錄》，
　　載《圖書館學研究》1985 年第 5 期。

張春輝：《類書的類型與編排》，載《文獻》1987 年第 2 期。

章滄授：《論〈呂氏春秋〉的文學價值》，載《文學遺產》1987 年第 4 期。